Wolfgang Düsing (Hrsg.)

Aspekte des Geschichtsdramas

Von Aischylos bis Volker Braun

francke verlag

Die Deutsche Bibliothek – CIP-Einheitsaufnahme

Aspekte des Geschichtsdramas : von Aischylos bis Volker Braun /
Wolfgang Düsing (Hrsg). – Tübingen ; Basel : Francke 1998
(Mainzer Forschungen zu Drama und Theater ; Bd. 19)
ISBN 3-7720-1847-5

Publiziert mit Unterstützung des Interdisziplinären Arbeitskreises für Drama und Theater.

Dischingerweg 5 · D-72070 Tübingen

Gedruckt auf säurefreiem und alterungsbeständigem Papier.

Druck: Müller + Bass, Tübingen
Verarbeitung: Geiger, Ammerbuch-Poltringen
Printed in Germany

ISSN 0940-4767
ISBN 3-7720-1847-5

Aspekte des Geschichtsdramas

Mainzer Forschungen zu Drama und Theater

herausgegeben von
Erika Fischer-Lichte, Wilfried Floeck, Winfried Herget und Dieter Kafitz

im Auftrag des
»Interdisziplinären Arbeitskreises für Drama und Theater«
der Johannes Gutenberg-Universität Mainz

Band 19

Inhalt

Vorwort VII

WOLFGANG DÜSING
Einleitung. Zur Gattung Geschichtsdrama 1

WALTER NICOLAI
Aischylos' *Perser* 11

KLAUS SALLMANN
Die Tragödie der jungen Octavia, Kaiser Neros Gattin 31

DIETRICH ROLLE
Shakespeares Geschichtsdrama 51

KLAUS LEY
"Alto infelice!"– Zur Funktion einer Nebenrolle in A. Manzonis historischem Drama *Adelchi* 69

JÜRGEN KOST
" 's ist ja doch alles Komödie" – Zum Problematischwerden der Tragödiendramaturgie in Grabbes *Napoleon* 95

PHILIPPE WELLNITZ
Die Französische Revolution im Spiegel des deutschsprachigen Dramas des 20. Jahrhunderts 111

EBERHARD REISSNER
Von Glinka zu Borodin – Die historisch-heroische Oper in Rußland 125

BRIGITTE SCHULTZE
Entzauberter Geschichtsmythos: Stanisław Wyspiańskis *Noc listopadowa* (*Novembernacht*, 1904) 143

ULRIKE JEKUTSCH
Der 'Müll' der Geschichte. Zu Daniil Charms' *Komedija goroda Peterburga* ... 163

WINFRIED HERGET
Amerikanisches Historienspiel als nationale und ethnische Identitätsbindung ... 181

KLAUS PÖRTL
Teatro Universitario de Murcia: *El Fernando*. Ein historisches Drama des Nuevo Teatro Español als versteckte Systemkritik an der Francodiktatur ... 195

WILFRIED FLOECK
Geschichte unter weiblichem Blick? Das historische Drama spanischer Autorinnen der Gegenwart ... 207

WOLFGANG DÜSING
Klassisches und modernes Geschichtsdrama. Schillers *Demetrius* und V. Brauns *Dmitri* ... 225

DIETER KAFITZ
Engel als Reflexionsfiguren der Geschichte in Texten von Heiner Müller ... 245

RAINER VOLP
Das religiöse Ritual und das Geschichtsdrama. Beobachtungen zur frühromantischen Kritik am mythisierenden Drama ... 265

Namenregister ... 281

Vorwort

Mein Dank gilt all denen, ohne deren Mitwirkung das Buch nicht oder noch nicht hätte erscheinen können. Die zweisemestrige Ringvorlesung über *Aspekte des Geschichtsdramas* fiel in die Zeit meines Dekanats, so daß der Sammelband nur deshalb einigermaßen pünktlich publiziert werden konnte, weil mich Herr Dr. J. Kost und Frau A. Kaul-von Bohr während der gesamten Zeit unterstützten, während beim Korrekturenlesen der die Literaturen vieler Sprachen behandelnden Manuskripte Frau S. Plassmann (M.A.), Frau K. Krause und Frau Dr. G. Kotheimer halfen. Die Herstellung des druckfertigen Buch-Manuskripts per Computer übernahm Herr B. Auge (M.A.).

Ferner gilt mein Dank der *Gesellschaft der Freunde des Theaters*, Mainz, und ihrem Vorsitzenden, Herrn Professor Zimmerschied, für die finanzielle Unterstützung der Drucklegung.

Der Herausgeber

Wolfgang Düsing

Einleitung. Zur Gattung Geschichtsdrama

Der 17. Band der *Mainzer Forschungen zu Drama und Theater* vereinigt Vorträge, die im Sommersemester 1996 und im Wintersemester 1996/97 an der Johannes Gutenberg-Universität Mainz im Rahmen der Ringvorlesung *Aspekte des Geschichtsdramas* gehalten wurden. Die interdisziplinäre Orientierung der Vorlesung führte durch die Analyse exemplarischer Geschichtsdramen zu einer fächerübergreifenden Darstellung von der Antike bis zur Gegenwart.

Die Reihe der behandelten Autoren und Dramen reicht von Aischylos (W. Nicolai) und dem unbekannten Verfasser der römischen *Octavia* (K. Sallmann) zu Shakespeare (D. Rolle) und Manzoni (K. Ley). Shakespeare beeinflußte nicht nur die Entwicklung des historischen Dramas, sondern auch Walter Scott und die Entstehung des historischen Romans, der wiederum auf die Geschichtsdarstellung der Oper zurückwirkte, wie der Vergleich von Geschichtsdrama und Oper am Beispiel von Borodin und Glinka zeigt (E. Reißner). Daran schließen sich Analysen russischer (Ulrike Jekutsch) und polnischer Dramen (Brigitte Schultze) des 20. Jahrhunderts sowie des amerikanischen Historienspiels, das ebenfalls bis in das 20. Jahrhundert reicht (W. Herget). Das spanische Geschichtsdrama des 20. Jahrhunderts wird einmal vorgestellt durch *El Fernando*, eine historisch verschlüsselte, politische Auseinandersetzung mit der Francodiktatur (K. Pörtl) und durch Stücke spanischer Dramatikerinnen, deren Auseinandersetzung mit der Geschichte im Zeichen einer Revision patriarchalischer Klischeevorstellungen steht (W. Floeck). Die Vorträge zum deutschen Geschichtsdrama behandeln die Auflösung des Tragischen in Grabbes Geschichtskonzeption (J. Kost), die damit schon moderne Züge aufweist, und die Tendenz zur Vermischung des Tragischen und des Komischen bis hin zum Surrealen in Revolutionsdramen von Schnitzler über H. Mann und S. Zweig bis P. Weiss vorwegnimmt (P. Wellnitz). Aus der Analyse der Dramen von Heiner Müller ergeben sich die Grundzüge einer den Bewußtseinsstand der Moderne intensiv reflektierenden Dramaturgie und ihre Konsequenzen für die Geschichtsdarstellung (D. Kafitz), während der Vortrag zu Volker Brauns *Dmitri* klassische und moderne Geschichtsdarstellung miteinander vergleicht (W. Düsing). Ein abschließender Beitrag behandelt die Vergegenwärtigung von Geschichte in Ritus, Mythos und Drama und setzt sich im Rückgriff auf Schleiermacher kritisch mit modernen Tendenzen einer Sakralisierung des Theaters auseinander (R. Volp).

Das Ziel des Bandes ist die Präsentation exemplarischer Geschichtsdramen in Einzelinterpretationen, wobei auch die Problematik dieser Gattung implizit oder explizit thematisiert wird. Der häufige Gebrauch eines Begriffes steht selten in einem adäquaten Verhältnis zur Genauigkeit seiner Definition. Es scheint eher umgekehrt zu sein. Das könnte die Paradoxie der Gattung 'Geschichtsdrama' erklären, die in den Literaturen vieler Nationen eine wichtige Rolle spielt, über deren Bestimmung jedoch noch immer keine Einigkeit herrscht. Die Schwierigkeiten, die das Geschichtsdrama als Gattung Versuchen einer begrifflichen Bestimmung bereitet, hängen damit zusammen, daß sich diese Gattung nicht über die Form und nur ganz allgemein über den Stoff bestimmen läßt. Aristoteles grenzte den Dichter gegen den Historiker ab und betonte die Unabhängigkeit der Dichtung, die er philosophischer nannte, als die Geschichtsschreibung.[1] In der Theorie des Geschichtsdramas ist dieser Gedanke zum Topos geworden – in der deutschen Literatur vor allem durch Lessing[2] –, wobei jedoch selten beachtet wird, daß das Verhältnis von Dichtung und Geschichtsschreibung, wie das von Besonderem und Allgemeinem unter Berufung auf Aristoteles in verschiedenen Epochen unterschiedlich bestimmt wird.

Mit offenen Fragen bei der Gattungsbestimmung hat allerdings nicht nur die Forschung zum Geschichtsdrama zu kämpfen. In der Novellentheorie zum Beispiel ist das Problem schon früher intensiv diskutiert worden. K.K. Polheim kommt zu dem Resultat: "Der ganze Streit um die moderne Novelle erledigte sich von selbst, wenn man sich über den Novellenbegriff einigen könnte."[3] Ähnliche Überlegungen ließen sich auch zu anderen Gattungen anführen. Gattungstheorie bleibt ein schwieriges Geschäft.[4]

Bei der Diskussion über das Geschichtsdrama lassen sich drei Richtungen unterscheiden. Neben Skeptikern, die sich fragen, ob man beim Geschichtsdrama überhaupt von einer besondere Gattung sprechen kann,[5] gibt es Anhänger eines restriktiven und eines extensiven Gattungsbegriffs. Für die einen geht es darum, den Geltungsbereich des Begriffs 'Geschichtsdrama' so weit

1 Aristoteles 1964, S. 39.
2 Vgl. Hinck 1995, S. 16ff.
3 Polheim 1965, S. 109.
4 Das schon einige Zeit zurückliegende Resümee von K. Hempfer ist noch heute aktuell: "Beim derzeitigen Stand der Forschung kann meiner Meinung nach von der Theorie nicht mehr erwartet werden, als daß es ihr allmählich gelingt, die relevanten Fragen zu stellen" (Hempfer 1973, S. 228).
5 Lukács 1965, S. 199; 206.

einzugrenzen, bis er genauer bestimmt werden kann.[6] Die anderen plädieren für einen möglichst weiten Gattungsbegriff, weil nur so alle Spielarten erfaßt werden können.[7]

Was die Skepsis gegenüber einer genaueren Bestimmung der Gattung betrifft, so stützt sie sich auf die Beobachtung, daß das Geschichtsdrama, wie übrigens auch der historische Roman, nur mit Schwierigkeiten auf ein eigenes Stoffgebiet einzuschränken ist. Die naheliegende Begrenzung auf Stoffe aus der Vergangenheit wird problematisch, wenn gefragt wird, welcher Zeitraum zur Vergangenheit, welcher noch zur Gegenwart gehört, wo die Grenze zwischen Geschichtsdrama und Zeitstück verläuft. Probleme bei der Einordnung von Einzelfällen müssen aber noch nicht bedeuten, daß sich keine literarische Gattung konstituieren könnte. Die Schwierigkeiten bei der Festlegung der Gattung primär über das Stoffgebiet haben ihre Parallele in der Auffassung, daß auch die Geschichte als Wissenschaft sich nicht ohne Probleme über ein spezifisches Erkenntnisobjekt bestimmen läßt. R. Koselleck bemerkt dazu: "Die Historie als Wissenschaft hat bekanntlich kein ihr eigentümliches Erkenntnisobjekt." Sie "zeichnet sich nur durch ihre Methode aus und durch die Regeln, mit deren Hilfe sie zu überprüfbaren Ergebnissen führt."[8] Analog dazu stellt sich die Frage, ob auch das Geschichtsdrama spezifische Verfahrensweisen und Strukturmerkmale aufweist, die es von anderen Dramenformen unterscheiden.

Argumente für einen restriktiven Gattungsbegriff liefert Elfriede Neubuhr mit ihrer Unterscheidung zwischen 'Geschichtsdrama' und 'historischem Drama'. Die Unterscheidung, die in F. Sengles Gegenüberstellung eines "Dramas mit historischen Stoffen" und eines "historischen Dramas" und in G. von Wilperts Abgrenzung des 'historischen Dramas' vom trivialen 'Historiendrama' Vorläufer hat,[9] wird damit begründet, daß Stücke, nur weil sie in der Vergangenheit spielen, noch keine Geschichtsdramen seien. Dieser Terminus soll Dramen vorbehalten bleiben, die Geschichte ausdrücklich zum Thema machen. Analog müßte man dann auch beim historischen Roman zwischen 'Geschichtsroman' und 'historischem Roman' unterscheiden. Gegen den restriktiven Gattungsbegriff spricht jedoch, daß sich diese Unterscheidung nicht durchsetzen kann, da sie dem Sprachgebrauch widerspricht, ein Einwand, den sich Elfriede Neubuhr bereits selber macht. Problematisch sind auch die Konsequenzen ihrer These. Sie engt den Begriff so ein, daß als Geschichtsdrama bei Goethe nur die *Natürliche Tochter* bleibt, bei Schiller nur *Wallenstein* und *Tell*.[10] Das bedeutet, *Götz von Berlichingen, Maria Stuart* oder *Demetrius* wären keine Geschichtsdramen, ein überraschendes Resultat,

6 Neubuhr 1980, S. 3ff.
7 Zahn 1981, S. 124.
8 Koselleck 1973, 212.
9 Sengle ^{2}1969, S. 1; Wilpert ^{5}1969, S. 199.
10 Neubuhr 1980, S. 13f.

das dem Tenor der Forschung widerspricht. So läßt man das moderne deutsche Geschichtsdrama im allgemeinen mit dem *Götz von Berlichingen* beginnen.[11]

Diese These, die der Entwicklung des historischen Denkens in Deutschland im späten 18. Jahrhundert, der Entdeckung der Individualität des einzelnen Menschen wie ganzer Epochen, verbunden mit Namen wie Herder und Möser, Rechnung trägt, ist allerdings nicht unproblematisch, weil der Eindruck entsteht, als gäbe es vorher noch keine Geschichtsdichtung.[12] Schon der *Götz* ist ohne Shakespeares historische Dramen nicht denkbar. Da sich das neuzeitliche Geschichtsdenken aus einer Säkularisation des heilsgeschichtlichen Schemas entwickelt und dieses sich wiederum in Abgrenzung von antiken Geschichtskonzeptionen entfaltet,[13] wurde für den vorliegenden Band kein zeitlicher Rahmen und keine Definition vorgegeben. Die Vertreter der teilnehmenden Fächer entschieden selbstverständlich selber, was aus ihrer Perspektive als historisches Drama zu verstehen ist. Das Gattungskonzept darf nicht bestimmte Ausprägungen des Geschichtsdramas verabsolutieren und andere ausschließen, sondern muß so weit gefaßt sein, daß es alle Modifikationen des historischen Dramas von der Antike bis zur Postmoderne einschließt.

Ein Gattungsbegriff umschreibt eine Ganzheitsvorstellung – Kantisch gesprochen –, ein zwischen Begriff und Anschauung schwebendes "Schema" der Einbildungskraft.[14] Dies erklärt, warum Gattungen sich so schwer bestimmen lassen und Diskussionen darüber oft kontrovers verlaufen. Im Rahmen der Gestalttheorie kann das Gattungskonzept auch als Gestaltvorstellung aufgefaßt werden, die sich aus einer Fülle von Merkmalen, "Teil-Eigenschaften", "Strukturfunktionen" zusammensetzt, aber mehr ist als die Summe dieser Merkmale. Wenn Merkmale sich ändern, wird die Gestaltvorstellung nicht aufgehoben, sondern modifiziert. Andererseits kann das Fehlen entscheidender Strukturelemente auch das Ganze zerstören.[15]

Zwei – zu recht – allgemein gehaltene Definitionsansätze scheinen, ungeachtet aller Unterschiede in Detailfragen, konsensfähig zu sein: Die formale Bestimmung von U. Broich, daß man von einem Geschichtsdrama sprechen kann, wenn seine "Handlung erkennbar in spezifischen historischen Epochen, die nicht identisch mit der Zeit des Autors sind, lokalisiert ist."[16] Allerdings bleibt bei diesem Definitionsvorschlag, wie Broich selber einräumt, die Frage offen, wieweit Stoffe aus der Zeitgeschichte möglich sind, ohne den Gattungscharakter zu zerstören. Hier kann man wohl nur von Fall zu Fall entscheiden, wobei die Intention des Autors zu berücksichtigen ist. Konsensfähig ist ebenfalls Hegels Begriff der "Umwandlung", mit dem er das für die historische

11 Vgl. z.B. Sengle ^{2}1969, S. 35.
12 Pro und Contra dieser Auffassung erörtert W. Hinck 1981, S. 9f.
13 Nähere Erläuterungen in Karl Löwiths geschichtsphilosophischen Vorlesungen (Löwith 1979).
14 Kant, *Kritik der reinen Vernunft*, ^{1}1781, S. 140.
15 Ritter, *Historisches Wörterbuch*, 1974, S. 550f.
16 Broich 1987, S. 154.

Dichtung im Gegensatz zur Geschichtswissenschaft charakteristische Verfahren benennt. Dichtung hat

> [...] den innersten Kern und Sinn einer Begebenheit, Handlung, eines nationalen Charakters, einer hervorragenden historischen Individualität herauszufinden, die umherspielenden Zufälligkeiten [...] abzustreifen und dafür solche an die Stelle zu setzen, durch welche die innere Substanz der Sache klar herausscheinen kann.[17]

Das Ziel der Beiträge ist jedoch nicht primär eine Gattungsdefinition, sondern eine Interpretation des jeweiligen Dramas als einer spezifischen Form der Geschichtsdarstellung. Die Vorträge spiegeln die Auffassung des Interpreten vom Geschichtsdrama und wirken umgekehrt wieder auf die allgemeine Vorstellung vom Gattungskonzept zurück. In ihnen dokumentieren sich zum Beispiel entscheidende Unterschiede zwischen antiker und moderner Geschichtsdarstellung (W. Nicolai, K. Sallmann) oder Gemeinsamkeiten und Differenzen zwischen mittelalterlicher und Shakepearescher Geschichtskonzeption (D. Rolle). Das Spektrum moderner, beziehungsweise postmoderner Geschichtsdarstellungen reicht von dem Verzicht auf hermeneutische Sinngebung angesichts des Labyrinths der Geschichte (D. Kafitz, *Heiner Müller*) bis zu dem Entwurf einer gelegentlich die Forderungen der Geschichtswissenschaft bewußt ignorierenden fiktiven Gestaltung (W. Floeck, *Das historische Drama spanischer Autorinnen der Gegenwart*).

Ferner lassen sich an den Vorträgen Kriterien des Geschichtsdramas ablesen, die wesentliche Bedeutung für die Strukturierung der Gattung haben. Die Novellentheorie, die weiter fortgeschritten ist als die Poetik des Geschichtsdramas oder des historischen Romans, läßt erkennen, daß ein Gattungskonzept nicht deduktiv, sondern gleichsam von unten, aus der Analyse von Beispielen entwickelt werden muß. Dabei kann eine Definition erst am Ende der Untersuchung stehen, was sich aber vorher herauskristallisiert, das sind entscheidende, immer wiederkehrende Strukturmerkmale, die vermuten lassen, daß sie wesentlich zum Geschichtsdrama gehören.

Bei der Betrachtung dieser Merkmale fällt zunächst ein schon von Hegel beobachteter Grundzug des historischen Dramas auf, nämlich sein notwendiger 'Anachronismus'.[18] Darunter versteht er die Darstellung geschichtlicher Zusammenhänge und Probleme unter der Perspektive der eigenen Zeit, die Interpretation der eigenen Gegenwart im Spiegel der Vergangenheit. Goethe erkannte das Problem bereits bei Manzonis historischem Drama *Adelchi*. In der Interpretation dieses Dramas von K. Ley wird der 'Anachronismus' zu einem Schlüsselbegriff. Dieses für jede historische Dichtung charakteristische

---

17 Hegel 1955, Bd. 2, S. 359. Vgl. Hinck, 1981, S. 12, der auf Hegels Begriff aufmerksam macht. In die gleiche Richtung gehen W. Kellers Ausführungen zur "typisierend-modellhaften Verfahrensweise des Dramatikers" (Keller 1976, S. 322–330).

18 Hegel 1955, Bd. 1, S. 272; Lukács 1965, S. 73f. Vgl. auch W. Hinck 1995, S. 61–73.

Verfahren läßt sich mit Gadamer auch als Form einer 'Horizontverschmelzung' bestimmen.[19] Er versteht darunter, daß in jeder Interpretation der zeitliche Horizont des Textes mit dem des Interpreten verschmilzt. Dieser hermeneutische Vorgang spielt auch bei der dramatischen Gestaltung von Geschichte eine entscheidende Rolle.

Allerdings muß einschränkend ergänzt werden, daß auch das entgegengesetzte Verfahren einer Abgrenzung des geschichtlichen Horizontes von dem der eigenen Zeit wirksam ist. Das läßt sich besonders eindrucksvoll im modernen Geschichtsdrama studieren, weil die Abgrenzung Distanz schafft, während die Verschmelzung die Voraussetzung der Identifikation ist, die im modernen Drama nicht angestrebt wird. Dieses distanzschaffende Verfahren könnte man als 'Horizontdifferenzierung' bezeichnen. Im Drama geschieht das etwa durch das Spiel mit verschiedenen Sprachebenen. Volker Braun – um nur ein Beispiel zu nennen – kontrastiert im *Dmitri* die Sprache des klassischen Schiller mit der Gegenwartssprache und konfrontiert so an den Bruchstellen die Bewußtseinshaltungen verschiedener Epochen (W. Düsing).

'Horizontverschmelzung' und 'Horizontdifferenzierung' sind zwar gegensätzliche Verfahren, müssen einander aber nicht ausschließen, sondern können in einem Drama nebeneinander bestehen. Beide verbinden sich oft mit einem dominierenden Thema aller Darstellung von Geschichte, der 'Identitätssuche'. Sie kann als Suche nach personaler Identität oder der kollektiven Identität eines Volkes, einer Nation gestalten werden. Das Thema ist so zentral, daß die Anführung einiger charakteristischer Beispiele genügen dürfte.

Schon in Aischylos' *Persern* soll durch die Erinnerung an den großen gemeinsamen Sieg das Bewußtsein der hellenischen Einheit erweckt und gestärkt werden (W. Nicolai). Shakespeares Geschichtsdramen bilden, wie D. Rolle zeigt, eine zusammenhängende achtteilige Reihe zur Geschichte Englands und seiner nationalen Identität. Der historische Dramenzyklus ist Shakespeares Antwort auf das von den Zeitgenossen als höchste literarische Gattung geforderte große nationale Epos. Im Zentrum des Zyklus steht England, das nach schweren Krisen zu sich selbst zurückfindet. Der Vortrag von W. Herget über das amerikanische Historienspiel (*pageant* oder *historical spectacle*) signalisiert schon im Titel die Bedeutung dieser Thematik für die behandelten Dramen: "Das amerikanische Historienspiel als nationale und ethnische Identitätsbindung". Ein ganz anderes und doch wieder im Rahmen der Identitätssuche vergleichbares Beispiel bietet das von Ulrike Jekutsch vorgestellte russische Drama *Komedija goroda Peterburga.* Die Gestaltung von Mythos und Geschichte der Stadt Petersburg führt zu einer Standortbestimmung Rußlands insgesamt und einem vertieften Selbstverständnis seiner Rolle zwischen Asien und Europa. Um individuelle Identitätssuche aus weiblicher Sicht im Rahmen

19 Gadamer ^{3}1972, S. 289f.

einer Gesellschaft, die von patriarchalischen Normen geprägt ist, geht es dagegen in modernen historischen Dramen spanischer Autorinnen (W. Floeck).

Ein weiteres wesentliches Merkmal historischer Dramen ergibt sich aus der Beobachtung, daß die Schicksale dramatischer Figuren oft vor dem Hintergrund einer 'Zeitenwende' dargestellt werden. Im Zentrum steht der Untergang einer Epoche, die von den Vorboten einer neuen Zeit abgelöst wird. Das wirkt sich auch auf die Figurengestaltung aus, deren Verhalten nicht nur psychologisch motiviert wird, sondern auch darin begründet ist, daß sie Repräsentanten einer untergehenden oder einer neu heraufkommenden Epoche sind. Individuelle Konflikte werden auf diese Weise durch die Konfrontation zweier Zeitalter Elemente des historischen Prozesses, sie werden "historisiert".[20] Figuren, die Konflikte von historischer Dimension austragen, weil sie an einer Zeitenwende stehen, kann man mit einem Terminus von Blumenberg als 'Limesfiguren' bezeichnen.[21] Eine solche Konfrontation zweier Bewußtseinshaltungen, die ganz Spanien in zwei Lager teilte, gestaltet zum Beispiel das Drama *El Fernando,* historisiert aber mit diesem Rückgriff auf einen Stoff aus dem Anfang des 19. Jahrhunderts die Situation zur Zeit der Francodiktatur. Diese mit der Gestaltung von Geschichte verbundene "Systemkritik" (K. Pörtl) ist zugleich ein anschauliches Beispiel für das Verfahren der 'Horizontverschmelzung'.

Nur in Andeutungen kann noch ein weiterer wesentlicher Aspekt des Geschichtsdramas berücksichtigt werden, der die temporale Perspektive bei der Darstellung der Zeitenwende betrifft. Nahezu jedes historische Drama gibt eine Antwort auf das von Nietzsche artikulierte Problem der zweiten der *Unzeitgemäßen Betrachtungen.* In der Abhandlung "Vom Nutzen und Nachteil der Historie für das Leben" unterscheidet er drei verschiedene Arten der Historie, der Geschichtswissenschaft. Da die Unterscheidung grundsätzlich mögliche Einstellungen gegenüber der Geschichte betrifft, ist sie auch für die Darstellung von Geschichte und damit auch für die Interpretation der Zeitenwende im Drama relevant. Das Verhältnis zur Geschichte kann entweder aktiv, auf die Zukunft gerichtet ("monumentalisch") oder betrachtend, auf die Vergangenheit gerichtet ("antiquarisch") sein. Die dritte Form steht der Geschichte "kritisch" gegenüber, die Perspektive der Gegenwart dominiert.[22]

So kann die Darstellung der Zeitenwende zu einem utopischen Entwurf der Zukunft führen, wobei die Figuren als deren Repräsentanten und Hoffnungsträger auftreten. Eines der bekanntesten Beispiele der deutschen Literatur für den Entwurf einer solchen Utopie, dem "kühnen Traumbild eines neuen Staates", ist Schillers *Don Carlos* (IV, 21, V. 4278). Ein ungebrochener utopischer Entwurf dürfte im modernen Drama selten sein. Zukunftsperspektiven finden

---

20 Dieser Begriff wird hier nur ganz allgemein verstanden, ohne speziellen Bezug auf Brecht. Vgl. dazu Hinck 1981, S. 18f.

21 Blumenberg [2]1982, S. 21.

22 Nietzsche 1966, S. 219ff. Vgl. dazu Düsing 1994, S. 206f.

sich – wenn auch nicht ohne Vorbehalt formuliert – in Dramen von Autoren, deren Geschichtsbild durch den Marxismus beeinflußt ist. In Heiner Müllers oder Volker Brauns frühen Stücken ist die Hoffnung auf eine revolutionäre Veränderung der Verhältnisse noch lebendig. Später tritt sie immer mehr zurück. In einer Zeit, in der sich das lähmende Gefühl einer allgemeinen Stagnation ausbreitet, wird die Kunst für Heiner Müller zum "Statthalter von Geschichte" (D. Kafitz). Die Zeitenwende kann aber auch umgekehrt als Untergang einer großen Epoche oder eines großen Individuums tragisch aufgefaßt werden, wobei die Zukunft negativ gesehen wird und die Perspektive rückwärtsgewandt, elegisch ist. Goethes *Götz von Berlichingen* als Tragödie des letzten Ritters ist ein Beispiel dieser Art. Das Scheitern des Demetrius, eine Wende in Rußlands Geschichte herbeizuführen, wird von Schiller tragisch gestaltet, von V. Braun dagegen im Vertrauen auf Fortschritte in der Gegenwart, kritisch gesehen (W. Düsing). Eine kritische Betrachtungsweise dominiert, wenn das historische Geschehen als Warnung für die eigene Zeit aufgefaßt wird. So wird der polnische Mythos der Novemberrevolution in Wyspiańskis *Noc listopadova* noch einmal beschworen, aber nicht mehr als Identifikationsmuster, sondern, wie es schon der Titel des Vortrags von Brigitte Schultze formuliert, als "entzauberter Geschichtsmythos" mit deutlicher Warnung für die eigene Gegenwart. Das gilt auch für den schon erwähnten *El Fernando* (K. Pörtl). Diese Beispiele enthalten immer auch die anderen Perspektiven, dennoch läßt sich feststellen, daß eine der drei möglichen dominiert.

Jede Wandlung der Dramenform hat Folgen für die Geschichtsdarstellung. Die geschichtlich sich verändernden Dramaturgien liefern die Vorgaben, die erst die Gestaltung der Geschichte ermöglichen, wie jeder Blick auf die Entwicklung des historischen Dramas lehrt. Das ergibt sich auch aus den vorliegenden Einzelinterpretationen. Darüber hinaus spiegelt sich eine generelle Tendenz in der Entwicklung des historischen Dramas in mehreren Beispielen des Sammelbandes. Das moderne Drama kennt das Tragische und die reine Tragödie kaum noch. Während von den Anfängen des Geschichtsdramas, bei den *Persern* des Aischylos (W. Nicolai) und der römischen Gattung der *Fabula praetexta* (K. Sallmann) bis weit in das 19. Jahrhundert hinein in der Gestaltung der historischen Ereignisse nach einer Tragödiendramaturgie die künstlerische Leistung gesehen wurde, verlieren das Tragische und die Tragödie immer mehr ihre sinnstiftende Funktion für die Darstellung und Deutung von Geschichte. Eine Vermischung des Komischen mit dem Tragischen, eine "Travestie des Tragischen" wird im modernen Drama überall sichtbar.[23] Diese ins Komische, Groteske und Absurde tendierende Fassung von Stoffen, die traditioneller Weise tragisch gestaltet werden, setzt schon früh ein. J. Kost zeigt hier die Modernität von Grabbes Geschichtsdarstellung, und auch P. Wellnitz demonstriert, daß die Auseinandersetzung mit der französischen

23 Vgl. Heidsieck 1971.

Revolution im deutschsprachigen Drama des 20. Jahrhunderts das traditionelle Schema der historischen Tragödie sprengt. Diese Tendenz ist bis V. Braun wirksam. Die Ablösung der Geschichtstragödie durch das Absurde und Groteske ist eine internationale Entwicklung, was die hier angeführten Beispiele aus der deutschen Literatur nicht verdecken sollen.

Abschließend bleibt festzustellen, daß die Vielfalt der Perspektiven, aus denen hier das Geschichtsdrama betrachtet wird – wie die Einleitung anzudeuten versuchte –, eine Anregung sein sollte, das Thema interdisziplinär weiterzuverfolgen.

Literaturverzeichnis

Aristoteles: *Poetik.* Übersetzung, Einleitung u. Anmerkungen v. O. Gigon, Stuttgart 1964.

Blumenberg, H.: *Aspekte der Epochenschwelle. Cusaner und Nolaner,* Frankfurt a.M. [2]1982.

Broich, U.: "Das europäische Geschichtsdrama nach 1945", in *Literaturwissenschaftliches Jahrbuch* 28, 1987, S. 153 – 165.

Gadamer, H.-G.: *Wahrheit und Methode. Grundzüge einer philosophischen Hermeneutik,* Tübingen [3]1972.

Düsing, W.: "'Das kühne Traumbild eines neuen Staates'. Die Utopie in Schillers 'Don Karlos'", in *Geschichtlichkeit und Gegenwart.* Festschrift für H.D. Irmscher, hrsg v. H. Esselborn und W. Keller, Köln/Weimar/Wien 1994, S. 194 – 208.

Hegel, G.W.F.: *Ästhetik,* hrsg. v. F. Bassenge. 2 Bde, Berlin/Weimar 1955.

Heidsieck, A.: "Die Travestie des Tragischen im deutschen Drama", in *Tragik und Tragödie,* hrsg. v. V. Sander, Darmstadt 1971, S. 456 – 481 [Wiss. Buchgesellschaft].

Hempfer, K.-W.: *Gattungstheorie,* München 1973.

Hinck, W.: *Geschichtsdichtung,* Göttingen 1995.

Hinck, W.: "Zur Poetik des Geschichtsdramas", in *Geschichte als Schauspiel. Deutsche Geschichtsdramen. Interpretationen,* hrsg. v. W.H., Frankfurt a.M. 1981, S. 7 – 21.

Historisches Wörterbuch der Philosophie, hrsg. v. J. Ritter, Bd. 3, Basel/Stuttgart 1974.

Kant, I.: *Kritik der reinenVernunft. Nach der ersten und zweiten Original-Ausgabe,* Hamburg 1956.

Keller, W.: "Drama und Geschichte", in *Beiträge zur Poetik des Dramas,* hrsg. v. W.K., Darmstadt 1976, S. 298 – 339.

Koselleck, R.: "Geschichte, Geschichten und formale Zeitstrukturen", in *Geschichte – Ereignis und Erzählung,* hrsg. v. R. Koselleck u. W.-D. Stempel, München 1973, S. 211 – 222.

Löwith, K.: *Weltgeschichte und Heilsgeschehen. Die theologischen Voraussetzungen der Geschichtsphilosophie,* Stuttgart/Berlin/Köln/Mainz [7]1979.

Lukács, G.: "Der historische Roman", in *Werke, Bd. 6: Probleme des Realismus III,* Neuwied/Berlin 1965, S. 106 – 206.

Neubuhr, E.: "Einleitung", in *Geschichtsdrama,* hrsg. v. E.N., Darmstadt 1980, S. 1 – 37.

Nietzsche, Friedrich: "Vom Nutzen und Nachteil der Historie für das Leben", in *Werke,* hrsg. v. K. Schlechta, Bd. 1, München 1966, S. 209–285.

Polheim, K.K.: "Novellentheorie und Novellenforschung. Ein Forschungsbericht (1945–1964)", in *Deutsche Vierteljahrsschrift* 38 (1964), Stuttgart 1965 [Sonderdruck].

Sengle, F.: *Das historische Drama in Deutschland. Geschichte eines literarischen Mythos*, Stuttgart ^{2}1969.

Wilpert, G. v.: *Sachwörterbuch der Literatur*, Stuttgart ^{5}1969.

Zahn, P.: "Das Geschichtsdrama", in *Formen der Literatur in Einzeldarstellungen,* hrsg. v. O. Knörrich, Stuttgart 1981, S. 123–135.

Walter Nicolai

Aischylos' *Perser*

Das *Perser*-Drama des Aischylos ist die früheste uns erhaltene griechische Tragödie. Das Stück wurde im Jahre 472 v. Chr. (also acht Jahre nach dem Sieg der Griechen bei Salamis) bei den Großen Dionysien in Athen uraufgeführt;[1] und es wurde (dies ist eine Besonderheit) einige Jahre später in Syrakus noch einmal gespielt, auf Einladung des dortigen Tyrannen Hieron I.[2] (auch die sizilischen Griechen hatten damals nämlich gerade bedeutende Siege über die Karthager und die Etrusker errungen).

Beim Theateragon im Rahmen der Großen Dionysien[3] in Athen war es üblich, an drei aufeinanderfolgenden Tagen jeweils eine Tragödientrilogie und zum Abschluß ein Satyrspiel aufzuführen (insgesamt pro Tag also vier Stücke, eine sogenannte Tetralogie). Wer die beiden Konkurrenten des Aischylos im Jahr 472 waren (die ihre Stücke an den andern zwei Tagen spielten), das wissen wir in diesem Fall nicht; wohl aber, daß Aischylos – mit seiner Tetralogie – den ersten Preis errang.

Unser *Perser*-Drama wurde also im Verbund mit zwei anderen Tragödien und einem nachfolgenden Satyrspiel aufgeführt, von denen uns freilich kaum mehr als die Titel bekannt sind. Die antike Hypothesis, die dem Text in unserer wichtigsten Handschrift (dem 'Mediceus') vorangestellt ist, nennt folgende Reihenfolge: zuerst wurde der *Phineus* gespielt, an zweiter Stelle unsere *Perser*, als drittes Stück eine *Glaukos*-Tragödie und zum Schluß ein *Prometheus*-Satyrspiel (vermutlich der *Prometheus Pyrkaieus*, der 'Feueranzünder' Prometheus; nicht zu verwechseln mit der uns erhaltenen Tragödie *Der Gefesselte Prometheus*, die zwar ebenfalls unter dem Namen des Aischylos überliefert ist, nach neueren Untersuchungen aber wohl erst in die Zeit um 430 gehört). Umstritten ist, ob die drei Tragödien *Phineus*, *Perser* und *Glaukos* eine sogenannte Inhaltstrilogie bilden (ob sie thematisch also einen gemeinsamen roten Faden besitzen, wie die späteren Trilogien des Aischylos: die *thebanische Trilo-*

1 Die Aufführung – unter der Choregie des jungen Perikles – fand statt im damals noch sehr schlicht ausgestatteten Dionysostheater; vgl. Newiger 1979, S. 445ff.
2 Scholion zu Aristophanes, *Frösche* V. 1028; Aischylos, *Vita*.
3 Darüber informiert ausführlich Blume [3]1991.

gie, die *Danaidentrilogie* oder die *Orestie*), oder ob es sich vielmehr – was wahrscheinlicher ist – um drei isolierte Einzelstücke handelt, die allenfalls eine sehr vage Gemeinsamkeit besitzen.[4] Da sich darüber keine gesicherten Aussagen machen lassen, möchte ich mich dabei nicht länger aufhalten. Fest steht nur eines: die *Perser*-Tragödie mit ihrem historischen Thema (der Niederlage des Perserkönigs Xerxes in Griechenland in den Jahren 480 und 479) wurde offensichtlich eingerahmt von zwei Tragödien, die jeweils ein mythisches Thema behandelten.

I. Der Handlungsablauf der *Perser*

Bevor ich nun auf den Aspekt, der uns in diesem Sammelband besonders interessiert (den Aspekt des Geschichtsdramas), näher eingehe, möchte ich zunächst einmal eine Vorstellung vom Aufbau und vom Handlungsablauf der *Perser* vermitteln und auch – soweit wie möglich – die Wirkungsabsichten zu entschlüsseln versuchen, die Aischylos mit der Aufführung seiner *Perser* verfolgt hat.

Der Aufbau[5] des Stückes ist denkbar einfach (er läßt noch die Urform der Tragödie erahnen, deren Hauptelement der Chor war – der Chor als Repräsentant der Gemeinschaft –, zu dem dann ein Schauspieler, etwa in der Funktion eines Boten, hinzutrat; erst Aischylos hat darüberhinaus die Verwendung eines zweiten Schauspielers eingeführt). Der Chor wird in den *Persern* (die am Hof des Großkönigs[6] in Susa spielen) von den persischen Ratsherren gebildet, die

4 "It need not be denied that all three were broadly connected with the 'Europe v. Asia' motif, but each play seems to have been a complete unity in itself", Broadhead 1960, S. LX; noch skeptischer Lesky ^{3}1972, S. 87f. Phineus war ein Seher am Schwarzen Meer, der den Argonauten auf ihrer Fahrt nach Kolchis (wenn man so will: der erste Übergriff der Griechen nach Asien) weissagt. Und der von seinen eigenen Stuten zerrissene Glaukos Potnieus (sofern es sich im dritten Stück nicht stattdessen um Glaukos Pontios handelt) war Besitzer eines Gestüts in Potniai, welches zwischen Theben und Plataiai lag, wo das griechische Landheer 479 die Perser besiegte. Die These von der thematischen Einheit der drei Tragödien vertritt u.a. Deichgräber 1975. – Flintoff 1992, S. 67–80, sieht das einigende Band in der Gemeinsamkeit der Bildmotive: "With its bewildering kaleidoscope of perhaps constantly rearranging images centering upon chariot-journeys and their troubled aftermath and eating the whole of this temporally disturbed – and disturbing – tetralogy would have focussed then upon the relations between sinful and hybristic man and the world that, in a plural sense, feeds both his hunger and vanity" (S. 79).

5 Zum Aufbau der Dramenhandlung vgl. Broadhead 1960, S. XXXV–XLIII; de Romilly 1974, S. 7–9; Thalmann 1980, S. 279; Michelini 1982, S. 66–74; Lenz 1986; Court 1994, S. 41.

6 Die Hypothesis sagt nur, daß die Handlung des Stücks 'am Grab des Dareios' spielt. Inwiefern auch der Versammlungsort ("tode [...] stegos archaion", V. 140f.), an dem sich der Chor der persischen Ratsherren trifft und vor dem seine Begegnungen mit Atossa und Xerxes stattfinden, in räumlicher Nachbarschaft dieses Grabhügels gelegen ist, ist eine Frage, die offenbar weder Autor noch Publikum weiter interessiert hat (vgl. Kitto ^{3}1961, S. 42; Broadhead 1960, S. XLIII; siehe aber auch Kierdorf 1966, 54f.; Taplin 1977, S. 454;

zu Beginn des Stücks – mit ihrem Einzugslied (der Parodos) – die Bühne betreten und sie erst ganz am Schluß (am Ende der Exodos) wieder verlassen. Die eigentliche Schauspielerhandlung ist (modern gesprochen) in drei Akte gegliedert, die durch zwei sozusagen pausenfüllende Chorlieder (das erste Stasimon und das zweite Stasimon) von einander abgegrenzt werden. Der erste und der zweite Akt (in antiker Terminologie: das erste und zweite Epeisodion) sind jeweils zweigeteilt; beide Male tritt zunächst die Königinmutter Atossa zum Chor, und anschließend tritt eine weitere Figur hinzu: im ersten Epeisodion ein Bote des vernichteten Perserheeres, im zweiten Epeisodion der Geist des verstorbenen Königs Dareios. Und im dritten Akt schließlich (in der Exodos) erscheint der geschlagene Perserkönig Xerxes selbst auf der Bühne.

Betrachten wir den Ablauf der Handlung nun noch etwas genauer. Die Parodos (das Einzugslied der persischen Ratsherren, die der Großkönig während seiner Abwesenheit mit der Aufsicht über das Land beauftragt hat), diese Parodos ist emotional von einem tiefen Zwiespalt[7] durchzogen: auf der einen Seite die (zu kühnsten Hoffnungen berechtigende) Erinnerung an den Auszug des glänzend gerüsteten und die Elitetruppen ganz Asiens umfassenden Perserheeres,[8] auf der andern Seite (weil so lange schon keine Nachrichten mehr eingetroffen sind) die bange Sorge, es könne dem Heer (das über eine Schiffsbrücke am Hellespont auf das europäische Festland vorgedrungen ist) dort ein furchtbares Unglück zugestoßen sein. Denn:

> Welcher Sterbliche vermag es, dem listsinnenden Trug der Gottheit zu entgehen? [...] Freundlich schmeichelnd verlockt die Verblendung ihn zuerst in ihr Gespinst, und dann gibt es für ihn kein Entkommen mehr daraus (V. 94–100).

Als der Chor sich gerade zu einer Beratung niederlassen will, da fährt – prachtvoll geschmückt – auf einem goldenen Wagen die Königinmutter Atossa vor: Auch sie von Angst erfüllt, daß der von ihrem verstorbenen Mann Dareios geschaffene Reichtum und Wohlstand des Perserreiches jetzt vom Untergang bedroht sein könnte. In der vergangenen Nacht habe sie geträumt, wie ihr Sohn Xerxes zwei schöngekleidete Frauen (die eine in persischer, die andere in griechischer Tracht) – zwei Schwestern zwar, die aber untereinander in Streit geraten waren –, wie Xerxes also diese beiden attraktiven Frauen vor seinen Wagen zu spannen versucht habe, und zwar unter ein gemeinsames Joch. Die eine (die persische Frau) habe dies folgsam geschehen lassen, die andere (die griechische) dagegen habe sich wild aufgebäumt, so daß der königliche Wagen zu Bruch ging und Xerxes selbst dabei schimpflich zu Fall

Melchinger 1979, S. 13). – Zum persischen 'Kolorit' des Stückes vgl. Broadhead 1960, S. XXXf.; Kierdorf 1966, S. 50ff; Hegyi 1981, S. 187–192; Péron 1982, S. 6–8.

7 Dazu vgl. jetzt Schnyder 1995, S. 34–46.

8 Zur vielfachen Betonung von Reichtum und zahlenmäßiger Überlegenheit der Perser vgl. Saïd 1988, S. 321–348.

kam.[9] Außerdem – berichtet Atossa – sei ihr ein Vogelzeichen zuteil geworden, bei dem ein Adler von einem Falken verfolgt wurde und sich wehrlos von diesem attackieren ließ.

Während so die Angst am persischen Königshof um sich greift, trifft ein Eilbote vom Heer ein und bestätigt die schlimmsten Befürchtungen. Der Chor reagiert auf die Unglücksnachricht mit heftigem Wehklagen, die Königinmutter dagegen bleibt gefaßt und stellt gezielte Fragen nach dem Hergang des Geschehens. Xerxes selbst zwar (so berichtet der Bote als erstes, weil es für alle das Wichtigste ist), Xerxes selbst hat überlebt; aber die meisten seiner Feldherren (die in einem langen Katalog namentlich genannt werden) sind gefallen. Und zur Begründung, weshalb die vierfach überlegene persische Flotte von den Griechen besiegt werden konnte, führt der Bote an: "Eine Gottheit war's, die unser Heer zerschlug" (V. 345). Unterbrochen und gesteuert von den Zwischenfragen Atossas, läßt Aischylos den Boten seinen Katastrophenbericht dann in drei Teilen vortragen: als erstes berichtet er ausführlich den Ablauf der Seeschlacht bei Salamis (angefangen von der berühmten List[10] des – allerdings nicht namentlich genannten – Themistokles bis zur Vernichtung der persischen Flotte), zweitens dann die völlige Aufreibung einer persischen Heeresabteilung auf der nahe gelegenen kleinen Insel Psyttaleia und drittens schließlich die schweren Verluste von Xerxes' Heer auf dem Rückmarsch (durch Makedonien und Thrakien).

Während Atossa daraufhin vorübergehend in den Palast zurückkehrt (um Opferspenden für die Toten vorzubereiten), hebt der Chor zu einem Klagegesang an (zum ersten Stasimon), schreit sich seinen Schmerz um die Kriegsgefallenen von der Seele und beklagt das Leid der Hinterbliebenen (der verwaisten Kinder, der Witwen, der greisen Eltern).[11]

Es folgt der zweite Akt, der (mit der religiösen Deutung des Geschehens) dann das eigentliche Kernstück der Tragödie bildet. Atossa – diesmal demütig zu Fuß und ohne ihren königlichen Schmuck[12] – kehrt mit Opfergaben aus dem Palast zurück, um (gemeinsam mit dem Chor) am Grabmal des Dareios das feierliche Ritual einer Totenbeschwörung durchzuführen, damit der verstorbene Dareios (kraft seines überlegenen Wissens, das dem Perserreich zu seinen Lebzeiten Glück und Segen bescherte) dem Land in der gegenwärtigen Notlage einen rettenden Ausweg weise. Aischylos läßt auf der Bühne also die

---

9 Auch wenn die beiden Frauen eigentlich nur für Persien und Griechenland stehen, so nimmt das Traumbild doch bereits den 'Ost-West-Konflikt' zwischen Asien und Europa vorweg und den damit verbundenen Gegensatz von Despotie und Freiheit. Vgl. Broadhead 1960, S. 78; Gelzer 1973, S. 20–53; de Romilly 1974, S. 14f.; Hahn 1981, S. 178ff.; Raaflaub 1985, S. 72ff.

10 Ihre Historizität ist unter den Historikern umstritten; vgl. Vogt 1972, S. 144.

11 "Trotz seiner als Zeichen orientalischen Kolorits geltenden Unterwürfigkeit gegenüber Atossa und Dareios äußert sich der Chor über Xerxes häufig mit schonungsloser Offenheit" (Court 1994, S. 81).

12 Zum Kontrast zu Atossas erstem Auftritt vgl. Thalmann 1980, S. 268f.

spektakuläre Zeremonie einer regelrechten 'Nekromantie'[13] durchführen (wie wir sie etwa vom Totenorakel in Ephyra kennen oder aus der *Odyssee*, wo Odysseus den verstorbenen Seher Teiresias[14] um Rat fragt). Unter dem magischen Zwang des vom Chor gesungenen Beschwörungsliedes steigt der Geist des Dareios tatsächlich aus dem Grab empor und fragt, weshalb man ihn gerufen habe.

Nachdem Atossa Dareios (in einer langen Frage-Antwort-Stichomythie) darüber aufgeklärt hat, daß Xerxes – nach Überbrückung des Hellesponts – mit dem Landheer und der Flotte ganz Asiens nach Griechenland gezogen ist und dort vernichtend geschlagen wurde, beschuldigt Dareios seinen Sohn[15] jugendlicher Tollheit (V. 744) und des Größenwahns (V. 750) und wirft ihm vor allem vor, daß er dem Hellespont, einem göttlichen Meeresstrom, durch die Überbrückung Gewalt angetan habe (indem er ihm – wie einem Sklaven – Fesseln anlegen wollte, V. 745–750). Atossa (ganz die besorgte Mutter[16]) versucht ihren Sohn damit zu entschuldigen, daß schlechte Ratgeber ihn dazu angetrieben hätten, den kriegerischen Erfolgen seines Vaters nachzueifern. Doch Dareios weist darauf hin, daß weder einer seiner Vorfahren noch er selber jemals so viel Unglück über das Land gebracht habe, und beharrt auf dem Vorwurf jugendlicher Unvernunft. Und auf die Frage des Chores nach einem Ausweg aus der Krise gibt Dareios die lapidare Antwort: "Verzichtet künftig auf Angriffe gegen Griechenland [...]; denn das Land selbst schützt seine Bewohner" (V. 790–792). Zur Bekräftigung dieser Behauptung prophezeit[17] Dareios jenem Teil des persischen Heeres, den Xerxes zur Fortsetzung des Krieges noch in Griechenland zurückgelassen hat, für das folgende Jahr (nämlich 479) den Untergang in der Schlacht bei Plataiai (und zwar zur Strafe für die Zerstörung griechischer Tempel und Götterbilder, V. 809–812).

Die Warnung des aus dem Totenreich beschworenen Königs (an die Adresse der persischen Ratsherren) kulminiert in den Worten:

> Die Grabhügel der Gefallenen sind eine stumme Mahnung für die Nachgeborenen, keine maßlosen Ziele zu verfolgen [...]. Denkt immer an Athen und Griechenland und hütet euch künftig davor, aus Unzufriedenheit mit dem Vorhandenen und aus Begierde nach Neuem, Größerem, euer Glück leicht-

---

13 Ein 'Theatercoup': "der eigentliche Überraschungseffekt" in dem Stück sei "die Epiphanie des Dareios gewesen" (Melchinger 1979, S. 28).

14 *Odyssee* 11, V. 90ff.; zur Darstellung dieses homerischen Motivs in Aischylos' *Psychagogoi* vgl. Hegyi 1981, S. 190.

15 "Das ist der dem griechischen Denken so vertraute Konflikt zwischen Vater und Sohn, ein Stück Ödipuskomplex, möchte man sagen. So wie dieser Streit zwischen den Männern der aufeinanderfolgenden Generation, so ist auf der andern Seite die Verbundenheit des Sohnes mit der Mutter in den griechischen Mythen [...] ganz vertraut" (Vogt 1972, S. 136).

16 Dazu Kierdorf 1966, S. 63f. u. 79f.

17 Zur Erklärung der "Widersprüchlichkeit [...] zwischen der Unwissenheit des Dareios hinsichtlich der Ereignisse bei Salamis und seiner genauen Voraussage der persischen Niederlage bei Plataeae" mit den jeweils unterschiedlichen Absichten des Autors vgl. Court 1994, S. 50–53.

> sinnig aufs Spiel zu setzen! Denn Zeus ist ein Zuchtmeister übermäßiger Verwegenheit, ein erbarmungsloser Richter (V. 818–828).

Seiner Frau Atossa aber erteilt Dareios zum Schluß den Auftrag, im Palast ein angemessenes Gewand für Xerxes zu besorgen, um ihn nach seiner Rückkehr neu einzukleiden[18] und zu trösten (was zugleich heißt: um seine königliche Würde – nach der schmählichen Niederlage – wiederherzustellen).

Zwischen zweitem und drittem Akt singt der Chor das zweite Stasimon: ein Preislied auf die Herrschaft des verstorbenen Dareios, der selber niemals den Haiys (den Grenzfluß in Kleinasien zwischen Medien und Lydien) überschritten und dennoch viele jonische Städte und Inseln für das Perserreich erobert habe, ohne daß jemals persische Heere dabei zu Schaden gekommen seien.

In krassem Gegensatz zu dieser Segenszeit unter Dareios dann die Exodos (der Schlußakt). Der besiegte König Xerxes kehrt heim: in erbarmungswürdigem Aufzug, zu Fuß und allein (ohne Wagen und Begleitung), mit nichts in der Hand als einem leeren Köcher (Symbol für seine Machtlosigkeit und für den Verlust seines Heeres); schlimmer noch: der König erscheint in zerrissenen, zerlumpten Kleidern[19] (was für den Zustand steht, in dem sich – nach dem militärischen Fiasko – sein Reich und seine Herrschaft befinden). Gemeinsam mit dem Chor bejammert Xerxes die Jugendblüte und die Heerführer ganz Asiens, die (durch seine Schuld) in Griechenland den Tod gefunden. Wenn man sich (ergänzend zum literarischen Text) auch die dazugehörige Musik und die orgiastischen Tanzbewegungen vorstellt, dann muß dieser (sich immer stärker ins Pathos hineinsteigernde) Wechselgesang zwischen König und Chor (der wohl auf einem uralten Ritual der Totenklage basiert) einen wirkungsvollen Abschluß des Stückes gebildet haben.

II. Aischylos' Wirkungsabsichten

Welcher Art mögen nun die Wirkungsabsichten gewesen sein, die Aischylos mit seinem *Perser*-Drama verfolgt hat? Dabei wollen wir die unspezifischen (für alle griechischen Dramen gültigen) Wirkungsziele wie Erfolg beim Publikum, Sieg im Theateragon und dergleichen (und damit die ganze Palette der sinnlichen und emotionalen Wirkungsabsichten, soweit diese primär auf den ästhetischen Genuß bzw. auf das Vergnügen an der Mimesis menschlicher Handlungen und Schicksale zielen), all dies wollen wir hier beiseitelassen und uns beschränken auf die spezifischen Wirkungsziele unseres *Perser*-Dramas.

---

18 Wenn dies vor Xerxes' Erscheinen auf der Bühne nicht mehr geschieht, braucht das nicht unbedingt "das Scheitern von Atossas Absicht, den Sohn wenigstens äußerlich wiederherzustellen", zu symbolisieren (Court 1994, S. 38).

19 Dazu ausführlich Thalmann 1980; vgl. auch Saïd 1981, S. 339–341.

Da wäre – auf der emotionalen Ebene – in erster Linie wohl die Evozierung jener Gefühle zu nennen, die im athenischen Publikum bei der Erinnerung an den Perserkrieg unwillkürlich aufsteigen. So einerseits etwa die damalige Angst vor der Übermacht der persischen Feinde, die Schrecken der zweimaligen Evakuierung, die Wut über die Verwüstung[20] Athens und die Trauer um die Gefallenen; auf der anderen Seite aber ebenso (und im Endergebnis nunmehr dominierend) die ungeheuere Erleichterung nach der Rettung aus höchster Not (die wie ein Wunder wirken mußte), die Genugtuung über die verlustreichen Niederlagen des persischen Aggressors und vor allem natürlich der Stolz auf das eigene militärische Leistungsvermögen (was Respekt oder Mitgefühl für den Gegner keineswegs ausschließt). Der Appell an das patriotische Selbstbewußtsein[21] der Athener ist also unüberhörbar, auch wenn man mit Recht immer wieder darauf hingewiesen hat, daß "schon der Gattungscharakter der Tragödie es erforderlich [machte], die Ereignisse von persischer Seite, also als Katastrophe darzustellen",[22] und nicht von griechischer Seite als Sieg ("Nur als Perser-Stück konnten die Ereignisse eine Tragödie ergeben"[23]).

Wichtiger als diese emotionalen Effekte sind in unserem Zusammenhang freilich die Wirkungsabsichten, die Aischylos auf der rationalen Ebene verfolgte, insbesondere seine Deutung des griechischen Sieges, der gegen einen zahlenmäßig so überlegenen Gegner (und damit entgegen aller Wahrscheinlichkeit) errungen wurde. Um das Zustandekommen dieses Sieges zu erklären (der so unerwartet war, daß das Delphische Orakel den Athenern zunächst von jedem Widerstand abgeraten hatte[24]), um also das Phänomen dieses kaum für möglich gehaltenen Sieges zu erklären, greift Aischylos in erster Linie auf ein traditionelles Deutungsmuster zurück, das in der griechischen Literatur seit Homer (wie gewiß auch in der griechischen Lebenswelt) zur Erklärung der spektakulären Niederlagen von Mächtigen gebräuchlich war, nämlich auf das Deutungsmuster, daß solche Niederlagen die gerechte Strafe der Götter für menschliche Hybris darstellen. Dieses Interpretationsschema 'Unglück ist die Folge von Hybris' wird zwar (wie gesagt) in *Ilias* und *Odyssee* sowie bei Hesiod, Solon, Theognis und Pindar häufig verwendet, doch die dort behandelten

---

20 Athens Eroberung und Zerstörung durch die Perser wird allerdings sozusagen ausdrücklich in Vers 348f. verschwiegen. Dazu Broadhead 1960, S. 118: "Athens had been sacked (Hdt. VIII 53), and the historical Atossa must have heard of this event [...]; but Aesch. has chosen to represent her as ignorant of this, as of other facts."

21 Dazu u.a. Broadhead 1960, der von "the comparative absence of patriotic bias" (S. XVI) und "the dramatist's marked restraint in describing the Greek victory" (S. XXXII) spricht, und Gagarin 1976, S. 31–36 ("A single vers could evoke feelings of national pride in the audience, whereas a whole scene might be needed to stimulate as much sympathy for the Persian plight. Thus the apparent imbalance of the two viewpoints should not mislead us", S. 51). Gegen das Mißverständnis der *Perser* als Propagandastück wendet sich mit überzeugenden Argumenten Kitto 1966, S. 74ff.

22 Görgemanns 1979, S. 26.

23 Meier 1988, S. 82.

24 Es gab in Athen daher vermutlich "nicht wenige Anhänger einer 'Appeasement-Lösung'" (Raaflaub 1985, S. 100).

Fälle von Hybris beschränken sich in der Regel auf Überheblichkeiten bzw. Freveltaten entweder gegenüber den Göttern[25] oder innerhalb der Polis (typische Beispiele für solche Hybris innerhalb der Polis sind etwa der Amtsmißbrauch des Mächtigen,[26] die Willkür des Tyrannen oder die unersättliche Besitzgier der Reichen[27]). Für gewalttätige Unternehmungen außerhalb der eigenen Polis (also gegenüber Angehörigen fremder Staaten) wird von der Deutungskategorie Hybris dagegen nur dann Gebrauch gemacht, wenn es sich dabei sozusagen um Privataktionen handelt, das heißt um räuberische Überfälle von Piraten oder um den Raub von Vieh bzw. von Frauen (wie zum Beispiel die Entführung der Helena durch Paris). Regelrechte Kriegszüge jedoch, wie etwa der Feldzug der Griechen gegen Troja[28] oder der Zug der Sieben gegen Theben, solche quasi offiziellen Unternehmungen von Polis gegen Polis oder Volk gegen Volk scheinen in der griechischen Literatur vor Aischylos (meines Wissens jedenfalls) niemals als Hybris gedeutet worden zu sein. In den *Persern* des Aischylos wird demnach das Deutungsmuster 'Niederlage als göttliche Strafe für Hybris' nicht nur zum erstenmal in großem Stil auf ein konkretes historisches Geschehen angewendet, sondern es wird wohl auch zum erstenmal auf einen Eroberungsfeldzug bezogen; mit andern Worten: es wird zum erstenmal zur Imperialismus-Kritik gebraucht. (Damit soll natürlich nicht gesagt sein, daß Aischylos auch der Erfinder dieser Deutung sein muß; wahrscheinlicher ist vielmehr, daß die Interpretation der persischen Niederlagen bei Salamis und Plataiai – als gottgewolltes Scheitern einer imperialistischen Hybris – das Ergebnis kollektiven Nachdenkens in Griechenland war.)

Sehen wir uns etwas genauer an, wie Aischylos verfährt, um diese Deutung seinem Publikum plausibel zu machen. Zunächst einmal belastet Aischylos (anders als Herodot) den Xerxes als einzigen unter den Perserkönigen mit dem Vorwurf der Hybris. Während der etwa 40 Jahre jüngere Historiker Herodot in Xerxes nur den letzten, wenn auch den maßlosesten Vertreter des persischen Imperialismus sieht, dessen Vorgänger – bei der stetigen Erweiterung des Perserreichs – allesamt ebenfalls empfindliche Niederlagen einstecken mußten[29], hat Aischylos den Xerxes[30] zum einzigen Übeltäter innerhalb der Reihe der

---

25 So z.B. der mythische Sänger Thamyris, der sich brüstete, die Musen zu übertreffen, und von diesen daraufhin geblendet wurde (*Ilias* 2, V. 595–600).

26 Etwa Agamemnons gewaltsame Aneignung der Briseis im ersten Gesang der *Ilias*.

27 Vgl. Solon 1972, Fragment 4.

28 Später, im ersten Stück seiner 458 aufgeführten *Orestie*, hat Aischylos die Imperialismus-Kritik dann teilweise auch auf den Trojafeldzug angewandt.

29 Kyros fällt im Kampf gegen die Massageten, Kambyses' Feldzug gegen die Aithiopen scheitert unter schweren Verlusten, und auch Dareios muß seinen Skythenfeldzug erfolglos abbrechen und das Land am Ende fluchtartig verlassen.

30 Einige Interpreten sehen übrigens nicht in der Person des Xerxes, sondern im Chor (stellvertretend für Persien) den eigentlichen 'tragischen Helden' des Stücks; so z.B. Gagarin 1976, S. 44: "to the extent that 'Persae' is a tragedy, it is the tragedy of Persia". Dagegen mit guten Gründen Kitto [3]1961, S. 43 ("The play, in fact, is not the tragedy of Persia's downfall, but the tragedy of Xerxes' sin") und Lenz 1986, S. 153 u. 157–159. Für Meier 1988, S. 85, "ist das Stück in gewissem Sinn die Tragödie des Königshauses (in die das Reich

Perserkönige gestempelt. Aischylos hat zu diesem Zweck nicht nur die Expansionspolitik von Xerxes' Vorgängern als besonnen (V. 769 u. 772) und infolgedessen wenig verlustreich (V. 781 u. 785f.) charakterisiert – obwohl diese Politik doch zur Unterwerfung des gesamten Vorderen Orients führte –, sondern Aischylos hat vor allem Dareios, den Vater des Xerxes, (und zwar im Widerspruch zur geschichtlichen Wahrheit) zu einem Musterbild des weisen Staatsmannes stilisiert, der den Feldzug seines Sohnes gegen Griechenland als Torheit bezeichnet (V. 719, vgl. V. 783), obwohl er selber in den Jahren 492 und 490 doch gleichfalls Angriffe auf Griechenland befohlen hatte; ja, Aischylos läßt Dareios sogar von sich behaupten, daß er niemals den Halys (den Grenzfluß zwischen Persien und Lydien) überschritten habe (V. 864–866), obwohl Dareios nachweislich einen erfolglosen Feldzug gegen die Skythen in Südrußland unternommen hat.[31] Im Kontrast zu dieser Idealisierung des Dareios wird die Hybris des Xerxes von Aischylos in düsteren Farben dargestellt.[32] Zwar werden zu Xerxes' Entschuldigung auch einige Entlastungsmomente angeführt wie jugendlicher Leichtsinn (V. 744 u. 782), Einfluß schlechter Ratgeber (V. 753) und Profilierungszwang[33] gegenüber dem erfolgreichen Vater (V. 754–758), doch letzten Endes läuft Dareios' Ursachen-Analyse auf die Diagnose 'Größenwahnsinn' hinaus (V. 750). Verlockt durch die gewaltigen finanziellen und militärischen Möglichkeiten des Perserreichs (vgl. V. 73–92 u. 163f.), habe Xerxes sich in den Kopf gesetzt, auch das freiheitsliebende Griechenland seinem asiatischen Riesenreich einzuverleiben und damit die naturgegebene (und das heißt gottgewollte) Erdteilsgrenze zwischen Asien und Europa, die durch die Meerengen von Hellespont und Bosporos gebildet wird, zu mißachten. Insbesondere in der Errichtung einer festen Schiffsbrücken-Verbindung über den Hellespont hat Aischylos (wie später auch Herodot) ein drastisches Symbol gesehen für die Unterjochung[34]

hineingezogen wird). Die Rolle des tragischen Helden ist gleichsam auf Dareios und Xerxes zerlegt".

31 "Verschwiegen wird [...] nicht nur der Vorsatz des Dareios, selbst nach Griechenland zu ziehen, sondern auch sein nicht etwa nur geplanter, sondern tatsächlich verwirklichter Skythen-Feldzug, bei dem er ja auch nach Europa übersetzte" (Kierdorf 1966, S. 62). Ähnlich Vogt 1972, S. 135 u. 140; Meier 1988, S. 87. – Zu Dareios' Skythenfeldzug zuletzt Gardiner-Garden 1987, S. 326–350.

32 Zur Kontrastierung von idealisiertem Dareios und scharf kritisiertem Xerxes vgl. Kitto ^{3}1961, S. 38; Saïd 1981; Péron 1982, S. 11ff.

33 "Aischylos selber fällt bereits das Urteil der Geschichte, daß Xerxes epigonal" war; der Dichter nutzt "die tragische Gefährdung des Epigonen, der um des tragischen Zuschnitts willen, wiewohl historisch epigonal, doch nicht charakterlich inferior sein soll" (Lenz 1986, S. 160, Anm. 33).

34 "Bemerkenswerterweise zielt die Kritik [...] nicht darauf, daß Xerxes den Hellespont überschritt, sondern darauf, daß er ihn überbrückte" (Meier 1988, S. 88f.). – Zur Jochmetapher vgl. Petrounias 1976, S. 7–15, und Michelini 1982, S. 81–87. – "Of course the act of Xerxes was symbolical [...]; and the significance of a symbolical act must be seen not only in what it is but in what it symbolizes" (nämlich: "a state of mind"). "But the act of Xerxes does more: it symbolizes the wider implications of the whole expedition" (Winnington-Ingram 1983, S. 10).

der Völker (V. 190–196) ebenso wie für die Mißachtung der göttlichen Naturmächte (vgl. V. 71f., 722f. u. 745–748). Aischylos läßt seinen Dareios diesen Verstoß gegen die göttliche Weltordnung[35] deshalb mit folgenden Worten verurteilen:

> Mein Sohn Xerxes hat dies, aus Unvernunft, in jugendlichem Übermut getan, daß er den heiligen Hellespont, wie einen Sklaven, durch Fesseln am freien Lauf zu hindern können glaubte, den Bosporos, den göttlichen Strom [...]. Obwohl er doch ein Sterblicher ist, bildete Xerxes sich in seiner Torheit ein, alle Götter und selbst Poseidon bezwingen zu können (V. 744–750).

Und die Lehre, die die Perser aus ihrer Niederlage in Griechenland ziehen sollen, formuliert Dareios so:

> Der Mensch soll – in seinem Sinnen und Trachten – das Maß wahren. Denn die Hybris, ist sie erst einmal zu voller Blüte gelangt, bringt als ihre Frucht Freveltat hervor, die eine tränenreiche Ernte zur Folge hat (V. 820–822).

Für griechisches Denken ist es kein Widerspruch, wenn Aischylos die Hybris des Xerxes nicht nur auf dessen eigene Unvernunft zurückführt, sondern gleichzeitig eine gottgesandte Verblendung darin wirken sieht.[36] Diese Vorstellung vom "listensinnenden Trug des Gottes" (V. 93) findet sich in der griechischen Literatur in verschiedenen Spielarten ausgeprägt. Manchmal geht die Initiative ganz allein von der Gottheit aus, die – um ein übergeordnetes Ziel zu erreichen – das Opfer ihrer Verführung lediglich als Werkzeug benutzt (so verführt etwa in der *Ilias* die Göttin Athene den törichten Troer Pandaros dazu, den mit den Griechen vereinbarten Waffenstillstand heimtückisch zu brechen, damit ihr eigenes Ziel – die Zerstörung Trojas – nicht gefährdet wird). In anderen Fällen (wie hier bei Xerxes) ist es – umgekehrt – offensichtlich die maßlose Gier eines Menschen, die den Unwillen der Gottheit allererst provoziert; in einem solchen Fall gaukelt der Gott seinem Opfer die Erfüllbarkeit seiner kühnsten Wünsche vor, um den Menschen dadurch in eine Falle zu locken und ihm anschließend eine schmerzhafte Lektion zu erteilen.[37] Mit solchem Göttertrug haben sich die Griechen offenbar das Phänomen zu erklären versucht, daß jemand auf der Erfolgsleiter zunächst schwindelerregende Hö-

35 "Cette *hybris* est avant tout religieuse", de Romilly 1974, S. 17; vgl. Kitto [3]1961, S. 38; Lenz 1986, S. 59.

36 Vgl. u.a. Péron 1982, S. 16: "superposée à une causalité proprement humaine" findet man "une explication faisant intervenir une causalité divine, ce qui est une constante de la philosophie d'Eschyle". Zum Unterschied zwischen Aischylos und Herodot: Saïd 1981, S. 21f.: "l'un marque la rupture, l'autre au contraire souligne la continuité" zwischen menschlichen und göttlichen Ursachen. "Chaque fois que dans les 'Perses' on montre les dieux à l'œuvre dans la décision de Xerxès, [...] on se réfère [...] à l'*atè* et on raisonne en termes d'accident funeste. Au contraire, chez Hérodote, la divinité qui intervient pour pousser Xerxès à marcher contre la Grèce semble n'être qu'une incarnation de la nécessité historique."

37 "Frevelhafter Übermut, Hybris, führt zu Verblendung, Ate, und diese zieht die böse Tat und die ihr folgende Strafe nach sich" (Vogt 1972, S. 137).

hen erklimmt, dann aber einen törichten Fehler macht, über den er unversehens zu Fall kommt. Auf Xerxes angewandt bedeutet dies, daß Aischylos die Götter doppelt in das historische Geschehen eingreifen sieht: einmal bei Xerxes' hybridem Entschluß, mit einem riesigen Heer gegen Griechenland zu ziehen und zu diesem Zweck dem Hellespont eine Brückenverbindung zwischen Asien und Europa als 'Joch' aufzuzwingen (dieser Entschluß wird mehrfach im Stück als Resultat einer gottverhängten Verblendung dargestellt: V. 724f.; vgl. V. 93, 472ff., 742 u. 750f.); und zweitens wirken die Götter auch bei der Niederlage der Perser in Griechenland mit: zunächst in der Weise, daß Xerxes überhaupt auf die Kriegslist des Themistokles hereinfällt (was auf den Einfluß eines übelwollenden Gottes zurückgeführt wird, vgl. V. 353f., 361f. u. 373): wenn Xerxes den Griechen nicht den Fluchtweg versperrt hätte, dann wäre es zu der für ihn fatalen Seeschlacht gar nicht gekommen; vor allem aber dadurch, daß die Götter anschließend auch in der Schlacht selbst den Griechen zum Sieg verhelfen (V. 345–347, 454f., 514f., 532–534; vgl. V. 514f., 792, 807–828, 904, 911, 921, 942f. u. 1005–1007). "Die Geschichte des Xerxes" erweist sich damit als "Theodizee";[38] und die katastrophale Niederlage der Perser bei Salamis und bei Plataiai wird zu einem Menetekel für jedwedes imperialistische Machtstreben, damit (wie der Geist des Dareios verkündet) künftig kein Nimmersatt mehr, "aus Unzufriedenheit mit dem Vorhandenen, die Hand nach fremden Gütern ausstreckt und am Ende dabei sein ganzes Vermögen verliert" (V. 824–826).

Nicht unerwähnt bleiben soll in diesem Zusammenhang allerdings, daß die Deutung von Xerxes' Niederlage als göttliche Bestrafung einer Hybris keineswegs etwa typisch ist für die Tragik-Konzeption der übrigen aischyleischen Tragödien. In sämtlichen anderen erhaltenen Stücken des Aischylos gerät der tragische Held vielmehr nicht durch eigene Hybris ins Unglück, sondern weil er in einer bestimmten geschichtlichen Konstellation – ohne persönliches Verschulden, lediglich auf Grund seiner exponierten Stellung – eine Entscheidung zwischen zwei gleichermaßen inakzeptablen Alternativen treffen muß.[39] So wird etwa dem Agamemnon in Aulis die schreckliche Entscheidung abverlangt, entweder seine Tochter Iphigenie zu opfern oder den Feldzug gegen Troja (zwecks Rückeroberung der entführten Helena) schmählich wieder abzusagen; oder Orest wird vor die ungeheuerliche Wahl gestellt, entweder die eigene Mutter zu töten oder die Racheverpflichtung gegenüber seinem ermordeten Vater zu verletzen. Diese für den Helden der aischyleischen Stücke sonst typische Tragik findet sich in den *Persern* also nicht,[40] wobei bisher ungeklärt ist, ob Aischylos diese für ihn typische Tragik-Konzeption zum Zeitpunkt sei-

38 Vogt 1972, S. 137.
39 Dazu u.a. Nicolai 1988, S. 13ff.
40 "Morally, it is a study in black and white, and so lacks subtlety" (Winnington-Ingram 1983, S. 15).

nes *Perser*-Dramas noch gar nicht entwickelt hatte,[41] oder ob er sie in diesem Stück nur nicht anwenden wollte.

Nach dieser Zwischenbemerkung wieder zurück zur Deutung der persischen Niederlage als Strafe der Götter für hybride Weltherrschaftsgelüste. Mit dieser Deutung behauptet Aischylos nicht nur, daß die Götter – in diesem speziellen Fall – dem kleinen Griechenland gegen das vielfach überlegene Perserreich schützenden Beistand geleistet haben, sondern er stellt zugleich auch eine 'geschichtsphilosophische'[42] These auf. Indem er nämlich die Hybris des Xerxes insbesondere in der Unterjochung des göttlichen Hellesponts (durch eine die Erdteile Europa und Asien quasi widernatürlich verbindende Schiffsbrücke) festmacht, schreibt er den Göttern offenkundig ein Interesse daran zu, die Herrschaft des Perserreiches auf Asien zu beschränken und nicht auf Hellas herübergreifen zu lassen. Damit aber wird Aischylos in gewisser Weise bereits zum Vorläufer Herodots. In Herodots Geschichtskonzeption spielt nämlich die Vorstellung, daß die Gottheit die Entstehung eines irdischen Machtmonopols strikt verhindert, eine zentrale Rolle. Das ist die Vorstellung vom sogenannten 'Neid der Götter', der u.a. an dem bekannten Phänomen exemplifiziert wird, daß der Blitz mit Vorliebe in die höchsten Bäume und Paläste einschlägt[43] (um zu verhindern, daß diese sozusagen 'in den Himmel wachsen'). Was Herodot mit der volkstümlichen Bezeichnung 'Neid der Götter' (die übrigens auch einmal in Aischylos' *Persern* gebraucht wird, in Vers 362), was Herodot mit dieser Bezeichnung eigentlich zum Ausdruck bringen will, das ist, daß die göttliche Weltordnung dazu tendiert, im irdischen Geschehen mehr oder weniger automatisch einen gewissen Glücksausgleich[44] stattfinden zu lassen. Das demokratische Verlangen nach Gleichheit wird also, könnte man sagen, von Herodot auf die Götter (bzw. auf die Prinzipien der göttlichen Geschehenssteuerung) projiziert. Und der Tragödiendichter Aischylos ist dem Historiker Herodot auf diesem Wege bereits vorangegangen, indem er Xerxes' Niederlage, wie gesagt, gedeutet hat als Bestrafung für die Hybris imperialistischer Gelüste.

Diese Deutung des griechischen Sieges über die Perser dürfte die Hauptwirkungsabsicht gewesen sein, die Aischylos mit seinem *Perser*-Drama angestrebt hat. Daß er seinem Publikum, am Beispiel des Perserkönigs Xerxes, zugleich auch generell die Gefährdung des Menschen (und speziell die Gefährdung der mit Macht und Reichtum ausgestatteten großen Individuen)

---

41 Dazu neigt Winnington-Ingram 1983, S. 15.

42 Aischylos "has striven to raise the historical to the level of the poetic and the philosophic" (Broadhead 1960, S. XVII). Aischylos' "*Persae* [...] interprets world-history" (Winnington-Ingram 1983, S. 10). "La tragédie des *Perses* est [...] fondée en permanence sur une réflexion sur l'Histoire. [...] en dotant aussi sa réflexion historique d' une étiologie", Aischylos "élaborait une vision globale, mais simplificatrice, du conflit entre Grecs et Perses" (Tourraix 1993, S. 117).

43 Herodot 7, 10e.

44 Dazu u.a. Nicolai 1986, S. 38ff.

durch die quasi selbstverführerischen Rückwirkungen des eigenen Erfolgs demonstrieren wollte,[45] versteht sich vermutlich von selbst; in der Selbstüberschätzung (wenn der Erfolgsverwöhnte beginnt, sich für unwiderstehlich zu halten) haben die Griechen seit Homer[46] ein tragisches Element gesehen. Denkbar ist allerdings, daß Aischylos es darüberhinaus bereits für angezeigt hielt, damit auch eine konkrete Warnung – an die Adresse seiner Mitbürger – vor eigenen imperialistischen Bestrebungen Athens zu verbinden[47] (im Zusammenhang mit der Gründung des Delisch-Attischen Seebundes im Jahr 478); ob Aischylos eine solche Warnung allerdings tatsächlich beabsichtigt hat, ist durchaus ungewiß.[48] Ebensowenig läßt sich dem Wortlaut des Stücks entnehmen, ob Aischylos mit seinem Drama Stimmung für oder gegen Themistokles (den Sieger von Salamis) machen wollte. Themistokles war in den 70er Jahren in Athen politisch und persönlich zunehmend unter Druck geraten und wurde im Jahr 472 aus Athen verbannt. Man hat Argumente sowohl für eine pro-themistokleische[49] Tendenz des Stückes wie für eine eher antithemistokleische[50] Tendenz zusammengetragen; doch eine Entscheidung ist kaum möglich.[51] Auch in seinen übrigen Stücken hat Aischylos (wie die beiden anderen attischen Tragödiendichter) auf polarisierende parteipolitische Stellungnahmen zu tagespolitischen Fragen verzichtet und stattdessen die gemeinsamen Interessen in den Vordergrund gestellt.[52] So dürfte es ihm in seinen *Persern* ebenfalls primär darum gegangen sein, durch die Erinnerung an

---

45 "Aeschylus depicts mortals suffering for a failing by no means limited to Persians: arrogance bred by excessive wealth. The touches of oriental colour in the play [...] would have prompted the reflexion that all men are subject to the same laws" (Thalmann 1980, S. 281f.).

46 In der *Ilias* z.B. müssen Agamemnon, Achill, Patroklos und Hektor bitter dafür büßen.

47 So etwa (unter Berufung auf V. Ehrenberg und A. Heuß) Melchinger 1979, S. 35f. u. 39. Zurückhaltender ist Gagarin 1976, S. 53.

48 "Wir wissen nicht, was alles Athen und der Seebund damals an Plänen hatten. Immerhin galten die Grenzen auch umgekehrt: Dareios' Mahnungen an die Perser, daß der Sterbliche den Sinn nicht über das Maß erheben soll, waren vermutlich so unaktuell nicht im damaligen Athen" (Meier 1993, S. 321); ähnlich Vogt 1972, S. 141f. – Petzold 1993, S. 418–443, bzw. 1994, S. 3–31, kommt in seiner gründlichen Untersuchung allerdings zu dem Ergebnis, "daß sich in den Quellen [...] eine langfristige Konzeption der Athener [...] zur Beherrschung der Ägäis und ihrer Anrainer [...] in der Gründungsphase des Seebundes nicht nachweisen läßt" (ebd., S. 30).

49 So vor allem Podlecky 1966, S. 12–26 (dazu Winnington-Ingram 1967, S. 641: "Most scholars would admit [...] that Aeschylus showed courage in supporting a man under attack by dramatizing his greatest service to Athens; and this could have been a reason for writing this play at this time") und Saïd 1993, S. 53–69.

50 Die Argumente Podleckys hat weitgehend entkräftet Hahn 1981, ohne deswegen freilich eine ausgeprochen anti-themistokleische Tendenz anzunehmen (Zusammenfassung: S. 186).

51 Ähnlich umstritten ist die Frage, ob die ausführliche Darstellung der Kämpfe auf der kleinen Insel Psyttaleia (V. 447–464) von Aischylos als Hommage für Aristeides (den innenpolitischen Gegenspieler des Themistokles) bzw. für dessen Hopliten gemeint gewesen sei oder – umgekehrt – als Ehrung für die 'Marine-Infanteristen' des Themistokles (wie neuerdings Saïd 1993 vorschlägt).

52 "It is arguable that, if Aeschylus had a political aim, it was reconciliation rather than partisanship, though in the circumstances this involved support for Themistocles" (Winnington-Ingram 1967, S. 642). Vgl. auch Melchinger 1979, S. 19.

den gemeinsam errungenen Sieg[53] das patriotische Gemeinschaftsgefühl der athenischen Bürgerschaft (das möglicherweise durch innenpolitische Auseinandersetzungen in Mitleidenschaft gezogen war) zu stärken.

III. Die *Perser* als Geschichtsdrama

Es bleibt nun noch, Aischylos' *Perser*-Drama in seiner Eigenschaft als Geschichtsdrama zu betrachten. Obwohl das Geschichtsdrama, als eine 'Untergattung' bzw. Spezies der Tragödie, seine eigentliche Ausprägung erst in der Neuzeit[54] erfährt, gibt es meines Erachtens keine grundsätzlichen Hinderungsgründe, auch die *Perser* dieser Untergattung zuzurechnen.[55] Einige kleinere Besonderheiten freilich verdienen gleichwohl festgehalten zu werden.

So spielen erstens einmal in den *Persern* die Götter eine relativ wichtige Rolle (sie werden in diesem Stück allerdings – wie dann später auch bei Herodot – mehr als ein Kollektiv[56] denn als eine pluralistische Gesellschaft dargestellt). Diese Götter sind in der aischyleischen (ebenso wie in der herodoteischen) Geschichtskonzeption jedoch keineswegs etwa das einzige oder auch nur das hauptsächliche Subjekt der Geschichte, sondern sie teilen sich diese Rolle mit den Menschen. Die Rollenverteilung zwischen Gott und Mensch scheint man sich ungefähr in der Weise gedacht zu haben, daß das irdische Geschehen – weitgehend – durch das Handeln der Menschen in eigener Regie bestimmt wurde und daß die Götter sich im Wesentlichen auf eine Überwachungsfunktion beschränkten (und nur unter gewissen Umständen zur Bestrafung von Hybris bzw. zur Beschützung schutzwürdiger Aggressionsopfer tätig wurden). Mit andern Worten: die Freiheit menschlichen Handelns ist in Aischylos' *Persern* nicht weniger gewährleistet als in der Tragödie eines christlichen Autors der Neuzeit.

Zweitens ist es in der griechischen Tragödie nur sehr ansatzweise zur Ausbildung einer Spezies Geschichtsdrama gekommen, und diese Entwicklung ist frühzeitig wieder abgebrochen. Aischylos' Vorgänger Phrynichos[57] hatte wohl als erster im Jahr 492 (unter dem Archontat des Themistokles) ein

53 "Es ist [...] das Drama der hellenischen Einheit: sowohl zwischen den verschiedenen Staatsgebilden als auch im Kreis der prominenten Staatsmänner. Deshalb zollt das Drama der athenischen Seemacht und der 'dorischen Lanze' das verdiente Lob; deshalb ist der Dichter beflissen, allen drei Protagonisten des siegreich bestandenen Kampfes ihren Ruhm zukommen zu lassen: neben Themistokles auch Aristeides und Pausanias, den Helden von Salamis, Psyttaleia und Plataiai" (Hahn 1981, S. 186).

54 Dazu Sengle ^{2}1969, S. 8ff.

55 Gegen Petersen 1940, S. 9 und Sengle ^{2}1969, S. 7, der die *Perser* lediglich "der aktuellen dramatischen *laudatio*" zurechnet.

56 Meistens als *theos, theoi, daimon* oder *daimon tis*, gelegentlich als Zeus bezeichnet; vgl. Winnington-Ingram 1983, S. 6f.

57 Zu Phrynichos vgl. Groeneboom 1960, S. 7–11; Lesky ^{3}1972, S. 58–62 u. S. 84f.; Vogt 1972, S. 131–133.

zeitgenössisches Thema auf die Bühne gebracht, das die zwei Jahre zuvor erfolgte Einnahme und Zerstörung Milets durch die Perser (im Zusammenhang mit der Niederschlagung des Jonischen Aufstands) zum Gegenstand hatte und deshalb unter dem Titel *Miletu halosis* (*Die Eroberung Milets*) zitiert wird. Phrynichos war für diese Aufführung, die die athenischen Zuschauer nicht nur zu tränenreichem Mitleid mit ihren jonischen Brüdern und Schwestern bewegte, sondern vermutlich auch zur Unterstützung des themistokleischen Flottenbauprogramms motivieren sollte, nachträglich mit einer empfindlichen Geldstrafe belegt worden.[58] Vier Jahre nach dem Sieg der Griechen bei Salamis hat Phrynichos dann wiederum ein zeitgenössisches Stück aufgeführt (die *Phönikerinnen*); Hauptthema dieses Stücks dürfte die Klage der phönizischen Frauen über den Tod ihrer Männer gewesen sein, die ein wesentliches Kontingent der persischen Flotte bildeten. Diese beiden Dramen des Phrynichos und als drittes die *Perser* des Aischylos sind die einzigen Geschichtsdramen innerhalb der attischen Tragödie des 5. Jahrhunderts, von denen wir wissen. Warum die Entwicklung danach abbrach, ist unbekannt; möglicherweise verdankte sie ihre Entstehung überhaupt nur der Ausnahmesituation der Bedrohung durch das Perserreich.[59] Erst aus dem 4. Jahrhundert und aus dem Hellenismus sind uns danach wieder einige wenige Titel von historischen Dramen überliefert[60].

Drittens schließlich sind einige einschränkende Bemerkungen erforderlich zur Anwendbarkeit des modernen Terminus 'Geschichtsdrama', und zwar was den Begriff 'Geschichte' betrifft. Diesen Begriff hat es – im strengen Sinn – in Griechenland zur Zeit des Aischylos noch nicht gegeben. Die quasi geschichtsphilosophische Deutung in Aischylos' *Persern* datiert merkwürdigerweise aus einer Zeit, als es eine Geschichtsschreibung (oder gar eine Geschichtswissenschaft) als eigenständige Disziplin überhaupt noch nicht gab, als eine Trennung zwischen Dichtung und Geschichtsschreibung also noch gar nicht stattgefunden hatte und die Darstellung historischer Themen infolgedessen von der Dichtung wahrgenommen wurde. Dies geschah im 7. und 6. Jahrhundert insbesondere in der Form von narrativen Elegien, die uns zwar nicht erhalten sind, die aber gleichwohl mit Sicherheit den frühgriechischen Lyrikern Semonides, Mimnermos und Xenophanes zugeschrieben werden können und die lokalhistorische Themen zum Gegenstand hatten[61] (nämlich die Geschichte von Samos, Smyrna, Kolophon und Elea). Und zu Beginn des

58 Herodot 6,21,2.

59 "The Greeks had come to the realization that an event of their own time was just as appropriate a literary theme as the events of the distant past. We must remember that the distinction which we draw between the 'history' theme of the *Persians* and the legendary themes of Aeschylus' other tragedies is a modern convention" (Drews 1973, S. 33f.). Ja, nicht nur die 'Geschichtsdramen' von Phrynichos und Aischylos, sondern auch die von Herodot begründete "Greek historiography as such was a result of the Persian Wars" (ebd., S. 36). Das würde bedeuten: "Greek historiography was, in a real sense, a result of history itself" (ebd., S. 43).

60 Vgl. Lesky ³1972, S. 533.

61 Vgl. Bowie 1986, S. 13–35; Lendle 1992, S. 37.

5. Jahrhunderts wurde sogar ein Epos mit zumindest teilweise historischer Thematik geschrieben: unter dem Titel *Jonika* behandelte es vermutlich die Gründung der jonischen Kolonien (an der kleinasiatischen Westküste); dieses historische Epos war offenbar – wie die Elegien – in Distichen abgefaßt und hatte zum Verfasser einen Onkel des Herodot namens Panyasis.[62] Insofern die Konstituierung der Geschichtsschreibung als eigenständige literarische Gattung damals also noch gar nicht erfolgt war, kann man Aischylos' *Perser* – streng genommen – nur als ein Geschichtsdrama quasi 'avant la lettre' bezeichnen. Ja, man kann vielleicht sogar sagen, daß Aischylos' Geschichtsdrama (und ebenso möglicherweise das historische Epos *Jonika* des Onkels Panyasis) bei der Begründung der Gattung Geschichtsschreibung durch Herodot eine gewisse Geburtshelferrolle gespielt hat.[63]

Ebensowenig wie es in Aischylos' Zeit schon zu einer Differenzierung zwischen Dichtung und Geschichtsschreibung gekommen war, ebensowenig hatte damals übrigens bereits eine Differenzierung zwischen den beiden Begriffen 'Mythos' und 'Geschichte' stattgefunden.[64] Die von uns sogenannten 'mythischen' Stoffe waren – zumindest in ihrem Kern – für die Griechen des 5. Jahrhunderts keineswegs dichterische Erfindungen (sie hatten keinen fiktionalen Charakter), sondern sie waren für sie ungefähr ebenso wirklich wie etwa Ereignisse in der Generation ihrer Urgroßeltern: weder Herodot noch Thukydides hatten irgendeinen Zweifel an der Historizität des Trojanischen Krieges.[65] Der hauptsächliche Unterschied zwischen den Geschehnissen des heroischen Zeitalters und denen der jüngeren Vergangenheit lag nach damaliger Auffassung vielmehr darin, daß die Ereignisse der Heroenzeit (vom größeren Format der heroischen 'Rasse' einmal abgesehen) in einer sehr weit zurückliegenden Zeit stattgefunden haben und daher weniger zuverlässig überliefert sind und infolgedessen auch stärker den verfälschenden Eingriffen dichterischer Willkür ausgesetzt waren.[66] Sieht man von diesem lediglich graduellen Unterschied (hinsichtlich zeitlichem Abstand und Überlieferungstreue) aber

---

62 Dazu ebenfalls Lendle 1992, S. 37.

63 "Herodotus' concern with the deeds of man owed far more to Aeschylus than to Hecataeus" (Drews 1973, S. 43). Vgl. auch Lendle 1992, S. 7f. u. 37. "The historical concerns that were to be developed more than a generation later in the work of Herodotos, Hellanikos, and Thucydides were largely anticipated by and were doubtless profoundly influenced by the *Persians* and other poetic and dramatic versions of historical events" (Michelini 1982, S. 75).

64 Dies ist dem Einwand von Zahn 1991 entgegenzuhalten, wonach "der mythische Rahmen, gegeben durch [...] das besondere Geschichtsverständnis, das menschliche Geschichte nur in Verbindung zu den Göttern zuläßt, nicht verlassen, sondern bestätigt wird" (S. 124). Dazu Nickau 1990, S. 97: "Es liegt [...] durchaus nicht im Charakter der Forschung und Darstellung Herodots, eine ältere von einer jüngeren Zeit als methodisch inkommensurable Gegenstände zu unterscheiden. Mit der älteren Zeit aber die Vorstellung des 'Mythischen' zu verknüpfen, war ihm gar nicht möglich, weil [...] der Mythos als besondere, vom Logos unterschiedene Aussageform noch nicht entdeckt war".

65 Dazu u.a. Kierdorf 1966, S. 48–50 u. Neumann 1995, S. 9–11.

66 Vgl. Nickau 1990, S. 89.

einmal ab, so wurde der Trojanische Krieg von den Griechen des 5. Jahrhunderts für eine ebenso wahre Begebenheit gehalten wie der Perserkrieg. Aischylos konnte die sogenannten mythischen Stoffe der fernen Vergangenheit daher grundsätzlich in der gleichen Weise wie das sozusagen zeitgeschichtliche Thema der Perserkriege als Medium verwenden zur Deutung der göttlichen Weltordnung und damit zur Deutung[67] der eigenen Lebenswelt. Wenn – mehr als ein Jahrhundert später – Aristoteles, in seiner *Poetik*, den Unterschied zwischen Dichtung und Geschichtsschreibung mit der berühmt gewordenen Formel definiert, der Historiker stelle dar, "was wirklich geschehen ist", der Dichter dagegen, "was möglicherweise geschehen könnte" (1451b, 4f.), dann wird diese – in ihrer Zuspitzung allzu vereinfachende – Formulierung auf der einen Seite dem geschichtsphilosophischen Anspruch der großen Geschichtsschreiber (vom Rang eines Herodot oder Thukydides) nicht wirklich gerecht,[68] und auf der andern Seite bezeugt sie, daß Aristoteles den Mythen der Dichter im Grunde nur noch den Seinsstatus von Fiktionen zubilligt.[69] – Im übrigen freilich trifft die aristotelische Charakterisierung der Dichtung (daß sie philosophischer sei als die Geschichtsschreibung, weil sie mehr das Allgemeine darstelle, 1451b, 5–7) durchaus auch auf Aischylos' Geschichtsdrama zu, insofern dieses den konkreten historischen Stoff nämlich als einen exemplarischen Fall behandelt, insofern es die Personendarstellung typisiert und insofern es letztlich eine allgemeingültige Aussage über die menschliche Geschichte machen will.[70] Im Zusammenhang mit dieser paradigmatischen und generalisierenden Gestaltung gestattet sich Aischylos in seinen *Persern* (wie es später auch im neuzeitlichen Geschichtsdrama[71] das Recht des Dichters ist) zweifellos erhebliche poetische Lizenzen, um seine Interpretation des Geschehens möglichst überzeugend herauszuarbeiten.[72] Doch

67 Zur "Geschichtsdeutung als 'purpose' einer bestimmten Gruppe" von Geschichtsdramen: Neubuhr 1980, Einleitung S. 3–6.

68 "Das Diktum des Aristoteles, die Dichtung sei philosophischer als die Historiographie, mag weiterhin gelten, wenngleich sich längst die Einsicht durchgesetzt hat, daß auch der Geschichtssicht des Historikers eine geschichtsphilosophische Vorentscheidung zugrunde liegt" (Hinck 1981, S. 10). – Zur unterschiedlichen Haltung von Historiker und Dramatiker zur Geschichte siehe Keller 1976, S. 302f. u. 307ff.

69 Dazu vgl. Rösler 1983, S. 116f.

70 Dazu Keller 1976: "Das Geschichtsdrama" (das "eine Bedeutung [substituiert], die uns die Wirklichkeit gemeinhin vorenthält", S. 323) "muß exemplarisch organisiert sein und typisierend verfahren" (S. 325), d.h. es muß "am partikularen Ereignis eine generelle Einsicht, an einer konkreten Person bewegende Kräfte der Geschichte [...] veranschaulichen" (S. 323; vgl. S. 324ff.).

71 "Echte Geschichtsdichtung wird daher immer schon Geschichtsdeutung sein" (von Wiese 1942, S. 417ff.). "Immer modelliert der Autor den geschichtlichen Stoff nach Sinn-Vorgaben, an denen das Geschichtliche die Grenzen seiner Autonomie erfährt" (Hinck 1981, S. 10).

72 "Aischylos geht mit den Fakten so frei um wie mit einer mythischen Überlieferung" (Görgemanns 1979, S. 26), das heißt: "le poète s'y est affranchi autant qu'il le pouvait des contraintes inhérentes au choix d'un sujet historique pour s'arroger des libertés qui caractérisent habituellement le traitement du mythe" (Péron 1982, S. 39). Vgl. Broadhead 1960, S. XXXII; Kierdorf 1966, S. 57–64; de Romilly 1974, S. 10–12 u. Saïd 1981, S. 33ff.

selbst der 'Vater der Geschichtsschreibung' Herodot (dem es gleichfalls mehr um Deutung als um wissenschaftliche Rekonstruktion der Vergangenheit ging) hat sich zum Teil durchaus noch ähnliche Freiheiten gestattet.[73] Es besteht demnach also – jedenfalls von der Sache her – keinerlei Grund, dem 'Geschichtsdrama' des Aischylos die 'geschichtliche' Komponente dieses Begriffs streitig zu machen.[74]

Und noch eine letzte kurze Bemerkung zur Anwendbarkeit des Terminus 'Geschichtsdrama' auf das *Perser*-Drama ist zu machen. Daß vom Standort des Autors Aischylos aus betrachtet der Perserkrieg eigentlich eher – in unseren Begriffen ausgedrückt – noch in den Bereich der Zeitgeschichte als in den Bereich der Geschichte gehört, dieses Bedenken[75] scheint mir nicht besonders gewichtig. In der Geschichtsschreibung und in der Geschichtswissenschaft wird derjenige, der sich mit der Zeitgeschichte beschäftigt, ja schließlich auch nicht – als unzugehörig – ausgegrenzt. Und politische Absichten kann man mit einem zeitlich entfernten historischen Stoff ebenso verfolgen wie mit einem zeitgenössischen.

Literaturverzeichnis

Aischylos: *Aeschyli septem quae supersunt tragoedias*, ed. D. Page, Oxford 1972.
Aristoteles: *Aristotelis de arte poetica liber*, recogn. R. Kassel, Oxford 1965.
Blume, D.: *Einführung in das antike Theaterwesen*, Darmstadt ³1991.
Bowie, E.: "Early Greek Elegy, Symposion and Public Festival", in *Journ. Hell. Stud.* 106 (1986), 13–35.
Broadhead, H.D.: *The Persae of Aeschylus*, Cambridge 1960.
Court, B.: *Die dramatische Technik des Aischylos*, Stuttgart 1994.
Deichgräber, K.: *Die Persertetralogie des Aischylos*, Wiesbaden 1975.
Drews, R.: *The Greek Accounts of Eastern History*, Cambridge/Mass. 1973.
Flintoff, E.: "The Unity of the Persians Trilogy", in *Quad. Urb. Cult. Class. N.S.* 40 (1992), S. 67–80.
Gagarin, M.: *Aeschylean Drama*, Berkeley 1976.
Gardiner-Garden, J.R.: "Dareios' Scythian Expedition and its Aftermath", in *Klio* 69 (1987), S. 326–350.

– Siehe dazu auch Keller 1976: "Die historische Wahrheit ist nicht Selbstzweck, sondern lediglich ein Mittel, die jeweilige – selbst wieder historisch bedingte – Aussageabsicht eines Dramas zu erreichen" (S. 311). "Der Streit um die exakte Bestimmung der dramatischen Lizenzen ist normativ nicht zu schlichten" (S. 312). Jedoch: "Das dramatische Metier verbietet, Freiheit in Willkür ausarten und einen historischen Stoff durch eine gegenhistorische Aussageabsicht umbiegen zu lassen" (S. 315).

73 Vgl. bereits Thukydides' Kritik (1,21,1; 22,4) an der 'sagenartigen Darstellung' (*mythodes*) Herodots. Dazu u.a. Lendle 1992, S. 53, 57f. u. 61f.

74 "Le poète s'est fait historien, avant la lettre hérodotéenne. Il suit en cela la tradition de la poésie épique et didactique, mais s'en démarque aussi par un souci, si ce n'est d'exactitude historique, du moins de véracité" (Tourraix 1993, 116f.). – Zu den historischen Fakten in den *Persern* vgl. vor allem Kierdorf 1966, S. 64–81.

75 Neubuhr 1980, S. 21ff. nimmt "eine Eingrenzung des Begriffs 'politisches' Drama dahingehend vor", daß sie "darunter 'nur zeitgeschichtlich'" versteht.

Gelzer, Th.: "Die Verteidigung der Freiheit der Griechen gegen die Perser bei Aischylos und Herodot", in *Freiheit. Begriff und Bedeutung in Geschichte und Gegenwart*, hrsg v. A. Mercier, Bern 1973, S. 27–53.

Görgemanns, H.: "Aischylos. Die Tragödien", in *Das griechische Drama*, hrsg. v. G.A. Seeck, Darmstadt 1979, S. 13–50.

Groeneboom, P.: *Aischylos' 'Perser'. Teil I*, Göttingen 1960.

Hahn, I.: "Aischylos und Themistokles. Bemerkungen zu den 'Persern'", in *Aischylos und Pindar. Studien zu Werk und Nachwirkung*, hrsg v. E.G. Schmidt, Berlin 1981, S. 173–186.

Hegyi, D.: "Orientalische 'couleur locale' in Aischylos' 'Persern'", *Aischylos und Pindar. Studien zu Werk und Nachwirkung*, hrsg. v. E.G. Schmidt, Berlin 1981, S. 187–192.

Herodot: *Herodoti Historiae*, recogn. C. Hude, vol. I et II, Oxford ³1927.

Hinck, W.: "Einleitung: Zur Poetik des Geschichtsdramas", in *Geschichte als Schauspiel*, hrsg. v. W. Hinck, Frankfurt a.M. 1981, S. 7–21.

Homer: *Homeri Odyssea*, recogn. P. von der Mühll, Basel 1971.

Homer: *Homeri opera*, recogn. D.B. Monro u. Th.W. Allen, vol. I et II: *Ilias*, Oxford ²1920.

Keller, W.: "Drama und Geschichte", in *Beiträge zur Poetik des Dramas*, hrsg. v. W. Keller, Darmstadt 1976, S. 298–339.

Kierdorf, W.: *Erlebnis und Darstellung der Perserkriege*, Göttingen 1966.

Kitto, H.D.F.: *Greek Tragedy. A Literary Study*, London ³1961 [zuerst 1939].

Kitto, H.D.F.: *Poiesis. Structure and Thought*, Berkeley 1966.

Lendle, O.: *Einführung in die griechische Geschichtsschreibung*, Darmstadt 1992.

Lenz, L.: "Zu Dramaturgie und Tragik in den 'Persern'", in *Gymnasium*, 93 (1986), S. 141–163.

Lesky, A.: *Die tragische Dichtung der Hellenen*, Göttingen ³1972.

Meier, Chr.: *Die politische Kunst der griechischen Tragödie*, München 1988, S. 76–93.

Meier, Chr.: *Athen. Ein Neubeginn der Weltgeschichte*, Berlin 1993.

Melchinger, S.: *Die Welt als Tragödie*, Bd. 1, München 1979.

Michelini, A.N.: *Tradition and Dramatic Form in the Persians of Aeschylus*, Leiden 1982.

Neubuhr, E. (Hrsg.): *Geschichtsdrama*, Darmstadt 1980.

Neumann, U.: *Gegenwart und mythische Vergangenheit bei Euripides*, Stuttgart 1995.

Newiger, H.-J.: "Drama und Theater", in *Das griechische Drama*, hrsg. v. G.A. Seeck, Darmstadt 1979, S. 434–503.

Nickau, K.: "Mythos und Logos bei Herodot", in *Memoria Rerum Veterum. Festschrift für C.J. Classen*, hrsg. v. W. Ax, Stuttgart 1990, S. 83–100.

Nicolai, W.: *Versuch über Herodots Geschichtsphilosophie*, Heidelberg 1986.

Nicolai, W.: *Zum doppelten Wirkungsziel der aischyleischen Orestie*, Heidelberg 1988.

Péron, J.: "Réalité et au-delà dans les Perses d'Eschyle", in *Bull. Ass. G. Budé* (1982), S. 3–40.

Petersen, J.: *Geschichtsdrama und nationaler Mythos*, Stuttgart 1940.

Petrounias, E.: *Funktion und Thematik der Bilder bei Aischylos*, Göttingen 1976.

Petzold, K.-E.: "Die Gründung des Delisch-Attischen Seebundes. I", in *Historia* 42 (1993), S. 418–443.

Petzold, K.-E.: "Die Gründung des Delisch-Attischen Seebundes. II", in *Historia* 43 (1994), S. 3–31.

Podlecki, A.: *The Political Background of Aeschylean Tragedy*, Ann Arbor 1966.

Raaflaub, K.: *Die Entstehung der Freiheit*, München 1985.

Rösler, W.: "Schriftkultur und Fiktionalität. Zum Funktionswandel der griechischen Literatur von Homer bis Aristoteles", in *Schrift und Gedächtnis. Archäologie der literarischen Kommunikation*, hrsg. v. A. & J. Assmann u. Chr. Hardmeier, München 1983, S. 109–122.
Romilly, J. de: *Les Perses. Introd. et comm.*, Paris 1974 (Coll. Erasme).
Saïd, S.: "Darius et Xerxès dans les Perses d'Eschyle", in *Ktèma* 6 (1981), S. 17–38.
Saïd, S.: "Tragédie et renversement. L'exemple des 'Perses'" in *Métis* 3 (1988), S. 321–348.
Saïd, S.: "Pourquoi Psyttalie ou Comment transformer un combat naval en défaite terrestre", in *Les Perses d'Eschyle*, hrsg. v. P. Ghiron-Bistagne, A. Moreau u. J.C. Turpin, Montpellier 1973, S. 53–69.
Schnyder, B.: *Angst in Szene gesetzt. Zur Darstellung der Emotionen auf der Bühne des Aischylos*, Tübingen 1995.
Sengle, F.: *Das historische Drama in Deutschland*, Stuttgart ^{2}1969.
Solon: *Iambi el elegi Graeci ante Alexandrum cantati*, ed. M.L. West, vol. II, Oxford 1972.
Taplin, O.: *The Stagecraft in Aeschylus*, Oxford 1977.
Thalmann, W.G.: "Xerxes' Rags. Some Problems in Aeschylus' 'Persians'", in *Am. Journ. Philol.* 101 (1980), S. 260–282.
Thukydides: *Thucydidis historiae*, hrsg. v. H.St. Jones, app. crit corr. et. aux. J.E. Powell, vol. I et II, Oxford 1958; 1960.
Tourraix, A.: "Les 'Perses', la géopolitique et l'histoire", in *Les Perses d'Eschyle*, hrsg. v. P. Ghiron-Bistagne, A. Moreau u. J.-C. Turpin, Montpellier 1993, S. 99–117.
Vogt, J.: "Die Hellenisierung der Perser in der Tragödie des Aischylos: religiöse Dichtung und historisches Zeugnis", in *Antike und Universalgeschichte, Festschrift für H.E. Stier*, Münster 1972, S. 131–145.
Wiese, B. v.: "Geschichte und Drama", in *Deutsche Vierteljahrsschrift*, 20 (1942), S. 412–434.
Winnington-Ingram, R.P.: Rezension zu A.J. Podlecki, "The Political Background of Aeschylean Tragedy", in *Gnomon* 39 (1967), S. 641–646.
Winnington-Ingram, R.P.: *Studies in Aeschylus*, Cambridge 1983.
Zahn, P.: "Das Geschichtsdrama", in *Formen der Literatur*, hrsg. v. O. Knörrig, Stuttgart 1991, S. 123–135.

Klaus Sallmann

Die Tragödie der jungen Octavia, Kaiser Neros Gattin[1]

Man stelle sich eine Geschichte mit folgenden Handlungselementen vor: Eine junge Ehefrau, 23 Jahre alt, wird von ihrem prominenten Ehemann, 25, einer anderen wegen, einer weltberühmten Schönheit, verstoßen. Da ihr aber die Sympathie der Öffentlichkeit gehört, wendet sich diese massiv gegen den skrupellosen Machtmenschen, der daraufhin die Verstoßene als angebliche Rädelsführerin der Rebellion – oder vielleicht nur unbeteiligte Ursache – töten läßt. Stoff für ein Drama?

Und wenn (zweitens) jener Mann, Alleinherrscher über ein Weltreich, bereits den Bruder und den Vater der Verstoßenen (seinen Amtsvorgänger) sowie die eigene Mutter umgebracht hätte, der er seine Machtposition verdankte, wäre es nicht Stoff für eine bluttriefende Tragödie? Nun, das Stück gibt es, und so spricht das Opfer von seinem Peiniger und dessen Mutter:

> Bezwingen werde ich eher wilde Löwen und trotzige Tiger
> als das wilde Herz eines wütigen Tyrannen.
> Er haßt die aus berühmtem Blut Gezeugten,
> verachtet Götter und Menschen zugleich,
> meistert aber nicht sein Glück,
> das ihm seine ruchlose Mutter durch schweres Verbrechen zuspielte. Ob er sich nun, undankbar wie er ist,
> schämt, die Herrschaft durch das Geschenk
> seiner furchtbaren Mutter zu besitzen, oder ob er
> ihr nun dieses große Geschenk durch ihren Tod heimzahlte:
> diese Frau wird auch nach ihrem Untergang
> für alle Zeit den Mördertitel führen.[2]

Und so spricht der Diktator (D) von sich selbst im Dialog mit seinem alten Berater (B):

> **D.** Den Feind zu vernichten, ist des Führers größtes Ziel.

1 Die originale Diktion des Vortrags, der vor einem nicht fachwissenschaftlichen Publikum gehalten wurde, ist im wesentlichen beihehalten.

2 *Octavia*, V. 86–98 (Übersetzung des Vortragenden, dsgl. in den folgenden Zitaten).

B. Das größere für den Vater des Vaterlandes ist es, die Bürger zu beschützen.
D. Für den milden alten Mann ziemt es sich, Kinder zu unterrichten.
B. Eher soll man die feurigen jungen Männer lenken.
D. Ich bin alt genug, um eigene Einsicht zu haben.
B. Wenn doch die Götter mit deinen Taten einverstanden wären!
D. Dumm wäre ich, die Götter zu fürchten, wo ich doch selbst Götter mache.
B. Dann solltest du sie um so mehr fürchten, wenn du so mächtig bist.
D. Mein persönliches Schicksal erlaubt mir alles.
B. Wenn es dir gehorcht, so sei um so vorsichtiger: Fortuna ist launisch.
D. Es wäre Unfähigkeit, nicht zu wissen, was einem möglich ist.
B. Gut ist nur, zu tun, was gut ist, nicht, was einem möglich.
D. Mit Füßen tritt das Volk den Schwachen
B. Es vernichtet, den es haßt.
D. Die Waffe schützt den Herrschenden.
B. Besser schützt das Vertrauensverhältnis.
D. Zittern soll man vor dem Herrscher.
B. Eher ihn lieben.
D. Ihn zu fürchten ist nötig –
B. Erzwungene Furcht ist übel.
D. – und unseren Anordnungen Folge zu leisten.[3]

Und wenn (drittens) die Geschichte wahr ist, d.h. historisch, haben wir es dann mit einem 'Geschichtsdrama' im vollen Sinne zu tun? Oder sogar, wenn sehr bald nach den Ereignissen verfaßt, mit einem politischen Geschichtsdrama? Der Tyrann heißt Nero, die Verstoßene Octavia, die neue Diva Poppaea. Ein Unbekannter hat das Stück vermutlich gleich nach Neros Tod (68 n.Chr.), also sieben Jahre nach den Ereignissen selbst geschrieben, wenn auch kaum aufgeführt, im Stil der uns erhaltenen neun Tragödien des Philosophen und Staatsmanns L. Annaeus Seneca, der in Neros ersten fünf Regierungsjahren im Auftrag des Kaisers zusammen mit einem Garde-General (Prätorianerpräfekten) die Reichsgeschäfte führte, dann zunächst in Ehren entlassen,[4] schließlich aber doch 65 n.Chr. – als etwa 60-Jähriger – von Nero zur Selbsttötung gezwungen wurde,[5] vier Jahre vor der Entstehung der Tragödie *Octavia*; er tritt selbst als Berater des Kaisers auf.

Die Schwierigkeit, ein geschichtliches Ereignis zu dramatisieren, das noch gar nicht in der Geschichtsschreibung verarbeitet war, wird sofort klar, wenn man sich vorstellt, man solle ein Drama über die Einnahme von Gorazde, den Bürgerkrieg in Uganda oder die sog. Barschel-Affäre schreiben. Bekanntlich veröffentlichte kürzlich Günter Grass einen Roman über die Wende in Deutschland,[6] und kurz davor Rolf Hochhuth ein Bühnenstück mit derselben Thematik.[7] Das erstere Werk – und ein Roman darf sich unendlich viele Frei-

3 *Octavia*, V. 444–457.
4 Tac., ann. 14, 55–56.
5 Tac., ann. 15, 60–64.
6 Grass 1995.
7 Hochhuth 1993.

heiten erlauben – ist überaus umstritten,[8] das letztere war wahrlich kein Erfolg; mit den zeitlich entfernteren Stoffen ist Hochhuth sicher besser zurechtgekommen, wenn auch das entworfene Geschichtsbild nicht unbedingt akzeptiert wurde. Der Schwierigkeit des geringen zeitlichen Abstandes vom Stoff sollte bei der *Octavia*, deren Sujet nunmehr fast zweitausend Jahre zurückliegt, stets bewußt bleiben, wenn es um die Frage der historischen Treue geht, die von jeder Gestaltung historischer Stoffe, und zwar ohne Rücksicht auf die Gattung (Geschichtsschreibung, Drama, Ballade, Roman), mehr oder weniger erwartet wird. Konnte der Verfasser in den sechziger Jahren des ersten nachchristlichen Jahrhunderts auf eine feste Tradition zurückgreifen oder steht er als erratischer Block einsam in der literarischen Landschaft? Wagen wir einen kurzen Gang durch die antike Literaturgeschichte.

I. Die Tradition der 'Praetexta'

Der Übergang von der griechischen zur römischen Literatur läßt sich leicht nachvollziehen. Denn bekanntlich haben die Römer, nachdem sie im 3. Jh. v. Chr. eine politische Größe geworden waren und sich sozusagen ihrer Kunstlosigkeit schämten, die Literatur (aber auch bildende Kunst, Architektur, Musik) von den Griechen, die ja auch weitgehend Unteritalien von Campanien an besiedelten, übernommen.[9] Dramen und Epen wurden ins Lateinische übertragen (die lateinische Prosa war noch nicht erfunden; man schrieb zunächst auch in Rom griechisch). Im Falle der Tragödien und Komödien (nicht so im Epos) wurde das jambische Metrum gleich mit übernommen und dem Lateinischen angepaßt.

Und doch war die Situation plötzlich eine ganz andere als in Griechenland selbst, wo ja die eigenen Mythen, der Ödipusstoff, der *Thyestes*, der *Agamemnon*, *Philoktet*, die *Alkestis* usw. im eigenen, wohlvertrauten Ambiente auf die Bühne kamen. Das geringere Problem in Rom war, die geeigneten Anlässe zu finden. Statt der 'Lenäen' und 'Dionysien' in Athen nahm man die heimischen Kultfeste zum Anlaß (*Ludi Romani*, *Ludi Megalenses*), aber auch aktuelle Feierlichkeiten wie *Ludi triumphales* (Siegesfeiern) oder Beisetzungsfeiern (*Funeralia*) großer Feldherren und Politiker. Das größere Problem war vielmehr die Umsetzung der griechischen Welt, die sich in der Sprache niederschlägt, in den für einen Römer erreichbaren Verständnishorizont. Entweder verzichtete man ganz auf die kulturelle Adaption – natürlich war jedem Zuschauer bewußt, daß es sich trotz der lateinischen Sprache um ein griechisches Stück handelte –, oder man begnügte sich mit einer äußerlichen Anpassung an entsprechende römische Einrichtungen *(interpretatio Romana)*, machte also

---

8 Bekannt ist der kritische Brief an Günter Grass von Marcel Reich-Ranicki, in 'Der Spiegel' Nr. 34/1995, S. 162–169.

9 Mehr z.B. bei Fuhrmann 1974, S. 11–14.

aus der *Boulé* (Ratsversammlung) einen Senat u.ä., ließ aber Namen und Schauplatz griechisch.[10]

Gleichwohl muß schon früh das Bedürfnis bestanden haben, auch römische Stoffe dramatisch darzustellen, also 'echt' römische Senatoren und Magistrate in heimischer Tracht auftreten zu lassen. Ein solches Stück nannte man, wenn es komisch war, 'Togata' (im Gegensatz zur griechischen 'Palliata'), wenn es ernst war, 'Praetexta' (nach der Breitborte an der Beamtentoga) im Gegensatz zur griechischen 'Crepidata'. Mit dieser 'Praetexta' haben wir es nun zu tun; auch die *Octavia* ist eine 'Praetexta', noch dazu die einzige, die erhalten geblieben ist.

Jedenfalls weiß man, daß schon der älteste der römischen Dramatiker, Cn. Naevius (Mitte 3. Jh. v.Chr.), Stücke über nationalrömische Stoffe schrieb und aufführte: *Romulus* und *Lupus* orientierten sich an den Nachrichten über die Gründung Roms; das war natürlich Geschichte (nicht 'Legende'), und selbst der aufgeklärte Historiker T. Livius (unter Kaiser Augustus) verzichtet trotz der im Vorwort vorgebrachten Bedenken nicht auf einen kurzen Abriß dieser 'Urgeschichte'. 'Geschichtsdrama'? Für die Römer sicher, wenn auch nicht unbedingt tragisch. Naevius verfaßte eine Praetexta *Clastidium*, in welcher der römische Feldherr M. Claudius Marcellus nach seinem Sieg über den oberitalischen Gallierkönig Viridomarus (Zweikampf!) verherrlicht wurde.[11] Das war im Jahre 222 v. Chr.

Ähnliches wird von Q. Ennius (239–169 v. Chr.) berichtet, dessen *Sabinae* zwar auch in die Gründungszeit Roms führten, dessen *Ambracia* aber den Sieger über die Aetoler im Jahre 189 v. Chr., M. Fulvius Nobilior, ehrte. Nicht lange danach widmete Ennius' Neffe Pacuvius dem Sieger des Makedonischen Krieges nach der Schlacht von Pydna (168 v. Chr.), Aemilius Paulus, eine triumphale Praetexta, und von L. Accius schließlich, schon am Ende des 2. Jh. v. Chr., ist ein *Brutus* bezeugt, ein Stück über den Vertreiber des letzten römischen Königs Tarquinius Superbus und ersten Konsul 509 v. Chr., sowie ein *Decius* über den Opfertod des (jüngeren) Decius Mus in der Schlacht von Sentinum gegen die Samniten 295 v. Chr.

Damit ist die Geschichte der *fabula praetexta* schon fast zu Ende; denn die Bürgerkriege rissen eine mehr als hundertjährige Lücke in die römische Theatergeschichte. Aber man sieht, obwohl die ganz wenigen erhaltenen Zitatfragmente dieser Praetexten in keinem Falle eine auch nur vage Rekonstruktion erlauben: Tragödien waren diese Stücke nicht; im Gegenteil, eher Fest- und Weihespiele. Ein spätantiker Schriftsteller[12] berichtet uns den Inhalt einer

---

10 Alle erhaltenen Komödien des Terenz spielen in Athen, von denen des Plautus immerhin zwölf, die restlichen in Ätolien, Epidamnus, Epidaurus, Ephesus, Kalydon, Kyrene und Sikyon. Mit den griechischen Personennamen werden sogar komische Wirkungen erzielt; in der *Asinaria* heisst ein Diener Leonidas, ein junger Liebhaber Diabolos, eine Kupplerin Kleairete 'die zum Ruhm Erwählte'.

11 Das Stück würde gut zu *Ludi triumphales* passen.

12 Macrobius, sat.1.11, 36–40.

Praetexta (Autor und Titel unbekannt), die das 'Aition' des Festes der Iuno Caprotina thematisiert hatte, in unseren Augen wieder kein Geschichtsdrama, im antiken Verständnis aber durchaus. Viele Praetexten über glückliche Schlachten müssen geradezu Jubelstücke gewesen sein; denn die römischen Dramatiker, in der Regel Unfreie aus den Provinzen, bedienten sich begreiflicherweise nicht des aischyleischen Kunstgriffs, einen Römersieg aus der Sicht des Besiegten zu beleuchten. In der Tat gibt es grundsätzlich keine Vorgabe, die Geschichtsdramen bevorzugt als Tragödien versteht; Schiller nannte seinen *Don Carlos* vorsichtshalber ein 'dramatisches Gedicht'. Es wäre ja denkbar, daß der Heldentod eines römischen Feldherrn oder der ruhmvolle Untergang eines Heeres in dramatischer Interpretation dargestellt worden wäre; aber von solchen Tragödien hört man nur aus dem späteren Epos (Vergil, *Lucanus tragicus*), nicht von der Bühne der römischen Republik.

Das ändert sich in der Kaiserzeit, der kurzen Nachblüte des römischen Dramas zur Zeit der julisch-claudischen Dynastie. Wer den *Dialogus de oratoribus* des Tacitus kennt, weiß, daß dort Curiatius Maternus bei der Rezitation seiner Tragödie *Cato* angetroffen wird, die den Freiheitstod des jüngeren Cato in Utica behandelt haben muß.[13] Auch einen *Domitius* soll Maternus verfaßt haben; Cn. Domitius Ahenobarbus, ein 'nationaler' Antonianer, wechselte kurz vor der Schlacht von Aktium auf die Seite Octavians, starb aber gleich nach dessen Sieg.[14] Maternus las diese Stücke einem ausgewählten Kreis während der Regierung des mißtrauischen und intoleranten Kaisers Domitian vor – aufzuführen waren oppositionelle Stücke natürlich nicht. Offenbar wollte der Dramatiker die politischen Zustände seiner Zeit historisch spiegeln, und das war schon gefährlich genug. Ja solche Spiegelungen waren erst recht in den konventionellen Stoffen des griechischen Mythos möglich, zumal in den 'Tyrannen' wie Thyestes oder Atreus der amtierende Kaiser leicht wiederzuerkennen war; bei Freiheitsparolen der Gegenfiguren konnte das römische Theatervolk in Anwesenheit des Kaisers in Applaus ausbrechen. Tacitus berichtet, daß sich Kaiser Tiberius bei einer Aufführung des *Atreus* dermaßen gereizt sah, daß er den Autor Aemilius Mamercus in den Freitod trieb.[15] Aber die Geschichte des politischen Theaters, das sich sogar bevorzugt unaktueller Stoffe bemächtigt (Sartre, Camus), ist eine ganz andere. Zurück zu dem einzigen römischen Geschichtsdrama, das wir noch in Händen und vor Augen haben. Und hätten wir heute die Wahl, die römische Praetexta auszusuchen, die wir als einzige erhalten wissen wollten, wir würden vielleicht gerade die *Octavia* wählen. Ich halte ihre Erhaltung jedenfalls für einen Glücksfall, da sie

13 Tac., Dial. 2, 1; 3, 2.

14 Darüber unterrichten Velleius 2, 84, 2 und Sueton, Nero 3,2. Wie Maternus diesen schwierigen Charakter – Domitius hatte Kleopatra den Königinnentitel verweigert – gestaltet hat, ist schwer zu ermessen.

15 Tac., ann. 6, 29.

Zeitgeschichte, Politik und Tragödienkunst – über Tragik mag man denken, wie man will – in sich vereint.

II. Die Tragödie *Octavia*

Wie sieht das Drama *Octavia* im einzelnen aus? Es gibt zwei Hauptpersonen, die Antagonisten Octavia und ihr Ehemann Kaiser Nero. Ihnen stehen Nebenrollen zur Seite, bei Octavia der Römerchor und in gewißem Sinne die Kaiserinmutter Agrippina, die zugleich ihre eigene Stiefmutter ist,[16] bei Nero einerseits der Berater und ehemalige Reichsverweser Seneca, Widerpart gegen die tyrannische Arroganz Neros und Mahner zu Humanität und Herrschermilde, dazu der (namenlose) Prätorianerpräfekt[17] als willfähriges Ausführungsorgan der Mordbefehle Neros, schließlich die etwa 30-jährige Poppaea Sabina, die neue Gattin, die sich aber nach der Hochzeitsnacht in einem verstörten Auftritt eher von Nero distanziert.

Drei Frauen und drei Männer, also schon fast ein 'Frauenstück', und dies um so mehr, als Octavia und Poppaea jeweils von einer 'Amme' ("nutrix") als Vertrauensperson begleitet sind, Personen ohne eigenes Charakterprofil mit der Funktion, ihrer Herrin jeweils Gelegenheit zu geben, ihre Gedanken und Gefühle zu offenbaren. Es tritt ferner ein Bote auf und vor allem jener Chor der römischen Bürger, der zwar nicht immer die Rolle des Volkes spielt, aber doch dessen Stimme darstellt oder schwankende Stimmung referiert, so daß manche Interpreten schon an zwei Chöre dachten, deren einer auf Octavias, deren anderer auf Poppaeas Seite stehe.[18] Die Handlung, stets auf dem freien Platz vor dem Kaiserhaus, beschränkt sich auf die Zeitspanne zwischen Octavias Verstoßung, datiert durch die Festnahme der Hochverräter Sulla und Plautus, und Poppaeas Hochzeit; das waren nach den Berechnungen der Historiker elf Tage, die hier auf drei zusammengezogen werden. Ein Fünf-Akte-Schema kann man dem Stück aufdrücken, ist aber vom Autor nicht intendiert, der an eine Aufführung (wenn überhaupt) ohne Pause dachte.[19]

Das Stück beginnt mit einem 'euripideischen Prolog', d.h. mit einem Monolog der Hauptperson (Octavia), gefolgt von einem Lied (Gedicht) des Chores. So verfährt auch Seneca gern in seinen Tragödien, und es fällt auf, daß sich die *Octavia* formal engstens an die 'Crepidatae' Senecas anschließt und nicht, soweit das beurteilt werden kann, an die republikanische 'Praetexta'.

---

16 S. Personentabelle, Anhang 1.

17 Dabei kann es sich nur um den von 62 bis 68 amtierenden Ofonius Tigellinus handeln, dessen komplicenhafter Charakter vorgeführt wird (vgl. Seneca 1986, V. 846–876). Aus dessen Tod im Jahre 69 (Selbstmord) ergibt sich der terminus post quem der *Octavia;* hierzu Kragelund 1988.

18 Z.B. Pedroli 1954, S. 39f. mit Hinweis auf Senecas *Agamemnon* und *Hercules Oetaeus.* Doxographie bei Schmidt, S. 1431.

19 S. (auch für die folgende Inhaltsangabe) das Übersichtsschema in Anhang 2.

Das ist bemerkenswert, unterstreicht die Sonderstellung der *Octavia* und hat Konsequenzen für das Verständnis dieses 'Geschichtsdramas'. Octavia begrüßt den neuen Tag, womit das Zeitschema bedeutsam eingeleitet ist. Die Begrüßung besteht allerdings daraus, daß Octavia eine weitere Zeiteinheit als Gefäß ihres Leidensweges zur Kenntnis nimmt. Sie bittet ihre (tote) Mutter Messalina um die Aufnahme ins Totenreich und beschwört damit die Mordserie im Hause des Claudius, der selbst Opfer seiner Frau Agrippina, der Mutter Neros geworden war.

Damit ist das Todesthema überdeutlich angestimmt, Octavias Tod bereits inauguriert. Der Autor wählte für diesen Monolog nicht die normalen Sprechjamben (Senare), sondern Anapäste, die sonst dem Chor vorbehalten sind: Der Monolog ist ein Musikstück, ob nun gesungen vorzustellen oder nicht (vielleicht mit Instrumentalbegleitung rezitiert). Man erwartet nun den ersten Chorauftritt, der aber noch lange hinausgezögert wird. Statt dessen erscheint Octavias Amme, um im Dialog mit Octavia deren Vorgeschichte weiter zu exponieren, auch dies aber im tragischen Stil: Die Verbindung der claudischen Dynastie mit Mord und Blut wird schicksalhaft interpretiert wie der Geschlechterfluch in der griechischen Tragödie, der über Mykene und Theben lastete; hier wiederholt er sich ganz aktuell im unversöhnlichen Haß der Ehegatten. Fortuna gilt nicht nur als das ewige Auf und Ab von Macht und Glück, sondern als dämonische Kraft, die unweigerlich in den gewaltsamen Tod führt. Das sieht die Amme klar voraus, und Octavia vergleicht sich mit Elektra, nur daß die Tyrannenfurcht sie zudem daran hindere, ihrer Trauer und Verzweiflung freien Lauf zu lassen:

NVTRIX:
Heu quam nefandum prospicit noster timor
scelus, quod utinam numen avertat deum.
OCTAVIA:
O mea nullis aequanda malis
fortuna, licet
repetam luctus, Electra, tuos:
tibi maerenti caesum licuit
flere parentem,
scelus ulcisci vindice fratre,
tua quem pietas hosti rapuit
texitque fides:
Me crudeli sorte parentes
raptos prohibet lugere timor
fratrisque necem deflere vetat,
In quo fuerat spes una mihi
totque malorum breve solamen.
Nunc in luctus servata meos
magni resto nominis umbra. [20]

20 *Octavia*, V. 55–72.

(AMME:
Ach, was für ein unaussprechliches Verbrechen sieht unsere
Furcht schon voraus, das Göttermacht von uns wende
OCTAVIA:
An kein anderes Unglück kommt
mein Schicksal heran, selbst wenn ich
deine Trauer, Elektra, mir ins Gedächtnis rufe.
In deiner Trauer durftest du
den ermordeten Vater beweinen,
das Verbrechen durch den rächenden Bruder bestrafen,
den deine Geschwisterliebe dem Feinde entriß
und den deine Treue bedeckte.
Mich hindert die Furcht, zu betrauern die Eltern,
die ein grausames Los dahinraffte,
verbietet, über den Mord am Bruder zu weinen,
auf dem mir die einzige Hoffnung beruhte
und der kurze Trost einer langen Unglückskette.
Jetzt bleibe ich für meine Trauer erhalten,
der Schatten eines großen Namens.)

Man sieht: Der Autor wollte nicht Zeitgeschichte auf die Bühne stellen, sondern die Zeitgeschichte in eine Tragödie verwandeln. Das erfordert aber für Octavia als tragische Heldin eine beträchtliche menschliche Größe, vielleicht auch einen tragischen Konflikt, damit sie ihrem überstarken Gegenspieler Nero die Waage halten kann. Überraschenderweise kämpft Octavia aber, anders als Medea oder Phaedra bei Seneca, nicht mit allen Mitteln für ihre Ehe; als Todgeweihte hätte sie ja nichts zu verlieren. Sondern sie kämpft um ihre Reinheit und dafür, den Familienfluch nicht durch neue Mordtat (an Nero) fortzusetzen: "Extinguant me, ne manu nostra cadat" (V. 174).[21] Damit will sie sich mächtiger als die Fortuna erweisen und weist daher den billigen Rat der Amme, durch Wohlverhalten[22] Nero umzustimmen, mit den Hinweis zurück, daß ein Widerstand gegen den Tyrannen nur die Kette des Mordens verlängern würde.

Jetzt endlich, nach dem ersten Drittel des Stückes, betritt der Chor römischer Bürger die Bühne und reflektiert Neros Gattinnen-Austausch zunächst theologisch: Nero und Octavia sind wie Jupiter und Juno zugleich Geschwister und Ehegatten und als höchste Götter auf Erden untrennbar. Dann historisch mit Beispielen aus der römischen Geschichte, die belegen, daß Morde auf höchster Ebene stets die gerechte Sühne nach sich zogen. Das schlimmste, noch frisch im Gedächtnis haftende Verbrechen war die Beseitigung der Neromutter Agrippina durch den eigenen Sohn. Diese ungeheuerliche Moritat wird im Drama dreimal, hier vom Chor in dramatischem Bericht am ausführlichsten geschildert:[23] Nero hatte seine Mutter zu einer Kreuzfahrt im Golf von Neapel eingeladen und auf hoher See eine Havarie organisiert. Das Schiff

21 *Octavia*, V. 174.
22 "obsequendo", *Octavia*, V. 177.
23 *Octavia*, V. 45; V. 125–130; V. 165f.; V. 310–376; vgl. V. 598–617.

fiel auseinander, die Kaiserinmutter ins Wasser, konnte aber, von ihrem Gefolge unterstützt, schwimmend das Festland erreichen.[24] Reaktion Neros: Er setzt auf das erste Attentat das zweite.[25] Die nun fällige Tötung durch das Schwert ist an Grausamkeit kaum zu überbieten:

> CHORVS
> Missus peragit iussa satelles:
> reserat dominae pectora ferro.
> Caedis moriens illa ministrum
> rogat infelix, utero dirum
> condat ut ensem:
> "Hic est, hic est fodiendus" ait
> "ferro, monstrum qui tale tulit."[26]
>
> (CHOR RÖMISCHER BÜRGER
> Ein Scherge wird geschickt, der seinen Befehl ausführt:
> Er löst mit dem Stahl der Herrin das Herz aus der Brust
> Im Sterben bittet die Unglückliche den Mordgesellen,
> er solle das Schreckensschwert in ihrem Schoß bergen:
> "Der Schoß ist es, der durchbohrt werden muß", sagt sie,
> "durchbohrt mit dem Stahl, da er ein Ungeheuer gebar.")

Die Passage 313–356 (bzw. –376) gehört zu den affektischen Höhepunkten der *Octavia*: Dramatik im Wort, im Bericht, im Chorlied, nicht aber in der Aktion auf der Bühne, auf der äußerlich wenig geschieht. Aber im Vortrag entfaltet der jambische und anapästische Text eine so suggestive Wirkung, daß niemand an der Rezitationsfähigkeit solcher Stücke zweifeln kann, – was nicht heißen soll, daß sie von vornherein als Lese-, nicht Aufführungsdramen konzipiert waren.

Wegen des starken lyrischen Anteils läßt sich die *Octavia* in die Nähe der Gattung Oratorium oder gar Oper rücken. Tatsächlich hat die *Octavia* das Sujet zu einer berühmten Oper geliefert. Allerdings ist zuzugeben, daß Claudio Monteverdis *Krönung der Poppäa* von 1642 die Handlung ganz gewaltig dynamisiert und erweitert durch eine Wechselintrige zwischen den Rivalinnen Octavia und Poppaea, der entgegen jeder historischen Relevanz auch Seneca und Poppaeas verflossener Ehemann Otho zum Opfer fallen.

Kehren wir zur Schlichtheit des ersten Jahrhunderts zurück, wo gerade der Chor und Octavia die Bühne verlassen haben. Es erscheint Neros Privatberater und ehemaliger Erzieher Seneca. Ihm wird nun die Fortunaphilosophie in den Mund gelegt, die man schon vom Eingangslied des Chores erwartet hatte; aber der gelehrte Seneca kann der Unberechenbarkeit des Schicksals die unverbrüchliche Gesetzmässigkeit des Sternensystems gegenüberstellen, womit er der Tragödie eine kosmische Dimension verleiht, die sie über den Rang einer

---

24 Tac., ann.14, 4–8.
25 "ingens geminat nefas", *Octavia*, V. 363.
26 *Octavia*, V. 366–372.

peinlichen Affäre in der *royal family* hinaushebt.[27] Trotzdem: Auf Erden waltet nach dem Auszug der Gerechtigkeit (Themis) ein Fortuna-Tiefpunkt. Der Untergang der römischen Größe steht vor der Tür. Und in der Tat kommt in diesem Moment Nero aus dem Palast, der seinem Prätorianerpräfekten die Liquidierung zweier Attentäter befiehlt[28] und damit Seneca Gelegenheit gibt, die Kaisertugend *clementia* (Milde, Strafverzicht) anzunehmen – darüber hatte ja der historische Seneca ein Sendschreiben an Nero bei dessen Regierungsantritt verfaßt.[29] Dagegen setzt Nero hart sein Hybrisprinzip: "Was gerecht ist, bestimme ich, nicht ein Gott; – Götter stelle ich selbst her"![30] (durch Konsekration des Divus Claudius, ein versteckter Zynismus). Hier, in der Mitte des Ganzen, formuliert Seneca sein Staatsprogramm: Nicht die Sicherheit und das Wohlleben des Princeps ist das höchste Ziel, sondern die Wohlfahrt des Landes im Sinne des von Vergil und Horaz propagierten, von der stoischen Ethik vertieften Humanitätsideals.

> SENECA
> Pulcrum eminere est inter illustres viros,
> consulere patriae, parcere afflictis, fera
> caede abstinere, tempus atque irae dare,
> orbi quietem, saeculo pacem suo.[31]
>
> (SENECA
> Es ist etwas Schönes, hervorzuragen unter großen Männern,
> für das Vaterland zu sorgen, Niedergeschlagenen aufzuhelfen,
> vom dumpfen Morden fernzubleiben, den Zorn zeitlich zu begrenzen,
> der Erde Ruhe, dem Jahrhundert Frieden zu geben.)

Dafür hat Nero natürlich keinen Sinn. Sarkastisch klingt seine Replik:

> NERO
> Munus deorum est, ipsa quod servit mihi
> Roma et senatus quodque ab invitis preces
> humilesque voces exprimit nostri metus.[32]
>
> (NERO
> Ein Göttergeschenk ist es, daß Rom selbst mir dienstbar ist und der Senat und daß die Furcht vor mir ihnen gegen ihren Willen Bitten und demütige Sprache abpreßt.)

Und daher bringt er nun in langer Rede negative Beispiele aus der Geschichte, die in einer universalen Vision blutiger Schlachten zum Ruhme des römischen Weltherrschers gipfelt: der für den Tyrannen typische Größenwahn. Am Ende

---

27 Ähnlich Sutton 1983, S. 57f.

28 Die potentiellen Putschisten Rubellius Plautus und Faustus Cornelius Sulla sind historisch (Tac., ann. 14, 57f.), wenn auch hier in starker Vereinfachung angeführt; mehr bei Schmidt 1995, S. 1444.

29 Seneca, De clementia libri II vom Jahre 54; das hohe Ethos dieser Denkschrift veranlaßte den Reformator Johannes Calvin zu einem ausführlichen Kommentar (Genf 1532).

30 "Stulte verebor, ipse cum faciam deos", *Octavia*, V. 449.

31 *Octavia*, V. 472–475

32 *Octavia*, V. 492–494.

dieser Szenenfolge versucht Seneca, sich vorsichtig für Octavia, die Göttliche als Tochter des Divus Claudius, zu verwenden, bekommt aber nur den Preis der göttlichen, ja übergöttlichen Schönheit Poppaeas zu hören. Tatsächlich war nach dem Zeugnis des Tacitus schon ihre gleichnamige Mutter von unglaublicher Schönheit – und eine vergangenheitsbeladene *femme fatale* gewesen.[33] In der abschließenden Diskussion über die Gefährlichkeit des unkontrollierten Amor bringt Nero dann die Bombe zur Explosion: Poppaea ist schwanger. Das bedeutet: Schon die Staatsräson gebietet die neue Ehe. Und jetzt erinnert man sich daran, daß der Chor Octavia darum gebeten hatte, Nero Friedenskinder zu gebären.[34] Der Historiker Tacitus bestätigt, daß Octavias Unfruchtbarkeit ein wichtiger Grund der Verstoßung war, vom Autor der *Octavia* zwar nicht übergangen,[35] aber umfunktioniert einerseits zur Hebung von Octavias Reinheit, ja virginaler Unschuld, andererseits zur Findung eines inhumanen Arguments für Poppaeas Schwängerung durch Nero. Der Schwarz-Weiß-Kontrast zwischen Nero und Octavia erfährt hier seine schärfste Ausprägung.

Wieder bricht die Szene ab (der Autor bemüht sich nicht um Motivationen für Auftritte und Abgänge), die Nacht fällt, aus der Tiefe steigt der Geist Agrippinas, für antike Theaterbesucher ein gewohntes Bühnen-Phänomen. Aischylos ließ den Geist des Dareios erscheinen *(Perser)*. Seneca den des Atreus *(Agamemnon)*, Shakespeare wird den von Hamlets Vater bemühen: es sind sozusagen die Pendants zu den plötzlichen Götterepiphanien *(deus ex machina)* in der griechischen Tragödie. Agrippinas Aufgabe wäre es als Lebende gewesen, die Braut dem Bräutigam rituell zuzuführen. Als Ermordete spielt sie die stygische Brautführerin, den Todesengel Poppaeas und Todesprophetin ihres Sohnes Nero, dessen ehrloses Ende sie voraussagt[36] und dessen Existenz sie verflucht. Ohne diese Geburt wäre der Weltfriede ungestört. Als Notturno legt Agrippinas Auftritt, der dramaturgisch keine Konsequenzen hat, zeitlichen Abstand zur nächsten Füllung der Bühne mit dem Römerchor und Octavia, die den neuen Tag als ihren letzten freudig willkommen heißt, bevor die große, ewige Freiheit beginnt. Es ist Poppaeas Hochzeitstag, aber der Chor ruft, von Entsetzen gelähmt, nach des Volkes Kraft[37] und läßt sich hinreißen, dazu aufzurufen, Poppaeas Bildnis, das alle Straßen schmückt, mit Füßen zu treten.

Die Hochzeit selbst wird übergangen, die Bühne wieder geräumt. Als dann Poppaea aus dem Palast läuft, von ihrer Amme gefolgt, muß der dritte Tag begonnen haben. Poppaea, keineswegs königlich, stürzt verängstigt aus dem Brautzimmer nach der Hochzeitsnacht, und während die Amme noch den Zuschauern die Pracht des vergangenen Festes schildert, erzählt Poppaea ihren Alptraum: Das Bild der wehklagenden latinischen Mütter, darunter Agrippina

33 Tac., ann. 13, 45, 2.
34 “edat partu pignora pacis”, *Octavia*, V. 279.
35 *Octavia*, V. 530–535; 590f.; dazu Schmidt 1985, S. 1428f.
36 Wenn “ex eventu”, ergibt sich das Jahr 68 als t.p.q.; s. aber oben Anm. 17!
37 “Ubi Romani vis est populi?” *Octavia*, V. 676.

als Furie mit blutiger Fackel; die Träumende stürzt in einen Abgrund und findet sich im Ehebett wieder bei ihrem früheren Gatten Crispinus und ihrem Sohn, die beide der hereinbrechende Nero erschlägt: "Heu quid minantur inferum manes mihi / aut quem cruorem coniugis vidi mei?"[38]

Nach verlegenen Beschwichtigungen der Amme und einem ebenso verlegenen Chorlied[39] auf Poppaeas Schönheit gehört die Bühne wieder Nero und seinem Präfekten. Ein Bote berichtet den Sturm des Volkes auf den Kaiserpalast, was Neros Hybris nur steigert: Der Pöbel könne einzig durch Blut zur Unterwerfung gebracht werden, er sei seines Kaisers nicht wert, habe als Machtinstrument seines Herrn versagt. Auch die Meldung des Präfekten von der Niederschlagung des Aufstandes kann Nero von seinen maßlosen Strafaktionsplänen nicht abbringen. Sein Blitz soll als erstes Octavia als Urheberin des Aufstandes treffen, dann das Volk selbst durch die Brandschatzung Roms, und dies kann selbst die Nibelungentreue des Präfekten nicht akzeptieren, muß es aber.[40]

Damit ist die historische Handlung zum Ende gelangt. Nero hat seine Herrscherwillkür gegen den Berater, das Militär und das Volk durchgesetzt und ist damit zur höchsten Selbstverwirklichung emporgestiegen,[41] Octavia ist für ihn Vergangenheit. Aber Nero ist nicht der 'Held' der Tragödie, wie solche Interpreten meinen, die nach dem griechischen, von Aristoteles beschriebenen Modell Hybris und Schuld *(hamartia)* bei dem zur Katastrophe bestimmten Helden als Bedingung der Tragik suchen (Neros Untergang hatte Agrippina in der Tat antizipiert) und bei Nero finden. Nein, Nero ist so perfekt als der Tyrann *par excellence* typisiert, daß ihm ein Individualcharakter gar nicht bleibt; er steigert sich nicht zur Hybris, sondern verkörpert sie; er begeht keinen besonderen Fehlgriff *(hamartia)*, sondern macht ihn ohne Skrupel zu seinem Handlungsprinzip. Tragischer Held ist wirklich Octavia, wie Titel und Prologschema ausweisen, trotz ihrer Passivität. Sie ist die Heldin des bewußt und entschlossen praktizierten 'kosmischen' Leidens und Erleidens unter Wahrung der persönlichen Integrität. Tragische Konflikte mögen hinter diesem Entschluß stehen – der Dialog mit der Amme deutet es einmal knapp an[42] – und eine *hamartia* als 'schuldlose Schuld' mag man in ihrer Kinderlosigkeit sehen; thematisiert wird dies textlich nicht, wohl aber im Ergebnis reflektierend vorgeführt. Octavia und dem Chor werden die letzten hundert Verse zugewiesen.

38 "Ach, womit bedrohen mich die Schatten der Unterirdischen oder warum sah ich das vergossenen Blut meines Gemahls?", *Octavia*, V. 738f.

39 Des 'anderen' Chores? Vgl. oben Anm. 16!

40 Warum Sutton (Sutton 1983, S. 62ff.) Nero als "Porträt des platonischen Tyrannen" (ebd., S. 67f) zur Hauptperson des Dramas auf Kosten der Octavia ("Octavia herself is insipid, flat" – ebd., S. 62) erklärt, ist mir nicht nachvollziehbar.

41 Als *voluptas* hatte er (*Octavia*, V. 566f.) Seneca gegenüber den Amor als Lebensziel definiert.

42 *Octavia*, V. 106ff.

Wenn der Römerchor die Unbeständigkeit und Unbesonnenheit des *populus* – als gehöre er nicht dazu – beklagt und mit historischen Beispielen belegt, kann er sich nur noch durch den Rückzug ins Private dem Zugriff der Fortuna entziehen: Wer nicht hoch steigt, fällt nicht tief. Aber Octavia setzt diesen allzu billigen eskapistischen Gedanken in tragischer Richtung fort: Eine Verbannung, sei es als innere Emigration, sei es als sanktionierte Relegation – ihr Fall –, bedeutet zugleich den Verlust der Freiheit, von der man dann nur noch träumen kann. Der Verlust der selbstbestimmten Persönlichkeit ist aber im Grunde der Verlust des Lebens als Mensch. Damit wird die Reise zur Verbannungsinsel Pandateria zur Reise in den Tod:

> OCTAVIA
> Rapite ad letum quis ius in nos
> Fortuna dedit. Testor superos.[43]
>
> (OCTAVIA
> Euch gab das Schicksal Macht über mich: Reißt mich
> nun in den Tod. Die Himmelgötter sind meine Zeugen.)

Der Chor geleitet sie mit einem bittersüßen Propemptikon: Zephyr möge sie aus einer Stadt herausführen, die barbarischer ist als das Barbarenland Tauris, in das Iphigenie entführt worden war.

III. Tragödie und Geschichte

Ein sentimentaler Schluß, mag mancher sagen, ein Finale, das weiche Leser/Hörer/Zuschauer zu Tränen rühren möchte. Tragisch? Eine Frage der leidigen Definition. Wie gezeigt, im klassischen Sinne nicht tragisch, da die Entscheidung zugunsten eines hohen Wertes zu Lasten eines anderen ebenso hohen Wertes fehlt. Tragisch empfinden wir Octavias Schicksal aber im Sinne des Übermaßes an Leid und erlittenem Unrecht der unschuldigen Frau. Diese Spielart des Affekts ist mit dem Terminus 'Rührung' sicher besser erfaßt, und Rührung muß kein niederes Gefühl sein (wenn man nicht mit Nietzsche jedwedes Mitleid ächten will). In Ovids *Metamorphosen* gibt es viele Beispiele dieser Tragik (Daphne, Callisto), deren Vulgärform schließlich zum 'tragischen Verkehrsunfall' oder zum 'tragischen Mordopfer' in unseren Tageszeitungen verkommen ist. Die antike Tragödie gab der Emotion 'Rührung' durchaus einen legitimen Raum; Aristoteles' tragische Grundaffekte *éleos* (im Leid) und *phóbos* (vor dem Schicksal) sind sehr wohl in der *Octavia* wirksam; über die *kátharsis* mag man anders denken.

Zum Schluß muß noch gefragt werden, wie sich diese *Fabula praetexta* zur darin verarbeiteten Geschichte verhält. Daß die Geschichte ganz auf Form und Ökonomie einer griechischen Tragödie (also 'Crepidata') hinstrukturiert wur-

43 *Octavia*, V. 961f.

de, wurde aufgezeigt. Da wir den historischen Sachverhalt aus Tacitus, Sueton und Cassius Dio recht gut kennen, kann festgestellt werden, daß der Tragödienautor bei aller Reduktion der Fakten doch nirgends wahrheitswidrig verfährt,[44] – wie es Monteverdis Librettist in hohem Maße tat. Erwähnt wurde schon das Zusammenziehen der elf Tage auf drei. Umgewichtet wurde das Unfruchtbarkeitsmotiv,[45] kühn ist die logische Brücke zu dem erst drei Jahre später erfolgten Brand Roms. Weggelassen wurde die von Nero und Poppaea ins Werk gesetzte Intrige, Octavia durch einen Falschzeugen des Ehebruchs zu überführen (ausgerechnet!);[46] weggelassen wurde ferner die doppelte Relegation Octavias, erst nach Campanien, dann, als durch ein Gerücht ihrer Rückberufung Unruhen in Rom ausbrachen, die erneute Verbannung nach Pandateria, und die bald folgende Tötung.[47] Das Nichtberücksichtigen dieser und noch einiger anderer Einzelheiten verfälscht aber nirgends den Ablauf des Geschehens. Freiheiten im Gefolge der 'Tragifizierung' (oder auch 'Mythisierung') gibt es wohl bei den Charakteren. Nero war in Wirklichkeit nicht der Klischeetyrann, sondern zwischen Härte und Schwächlichkeit hin und hergerissen – man denke nur an die Eitelkeit seines Künstlertums.[48] Poppaea wird von Tacitus als schlimme Drahtzieherin geschildert, die schon bei Agrippinas Ermordung ihre Hände im Spiel hatte. Und ob Octavia wirklich so ganz widerstandslos in den Tod ging, – wer will sich dafür verbürgen? Der Autor verzichtet weiterhin auf die Profilierung des Prätorianerpräfekten. Aber Neros tatsächlicher Vertrauensmann, Ofonius Tigellinus, war alles andere als ein schablonenhafter Untertan, sondern griff mit Hinterhältigkeit in die Hofpolitik ein.[49]

Der Tragödienschreiber wollte aber gerade nicht Geschichte auf der Bühne nachstellen. Anders als zur Zeit des Aischylos war die Historiographie längst erfunden und ausgereift. Er wollte in Octavia das Modell der unter den Zeitbedingungen schicksalhaft Leidenden und doch nicht moralisch zerbrechenden Frau demonstrieren. Ob er damit politische Ziele verfolgte, etwa die Rehabilitation des Verbannungsopfers, sei dahingestellt; ich glaube es nicht. Sicher aber ging es ihm um ethische Ziele, um das neue Heldentum des Duldens und

44 "Octavia is not only a tragedy, but a history play as well" konstatiert Poe 1989, S. 435 (um die *Octavia* von echten Seneca-Tragödien abzugrenzen); man vergleiche Schillers Grundsatz, "daß eine Geschichte historisch treu geschrieben sein kann, ohne darum eine Geduldprobe für den Leser zu sein, und wenn er einem andern das Geständnis abgewinnt, daß die Geschichte von einer verwandten Kunst etwas borgen kann, ohne deswegen notwendig zum Roman zu werden" (Schiller 1960, Vorrede).

45 *Octavia*, V. 530ff.; Tac., ann.14, 60, 1; Suet., Nero 35, 2.

46 Tac., ann. 14, 20, 2.

47 Tac., ann.14, 60, 3; 63, 2; 64, 1.

48 Scharf herausgearbeitet von Sueton, der Neros letzte Worte "Qualis artifex pereo!" überliefert (Suet. Nero 49, 1)

49 Tac., ann. 14, 51, 2; er war es, der Seneca aus dem Amt gedrängt, die Verschwörer Plautus und Sulla beseitigt (Tac,. ann. 14, 57–59) und Octavias Liquidierung (Tac., ann. 14. 62–64) betrieben hatte.

Verzichtens,[50] welches das endlose Rad des Mordens aufhält. Gewiß wäre diese Botschaft auch durch einen geeigneten Mythos (eine modifizierte *Elektra*?) vermittelbar gewesen, aber doch glaubhafter, eindringlicher durch mythisierte Zeitgeschichte. Wir sagen, wohlgemerkt, nicht, daß der Geschichtsablauf selbst schon tragisch ist; 'Tragik' ist bereits eine Interpretation von Fakten und daher ein literarischer Begriff. Wenn uns der Bericht des Tacitus vom Ende der Octavia oder – berühmtes Beispiel – vom Tod des Seneca tragisch erscheint, so deshalb, weil bereits Tacitus seine (tragische) Auffassung vorsichtig andeutete. Das taten die Historiker – im Gegesatz zu den Chronographen – in der Antike schon immer seit Herodot (es gab sogar eine Mode der 'tragischen Geschichtsschreibung'), und Friedrich Schiller arbeitet in seiner *Geschichte des Abfalls der Vereinigten Niederlande von der spanischen Regierung* (Leipzig 1788) bewußt mit diesem Geschichtsbild.

Wie von der Prosa zum Drama, bedarf es eines gewaltigen Schritts von der faktischen Unglückskette (die uns tragisch anrührt) zur Literarisierung als tragische Textform (Geschichte, Tragödie, Epos, Ballade). Die Tragödie läßt nicht nur die historische Prosa weit hinter sich, sondern erst recht die Welt der Historie selbst, der sie doch als Nachformung menschlicher Erfahrung verpflichtet bleibt. Wer sich von dem blutigen Rührstück *Oktavia* wirklich einfangen läßt, dem wird es freilich nicht mehr wichtig sein, zu wissen, ob die historische Octavia wirklich mit *seiner* Octavia völlig identisch war.

Literaturverzeichnis

Beare, W.: *The Roman Stage. A short History of Latin Drama in the Time of the Republic*, London 1950 (^{2}1955), S. 225f.

Carbone, M.E.: "The 'Octavia', Structure, Date and Authenticity", in *Phoenix* 31, 1977, S. 48–67.

Fuhrmann, M.: "Die römische Literatur", in ders., *Römische Literatur,* Frankfurt a.M. 1974 (Neues Handbuch der Literaturwissenschaft 3).

Genova, S.: "Prologo tematico e strutture mitiche nelle praetexta Octavia", in *Dioniso* 58 (1988), S. 113–135.

Grass, Günter: *Ein weites Feld.* Göttingen 1995.

Grimal, P.: "Le tableau de la vie politique à Rome en 62 d'après l'Octavie", in *Studi G. Monaco* 3, Palermo 1991, S. 1149–1158.

Helm, R.: "Praetexta", in *Realenzyklopädie der Klassischen Altertumswissenschaft* 22/2 (1954), Sp. 1569–1575.

Hochhuth, R.: *Wessis in Weimar.* Berlin 1993.

Kragelund, P.: *Prophecy, populism and propaganda in the 'Octavia'*, Kopenhagen 1982.

Kragelund, P.: "The prefect's dilemma and the date of the Octavia", in *Classical Quarterly* 38 (1988), S. 492–508.

Lounsbury, R.C.: "Lucan, Octavia and Domitius Nero", in *Studies in Latin Literature,* vol. 4, Brüssel 1986, S. 499–520.

50 Von Tacitus im *Agricola* gestaltet; vgl. besonders 42, 5.

Pedroli, L.: Fabularum praetextarum quae extant, Genova 1954.
Poe, J.P.: "Octavia Praetexta and the Senecan model", in *AJPh* 110 (1989), S. 434–459.
Schiller, F.: "Geschichte des Abfalls der vereinigten Niederlande", in *Sämtliche Werke*, Bd. IV, hrsg. v. G. Fricke u. H.G. Göpfert in Verb. mit H. Stubenrauch, München: Carl Hanser ^{2}1960.
Schmidt, P.L.: "Die Poetisierung und Mythisierung der Geschichte in der Tragödie 'Octavia'", in *ANRW II* 32/2 (1985), S. 1421–1453.
L. Annaei Senecae Tragoediae, incertorum auctorum Hercules [Oetaeus], Octavia, rec. Otto Zwierlein, Oxford: Clarendon 1986, S. 415–452.
Seneca, Sämtliche Tragödien, lateinisch und deutsch, übers. und erl. von Theodor Thomann, Zürich/Stuttgart: Artemis 1961, S. 405–471.
Sutton, D.F.: *The dramaturgy of the 'Octavia'*, Königstein 1983.
Vozza, P.: "Paradigmi mitici nell'Octavia", in *AC* 59 (1990), S. 113–118.
Zimmermann, B.: "Seneca und die römische Tragödie der Kaiserzeit", in *Lexis* 14, 1990, S. 203–214.

Anhang 1: Zum historisch-genealogischen Hintergrund:

Kaiser Claudius (*1.8.10 v.Chr.) regiert vom 24.1.41 bis zu seiner Ermordung (?) durch Nero am 13.10.54. Er war Sohn des älteren Drusus und der Antonia Minor, Bruder des Germanicus; Claudius war väterlicherseits Enkel des Augustus, mütterlicherseits Enkel des Triumvirn M. Antonius.
Er war in dritter Ehe seit 39 verheiratet mit **Valeria Messalina**, die im Oktober 48 wegen Ehebruchs hingerichtet wurde.
Kinder:

1. **Octavia**, geb. 39/40; 53 Heirat mit Nero, 62 zuerst nach Campanien, dann nach Pandateria verbannt, dort am 9.6.62 auf Neros Befehl ermordet (23-jährig).
2. **Britannicus**, geb. 11.2.41, am 11.2.55 auf Neros Befehl ermordet (an seinem 15. Geburtstag).

Claudius war in vierter Ehe verheiratet mit der jüngeren **Agrippina** (*6.11.15 in Köln, Tochter des Germanicus – daher Nichte des Claudius – und der Vipsania Agrippina). Ermordet am 20.3.59 auf Neros Befehl. Sie war verheiratet mit:

1. Cn. Domitius Ahenobarbus, seit 28.
   Sohn: **Domitius Nero** geb. 15.12.37, später von Claudius adoptiert, somit Rivale seines Stiefbruders Britannicus.
2. Passienus Crispus, seit 41;
3. Kaiser Claudius, seit 49. Augusta-Titel seit 50.

Kaiser Nero, regiert vom 13.10.54 bis zum erzwungenen Selbstmord am 9.6.68. Er war verheiratet mit:

1. **Octavia**, seiner Stiefschwester, 53–62 (s.o.).
2. **Poppaea Sabina** 62–65 (deren dritte Ehe; die Tochter Claudia, geb. 21.1.63, stirbt wenige Monate alt; Poppaea wird 65 als Schwangere durch einen Tritt Neros getötet).

– 65 n.Chr.: Heiratsantrag an **Antonia**, Claudius' Tochter aus dessen zweite Ehe; Antonia lehnt ab und wird von Nero ermordet.

3. Statilia Messalina, seit 66 (deren fünfte Ehe); sie überlebt Nero, gest. nach 70.

Die Personen, deren Namen unterstrichen sind, starben eines gewaltsamen Todes.

Quellen: Tacitus, *Annales*. Sueton, *Claudius*; *Nero*. Cassius Dio, *Römische Geschichte*.

Anhang 2

Die dem Philosophen und Staatsmann Seneca zugeschriebene Tragödie *Octavia*, verfaßt wahrscheinlich bald nach Neros Tod 68 n. Chr., spielt an drei aufeinander folgenden Tagen im Frühsommer des Jahres 62.

Tag I	001–033	Monolog Octavia: Begrüßt den neuen Leidenstag. Bittet die (tote) Mutter Messalina um ihren Tod. Exposition: Agrippinas Mordintrigen gegen Claudius.	1. Akt, 1. Sz.
	034–099	Die Fortuna der Claudierdynastie. Dialog Octavia–Amme: Unversöhnlicher Haß Octavias auf den Mörder ihres Bruders; Nero als Typ des *tyrannus saevus*.	1. Akt, 2. Sz.
	100–174	Wechselreden Octavia-Amme: Octavias Alpträume zu dem Morden an Britannicus und Agrippina und vor Poppaeas Arroganz. Die Amme erinnert auch an Claudius' Untaten.	1. Akt, 3. Sz.
	175–272	Dialog und Arie Octavia–Amme: Die Amme mahnt zu Milde und Unterwerfung aus Selbstschutz; Octavia sieht sich todgeweiht und sinnt auf Rache an Nero (Stichomythie). Die Amme erwartet den massiven Druck des Volkes auf Nero und sagt für Poppaea das baldige Ende ihrer Ehe voraus.	1. Akt, 4. Sz.
	273–376	Chor und Amme: Klage um den Verlust aller sittlicher Werte (historische Beispiele). Darin 313–356 dramat. Bericht über das Attentat auf Agrippina zur See.	2. Akt, 1. Sz.
	377–437	Monolog Seneca: Klage über das Wechselspiel der Fortuna: Rom im Kreislauf von Werden und Vergehen. Jetzt seit Weggang der Iustitia (Themis) absoluter Tiefpunkt.	2. Akt, 2. Sz.
	438–462	Dialog Nero-Seneca (und Präfekt): Nero befiehlt die Hinrichtung zweier verhafteter Hochverräter; Seneca mahnt zu Besonnenheit und Milde (Stichomythie). Nero definiert seine Hybris: Er selbst bestimmt, was gerecht ist, nicht die Götter.	2. Akt, 3. Sz.
	463–532	Rededuell Seneca-Nero: Gegen Neros Selbstherrlichkeit setzt Seneca die wahren Herrschertugenden (Ziel: Völkerfriede). Neros Vision blutiger Schlachtfelder zum eigenen Ruhme.	2. Akt, 4. Sz.
	533–592	Forts. des Rededuells: Seneca verweist auf Octavias Göttlichkeit (Tochter des divus Claudius), Nero auf Poppaeas übergöttliche Schönheit; gegensätzliche Amor-Auffassungen. Gegen Senecas Hinweis auf die Volksmeinung setzt Nero die Nachricht von Poppaeas Schwangerschaft.	2. Akt, 5. Sz.

Nacht	593–645	Erscheinung Agrippinas: Sie ist stygische Brautführerin; als Rache für Neros Undankbarkeit prophezeit sie seinen ehrlosen Tod (*ex eventu?*). Hätte sie doch Nero nie geboren!	3.Akt., 1.Sz.
Tag II	646–689	Octavia (Arie)-Chor: Der Tod als Erlöser vom Leben und Freiheitsgarant; der Chor ist von Schmerz gelähmt. Vergleich mit der Republik, als das Volk die Freiheit garantierte.	3. Akt, 2. Sz.
Tag III	690–761	Dialog Poppaea-Amme: Die Amme spricht von der Pracht der bevorstehenden Hochzeit; Poppaea ist durch einen Traum verstört: Nero habe ihren früheren Gatten Crispinus ermordet. Die Amme verweist auf die Verstoßung Octavias.	4. Akt, 1. Sz.
	762–779	Chor: Preis der Schönheit Poppaeas.	4. Akt, 2. Sz.
	780–819	Chor-Bote: Das Volk bedrängt den Palast, fordert die Wiedereinsetzung Octavias, stürzt die Bildnisse Poppaeas. Die Prätorianer schützen Palast und Kaiser.	4. Akt, 3. Sz.
	820–845	Monolog Nero: Das wilde Raubtier Volk bedarf harter Strafe; es ist seines Kaisers nicht wert! (Tyrannen-Hybris).	5. Akt, 1. Sz.
	846–875	Dialog Nero-Präfekt: Der Aufstand ist niedergeschlagen, aber Nero fordert säkulare Rache, zuerst an Octavia (Widerspruch sogar des ergebenen Präfekten), dann am Volk (Brand Roms).	5. Akt, 2. Sz.
	876–983	Octavia (Arie)-Chor: Klage über die Unbeständigkeit des Volkes (historische Beispiele), Glück nur in der Flucht ins Private. Octavia flüchtet sich in eine erträumte Freiheit. Der Chor erinnert an die Unausweichlichkeit der Fortuna (historische Beispiele). Octavias Abschiedslied, Propemptikon des Chores.	5. Akt

Dietrich Rolle

Shakespeares Geschichtsdrama

I.

Bis weit ins 18. Jahrhundert hinein galt das Epos als die höchste literarische Gattung. Jeder Autor, der etwas auf sich hielt, versuchte sich daran – mit immer geringerem Erfolg. Der bedeutendste Dichter des Jahrhunderts, Alexander Pope, der seinen Plan eines Epos aus der nationalen Geschichte nicht verwirklichen konnte, übersetzte zum Ausgleich wenigstens *Ilias* und *Odyssee* ins Englische, so wie sein großer Vorgänger im 17. Jahrhundert, John Dryden, die *Aeneis* übertragen hatte. Der Schöpfer des modernen Romans, Henry Fielding, gab der neuen Kunstform Respektabilität nicht nur durch gedankliche Vertiefung und ausgefeilte formale Gestaltung, für die er zum Teil auf epische Vorbilder zurückgriff; er schloß die junge Textsorte 'Roman' auch theoretisch als "comic epic in prose" ausdrücklich an die ehrwürdige Vorgängerin an. Im Licht dieser Hochschätzung läßt sich Shakespeares historischer Dramenzyklus als sein Äquivalent eines englischen Nationalepos verstehen.

Das große zeitgenössische Epos, Edmund Spensers unvollendete *Faerie Queene* (1590–96), war zwar zum Ruhm der Königin Elizabeth geschrieben und insofern durchaus national orientiert, war aber in der Anlage allegorisch-märchenhaft; es konnte nur für einen kleinen – vor allem aristokratischen – Leserkreis bestimmt sein. Demgegenüber verlangten alle Schichten des Volkes nach historischer Information, insbesondere über die eigene Geschichte – und das nicht erst, seitdem der Krieg gegen Spanien mit dem Sieg über die Armada (1588) das Nationalgefühl kräftig angefacht hatte. Jedermann war davon überzeugt, daß die Geschichte durch ihre positiven und negativen Beispiele sowohl Handlungsanleitungen für das staatliche Leben als auch moralische Lehren für den Einzelnen bereithalte. Obwohl weite Kreise vor allem der Londoner Bevölkerung lesefreudig und im Besitz von Büchern waren, war doch das beste Medium für die unterhaltsame Vermittlung von Tatsachen und Wertungen das Drama: die Kunstform, die alle Stände vom Adel bis zum Handwerksburschen erreichte. So haben außer Shakespeare viele – oft ungenannte – Autoren Dramen aus der Nationalgeschichte geschrieben. Diese sind großenteils verschollen; wir kennen nur ihre Titel, vornehmlich aus *The Stationers' Register*, dem wichtigen *copyright*-Verzeichnis der Verleger. Gerade weil die Texte nicht erhalten sind, ist spekuliert worden, der Jungdramatiker Shakespeare habe sich seine Sporen damit verdient, diese – nach den erhaltenen Beispielen zu schließen – ziemlich schlechten Stücke zu relativ guten umzuarbeiten und sie damit dann auch der weiteren Überlieferung würdig zu machen. Inzwischen ist die Forschung aber der Meinung, daß schon Shakespeares erste Historiendramen – die sogenannte 'York-Tetralogie' – eigenständige Leistungen sind und keine bloßen Revisionen.

Unter den vielen Quellen, aus denen er schöpfen konnte, sind die wichtigsten Edward Halls *Union of the two noble and illustrious families York and Lancaster* von 1542 und die teilweise daraus abgeleiteten *Chronicles* von Raphael Holinshed. Beide wurden viel gelesen – Holinshed erreichte in den ersten zehn Jahren seit 1577 schon die fünfte Auflage –; allerdings setzten die wuchtigen Folioformate und die damit einhergehenden Preise gewisse Grenzen. Kleine, handliche Geschichtsabrisse waren hingegen weit verbreitet; ein Dramatiker konnte also damit rechnen, daß die Grundzüge der damals neueren englischen Geschichte den Zuschauern bekannt waren.

Aus diesem Stoff, der nach den Herrschaftsdaten von 1377 bis 1485 reichte, formte Shakespeare eine achtteilige Reihe, die ich sein Geschichtsdram*a* (im Singular) nennen möchte.[1] Ich lasse also fort die historisch oder kompositorisch deutlich außerhalb stehenden Stücke *King John* (1591–96) und *King Henry VIII* (1613) und erst recht die Dramatisierungen der römischen Geschichte.

Wenn man die acht Dramen als ein Werk betrachtet, ergibt sich eine chronologische Schwierigkeit: Die 'York-Tetralogie', die das historisch spätere Geschehen umfaßt, ist vor der 'Lancaster-Tetralogie' geschrieben.[2] In Gesamtausgaben, in Literaturgeschichten und Monographien werden die beiden Gruppen denn auch immer in der Reihenfolge ihrer Entstehung behandelt, an der man Shakespeares künstlerische Entwicklung ablesen kann. Ich möchte demgegenüber die wesentlichsten dramatischen Phänomene innerhalb des Zyklus am Leitfaden der dargestellten historischen Ereignisse aufgreifen.

Wie sind diese nun verarbeitet?

---

1 'Lancaster-Tetralogie': *Richard II* (1595), 1 *Henry IV* (1596–97), 2 *Henry IV* (1597), *Henry V* (1599); 'York-Tetralogie': 1 *Henry VI* (1590), 2 *Henry VI* (1590–91), 3 *Henry VI* (1591), *Richard III* (1591–92). – Für Stellennachweise sind in der Regel die gängigen anglistischen Siglen verwendet: *R 2* (usw.).

2 Wollte man die Analogie zum Epos auf die Spitze treiben, so könnte man sagen: Indem Shakespeare seine Schilderung der englischen Geschichte mit dem jähen Tod Heinrichs V. begann – für die Engländer ebenso unheilvoll wie der Zorn des Achilleus für die Griechen vor Troja –, folgte er der epischen Gestaltungsweise, *in medias res* zu gehen, wie Horaz sie nach dem großen Vorbild Homers empfiehlt.

II.

Im griechischen Drama machte die ständige Anwesenheit des Chores die Einheit des Ortes und das Zusammendrängen der dargestellten Zeit auf die Darstellungszeit nötig. Dem Stehvermögen der alten Herren sollte nicht zuviel zugemutet werden. Diese bühnengeschichtlichen Umstände wurden in der Renaissancepoetik zu aristotelischen Normen umgedeutet; das elisabethanische Drama hat sich aber schon wegen seiner heimischen Traditionen nie daran gehalten. Längere geschichtliche Abläufe sperren sich in besonderem Maße gegen dramatische Konzentration. Schon die einzelnen Dramen in Shakespeares Zyklus haben eine so lange Zeiterstreckung, daß nicht nur historische Ereignisse entgegen ihrer tatsächlichen Chronologie aneinandergerückt werden müssen (z.B. umschließt der erste Akt von 1 *H 6* Geschehnisse von 1422–29); auch das episierende Mittel des Erzählers muß gelegentlich helfen, als Prolog, als *Chorus* zwischen den Akten und als Epilog das dramatisch Dargestellte zu ergänzen. Zudem fühlt sich Shakespeare im Geschichtsdrama so weit von der Pflicht zu bühnengemäßer Raffung entbunden, daß er seinen Gestalten immer wieder lange Reden gestattet, wie wir sie später nur noch als wirkliche Monologe oder als formelle Ansprachen finden, etwa in der Thronrede des Königs in *Hamlet* oder Marc Antonys Rede an der Bahre Caesars. Gelegentlich sind in die Reden jene lang ausgeführten Vergleiche eingebettet, die man treffend *epic simile* zu nennen pflegt (z.B. *H 5*, 1.2.187–203) und bei denen die Gesprächspartner, wenn es realistisch zuginge, eigentlich ungeduldig von einem Fuß auf den anderen treten müßten; oder sie enthalten lange Aufzählungen (*H 5,* 3.5: französische Adlige; 4.8: Gefangene und Gefallene), wie sie schon in der *Ilias* die Größe einer Streitmacht oder die Bedeutung eines Sieges spezifizieren sollen: ein erzählerisches Mittel, das sich als sogenannter 'Katalog' in der Literatur aller Völker und Epochen findet. (Erstaunlicherweise begegnen uns solche altertümlichen Erscheinungen vor allem in dem zuletzt geschriebenen Werk, *Henry V* von 1599.) Eher episch als dramatisch ist ferner das liebevolle Verweilen auf Einzelheiten, die nicht vorwärtsdrängen, sondern eine Welt ausmalen, wie in Passagen der Nebenhandlung von *Henry IV*.

Der Zyklus bietet in seiner Abfolge ein Panorama historischer Phänomene und Deutungsmuster; in sich geschlossen ist er durch inhaltliche und formale Gemeinsamkeiten.

Im Geschehen finden wir vor allem wiederkehrende menschliche Verhaltensweisen: Schwüre werden gebrochen; das Verlangen nach Rache lebt sich unerbittlich aus und führt, sobald es erfolgreich war, eine Gegenbewegung herbei; die Komplizen eines Emporkömmlings fühlen sich mißachtet und wenden sich gegen den, dem sie zur Herrschaft verholfen haben; auch ohne dieses psychologische Motiv gebiert eine erfolgreiche politische Aktion gleich das nächste Komplott.

Nicht minder zahlreich sind die formalen Verknüpfungsmittel. Das wichtigste und auffälligste sind wohl Prophezeiungen, nicht selten in Gestalt von

Flüchen. Wo der Historiker als 'rückwärtsgewandter Prophet' sagen kann: 'Diese Entscheidung sollte sich als verhängnisvoll erweisen', muß der Dramatiker – sofern er nicht die außerhalb stehende Erzählerfigur des *Chorus* bemühen will – seine Gestalten in ihrer kontextgebundenen Situation prophezeien lassen. Der historisch unterrichtete Zuschauer kann die Richtigkeit bestätigen und sich seines Informationsvorsprungs vor den Zuhörern im Drama freuen; der uneingeweihte darf mit Spannung spekulieren: Ist diese Aussage nur Ausdruck ohnmächtiger Wut, oder wird sie sich erfüllen? – Vergleichbare Funktion haben die weiterweisenden Motive, die ein Drama zum folgenden hin öffnen.

Als durchgängige Gestaltungselemente sind ferner zu nennen: die Wiederkehr von Szenen, die einander in Handlungsgehalt und formalem Aufbau entsprechen; das Vorkommen symbolisch-emblematischer Geschehenselemente, die die Handlung nicht vorwärtsbringen, sondern interpretieren; das Auftreten von Personen, die in Parallele oder Kontrast als einander zugeordnet erscheinen.

Im Bereich der sprachlichen Mittel eint die Dramen insbesondere der Gebrauch von Tierbildern, von Personifikationen abstrakter Wesenheiten und von klassischen Anspielungen. Vor allem in den drei Teilen von *Henry VI* verstehen die Gestalten sich immer wieder vor dem Hintergrund mythologischer, aber von ihnen als Geschichte empfundener Parallelen.

III.

Nach dieser allgemeinen Charakterisierung gilt es nun, Shakespeares Geschichtsbild in einem selektiven Durchgang durch die Reihe der acht Dramen zu skizzieren.

Richard II, das Werk, das die 'Lancaster-Tetralogie' eröffnet, wird im Titel der ersten Drucke als Tragödie bezeichnet. Diese Einordnung trifft zu im Sinne der mittelalterlichen Konzeption *de casibus virorum illustrium* wie auch im Sinne der aristotelischen *hamartia*, die im Englischen treffend mit *tragic flaw* wiedergegeben wird. Der Protagonist ist ein ebenso schwacher wie despotischer Herrscher, der sich auf skrupellose Günstlinge stützt. Er verbannt die Herzöge von Norfolk und Hereford, die sich gegenseitig des Hochverrats anklagen und darüber ein Duell ausfechten wollen, nachdem er die Position des königlichen Schiedsrichters bis zum letzten ausgekostet hat. Mit dem Herzog von Norfolk, Thomas Mowbray, entledigt er sich eines früheren Komplizen, der für ihn den Herzog von Gloucester ermordet hat; der Gegenspieler, Henry Bolingbroke, Duke of Hereford, kommt als sein Vetter mit einer befristeten Verbannung davon. Nachdem aber Henrys Vater John of Gaunt gestorben ist, zieht der König nicht nur dessen Herzogtum Lancaster ein, das juristisch in der Tat an die Krone zurückfällt und dem Erben neu verliehen werden muß, sondern beschlagnahmt auch seinen ganzen übrigen Besitz. Mit dieser Enteignung eines rechtmäßigen Erben verletzt er das Prinzip der Legitimität, auf dem seine eigene Herrschaft ruht. Der Bruder des Verstorbenen, der Duke of York, hält ihm das eindringlich vor: "Let not to-morrow then ensue to-day: [das bedeutet: durch den Willkür-Akt ist die elementare Abfolge der Dinge zerstört] / Be not thyself. For how art thou a king / But by fair sequence and succession?" (2.1.197–199).[3] Damit ist ein Grundmotiv des ganzen Werkes angeschlagen.

In der Gestalt des Herzogs bündelt Shakespeare zugleich die Loyalitätsprobleme, die sich den Untertanen stets aufs neue stellen. Im Namen der Legitimität tritt York hier dem willkürlich handelnden König entgegen; als sein Neffe Henry Bolingbroke eigenmächtig aus der Verbannung zurückkehrt, wirft er ihm empört Hochverrat und Rebellion gegen den "gesalbten König" (also gegen die göttliche Ordnung) vor (2.3.95); nachdem Bolingbroke aber als Henry IV zum König gekrönt ist, verlangt York die schärfste Bestrafung für seinen eigenen Sohn, den Duke of Aumerle, der an einem Komplott zur Ermordung des neuen Herrschers beteiligt ist.

Es wäre zu einfach, Yorks stark emotional aufgeladenes Eintreten erst für Richard II und dann für Henry IV als opportunistische Anpassung an den jeweils Mächtigen zu deuten; worum es ihm – und immer wieder allen Untertanen – geht, ist die Stabilität der staatlichen Ordnung, der innere Frieden, und die sind verbürgt durch den, der die Krone trägt. So darf auch am Ende des ganzen Zyklus die Schlacht von Bosworth Field, die Henry Richmond gegen Richard III schlägt, nicht als ein – obschon moralisch gerechtfertigtes – Aufbegehren gegen einen bösen König erscheinen; vielmehr deutet Richmond seinen Gegenspieler als Feind Gottes und Feind Englands, gegen den das ganze Königreich zu Felde zieht wie gegen einen äußeren Gegner.

Zurück in den Kontext von *Richard II*: Bolingbroke rechtfertigt seine Rückkehr etwas spitzfindig damit, er sei als Duke of Hereford verbannt worden, komme nun aber als prospektiver Duke of Lancaster. Er findet die Unterstützung der mächtigen Grafen von Northumberland und Worcester aus der Familie Percy; auch das Volk neigt ihm zu, weil der König sich durch sein verschwenderisches Regime weithin unbeliebt gemacht hat. Richard, schwankend zwischen übersteigerter Verklärung seines gottgegebenen Königtums und geradezu masochistischem Selbstmitleid, liefert dem effizienten Aufrührer widerstandslos die Krone aus. Sir Piers Exton tut dem neuen Herrscher ungefragt den Gefallen, ihn von dem inhaftierten Vorgänger zu befreien.

Richard II ist im historischen Faktum wie in Shakespeares Darstellung der letzte mittelalterliche König von England. Er ist diesem Amt nicht gewachsen; dafür ist er der ungemein beredte und poetische Interpret und Schauspieler seiner eigenen Tragödie. Die zeremoniell-bilderreiche Sprache ist darauf abgestellt, die Atmosphäre des Mittelalters zu evozieren. Shakespeare legt dem König typische Vorstellungen dieser Epoche in den Mund, die aber höchst individuell abgewandelt sind: An dem Totentanz, der sonst die Vergänglichkeit

3 Zitate nach den Einzelausgaben in der *Arden Edition*; Akt, Szene, Zeile.

aller Menschen illustriert, nehmen nur Könige teil (3.2.155–170), "all murthered" (160); die Idee vom wechselseitigen Steigen und Fallen der Herrscher, die traditionell durch das Rad der Fortuna veranschaulicht wird, erscheint im Bild eines Ziehbrunnens, in dem Richards mit Tränen gefüllter Eimer in die Tiefe sinkt (4.1.184–189); das Bild der Sonne, im herkömmlichen Analogiedenken auf den König als Zentralgestirn des staatlichen Bereichs bezogen und so auch von Bolingbroke gebraucht (3.3.62–67), wird von Richard umgedeutet zum Sturz des Phaeton (178f.). So entschlußlos er sich meist von seinem Gegenspieler dirigieren läßt – in der Abdankungsszene (4.1) übernimmt er die Regie und gestaltet sie zu einem ebenso symbolhaften wie pathetischen Vorgang.

In gleichem Maße wie Richard könnte auch sein Antagonist Bolingbroke ein tragischer Held sein. (Der Tod des Helden gehört ja nicht mit Notwendigkeit zur Tragödie; siehe *Ödipus*.) Durch die Umstände gedrängt, hat Henry Bolingbroke nach der Krone gegriffen, weil das bankrotte Land ohne einen kompetenten Herrscher in Chaos versunken wäre. Damit hat er aber den von Gott eingesetzten König angetastet und muß dafür büßen. Der als verschlossen gezeichnete Bolingbroke ("silent king", 4.1.290) formuliert allerdings nicht das Dilemma, daß Handeln wie Nichthandeln ihn gleichermaßen schuldig machen, wie spätere Tragödienhelden das tun würden; Shakespeare hat ihm keinen Monolog zugeteilt. Erst in *Henry IV* läßt er ihn sein Innenleben offenbaren, in Monologen (2 *H 4*, 3.1.4–31; 4.5.63–79) und vor allem in den beiden großen Zwiegesprächen zwischen dem König und seinem Sohn (1 *H 4*, 3.2; 2 *H 4*, 4.5). Noch innerhalb des Geschehens von *Richard II* holt ihn die Vergeltung ein: Ein Mordanschlag gegen ihn wird in letzter Minute verhindert; er muß befürchten, daß sein Sohn ein Taugenichts wird ("If any plague hangs over us, 'tis he", 5.3.3) und damit die neu beginnende Thronfolge gefährdet; und die Ermordung Richards im Gefängnis, die er nicht ausdrücklich befohlen, aber gewünscht hat, belastet ihn mit einer Blutschuld, die er durch eine Pilgerfahrt ins Heilige Land sühnen will. Diese beiden Motive werden in dem nach ihm benannten Drama aufgenommen.

Schon hier zeigt sich ein Verknüpfungsmuster, das den gesamten Zyklus durchzieht und von den Handelnden in verschiedener Weise interpretiert wird. Daß alle menschlichen Vergehen von Gott geahndet werden, ist eine jüdisch-christliche Überzeugung, welche die Betroffenen zu trösten vermag und ihnen zugleich eigenes Rachehandeln verbietet. (Das ist die moralische Problematik der Rachetragödie, von der auch *Hamlet* nicht ausgenommen ist.) Auf der anderen Seite ist auch das Prinzip kausaler Verknüpfung zu erkennen, das einfach auf der Ebene menschlichen Handelns einen Vorgang aus dem anderen folgen läßt. So sind der Eigennutz und die Zwietracht der englischen Führungsschicht, wie sie in *Henry VI* drastisch gezeigt werden, zwar moralisch verwerflich; sie führen aber unmittelbar durch die Zersplitterung der Kräfte zu den Niederlagen in Frankreich und damit auch zu dem unverdienten Tod des heldenhaften Talbot, ohne daß man das Eingreifen einer strafenden Gottheit zu bemühen brauchte. Versöhnen lassen sich diese widersprüchlichen Konzeptionen durch die Vorstellung, daß Gottes vergeltende Gerechtigkeit auch im simplen Kausalgesetz wirksam sein kann.

Eine für Interpreten verführerische Vorstellung, die die Einheit von Shakespeares Zyklus aufs schönste belegen könnte, ist die Idee eines 'Sündenfalles', der in Bolingbrokes Usurpation bestehen soll. Diese Ursünde habe die Schrecknisse der ganzen Dramenreihe verursacht, sei also auch für die 'Rosenkriege' (1455–1483) verantwortlich. So simpel und monokausal hat Shakespeare den ganzen Ablauf aber sicher nicht gesehen. (Nur die selbst von den Folgen Betroffenen argumentieren verständlicherweise so.) Zwar läßt er in der Abdankungsszene den Bischof von Carlisle blutiges Unheil prophezeien, wenn ein gottgesalbter König entthront werde (4.1.134–149); doch reicht die offensichtliche Kausalkette nur bis zur Schlacht von Agincourt, als Henry V betet, Gott möge ihn das Unrecht seines Vaters nicht entgelten lassen (*H 5*, 4.1.295–300). Der wundersame Sieg der entkräfteten und weit unterlegenen Engländer darf als Beleg dafür gelten, daß der Rechtsbruch des Vaters dem Sohn nicht mehr zugerechnet wird.

Indessen kann und muß man die Verkettung von Ursache und Wirkung in der entgegengesetzten Richtung weiterverfolgen: Richard trägt die Blutschuld am Tode seines Onkels Thomas Woodstock, Duke of Gloucester, und diese liegt unter anderem dem Streit der Herzöge von Norfolk und Hereford zugrunde, mit dem Richards Tragödie ihren Anfang nimmt. (Die anonyme Tragödie *Woodstock* von 1591–94 schildert Richards frühe Herrschaft und ist manchmal irreführend als *The first part of King Richard the Second* deklariert worden.)

IV.

Das zweiteilige Drama *Henry IV* zeigt, welche schwere Last sich Henry mit der Herrschaft aufgebürdet hat. Die Worte, mit denen er die erste Szene eröffnet, "So shaken as we are, so wan with care", können für ihn das Leitmotiv der ganzen Handlung abgeben. Im zweiten Teil (3.1.31) spricht er das berühmte Wort "Uneasy lies the head that wears a crown", und sein Sohn soll als König die gleiche Erfahrung machen: "What infinite heart's ease / Must kings neglect that private men enjoy!" (*H 5*, 4.1.242f.). Henry muß die geplante Pilgerfahrt aufschieben und somit sein persönliches Seelenheil hintanstellen, weil dem Land innerer Unfriede droht. Gerade hat Shakespeare ihn in pointierter dramatischer Ironie versichern lassen, daß es Kämpfe auf englischem Boden nun nicht mehr geben werde (1.1.5–18). Die Schrecken eines Bürgerkrieges, stets in plastischem Detail ausgemalt, werden in dem gesamten Historienzyklus immer wieder beschworen: als Drohung (Bolingbroke: *R 2*, 3.3.42–48; Richard: *R 2*, 3.3.91–100), als Warnung (Carlisle: *R 2*, 4.1.136–149; Henry: 1 *H 4*, 5.1.15–21) oder als Rückblick auf einen überwundenen Zustand (Gloucester: *R 3*, 1.1ff.; Richmond: *R 3*, 5.5.23ff.; ähnlich – über Frankreich –

Burgundy: *H 5*, 5.2.23–67). Nun kehren sich des Königs frühere Verbündete, die Familie Percy, gegen ihn, weil sie sich undankbar und ungerecht behandelt fühlen. Die militärischen Auseinandersetzungen mit ihnen und ihren Bundesgenossen erfüllen fast die ganze Handlungszeit des Doppeldramas. Als der König deprimiert der Tatsache nachsinnt, daß aus den Freunden von gestern die Rebellen von heute geworden sind, und über dem Weltgesetz des scheinbar sinnlosen Wandels fast verzweifelt (2 *H 4*, 3.1.45–79), bietet ihm der einsichtsvolle Earl of Warwick eine, wenn nicht tröstliche, so doch sinngebende und pragmatisch nutzbare Deutung an: "There is a history in all men's lives / Figuring the nature of the times deceas'd [...]" (80f.). Individuelle Handlungsmuster wiederholen sich, aus vergangenen Taten eines Menschen kann man schließen, wie er sich künftig verhalten wird. So war der Verrat des Earl of Northumberland an dem jetzigen König Henry schon angelegt in seinem Verrat an dem damaligen König Richard (82–92). Über den aktuellen Anlaß hinaus ist das die Vorstellung, daß man aus der Geschichte konkrete Lehren für die Zukunft ziehen könne – jenes Motiv also, das Shakespeares Zeitgenossen so für die Historie zu erwärmen vermochte.

Freilich hat der Wandel im Menschenleben nicht nur diesen zyklischen Aspekt, sondern auch einen bedrückenden teleologischen: Altern und Verfall. Shakespeare macht das deutlich, indem er den König schon vor der Schlacht von Shrewsbury (als der historische Henry gerade 36 Jahre alt war) den Rebellen vorhalten läßt, sie hätten ihn genötigt, seine "alten Glieder in harten Stahl zu zwängen" (1 *H 4*, 5.1.13). In der Szene mit Warwick (2 *H 4*, 3.1) wird er als krank geschildert, und seine letzte tödliche Krankheit rückt Shakespeare entgegen der Chronologie unmittelbar an die abschließenden Siege über die Aufständischen heran (2 *H 4*, 4.4 u. 4.5). Ähnlich ergeht es Falstaff in der Nebenhandlung: Seine Vitalität bewahrt ihn nicht vor dem körperlichen Verfall (2 *H 4*, 2.4.229f.).

Gravierender ist der moralische Abstieg auch im königstreuen Lager. Die Schlacht von Shrewsbury (am Ende des ersten Teils) wurde noch in offener Auseinandersetzung gewonnen; der Thronerbe bot sogar ein ritterliches Duell mit Hotspur, dem jungen Percy, an, um ein allgemeines Blutvergießen abzuwenden. Unaufrichtigkeit gab es nur bei den Rebellen: Worcester verschwieg ein generöses Friedensangebot des Königs, weil er auf jeden Fall die Konfrontation suchte. In dem Treffen von Gaultree hingegen (2 *H 4*, 4.2) schwören die Führer des königlichen Heeres den Aufrührern, allen ihren berechtigten Klagen abzuhelfen, und verhaften sie dann als Hochverräter, als sie vertrauensvoll ihre Truppen nach Hause geschickt haben.

Mehr noch als die Komplotte und Rebellionen peinigt den König die Vorstellung, sein ältester Sohn sei ein zügelloser Tagedieb, nicht wert und nicht fähig, die Krone zu tragen. Damit wäre alles, was er an Schuld und Bedrängnissen auf sich genommen hat, zur Nutzlosigkeit verdammt; seine unbestreitbaren Verdienste als Herrscher kämen nicht einer erhofften vollen Legitimität des Nachfolgers zugute. Immer wieder deutet er dieses befürchtete Scheitern als Strafe für seinen früheren Rechtsbruch; in fast schon tragischer Blindheit wünscht er sich einen Sohn wie Hotspur.

Der überraschende Wandel des jungen Henry vom Chaoten zum vorbildlichen König Henry V war schon zu seinen Lebzeiten Bestandteil der englischen Folklore, wobei vorhandene historische Tatsachen überpointiert wurden. Die Schwarzweißgeschichte befriedigte offenbar Robin-Hood-Gelüste ebenso wie moralische Empfindungen, die sich an der Parabel vom Verlorenen Sohn orientierten und diese in dem Sinneswandel des Thronerben mit noch weit strahlenderem Ausgang als im Neuen Testament nachgespielt fanden. Shakespeare verzichtet auf einen solchen Knalleffekt. Schon beim ersten Auftreten läßt er den Prinzen klarmachen, daß er sich wohlüberlegt und ohne mit dem Herzen dabeizusein im Milieu der Kneipen und Straßenräuber aufhält und später als Herrscher alle überraschen will (1 *H 4*, 1.2.190–212).[4] In ihrem programmatischen Charakter ist diese Äußerung das positive Gegenstück zu dem Anfangsmonolog in *Richard III* mit dem prägnanten "I am determined to prove a villain" (1.1.30).

Die Nebenhandlung der jugendlichen Eskapaden, die ziemlich regelmäßig mit der Haupthandlung alterniert, läßt sich in ihrer Bedeutung gar nicht überschätzen. Natürlich liefert sie auch den komischen Kontrast zum beklemmenden Ernst des politischen Geschehens; Falstaff mit seinen witzigen Einfällen (*conceits*) war den Verlegern der ersten Ausgaben wichtig genug, wie Hotspur im Titel genannt zu werden. Die bedeutsamste Funktion der Nebenhandlung aber liegt darin, die Selbsterziehung des Prinzen darzustellen; er erlernt und übt Menschenbeobachtung und emotionale Distanz trotz offensichtlicher Leutseligkeit. Eine gewisse Kälte und Rücksichtslosigkeit im Manipulieren von Menschen ist besonders im zweiten Teil nicht zu verkennen; aber schließlich will Henry Herrscher eines schwierig zu beschirmenden Reiches werden und nicht Moderator einer Selbsterfahrungsgruppe. Daß er sich am Ende von Falstaff, dem Inbegriff fröhlicher Zügellosigkeit, in ziemlich schroffer Weise trennt, kann nur sentimentale Gemüter schockieren, die den fetten Ritter wie eine lebende Person ins Herz geschlossen haben; die Verstoßung war von langer Hand vorbereitet und ist zudem ein deutlich symbolischer Akt: Von nun an wird Henry einen älteren Gefährten haben, in dem sich die Rechtschaffenheit verkörpert – den Lord Chief Justice, den er als taktloser Jüngling einmal brüskiert hat.

In zweiter Linie stehen Falstaff und das um ihn gruppierte Geschehen für eine Welt sorgloser Unordnung, in die man zur Erholung durchaus für einige Zeit eintauchen darf und soll; eine kirchlich lizenzierte Form dafür ist von altersher die Fastnacht. Als Dauerzustand aber wäre sie eine Bedrohung der

4 Der heutige Prince of Wales hat mit hintersinniger Selbstironie gerade diesen Monolog ausgewählt, um ihn auf Compact Disc zu rezitieren: für eine Auswahl der bedeutendsten Szenen des Dramatikers, herausgegeben von der Royal Shakespeare Company.

menschlichen Gemeinschaft, die ohne feste Regeln und deren Befolgung nicht leben kann. (Schon daß Falstaff als weißhaariger Mann ein solches Leben führt, verstößt gegen die soziale Rollenerwartung, die dem Alter eine stabilisierende und mit Maßen belehrende Funktion zuweist.) Drittens ist Falstaff eine Komplementärfigur zu Hotspur. Beide haben in ihrer Großsprecherei etwas von der antiken Komödiengestalt des 'miles gloriosus'; aber Falstaffs Absage an den Begriff der Ehre weicht nach der einen Seite ebenso von der rechten Mitte – im Sinne des aristotelischen Tugendsystems – ab, wie Hotspurs manische Fixiertheit auf diesen Wert es nach der anderen Seite tut. Hotspur seinerseits dient zugleich als Kontrastfigur für den künftigen König Henry V. Persönlich tapfer sind beide; doch das aufbrausende, irrationale Wesen des jungen Percy macht ihn noch nicht einmal für das Schlachtfeld ganz tauglich, wo neben Mut auch kühle Entscheidungen gefordert sind. Shakespeare läßt ihn – Heldentod hin oder her – sich im Lauf der Handlung selbst ad absurdum führen. Wie besonnen, ja berechnend Henry ist, wird durch die Gegenüberstellung besonders deutlich, und es ist eine Ironie, daß der König ausgerechnet einen Mann, dem herrscherliche Eigenschaften so ganz abgehen, dem eigenen Sohn vorzieht. Schließlich liefert die Nebenhandlung noch eine wichtige Ergänzung zu den Haupt- und Staatsaktionen (die gelegentlich in sie hineinragen): Sie erzählt die undramatische Geschichte des alltäglichen Lebens, wo Fuhrleute im Wirtshaus ihr Wasser in den Kamin abschlagen, bejahrte Friedensrichter in Gloucestershire sich für Viehpreise interessieren und eine Londoner Kneipenwirtin sich zu lange von einem gewissenlosen Charmeur ausnehmen läßt.

Wegen dieser Breite des geschichtlichen Bildes scheint mir *Henry IV* der am substantiellsten 'historische' Teil des Zyklus zu sein; ferner deshalb, weil die handelnden Gestalten sich immer wieder an Vergangenes erinnern, manchmal im wörtlichen Zitat aus *Richard II*: die Existenz des vorangegangenen Dramas macht es dem Autor leicht, sie historisches Bewußtsein zeigen zu lassen. (Noch viel dichter sind solche Rückverweise in *Richard III*).

V.

Henry IV konnte seine mehrfach geäußerte Absicht, ins Heilige Land zu ziehen, nicht mehr verwirklichen; auf dem Sterbebett gibt er seinem Nachfolger – nach der letzten, glücklich überwundenen Krise zwischen Vater und Sohn – den Rat, statt dessen einen auswärtigen Krieg zu führen: "Be it thy course to busy giddy minds / With foreign quarrels ..." (2 *H 4*, 4.5.213f.). Die Empfehlung, innenpolitische Probleme nach außen abzuleiten, ist ihm als Macchiavellismus zur Last gelegt worden; der Ratschlag ist aber bis heute probat – eine der Konstanten der Geschichte. Auch Henry V folgt ihm, kaum daß er König geworden ist – allerdings erst, nachdem er getreu seinem besonnenen Wesen gewissenhaft geprüft hat, ob sein Anspruch auf französisches Territorium auch stichhaltig ist. (Die Szene, in der er sich vom Erzbischof von Canterbury die eigentlich gar nicht einschlägige 'Lex Salica' erläutern läßt, ist mit Sicherheit die langweiligste Passage im gesamten Shakespeare-Kanon. *H 5*, 1.2.33–95.) Im übrigen sehen wir ihn im wesentlichen als fähigen Heerführer, so daß die Ironie einer deutschen Inszenierung unserer Tage unter dem Titel "Held Henry" nicht ganz unberechtigt war. (In seinen blutrünstigen Drohungen gegen die Stadt Harfleur, die sich zunächst nicht ergeben will [3.3.1–43], kommt er gefährlich nahe an Marlowes brutalen Eroberer Tamburlaine heran. Allerdings müssen im Sinne von Henrys Erb-Anspruch Franzosen, die Widerstand leisten, als Rebellen gelten, welche sich gegen ihren rechtmäßigen Herrscher auflehnen und somit noch härter anzufassen sind als auswärtige Gegner.)

Indessen garantiert selbst der Feldzug auf dem Kontinent nicht die erhoffte innere Ruhe: Der König muß vor der Überfahrt ein von Frankreich finanziertes Mordkomplott aufdecken und bestrafen. Verschwörung und Hochverrat – tatsächlich oder angeblich – gehören zu den Handlungskonstanten des gesamten Zyklus.

Die Gefährdung der nationalen Einheit spiegelt sich verkleinert und humoristisch in den Streitereien von Subaltern-Offizieren, die zum Teil auf ethnische Empfindlichkeiten zwischen Walisern, Schotten und Iren zurückgehen (3.2; 3.6; 4.1). Im Ernstfall aber treten alle britischen Tugenden gegenüber den entsprechenden französischen Schwächen in helles Licht: vor der Schlacht ruhige Entschlossenheit (4.3) gegen Übermut, der an Hybris grenzt (4.2); im Kampf Disziplin gegen kopflose Unordnung (4.5); die Einhaltung von Regeln, die fast die 'Haager Landkriegsordnung' vorwegnehmen (3.6.100–118), gegen verbrecherische Willkür (4.7.1–10); schließlich eine geradezu klassenlose Gemeinschaft der Kämpfenden gegen eine sinnlose Klassentrennung noch im Tode. Der König verkündet vor der Schlacht: "For he to-day that sheds his blood with me / Shall be my brother; be he ne'er so vile / This day shall gentle his condition ..." (4.3.61–63). Die Franzosen sortieren ihre Gefallenen nach Adligen und Gemeinen, damit ihr Blut sich nicht mische (4.7.72–80).

Das glänzende Bild Englands und seines Herrschers wird intensiviert durch den *Chorus*, der nicht nur als epischer Erzähler die Handlung zusammenfaßt und ausfüllt, sondern sie auch deutet und bewertet. Wenn er sich rühmend über Henry äußert, hat das viel höheres Gewicht als positive Aussagen der Dramenfiguren, die unter dem Eindruck des gerade Erlebten stehen oder vielleicht dem anwesenden König schmeicheln möchten. Henry wird mit dem Kriegsgott verglichen (Prolog); er ist das Vorbild (*mirror*) aller christlichen Könige (2) und läßt wie die Sonne seine Großmut über alle scheinen (4); trotzdem ist er frei von Stolz und Eitelkeit (5).

Während die drei vorangehenden Dramen stets mit Hinweisen auf fortbestehende Probleme oder noch zu vollbringende Aufgaben geschlossen haben, gibt es hier im Stück selbst keine weiterweisenden Elemente. Enthielte nicht der Epilog die Ankündigung, daß unter dem Nachfolger Frankreich verlorengehe und England bluten müsse, wäre der Schluß eitel Sonnenschein, zumal in ihm Henrys Heirat mit der Tochter des französischen Königs in einer ausführlichen, komisch getönten Werbungsszene vorbereitet wird (5.2.95–392). In der geschichtlichen Wirklichkeit der Dynastien sind Heiraten ein erprobtes Mittel der Aussöhnung und der friedlichen Landnahme; im Drama bilden sie darüber hinaus den klassischen Komödienschluß, der nicht nur die Überwindung der konkreten Liebeshindernisse besiegelt, sondern zugleich als Symbol allgemeiner Harmonie dient (deshalb erscheinen sie bei Shakespeare meist in mehrfacher Auflage). So könnte *Henry V* im Sinne des glücklichen Ausgangs ebenso eine Komödie heißen wie Dantes große Dichtung.

VI.

Sieht man freilich das Geschehen der Historien als Kontinuum, dann ist das Leben Heinrichs eine Tragödie nach dem mittelalterlichen Muster (dem z.B. auch Marlowes *Tamburlaine* folgt): Eine Reihe von Triumphen bricht ab mit einem unseligen Ende. Henry V starb auf einem weiteren Feldzug in Frankreich an der Ruhr. Das Drama, das den Namen seines Nachfolgers trägt, beginnt auf schwarzverhängter Bühne mit dem Leichenbegängnis des Königs. Ganz im Sinne der Vorstellung einer widrigen Fortuna heißt es, "bad revolting stars" hätten Henrys Tod herbeigeführt (1.1.4f.); eine Epoche ist zu Ende gegangen (1.1.2). Schon in dieser Szene beginnt die für England katastrophale Zwietracht: Ein Streit zwischen dem Herzog von Gloucester und dem Bischof von Winchester unterbricht die Zeremonie. Das ist mehr als nur eine protokollarische Ungehörigkeit: Die Ordnung wird zerstört. Dieser symbolhafte Vorgang wiederholt sich noch zweimal: In einer Parlamentssitzung zerreißt der Bischof eine Vorlage seines Widersachers (3.1, Bühnenanweisung); später dringen die kämpfenden Anhänger der beiden in den Sitzungssaal ein, und der junge König – dessen bloße Anwesenheit jeden Streit unmöglich machen sollte – hat nicht die Autorität, sie zu befrieden. Gloucester gebietet seinen Leuten Einhalt mit der vielsagenden Begründung: "Compassion on the King commands me stoop" (3.1.119). Schließlich endet die späte Krönung (4.1) mit einem doppelten Mißklang: Der Feigling Falstaff,[5] der eine Niederlage in Frankreich zu verantworten hat, bringt die Hiobsbotschaft, daß der Herzog von Burgund von den Engländern abgefallen ist, und Anhänger der 'Roten' und der 'Weißen Rose' bedrängen den König mit ihren persönlichen Streitigkeiten.

Im Epilog zu *Henry V* sind die Fraktionskämpfe ebenso untertreibend wie prägnant angekündigt worden. Über den noch unmündigen Henry VI heißt es: "... whose state so many had the managing, / That they lost France and made his England bleed" (11f.). Dieses Fehlen einer einheitlichen Autorität spiegelt sich in der Personenkonstellation. Der Zyklus beginnt mit der Tragödie eines zu schwachen Königs und endet mit der Tragödie eines zu gewissenlos

---

5 Eigentlich hat Shakespeare ihn in *Henry V* sterben lassen: eine der wenigen Unstimmigkeiten, die daher rühren, daß 1 *H 6* nicht in unmittelbarem Anschluß an *H 5* geschrieben wurde, sondern neun Jahre zuvor.

machtgierigen Königs; in dem dreiteiligen Drama um Henry VI verschwindet individueller Charakter in einem *bellum omnium contra omnes*. Der König spielt, dem Titel zum Trotz, keine aktive Rolle: zuerst, weil er noch ein Kind ist, und danach, weil er seiner Wesensart nach eher in ein Kloster als auf einen Thron gehört. Es gibt auch keine eigentlichen Protagonisten an seiner Stelle. Im ersten Teil, dessen Handlung die hin- und herwogenden Kämpfe in Frankreich bestimmen, ist allenfalls der heldenhafte Talbot auszumachen; Shakespeare hat seine Rolle (wie auch die seiner Gegenspielerin, der Jungfrau von Orleans) gegenüber der Vorlage erheblich ausgeweitet und damit eine Normfigur geschaffen. In deutlichem Kontrast zu den Machtkämpfen und Rivalitäten des englischen Hochadels, die auch für Talbots verzweifelte militärische Situation verantwortlich sind, gibt es zwischen Talbot Vater und Sohn auf dem Schlachtfeld einen hochherzigen Wettstreit darüber, daß der Vater den Sohn aus der aussichtslosen Lage entkommen lassen möchte, während der Sohn den Vater nicht im Stich lassen will. Schließlich finden beide den Tod im Kampf gegen die Franzosen (4.5–4.7). In bedeutungsvollem Gegensatz zu dieser Solidarität in einer Familie steht eine symbolische Szene im dritten Teil (2.5), als in England der Bürgerkrieg tobt: Ein Sohn im Militärdienst des Königs hat unwissend seinen Vater erschlagen, der von seinem Feudalherrn für die Gegenseite in die Schlacht geschickt wurde; danach tritt ein Vater auf, der in der gleichen Situation seinen Sohn getötet hat. Diese strukturell und auch sprachlich deutlich formalisierte Szene hat Shakespeare aus einem kurzen Vermerk bei Hall entwickelt: "Diese Auseinandersetzung [die Schlacht bei Towton, 1461] war ihrem Wesen nach unnatürlich, denn bei ihr kämpfte der Sohn gegen den Vater, der Bruder gegen den Bruder [...]"[6]

Die selbstmörderischen Konflikte innerhalb Englands sind nach den Erkennungszeichen der streitenden Parteien bekannt als 'die Rosenkriege'. Für den Ursprung dieser Symbole hat Shakespeare brillant eine Szene in einem Garten erfunden (2.4). Die Umgebung mit ihren Assoziationen von Frieden und paradiesischer Unschuld steht in wirkungsvollem Gegensatz zum Handlungsgehalt; zugleich stellt sie die pragmatisch notwendigen Blumen bereit. Der Schauplatz ist der Garten des Temple, eines der Inns of Court, in denen die Juristen ausgebildet wurden. Richard Plantagenet hat eine staatsrechtliche Debatte vom Zaun gebrochen über seinen Anspruch, in die Erbfolge des Herzogtums York eingesetzt zu werden, die sein Vater Richard, Earl of Cambridge – unter Henry V wegen Hochverrats hingerichtet – verwirkt hatte. Damit kann unter Umständen auch der Anspruch auf die englische Krone verbunden sein. (Die Verwandtschaftsverhältnisse sind ähnlich verwickelt wie die des julisch-claudischen Hauses und – auch in Shakespeares Wiedergabe an verschiedenen Stellen des Zyklus – teilweise durch Verwechselungen von Personen gleichen Namens kompliziert. Schließlich aber stammen alle Prätenden-

6 Bullough 1960, S. 183.

ten irgendwie von dem hochgerühmten Edward III ab.) Da unter den Diskutanten keine rational begründete Übereinstimmung zu erzielen ist, entscheidet die einfache Willensbekundung, sich eine weiße Rose für York / Plantagenet anzustecken oder eine rote für die Gegenpartei. Einer der adligen Jurastudenten läßt sich zu dem aufschlußreichen Eingeständnis hinreißen: "Faith, I have been a truant in the law / And never yet could frame my will to it; / And therefore frame the law unto my will" (Suffolk, 7–9). Damit ist die neue Atmosphäre der 'York-Tetralogie' gekennzeichnet: Es geht nicht mehr um Legitimität, sondern um Macht, allenfalls unter dem Schein der Legitimität.

Die Rücksichtslosigkeit gegenüber rechtlichen Bindungen infiziert auch den sonst so heiligmäßigen König. Um dem Blutvergießen in Frankreich ein Ende zu machen, hat er in Friedensbedingungen eingewilligt, zu denen eine Heirat zwischen ihm und der Tochter des Grafen von Armagnac gehört (5.1). Als aber Suffolk ihm von den Reizen der Margaret von Anjou vorschwärmt, die er bei Angiers gefangengenommen hat und in die er selbst verliebt ist (5.3), willigt Henry sofort ein, sie zu seiner Königin zu machen, obwohl Gloucester als Lord Protector vor dem ehrenrührigen Bruch des Verlöbnisses warnt (5.5). Die Schlußworte Suffolks machen deutlich, daß dadurch die Ordnung im Königreich völlig auf den Kopf gestellt wird: "Margaret shall now be Queen, and rule the King; / But I will rule both her, the King, and realm" (5.5.107f.).

Als Dramenschluß verlangt das nach einer Fortsetzung. Der zweite Teil zeigt, wie katastrophal die Heirat sich auswirkt. Statt eine Mitgift zu bekommen, hat Henry für eine herrschsüchtige Frau die Herzogtümer Anjou und Maine, Englands Glacis in Frankreich, hergegeben; in die bedrohlichen Auseinandersetzungen zwischen Gloucester und dem Bischof – der inzwischen zum Kardinal aufgestiegen ist – und zwischen der Weißen und Roten Rose ist ein gefährliches neues Machtelement eingeführt worden. Den offenen und verdeckten Koalitionen mit wechselnden Partnern ist der König nicht gewachsen. Er steht händeringend daneben, als der einzige uneigennützige Politiker, der Duke of Gloucester, von seinen Gegnern erst verhaftet und dann heimlich ermordet wird. Richard Plantagenet, mittlerweile zur Rehabilitierung seines Vaters als Duke of York eingesetzt, plant die Machtübernahme; er kann den Earl of Warwick davon überzeugen, daß er in der Erbfolge vor den Angehörigen des Hauses Lancaster rangiere, also der rechtmäßige Herrscher sei. (Dieser Warwick ist unter der Bezeichnung "the king-maker" in die englische Geschichte eingegangen.)

Suffolk und der Kardinal maßen sich die königliche Befehlsgewalt an und entsenden York zur Niederschlagung eines Aufstands nach Irland, um ihn erst einmal aus dem Wege zu haben. York aber nutzt die Chance, daß er an der Spitze eines Heeres steht, dazu, nach seiner Rückkehr mit militärischer Gewalt nach der Krone zu greifen. Überdies hat er den Demagogen Jack Cade zu einer Rebellion angestachelt, die erst in letzter Minute gebändigt werden kann. Am

Ende des Dramas hat York die Königstreuen in einer Schlacht bei St. Albans besiegt und ist auf dem Weg nach London.

Der einzige Lichtblick ist, daß die beiden Urheber von Gloucesters Ermordung alsbald von der Vergeltung ereilt werden. Suffolk wird vom König unter dem Druck der Commons, die Gloucester sehr verehrt haben, verbannt und auf dem Weg ins Exil von Piraten umgebracht; den Kardinal befällt plötzlich eine heftige Krankheit. Er stirbt unter Schreckensvisionen und ohne die Gewißheit göttlicher Vergebung (3.3). In ironischer und doch folgerichtiger Umkehrung der Rollen kämpft hier ein gewissenloser weltlicher Machtpolitiker den Todeskampf, und der Mann, der betend und tröstend wie ein leibhaftiger Priester neben seinem Bett steht, ist der König von England. Es ist sicher gut, wenn ein Herrscher religiös gesinnt ist; diese Situation aber zeigt in ihrer Pointierung wieder einmal eine heillos verkehrte Welt.

Zu Beginn des dritten Teils sitzt York schon physisch auf dem Thron, den er beansprucht; der König verhandelt ihn davon herunter mit einem staatsrechtlich unmöglichen Tauschgeschäft: Im Sinne seiner Legitimität glaubt er, nicht abdanken zu dürfen (obwohl er sein Amt immer wieder als wesensfremde Bürde empfindet); er läßt sich aber darauf ein, daß York und dessen Erben nach ihm regieren sollen. Wie er zugibt, enterbt er damit unnatürlicherweise seinen eigenen Sohn (1.1.198ff.); erzürnte Adlige sagen sich deshalb von ihm los, die Königin scheidet sich formell von ihm. Am Ende des Stückes herrscht tatsächlich Yorks ältester Sohn Edward IV, aber nicht auf Grund der unwürdigen Vereinbarung, sondern nach blutigen Kämpfen mit unstetem Kriegsglück und Seitenwechseln selbst innerhalb der Familie York. Henry und Edward sehen sich bald auf dem Thron, bald gefangengenommen und abgesetzt. Nachdem die Bürgerkriegsarmeen erst einmal im Felde stehen, werden die Auseinandersetzungen immer brutaler. Unmündige Söhne der Gegner werden gemordet, Gefangene und Sterbende grausam verhöhnt; erbitterte persönliche Rache für Tötung auf dem Schlachtfeld geht im Stil der Vendetta mehrfach hin und her. Als die Königin – die anstelle ihres Mannes nun Antreiberin und Heerführerin der Lancaster-Partei ist – York in ihre Gewalt bekommt, weidet sie sich, bevor er erstochen wird, so sadistisch an seiner Notlage, daß selbst der hartgesottene Northumberland Mitleid empfindet (1.4). Feierliche Schwüre werden gebrochen und leichthin für nichtig erklärt – darunter wieder ein hochpolitischer Ehekontrakt –; Anarchie hat alle Bereiche des Lebens erfaßt.

In das Getümmel von Blutvergießen und Verrat hat Shakespeare eine Szene (2.5) hineingestellt, die die Hilflosigkeit der Gutwilligen in einer aus den Fugen geratenen Welt anschaulich macht. Während die Schlacht von Towton tobt, sitzt König Henry – von den Heerführern seiner Seite weggeschickt – abseits auf einem Maulwurfshügel und meditiert darüber, wie schön es wäre, ein einfacher Schäfer zu sein, dem die Stunden, Tage und Jahre in der Erfüllung schlichter Aufgaben vergehen. Als drastischer Gegensatz folgt der schon erwähnte symbolische Auftritt von Sohn und Vater. In diesem Bild trifft das

Leid seines Volkes den König bis ins Mark. Daß die pastorale Idylle auch für Untertanen kein Ausweg aus der harten Wirklichkeit sein kann, ist schon im zweiten Teil (4.10) gezeigt worden. Dort pries der kentische Landedelmann Alexander Iden angesichts der Wirren im Reich seine ländliche Zurückgezogenheit und mußte gleich darauf den flüchtigen Rebellenführer John Cade in Notwehr erschlagen. Der Lohn für diese verdienstliche Tat war ironischerweise, daß der König ihn zum Mitglied seines Hofstaates machte (5.1.73–82).

Während das Drama auf ein glückhaftes Ende im Sinne der Yorks zusteuert – König Edward schließt hoffnungsfroh mit der Aussicht auf "lasting joy" (5.7.46) –, baut Shakespeare schon den *villain* auf, dem eine ganze Tragödienhandlung gehören wird. Die wesentlichen Charaktereigenschaften seiner Brüder ("lustful Edward", "perjur'd Clarence") sind schon in der Handlung entfaltet worden; am ausführlichsten aber ist der jüngere Richard gezeichnet, und zwar auch in historischen Situationen, für die er in Wirklichkeit viel zu jung war. Übermenschliche Tapferkeit und Kampfkraft werden ihm schon früh attestiert; bald zeigen sich dann – zum Teil in langen Monologen (3.2.124–195; 5.6.68–93) – die Eigenschaften, die wir in *Richard III* an ihm sehen werden: die physische Mißgestalt, das manische Verlangen nach der Herrschaft ohne Rücksicht auch auf die engsten Verwandten, die zupackende Intelligenz, die Absage an alle moralischen Maßstäbe, die virtuose Fähigkeit zur Verstellung und zur rhetorischen Überwältigung seines Gegenübers. Nachdem er den im Tower festgesetzten ehemaligen König Henry erstochen hat, offenbart er sich noch einmal den Zuschauern: "[...] I that have neither pity, love, nor fear." (5.6.68); "I have no brother, I am like no brother [...]" (5.6.80); "[...] I am myself alone" (5.6.83).

VII.

Es ist schon lange bekannt, daß der historische Richard bei weitem nicht so schlimm war, wie Shakespeare ihn schildert. Vor allem war er offenbar ein tüchtiger Administrator. Außer den zünftigen Historikern hat ihm schon der Begründer des englischen Schauerromans, Horace Walpole, Gerechtigkeit widerfahren lassen (*Historic Doubts on the Life and Reign of King Richard III*, 1768), und in unserem Jahrhundert ist der Quasi-Kriminalroman *The Daughter of Time* von Josephine Tey eine spannende revisionistische Lektüre. Shakespeare und seine Zeit aber standen ganz im Bann der ersten Biographie aus der Feder von Sir Thomas More (1557), und die läßt ihn eben als Bösewicht erscheinen. Ein solcher ist auch ein dankbarerer Vorwurf für künstlerische Gestaltung; es ist z.B. seit langem ein Topos, daß die attraktivste Figur in Miltons *Paradise Lost* der Satan sei und die Höllenpassagen den interessanteren Teil des Epos darstellten. Zudem gibt es kompositorische Gründe für das so negative Bild des letzten Herrschers aus dem Hause York: Moraltheologisch gesehen sollte das radikal Böse noch einmal für kurze Zeit triumphieren dürfen, und zwar nun verdichtet in einem diabolischen Individuum, nachdem es zuvor in vielerlei Ausprägungen chaotisch hin- und hergewogt war. So ist in gewissem Sinne die Trilogie um Henry VI teleologisch hingeordnet auf *Richard III*. Vor diesem dunklen Hintergrund konnte dann auch die Wiederkehr von Recht und Ordnung in der Gestalt von Henry VII – und damit die staatspolitische Qualität des Hauses Tudor allgemein – umso heller erstrahlen.

Das gilt gleichermaßen für die Gesamtaussage des Zyklus – freilich nicht so holzschnittartig, wie es bisweilen aufgefaßt worden ist. Der Titel von Halls Geschichtswerk läßt erkennen, daß es perspektivisch auf die Aussöhnung der Familien Lancaster und York ausgerichtet ist, welche durch die Heirat von Henry Richmond mit Elizabeth, einer Tochter Edwards IV, zustandekam. Dem Historiker aus der Zeit Heinrichs VIII. geht es in der Tat darum, das Haus Tudor – dessen historische Legitimität keineswegs lupenrein war – als das gottgewollte Ziel der neuesten englischen Geschichte erscheinen zu lassen. Daraus ist die Existenz eines sogenannten 'Tudor myth' abgeleitet worden, dem auch Shakespeare mit seinem Dramenzyklus habe huldigen wollen. Die Idee findet sich vor allem in dem klassischen Werk von E.M.W. Tillyard, *Shakespeare's History Plays* (1944). Neuerdings hat man bezweifelt, daß dieser Mythos weit verbreitet war und daß Shakespeare ihm anhing. Tatsächlich können ja die Staatsbürger mit einer Obrigkeit – welcher Art auch immer – durchaus Zufriedenheit empfinden, ohne sie darum gleich geschichtstheologisch zu überhöhen. Die Menschen wollen überall und zu allen Zeiten – wenn sie sich nicht gerade in einem nationalen Taumel befinden – in Ruhe ihren Geschäften nachgehen und erwarten von der Regierung zunächst einmal, daß sie vernünftige Rahmenbedingungen dafür schafft. So fällt es schwer, sich gerade Shakespeare als Propagandisten für ein bestimmtes Herrscherhaus vorzustellen. Die Hinweise auf die Tudor-Monarchie, die er leicht hätte anbringen können, sind mehr als sparsam. In 3 *Henry VI* (4.6) läßt er unhistorisch den Knaben Henry, Earl of Richmond auftreten; der König nennt ihn "England's hope" (4.6.68) und prophezeit: "This pretty lad will prove our country's bliss." (4.6.70). In ziemlich allgemeiner Weise wird ferner auf Wales, die Heimat der Tudors, angespielt. Obwohl seine Bewohner dem vierten Heinrich manchen Ärger bereiten, gibt es dann in *Henry V* freundliche Seitenblicke auf Waliser, und der König selbst bekennt sich dazu, diesem Stamm anzugehören.

Im übrigen aber läßt Shakespeare die Erfordernisse der zeitgenössischen Politik weit hinter sich und gibt seinen Zuschauern die Gelegenheit, aus der Handlung wie aus den Kommentaren der Gestalten allgemeine Lehren zu ziehen. Am ehesten auch auf die Gegenwart beziehbar – und nach der jüngeren Vergangenheit offenkundig – ist die Tatsache, daß innere Zwietracht ein Land zugrunde richtet und daß innere Einheit die Voraussetzung äußerer Größe ist. Unter der ebenso taktisch geschickten wie notfalls hart durchgreifenden Elizabeth war zwar mit innerem Zwist nicht ernstlich zu rechnen; da sie sich aber entschieden hatte, unverheiratet zu bleiben und ihrem Land keinen leiblichen Erben zu schenken, waren Auseinandersetzungen nach ihrem Tode mindestens denkbar.

Von fraglos überzeitlicher Bedeutsamkeit ist die unüberhörbare Warnung vor ungehemmtem Ehrgeiz und Machttrieb. Ein geschichtliches Grundgesetz ist ferner, daß zwar alle menschlichen Verhältnisse dem Wandel unterworfen sind, daß aber nicht die launische Fortuna das Geschehen regiert, sondern ein Kausalgesetz, das Ursachen und Wirkungen kurz- oder langfristig miteinander verknüpft. Es kann als strafende göttliche Gerechtigkeit gesehen werden; diese wirkt bisweilen auch ohne eine solche sichtbare Verbindung, wie in dem schrecklichen Ende des Kardinals in 2 *Henry VI.* Sieht man das Wirken des Kausalgesetzes zusammen mit Konstanten der menschlichen Natur, so ergibt sich die Lehre (wie Warwick in 2 *H 4*, 3.1 sie formuliert), daß die Geschichte sich wiederholt; das heißt auch, daß die Kenntnis des Vergangenen die Zukunft erhellen kann.

Bleiben wir bei dem Ansatz – den der Umfang und die vielen eigentlich nicht-dramatischen Züge des Zyklus nahelegen –, das Ganze in Analogie zum Epos zu sehen, so stellt sich die Frage: Wer ist in diesem von Gestalten und Ereignissen überquellenden Werk die Hauptfigur, der 'epische' Held? Richmond beantwortet uns die Frage in seiner Schlußrede in *Richard III*, als er auf die nun glücklich überwundene dunkle Zeit zurückblickt: "England hath long been mad, and scarr'd herself." (5.5.23). Es ist das Land, das nun nach der Selbstzerfleischung zu sich zurückfindet. Dieses England war am Anfang des Zyklus, in *Richard II*, das Thema der begeisterten und vielzitierten Lobrede des sterbenden John of Gaunt (2.1.40–68): "dies zweite Eden" (42), "dies Kleinod, in die Silbersee gefaßt" (46). Dieses Land ist für den Dichter, über alle Fragen von Legitimität und Nachfolge hinaus, in seinem Glanz und seinem Elend das eigentliche Subjekt der Geschichte.

Literaturverzeichnis

Bullough, G.: *Narrative and Dramatic Sources of Shakespeare*, Bd. 3, London 1960.

Hall, Edward: *The Union of the two Noble and Illustre Famelies* [sic] *of Lancastre and Yorke*, London 1548.

Holinshed, Raphael: *The Firste / Laste Volume of the Chronicles of Englande, Scotlande, and Irelande* [...], London 1577.

More, Sir Thomas: *History of Richard III* [1543], in *The Workes* [...], London 1557.

The Arden Edition of the Works of William Shakespeare (Gesamt-Hrsg.: H.F. Brooks u. H. Jenkins), London 1954–1981.

Tey, Josephine [eig. Elizabeth Mackintosh]: *The Daughter of Time*, London 1951.

Tillyard, E.M.W.: *Shakespeare's History Plays*, London 1944.

Walpole, Horace: *Historic Doubts on the Life and Reign of King Richard III*, London 1768.

Klaus Ley

"Alto infelice!" – Zur Funktion einer Nebenrolle in A. Manzonis historischem Drama *Adelchi*

I. Zwischen historischem Wahrheitsanspruch und politischer Aktualität: Adelchi als "monstre romantique"

Obwohl die beiden Tragödien Manzonis – *Il conte di Carmagnola* (1816–20) und *Adelchi* (1820–22) – sich bis heute einer allgemeinen und nach wie vor ungebrochenen Bekanntheit erfreuen, nehmen sie im Œuvre des Dichters der *Promessi Sposi* doch eine eigentümlich blasse Stellung ein. Auf dem Theater sind sie von Beginn an ohne Bedeutung gewesen.[1] Noch verwunderlicher ist die Rolle, die den Dramen Manzonis in der neueren Forschungsliteratur zugewiesen wird. Zwar gibt es bis heute gerade von *Adelchi* immer noch eine große Anzahl von Ausgaben, die nicht selten von namhaften Literaturwissenschaftlern betreut worden sind. Bei der Lektüre von deren Einleitungen und Kommentaren vermittelt sich aber fast immer der Eindruck, daß es sich allenfalls um Nebenprodukte handelt. Sehr bald und beinah automatisch springt die Perspektive auf das ergiebigere Hauptwerk über, Manzonis historischen Roman, als dessen unmittelbare Vorstufe ja gerade die 1820 begonnene Tragödie *Adelchi* entstanden ist und als die sie zurecht auch ausgedeutet werden kann. Man hält sich also möglichst wenig bei der Frage nach dem Eigenwert des Stückes auf.

Eine weitere Besonderheit kommt hinzu. Das eigentlich Interessante scheint nicht die Titelfigur des Dramas zu sein; die Aufmerksamkeit konzentriert sich zunächst einmal auf die Chöre und ihre spezifische Problematik, vor allem den berühmten Schluß des dritten Akts, "Dagli atri muscosi, dai fori cadenti". Thematisch liegt hier, wie man meint, ein Hauptgewicht des dramatischen Ablaufs, das unglückliche Geschick der Lateiner, der unterdrückten, wehr- und hilflosen Urbevölkerung Italiens. Um deren Stellung in der

1 Vgl. dazu Apollonio 1981, Bd. II, S. 493.

frühmittelalterlichen Geschichte geht es bekanntlich vor dem Hintergrund der *Risorgimento*-Debatte. In der Auseinandersetzung mit den Ideen A. Thierrys trug Manzoni seine eigene Deutung von der nicht erfolgten Verschmelzung der römischen und germanischen Völker vor. Trotz der mehr als zweihundertjährigen langobardischen Herrschaft in Oberitalien, deren Ende ja der Gegenstand des Stücks ist, begriff er die Germanen klar als von der lateinischen Urbevölkerung unterschieden.[2]

Wie später auch in den *Promessi Sposi*, hat Manzoni mit der Form des historischen Dramas beabsichtigt, nah an der Überlieferung des Gewesenen insoweit Aussagen über die Geschichte zu machen, wie sie zum besseren Erkennen der eigenen Identität förderlich erschienen. Die Umsetzung dieser Forderung hat für die Tragödie *Adelchi* bislang, jedenfalls bezogen auf die Titelfigur als Träger solcher Ideenstiftung, nur wenige, kaum über pauschale Urteile hinausreichende Ergebnisse erbracht. Der neueren Forschung ist zu dem "petit monstre romantique" – so charakterisierte Manzoni selbst sein Stück in einem Brief an C. Fauriel[3] – nicht allzu viel eingefallen. Mitunter wird sogar die Meinung diskutiert, eigentlich kreise das Stück nicht um die Titelfigur, sondern um die weibliche Hauptgestalt, Adelchis Schwester Ermengarda, durch deren Schicksal das Geschehen in dem Drama ja auch in Gang gesetzt wird.

Zunächst eine kurze Skizze von dessen Ablauf: die Handlung setzt ein mit der Ankunft der von Karl dem Großen, ihrem Ehemann, verstoßenen Ermengarda. Diese eher private Fügung ist im Ablauf der Tragödie verbunden mit dem Eroberungszug der Franken unter Karl gegen die Langobarden, deren von dem König Desiderio angeführte Herrschaft – ganz unerwartet – dem Ansturm der Feinde aus dem Norden erliegt. Der äußere Anlaß ist dadurch gegeben, daß das natürliche Hindernis eines unüberwindbar scheinenden Alpenpasses gewissermaßen durch göttliche Fügung durchlässig wird. Als entscheidender Grund der langobardischen Niederlage kommt aber hinzu, daß anders als die fränkischen Fremdlinge, die wie ein Mann kämpfen, die bereits lange in Italien seßhaften Langobarden, als ein Volk zwischen zwei Welten, mit sich uneins sind und auf allen Ebenen Verräter ihr böses Werk tun, so daß bald eine Festung nach der anderen den Franken beinah kampflos in die Hände fällt.

Den Kriegern auf beiden Seiten entsprechen ihre Anführer. Karl der Große wird als ein überlegener Realpolitiker dargestellt, der jede seiner Chancen zu nutzen und mit seinem zuverlässigen Heer durchzusetzen weiß. Der Langobardenkönig Desiderio, die Gegenfigur, ist – bis zu seiner Niederlage – als wenig geformter Barbar vor allem ein listenreicher Machtmensch, der in sein politisches Kalkül sogar bedenkenlos den Papst und die Kirche einbezieht, bis sich das Blatt für ihn zur Katastrophe wendet. Zwischen diesen beiden

2 Vgl. de Lollis 1962; zur weiteren Auseinandersetzung Manzonis mit der Theorie Thierrys hinsichtlich des "problema degli umili" vgl. Simonini 1978, S. 115ff.

3 Brief vom 6.3.1822 (Manzoni 1970, S. 259). – Die Bemerkung läßt sich ebenso sinnvoll direkt auf die Anlage des Titelhelden anwenden.

Fürsten steht nicht nur die edle Ermengarda, die auch nach der Verstoßung nicht von ihrer Liebe zu dem ihr rechtens angetrauten Karl abläßt und schließlich in der Transfiguration ihres Leids den Tod findet, sondern mehr noch ihr Bruder Adelchi.

Anders als die auf weibliche Hingabe beschränkte Schwester hat Adelchi ein kämpferisches Selbstverständnis. Dieses ist zwar auch von idealer Opferbereitschaft bestimmt; sie bezieht sich jedoch – das ist die für Manzoni klar definierte männliche Rolle – auf den öffentlich-politischen Raum. Adelchis Streben richtet sich auf die Verwirklichung von Gerechtigkeit und Ehre, wenngleich er doch gezwungen ist, den Plänen und Machenschaften seines Vaters zu entsprechen. In diesem Vater-Sohn-Konflikt befangen tritt er zu Beginn des Dramas an; erst der weitere Fortgang läßt ihn im unerwarteten Kampf um die Herrschaft mit den Franken zu sich selbst kommen, bis er im letzten Akt in selbstloser Hingabe zu seinem heroischen Ende gelangt.

Das alles ist mit dem hohen Pathos, das aus heutiger Perspektive eher zusätzlich abschreckt als zu weiterer Differenzierung anregt, für den modernen Leser von geringem Interesse. Die ursprüngliche Werkabsicht allerdings scheint weitgehend verschüttet zu sein.[4] Das Drama enthält – und das bildet den entscheidenden Zugang zu den weiteren Fragen – einen wichtigen Beitrag über das Konzept der Persönlichkeitsbildung im zeitgenössischen Italien. Die Selbstoffenbarung des sich für sein Ethos opfernden Adelchi kündigt sich als zentrales Anliegen des Stücks früh, noch bevor die spätere Katastrophe für den Helden selbst erkennbar wird, mit Nachdruck an. Das geschieht an pointierter Stelle – und auch mit hinreichender Klarheit. Darauf soll unser Augenmerk im folgenden gerichtet sein.

Zurecht ist in einer der letzten Ausgaben des *Adelchi* herausgestellt worden, daß sich eine mehrschichtige Analogie zur Christusfigur in der Anlage und Durchführung von Adelchis Charakter findet.[5] Offen geblieben ist allerdings auch hier wieder die genauere Bestimmung dieser Bezugsetzung, die sich über die mittelalterlichen Zusammenhänge hinausweisend selbstverständ-

4 Die Intention des Stückes, so wie sie sich in der Endredaktion präsentiert, ist noch weitgehend ungeklärt. Die im Verlauf des Jahres 1821 sich verschärfende politische Lage in Oberitalien spielt bei der weiteren Ausarbeitung des 1820 begonnenen *Adelchi* sicher eine wichtige Rolle. Ein klares thematisches Zentrum der Tragödie, das in den frühen Entwürfen noch faßbar ist, dann aber verwischt wurde, bildete ursprünglich die Problematik von Vasallendienst und Mannestreue, mit der sogar die brisante Frage eines möglichen Ausgleichs von Langobarden und Lateinern verknüpft war. Das läßt sich aus dem Bedeutungsanspruch des Begriffs *fedele*, wie er im folgenden behandelt werden soll, erschließen. – Beachtenswert ist, daß bereits die erste wichtige Streichung durch die Zensur (in I.2) diesen Aspekt betrifft; es geht dabei um die Problematik des Verrats der *fedeltà*: "intorno a noi, *col nome / Di Fedeli*, [...] vivono ancora / Quei che le parti sostenean di Rachi". – Zu den verschiedenen Fassungen und dem Eingriff der Zensur vgl. die *Introduzione* zu Manzoni 1958, parte I, S. CLIV ff (das Zitat: S. CLXXXIX – Hervorhebung K.L.).

5 Zu diesem figuralen Deutungsansatz vgl. die *Introduzione* zu Manzoni 1992, S. 11 ff; auch Manzoni 1979, S. 53 ff.

lich auch auf Manzonis Gegenwart, die Zeit um 1820, bezieht – so wie es deutlicher noch der Schlußchor des dritten Aktes suggeriert, hier allerdings in Umkehrung der Perspektive als Ausdruck der Enttäuschung von Heilserwartung.

Der Chor mahnt das auf Freiheit hoffende Volk der Lateiner, deren Sehnen auf Veränderung beim Sieg der fränkischen Eroberer über die alten langobardischen Herren ja radikal enttäuscht wird, an die Stätten ihrer Fron zurückzukehren; die alte Sklaverei höre nicht auf, da der neue Sieger wie bereits der alte nicht mit den immer schon Unterlegenen, sondern allenfalls mit den soeben erst besiegten Mächtigen einen Pakt schließen wird.[6]

Im einfachen Analogieschluß läßt sich diese Gedankenfolge auf die Situation des modernen Italien übertragen, wie man es immer schon gesehen hat. Die unterdrückten Lateiner entsprechen den Bewohnern Oberitaliens während der Epoche des aufkommenden *Risorgimento*. Den Langobarden korrespondiert die bedrückende habsburgische Herrschaft, und die dritte Kraft, die Franken unter Karl dem Großen, stehen für die Franzosen, die unter Napoleon gekommen sind, um eine neue Ordnung durchzusetzen. Damit es in der Gegenwart ebenso wie auf der frühmittelalterlichen Vorstufe zu einer Änderung kommen kann, bedarf es bei den Betroffenen eines allgemeinen Umdenkens; der 'Errettung' muß die geistige Neuorientierung vorangehen. Diese aber kann nur – und hier muß auch die Christus-Analogie greifen – durch eine Art Erlösergestalt, einen Vorkämpfer, angestoßen werden. Das Muster einer solchen Interaktion von exemplarischem Individuum und aufzurüttelndem Kollektiv ist seit Beginn des *Risorgimento*, in Foscolos *Ultime lettere di Jacopo Ortis*, vorgegeben.[7] Wenn Ortis bei Foscolo nach einem dramatischen Seelenkampf Selbstmord begeht, opfert er sich auch für seine italienischen Landsleute; sein Tod wird entsprechend im Vorwort des Romans als Signal für das fällige Umdenken der Mitbürger gedeutet. Ihnen fehlt allerdings – so die Diagnose Jacopos und auch Foscolos – die notwendige Reife, um die hohen Ziele von Freiheit und nationaler Wiedererstehung tatsächlich in nächster Zukunft ohne einen längeren Bildungsprozeß erreichen zu können.

Foscolo hatte sein Erneuerungsprogramm mit einem starken antifranzösischen und vor allem antirevolutionären Akzent konzipiert. Der persönlichen Bildung des in den nationalen Zusammenhang eingebundenen Einzelnen wurde darin eine besondere Rolle zugemessen. So erklärte sich bei Foscolo die Bedeutung der Geschichte der nationalen Literatur, durch die – sozusagen aus dem Geist Dantes heraus – die Italiener wieder zu unabhängigem Denken zurückfinden und so zu selbstbewußten Staatsbürgern werden sollten. Den Kern des Widerstands, der als Grundlage der zukünftigen Eigenständigkeit gefordert

---

6 Zu früheren Ansätzen einer unmittelbar zeitgeschichtlichen Deutung von *Adelchi* vgl. Ireneo Sanesi in Manzoni 1958, parte I, Introduzione, S. LXXXVII ff.

7 Zu diesem "thème courant depuis Foscolo (*Ultime lettere di J. Ortis*, 1802) et dans la propagande nationale italienne après 1815" vgl. S. Carpentari-Messina in Manzoni 1979, S. 326f.

wird, bildete bei aller Betonung der Phantasie doch ein intellektuelles Moment, und folglich sollte das Programm auch zur Heranbildung des Typs eines modernen Intellektuellen dienen. Die Absicht zu unmittelbarer politischer Stellungnahme, die bei Foscolo ganz unumwunden ausgesprochen wird, läßt sich auch in den Dramen Manzonis wiederfinden. Sie erscheint aber dort sehr vermittelt – nicht zuletzt noch verstärkt durch den mit dem historischen Aspekt verbundenen künstlerischen Anspruch. Manzoni greift ja im Unterschied zu Foscolo bei der literarischen Ausführung nicht zu einem zeitgenössischen Gegenstand. Dadurch, daß er auf eine Episode aus der mittelalterlichen Geschichte der Langobarden zurückgeht, gerät vielmehr ein stark distanzierendes Moment in die Darstellung. Daß er dennoch die Analogienbildung zur Deutung der eigenen Gegenwart nicht aufgeben will, schafft ihm kunsttheoretische Probleme.

Im Falle des Chors "Dagli atri muscosi" funktioniert die Analogie noch über die von Manzoni im Anschluß an V. Cuoco und A. Thierry vertretene historische Konstruktion. Sie gilt beinah für die gesamte Geschichte des nachantiken Italien und ist im *Risorgimento* unangefochten: Die Langobarden sind in Italien Fremde, wie es die Spanier seit dem 16. Jahrhundert und anschließend die Habsburger sind. Hinsichtlich des uns interessierenden Aspekts, der Gestaltung der Titelfigur und ihrer Qualität als Heilsbringer und neuer Christus, beschritt Manzoni aber einen anderen, heikleren Weg, womit er sogleich auf die Kritik Fauriels, des ersten französischen Übersetzers von *Adelchi* (1823), stieß. Er versuchte nämlich, im Rückgriff auf vormoderne Gesellschaftsformen[8] das zeitgenössische Persönlichkeitsbild des zerrissenen Individuums, also des romantischen Genies schlechthin, wieder mit der Gemeinschaft zu versöhnen; den außerordentlichen Einzelnen aus seiner Isolation herauszuholen und an prominenter Stelle in den staatlichen Zusammenhalt zurückzuführen. Auf der Grundlage alter Beziehungsmodelle sollte eine intellektuelle und emotionale Verklammerung von Geistesaristokratie und unteren Volksschichten wenigstens vorstellbar gemacht werden.

Die Notwendigkeit des Zurückgehens auf die früheste Rezeptionsstufe – Fauriel kannte Manzoni persönlich, wußte auch von der Kernabsicht der Tragödie – ergibt sich daraus, daß Manzoni selbst von den politischen Vorstellungen, die hinter seinem ursprünglichen Entwurf stehen und die auf eine charismatische, von seinem Volk geliebte Führergestalt hinauslaufen, offensichtlich bald abrückte.[9] Überlagert wird die unbedingt an der historischen Faktizität orientierte Kritik bereits wenig später durch das Urteil Goethes, der sich in der

---

8 Hingewiesen sei hier erneut auf das Interesse der Zensur an diesem Zusammenhang; zu einer Vorsichtsmaßnahme Manzonis wegen eines "mot sur la féodalité" (in der *Lettre à M. Chauvet*) vgl. seinen Brief an Fauriel vom 10.12.1822 (Manzoni 1970, S. 295f).

9 Es wird sich zeigen, daß er mit seiner Stellungnahme in eine Diskussion eingriff, die damals europaweit über die Frage der Verbindung von Geist und Macht geführt wurde. Zu wichtigen Aspekten von deren Verlauf in Frankreich vgl. Bosse 1981.

1827 erschienenen *Theilnahme Goethe's an Manzoni* weniger rigoristisch als der Franzose über *Adelchi* äußert:

> Wir sprechen zu seiner Rechtfertigung das vielleicht paradox scheinende Wort aus: daß alle Poesie eigentlich in Anachronismen verkehre; alle Vergangenheit die wir herausrufen, um sie nach unsrer Weise den Mitlebenden vorzutragen, muß eine höhere Bildung als es hatte dem Alterthümlichen zugestehen; der Poet mag hierüber mit seinem Gewissen übereinkommen, der Leser aber muß gefällig durch die Finger blicken.[10]

Fauriels Argumentation, die auch Goethe bei seiner Besprechung im Auge hat, sieht so aus: Wenn die "tragédie historique" – so wie Manzoni sie programmatisch fordert – beanspruche, zugunsten der geschichtlichen Wahrheit die unverbindlichen Kombinationsspiele mit der Vergangenheit zu vermeiden, die die bislang vorherrschende "tragédie romanesque" charakterisiert hätten,[11] dann dürfe er selbst nicht wieder in denselben Fehler verfallen und Anachronismen auf die Bühne bringen. Das aber sei ihm gerade mit der Person Adelchis widerfahren.[12] Ihm habe er zwar nicht durchweg historisch unbelegte

10 In: Blank 1992, S. 634. – Manzoni hatte das Drama mit einer Widmung aus *Egmont* an Goethe geschickt; dazu und zu den Mißdeutungen vgl. Blank 1992, S. 233; 237; 530.
In seinem Urteil über Manzoni ordnet Goethe dessen Anspruch auf historische Wahrheit einem allgemeinen Humanitätsbegriff unter, auf Grund dessen er den Italiener vor seinen Kritikern und letztlich vor sich selbst in Schutz nimmt:
"sein schönes wahrhaft poetisches Talent beruht auf reinem humanem Sinn und Gefühl. Und wie er nun was das Innere seiner dargestellten Personen betrifft, vollkommen wahr und mit sich selbst in Uebereinstimmung bleibt, so findet er auch unerläßlich, daß das historische Element, in welchem er dichterisch wirkt und handelt, gleichfalls untadelhaft Wahres, durch Documente Bestätigtes, Unwidersprechliches enthalte. Seine Bemühung muß also dahin gehen das sittlich ästhetisch Geforderte mit dem wirklich unausweichlich Gegebenen völlig in Einklang zu bringen. // Nach unserer Ansicht hat er dieß nun vollkommen geleistet, indem wir ihm zugeben was man anderwärts wohl zu tadeln gefunden hat, daß er nämlich Personen aus einer halbbarbarischen Zeit mit solchen zarten Gesinnungen und Gefühlen ausgestattet habe, welche nur die höhere religiöse und sittliche Bildung unserer Zeit hervorzubringen fähig ist" (in Blank 1992, S. 634).
Entsprechend fällt die Stellungnahme gegenüber Eckermann aus – nun im direkten Vergleich mit *Egmont* (31.1.1827; in Blank 1992, S. 316). Im Sinne dieser Auslegung mag Manzoni die Widmung, auch zur Rechtfertigung vor sich selbst, gemeint haben. Goethe wiederholte seine Ansicht später auch gegenüber V. Cousin (Gespräch vom 28.4.1825; vgl. Blank 1992, S. 267f). Zu Manzonis Reaktion auf die Goethesche Umdeutung, mit z.T. problematischen Schlußfolgerungen, vgl. Blank 1992, S. 35f.

11 Fauriel spricht in diesem Zusammenhang von "le peu d'effet sur l'imagination et sur l'âme de ce travestissement dramatique de l'histoire"; dadurch sei "si peu de vie poétique dans ces fantômes tragiques, dépouillés à si grands frais de leur réalité historique; et peut-être formerait-on plus sérieusement alors le souhait de voir enfin bannir le roman de la tragédie, à une époque où d'heureux génies ont associé le roman lui-même à la dignité et au but de l'histoire" (Der Text Fauriels wird zitiert nach Manzoni 1979, S. 96).

12 "Il me paraît à peu près aussi contraire à l'histoire d'attribuer à un personnage marquant dont les actions sont connues, des passions, des idées, des sentiments, en un mot, un caractère en discordance avec ces actions, qu'il le serait d'altérer arbitrairement celles-ci même" (Manzoni 1979, S. 103).

Handlungen zugeordnet, dafür aber ein Verhalten, das dem zugehörigen Bewußtsein nicht entspreche.[13]

Fauriel erkennt wohl die falsche Modernität des "petit monstre romantique" in der tatsächlich unvereinbar erscheinenden Verbindung von heroischen Taten und seelischer Zerrissenheit. Das andere aber ist, daß er nur zu gut weiß, daß das einen wesentlichen Teil von Manzonis eigentlichem Ziel ausmacht.[14]

Der Vorwurf des Anachronismus deutet zurecht auf den Sprung zwischen Vergangenheit und Gegenwart, den Manzoni letztlich nur notdürftig mit dem Gedanken des "vero morale" rechtfertigt. Hier wird aber zugleich greifbar, welche konkrete Botschaft er für die Zeitgenossen hat; sie allein liefert dann auch den Grund für die anachronistische Verfahrensweise.[15] Die Einschränkung Fauriels gilt nicht für den eigentlichen Binnenraum des Dramas, für den Ablauf der Handlung; sie bezieht sich auf den die Handlung übergreifenden Aspekt.[16]

Für das, was Fauriel als Verfälschung der Historie zugunsten von Adelchis "caractère idéal" ansieht und was ihm vor allem am Schluß des Dramas auffällig wird, werden die Voraussetzungen lange vorher, eben in der ersten Szene des dritten Akts, im Gespräch Adelchis mit seinem Getreuen Anfrido gegeben. Die Bedeutung dieser Nebenrolle wird dadurch betont, daß das Adelchi

---

13 "Or, le caractère que M. Manzoni a donné à son héros, non seulement n'est pas en rapport avec ses actions, ni par conséquent historiquement vrai; il n'est pas non plus très vraisemblable. On a du moins quelque peine à concevoir d'où seraient venues, au huitième siècle, au fils d'un chef ambitieux et tracassier de barbares, des idées d'humanité aussi pures, des sentimens religieux aussi profonds, que les idées et les sentiments attribués par M. Manzoni à son personnage d'Adelghis. Enfin, admît-on qu'il pût les avoir, on douterait encore de la vérité de leur expression; on la trouverait probablement trop moderne" (Manzoni 1979, S. 103f).

14 Die Ausprägung von Adelchis Edelmut und die Opferbereitschaft für sein Volk stehen nach Meinung Fauriels in krassem Widerspruch zu den zugehörigen Lebensbedingungen der germanischen Völker: "Il a fait d'Adelghis un jeune héros qui aime la gloire, sans la séparer de la justice; qui comprend les avantages de la civilisation, et serait heureux d'appliquer son pouvoir à les répandre; qui pense noblement et voudrait agir de même, mais condamné par le respect et l'obéissance qu'il doit à son père, à être l'instrument d'entreprises injustes et dévastatrices" (Manzoni 1979, S. 99).

15 Manzoni selbst hatte bereits vor Fauriel in den *Notizie storiche* (1822) das Kernproblem formuliert: "Il carattere [...] d'un personaggio, quale è presentato in questa tragedia, manca affatto di fondamenti storici: i disegni d'Adelchi, i suoi giudizi sugli avvenimenti, le sue inclinazioni, tutto il carattere in somma è inventato di pianta, e intruso tra i caratteri storici, con un'infelicità, che dal più difficile e dal più malevolo lettore non sarà, certo, così vivamente sentita come lo è dall'autore" (Manzoni ^{2}1969, S. 551). Den Gesichtspunkt der Treue gegenüber dem historischen Gegenstand, auf dem auch Fauriel insistiert, hatte der Dichter des *Adelchi* schon früher ausführlich diskutiert: A.C. Fauriel, 3.9.1821 (Manzoni 1970, S. 248ff).

16 "Ce n'est guère que par ses réflexions sur le passé, par sa prévoyance de l'avenir, par sa manière générale de sentir et de penser, qu'il paraît un personnage au-dessus ou hors de son siècle." Besonders deutlich ergibt sich dieser Eindruck für Fauriel im letzten Akt, in dem allerdings nur die Konsequenzen des Vorhergehenden gezogen werden: "S'il reparaît sur la scène, ce ne peut être que pour montrer comment il supporte son sort et son malheur, c'est-à-dire que pour y montrer la part idéale de son caractère, devenue dès lors le principal objet auquel s'attache l'attention du spectateur" (beide Zitate: Manzoni 1979, S. 104).

bevorstehende heroische Sterben im Vorgriff und gewissermaßen 'in nuce' am Ende des dritten Akts bereits von Anfrido durchlebt wird.[17]

II. Zur Funktion von *fedele*: Die Interdependenz der Rollen Adelchis und Anfridos

Adelchi beklagt gegenüber Anfrido, der seit den gemeinsamen Kindheits- und Jugendtagen sein nächster Freund und dann zugleich auch sein getreuester Waffengefährte gewesen ist, sein Unglück als Sohn eines Königs, dessen Politik er nicht gutheißt, dem er aber aus Sohnespflicht folgen muß. Hier offenbart sich der jugendlich-enthusiastische, zugleich auch melancholische Charakter des zukünftigen Königs, der sich in seinem Handeln gehemmt fühlt, dessen Phantasie aber die Grenzen der unbefriedigenden Gegenwart weit überschreitet. Seine Klage über das verfehlte Streben nach Ruhm[18] gipfelt in dem Bekenntnis:

> Il mio cor m'ange, Anfrido; ei mi comanda
> Alte e nobili cose; e la fortuna
> Mi condanna ad inique; e strascinato,
> Vo per la via ch'io non mi scelsi, oscura,
> Senza scopo; e il mio cor s'inaridisce,
> Come il germe caduto in rio terreno,
> E balzato dal vento. (V. 84ff)
>
> (Theurer Anfried,
> Mein Herz zerquält sich: es gebeut mir hohe
> Und edle That, und mein Geschick verdammt mich
> Zu ungerechter; – so zieh' ich gezerret
> Den Pfad, der meine Wahl nicht ist, der dunkel
> Und ziellos vor mir liegt: – mein Herz verdorrt,
> Dem Keim gleich, der, auf schlechtes Land gefallen,
> Des Windes Spiel ist.)[19]

---

17 G. Petrocchi hat diesen Aspekt in dem Aufsatz *Preludio e morte di Anfrido* behandelt; in Petrocchi 1971, S. 81 – 89.

18 Vgl. etwa III.1; V. 43ff: "La gloria? il mio / Destino è d'agognarla, e di morire / Senza averla gustata." Die definitive Fassung von *Adelchi* wird, wenn nicht anders angegeben, zitiert nach Manzoni ^{2}1969 (hier: S. 592).

19 Hingewiesen sei auf den Schluß des Zitats, der auf das biblische Gleichnis vom Senfkorn anspielt. – Die hier und im folgenden wiedergegebene deutsche Übersetzung des Dramentextes und deren Vorbemerkung ist der 1830 erschienenen Übertragung von J.F.H. Schlosser entnommen; bereits drei Jahre früher war die Übersetzung von K. Streckfuß (*Adelgis. Trauerspiel*, Berlin: Trautwein 1827) erschienen. Goethe hatte diese Arbeit in der *Theilnahme* empfohlen: "Wir wünschen sinnigen Lesern Glück zu dem Genuß [d.h. von *Adelchi*] [...]; denn hier tritt der seltene Fall ein, wo sittliche und ästhetische Bildung vereint in gleichem Grade gefördert wird. Daß dieses schneller, mit größrer Leichtigkeit geschehe, dazu wird die Übersetzung des Herrn Streckfuß vorzüglich beytragen" (Blank 1992, S. 638).

In diese grenzenlose Offenheit von aktivem Gestaltungswillen und unaufhebbar scheinender Handlungshemmung trifft dann Anfridos präzisierende Bestimmung von Adelchis Wesen:

> Soffri e sii grande: il tuo destino è questo,
> Finor: soffri, ma spera: il tuo gran corso
> Comincia appena; e chi sa dir, quai tempi,
> Quali opre il cielo ti prepara? il cielo
> Che re ti fece, ed un tal cor ti diede. (V. 98ff)

> (Duld' und sey groß: dies ist dein Loos bis jetzo:
> Duld', aber hoffe: dein erhabner Lauf
> Beginnt ja kaum; wer weiß, für welche Zeiten
> Gott dich erlas, für welche Thaten? – Gott,
> Der dir die Krone gab, und dir dies Herz gab.)

Was ergibt sich aus dieser Charakteristik für das Verständnis der Gestalt Anfridos? So wie er redet, das ist zurecht kritisch angemerkt worden, kein Sprecher, der in der Tradition der *confidents* des klassischen französischen Theaters steht.[20] Dort gibt es zudem keine Zusammenführung der unterschiedlichen hierarchischen Ebenen, wie sie durch das heroische Ende der beiden Krieger vollzogen wird. Allerdings ist auch der Gegenvorschlag nicht zutreffender oder zufriedenstellender. Danach wird das Verhältnis Adelchis zu Anfrido – analog zu den homerischen Epenfiguren Achill und Patroklos – als das zweier ebenbürtiger Freunde gedeutet. Dem steht aber nun die soeben angemerkte hierarchische Gliederung entgegen.

Beide Möglichkeiten, die untergeordnete Vertrautenrolle wie die des gleichberechtigten Freundes – also des *confident* und des alter ego – sind auch als Teilerklärungen nicht zutreffend; sie bedürfen eines weiteren Motivs, das zugleich die in dem Verweis auf "cielo" angedeutete religiöse Überformung trägt. Manzoni spricht dieses in der Entstehungszeit des Dramas deutlich an, und auch Fauriel hat es problemlos erkannt.

Schon Fauriel legt treffend die allgemeinen Interpretationslinien fest. Anfrido ist Adelchi so zugeordnet, wie dieser den beiden Königen. Anfrido dient auf seiner Ebene vor allem als Gegenpol zu den Verrätergestalten Suarto und Guntigi.[21] Diese Verbindung, zu der als eigentlich konstitutiv die von Vasallentum und Freundschaft noch hinzukommt, ist später – und das schon von Manzoni – ganz vernachlässigt worden, wohl auch weil darin weitreichende politische Implikationen angelegt waren, die als nicht mehr zeitgemäß galten.

Bei S. Nigro, der den Beitrag über Manzoni in der *Letteratura Italiana Laterza* (1978) verfaßt hat, stellt sich die gängige Forschungsmeinung so dar. Im Dialog Adelchis mit dem Schildknappen Anfrido erneuere sich – mystisch

---

20 Die Aufwertung der *confidents* in der klassischen französischen Tragödie erfolgt, wenn sie vorkommt, allenfalls aus Gründen der Pathossteigerung, so in Racines *Andromaque* (V. 1102ff).

21 "C'est l'idéal peut-être un peu trop philosophique et trop raisonneur, de la bravoure chevaleresque et de la loyauté féodale" (Manzoni 1979, S. 102).

überhöht – die im Theater geläufige Tradition der *confidents* und die im Epos gängige Tradition der Waffenbrüderschaft.[22] Eine eindeutige Erklärung gerade dieser Kombination und ihres Zustandekommens gibt Nigro nicht. Das Wesen von Anfridos Abhängigkeitsverhältnis – er spricht Adelchi immer als "signore" an – wird aber von ihm selbst mit Nachdruck benannt. Anfrido unterscheidet sich durch seinen sozialen Status von Adelchi, dessen Ansprüche und Zweifel er zwar nicht teilen, aber doch verstehen und sogar unterstützen kann:

> Toglierti la tua
> Splendida cura non poss'io, ma posso
> Teco sentirla almeno. Al cor d'Adelchi
> Dir che d'omaggi, di potenza e d'oro
> Sia contento, il poss'io? dargli la pace
> Dei vili, il posso? e lo vorrei, potendo? (V. 92ff)[23]

> (Dir abnehmen deinen
> Glanzvollen Kummer kann ich nicht, doch kann ich
> Ihn mit dir fühlen. Zu Adelgis' Herzen
> Sprechen, daß Huld'gung, Macht und Gold ihm gnügen
> Soll, wie vermögt'ichs? Ihm den Frieden geben
> Den Schlechten kann ich's? wenn ich's könnte, mögt' ichs?)

Der entscheidende Begriff, um dessen adäquate Definition es hier geht, ist *Fedel.* Anfrido nennt sich so im Zusammenhang mit dem Freund und König:

> Alto infelice! / Reale amico il tuo Fedel t'ammira. (V. 90f)[24]

> (Hoher Unglücksel'ger / Fürstlicher Freund! es staunt dich
> dein Getreuer / An [...].)

Wie Nigro feststellt, hat der Dichter in der Edition des *Adelchi* von 1845, also mehr als 20 Jahre nach der Erstausgabe, in der das Wort *fedele* hier mit Majuskel erscheint,[25] eine Minuskel gesetzt. Es gelingt dem Interpreten nun aber

---

22 "si rinnovano in mistica devozione [...] la tradizione teatrale dei confidenti e quella epica del 'compagnonnage'di guerra" (Nigro 1978, S. 83).

23 Die Fassung dieser wichtigen Stelle in der *prima stesura* zeigt noch ganz das figurale Deutungsmuster; Anfrido erklärt sich nämlich bereit, das Kreuz mit seinem "Herrn" zu tragen: "Alleviar la tua / Splendida *croce* non poss'io, ma posso / Portarla teco almeno." (Manzoni 1958, parte III, S. 368, V. 135ff – Hervorhebung K.L.). Hier – gewissermaßen im Bild von Christus als König – findet sich der Kern, von dem die Konstruktion aller weiteren, militärisch-politisch geprägten Beziehungen der Männerwelt in *Adelchi* ausgeht. Dieses Grundkonzept bleibt – allerdings nur latent – in der definitiven Fassung erhalten, wie die letzten Worte Adelchis (V.10, V. 401ff) zeigen.

24 Manzoni hebt bereits im *primo abozzo* zu den *Notizie storiche* die besondere Bedeutung des Begriffs hervor; in einer weiteren Fassung heißt es sogar: "Finalmente è da prevenirsi il lettore sul senso della parola *Fedele*" (Manzoni ^{2}1969, S. 1070). – Dem Treuemotiv steht gleichgewichtig das Verratsmotiv gegenüber; neben der in Fußn. 4 angeführten Stelle vgl. etwa V.8, V. 387ff; figural in christlicher Überhöhung als Judas-Motiv: V.10, V. 401. Zwischen den beiden Polen entwickelt sich die 'Leidensgeschichte' Adelchis.

25 "F. [= prima edizione Ferrario del 1822] aveva 'Fedel'; ma nell'ed. del '45 Manzoni ripristinò la minuscola dei manoscritti. Infatti 'fedel' non ha, in questo contesto, il significato storico-sociologico di 'féal' ('titolo di vassallaggio' per il quale è usata la maiuscola [cfr. I,

nicht, diese kleine, doch überaus aufschlußreiche Korrektur Manzonis richtig einzuordnen. Denn es wirft sich ja nach wie vor die Frage auf, wie Manzoni meint, den für die Moderne unüberwindbar scheinenden Gegensatz von Unterordnung und Gleichheit – auf den er selbst, wie noch zu zeigen ist, hinweist – aufheben oder überbrücken zu können. Nur weil Nigro diesen Aspekt nicht berücksichtigt, kann er seine Beobachtung der Korrektur zu dem Schluß führen, das Wort sei an dieser Stelle ausschließlich im gängigen moralischen und dann zugleich religiös überhöhten Sinne gemeint, in der Bedeutung des Haltens der Treue um jeden Preis.[26] Das Ergebnis der späten Korrektur Manzonis sieht er also auch rückwirkend für die gesamte Entstehungsgeschichte als gültig an.

Diese Deutung, die zugunsten einer wesenlosen religiösen Inbrunst die politisch-praktische Dimension ganz verkürzt, ist wohl zutreffend für die Zeit der Korrektur, also um 1842. Aber da haben sich Manzonis frühere ideologische Voraussetzungen und Absichten geändert, und er legte offensichtlich Wert darauf, die veralteten Vorstellungen zu neutralisieren, deren Kenntnis allein aber erst zum Begreifen des Anstosses zu der Tragödie führt.

Was steckt nun tatsächlich dahinter? Manzoni selbst definiert – in den *Notizie storiche* zu der Tragödie – die Rolle des Anfrido nicht als der des *confident* nahestehend, sondern des Patroklos, der er aber eine besondere, allerdings durchaus an Homer anknüpfende Deutung gibt.[27] Wie das genauer aussieht, führt er auf der Grundlage einer historischen Konstruktion aus, durch die er Antike und Mittelalter ins Verhältnis setzt (– um sie, wie wir sehen werden, der Moderne als Spiegel vorzuhalten). So kommt er zu der massiven Aufwertung der Figur Anfridos.

Das Auffälligste ist dabei, daß Manzoni mit seinen historisch-sprachgeschichtlichen Erklärungen das Freundschaftsverhältnis der beiden Männer aus einer Abhängigkeit heraus begreifbar zu machen bemüht ist, und hier setzt er mit aller Deutlichkeit die mittelalterlichen Wortinhalte von *fedele/féal* ein, die er ganz im Umfeld des politischen Ordnungsbegriffs 'Feudalismus' ansiedelt:

> Ne'costumi germanici, il dipendere personalmente da' principali era, già ai tempi di Tacito, una distinzione ambita. Questa dipendenza, nel medio evo, comprendeva il servizio domestico e il militare; ed era un misto di sudditanza onorevole, e di devozione affettuosa.[28]

> (Germanischen Sitten zufolge war die persönliche Abhängigkeit von den Fürsten, schon zu Tacitus' Zeiten, eine Auszeichnung um die man sich eifrig bewarb. Diese Abhängigkeit umfaßte im Mittelalter den Dienst im Hause und

---

281 e 294; III, 28; IV, 62 ecc.], come spiega Manzoni nelle 'Usanze')" (Nigro 1978, S. 85).

26 "L'aggettivo sostantivato è qui adoperato in senso esclusivamente morale [...]. Quella dello scudiero di Adelchi non è una 'fedeltà' feudale, ma una religiosa 'conformità'" (Nigro 1978, S. 85).

27 Bei Homer (*Ilias* 23, 90) ist Patroklos älter als Achill.

28 *Adelchi* in Manzoni ^{2}1969, S. 552.

im Felde, und war eine Mischung aus ehrenhafter Unterwerfung und liebevoller Ergebenheit.)

Die Lebensform sei aber, so betont er weiter, “diversa affatto dalla servile”, und sie finde sich auch in der klassischen Zeit der “secoli eroici”. Dann folgt – verbunden über Vicos Begriff der “barbarie seconda” – in nobilitierender Absicht der Vergleich des Mittelalters mit der Antike.[29] Hier fällt – entsprechend interpretiert – als wichtigste Bezugsgröße der Name des berühmten Freundespaares Achilles und Patroklos:

> Patroclo, ancor giovinetto, dopo avere ucciso, in una rissa, il figlio d’Anfidamante, è mandato da suo padre in rifugio in casa del “cavalier” Peleo, il quale lo alleva, e *lo mette al servizio* d’Achille, suo figlio.[30]
>
> (Patroklus, schon in früher Jugend, und nachdem er im Eifer des Spiels den Sohn des Amphidamas erschlagen, wird von dem Vater zu dem Reisigen Peleus geflüchtet, der ihn in seinem Hause großzieht, und seinem Sohn Achilles zum Dienste bestellt.)

Manzoni verwendet den Begriff *Fedele* vor der Korrektur von 1842 also immer, worauf er ebenfalls nachdrücklich in den *Notizie storiche* hinweist, im Sinne von Vasallentum, als Grundbegriff des Feudalsystems:

> Il vocabolo “Fedele”, che torna spesso in questa tragedia, c’è *sempre* adoprato nel senso che aveva ne’secoli barbari, cioè come un titolo di vassallaggio.[31]

In der Übersetzung von Schlosser wird dessen Verunsicherung gegenüber dem Tatbestand darin deutlich, daß er die grundsätzliche Festlegung Manzonis relativiert – statt “sempre” setzt er “größtentheils”; im Kontext lautet die ganze Anmerkung dann:

> Das Wort “Treuer, Getreuer”, welches häufig in diesem Trauerspiele vorkömmt, ist, wie das Wort “Fedele” in dem Grundtexte, *größtentheils* [Hervorhebung K.L.] in dem Sinne gebraucht, welchen dieses Wort, – “Fidelis”, – französisch “Féal” – in den barbarischen Jahrhunderten hatte, – ein Sinn, der von dem gewöhnlichen Gebrauche der heutigen Sprache völlig abweicht. Heutigen Tages bedeutet dieses Wort, auf politische Beziehungen angewendet, einen Menschen, der seine Treue bewährt; im Mittelalter war es

29 “... è una delle non poche simiglianze che hanno que’ tempi con quelli che Vico chiamò ‘della barbarie seconda’” (Manzoni ^{2}1969, S. 553).

30 Manzoni ^{2}1969, 553. (Hervorhebung K. L.)

31 Manzoni ^{2}1969, S. 554. (Hervorhebung K. L.) – Eine genauere Definition findet sich in den früheren Fassungen, in denen deutlich wird, wie Manzoni sich um präzise Festlegung bemüht hat. Im *Abozzo* heißt es: “Nel corso della tragedia ritorna sovente la parola *Fedele* impiegata come sostantivo, e corrispondente al *Fidelis* dei secoli barbarici. Questa parola che ha perduto affatto quel senso nella nostra lingua, e che ne esprime altri diversi, può spesso fare equivoco se non all’intendimento almeno alla fantasia” (Manzoni ^{2}1969, S. 673; vgl. auch die Varianten S. 1041). Die Ausgabe F von 1822 präsentiert: “Il vocabolo *Fedele*, che ricorre spesso in questa tragedia, vi è sempre adoperato nel senso che aveva nei secoli barbarici, senso smarrito affatto dall’uso comune della lingua moderna. In questa, applicato alle relazioni politiche, significa l’uomo che mantiene la fede; nel medio evo era titolo di colui che l’aveva obbligata, comunque poi la serbasse.” Die Übersetzung von Schlosser, die von dieser Fassung ausgeht, verkürzt und verändert sie an entscheidender Stelle.

der Titel dessen, der seine Treue verpflichtet hatte, wie er sie auch bewahren mochte. (Manzoni 1830, S. 18)

Hinsichtlich des modernen Sprachgebrauchs, der die Betonung auf das aktive Halten der Treue, nicht – wie früher – auf den Aspekt des zur Treue Verpflichtetsein legt, macht Manzoni dann die wichtige Einschränkung, die aber nur für den Leser des Dramas erkennbar wird: um Mißverständnisse zu vermeiden, setzt er immer dann eine Majuskel, wenn das Wort in seinem mittelalterlichen Sinne gebraucht wird.[32] Diese *iniziale grande*, die Majuskel, findet sich denn auch zunächst an der entscheidenden Stelle in *Adelchi* III.1.

Der *Fedele* ist also ein gesellschaftlich Untergeordneter, der aber – und darauf kommt es Manzoni gerade im Falle Anfridos an – durchaus in einem Freundschaftsverhältnis zu dem stehen kann, dem er sich zu dienen verpflichtet hat. Zu der ständisch-politischen Seite dieser Form der Verbindung kann dann auch – oder sollte eigentlich – die moralisch-affektive hinzukommen, die sich erst in der späteren Wortgeschichte verselbständigt.[33] Manzoni geht somit grundsätzlich von der Möglichkeit eines Ideals der Männerfreundschaft bei gleichzeitiger gesellschaftlicher Abhängigkeit aus, das er trotz des seit dem Feudalzeitalter eingetretenen Verfalls offensichtlich nicht nur als historisch bewährt, sondern – angesichts der von ihm unübersehbar vorangetriebenen Tendenz zu mystischer Überhöhung[34] – sogar als möglicherweise naturgegeben und deshalb auch als in ähnlicher Form wiederherstellbar ansieht.[35] Es

---

32 "Non trovando altro vocabolo da sostituire, e per evitar l'equivoco che farebbe col senso attuale, non s'è potuto far altro che distinguerlo con l'iniziale grande" (Manzoni ^{2}1969, S. 554). – Bereits im *primo abozzo* hat er sich für die Majuskel entschieden (vgl. Manzoni ^{2}1969, S. 673f). Fauriel stellt in seiner Übersetzung die Begründung für die Großschreibung noch klarer heraus: "N'ayant pas trouvé de mot qui pût être convenablement substitué à celui-là (d.h. fidelis / *fedele*), tout ce que j'ai pu faire, pour éviter l'équivoque, a été d'écrire le mot *Fidèle* avec une initiale capitale là où il est pris dans son acception historique" (Manzoni 1979, S. 117).

33 Am Beispiel der Bedeutungsentwicklung eines Synonyms von *fedele* illustriert Manzoni noch einmal seinen Gedankengang: "'Drudo', che aveva la stessa significazione, ed è d'evidente origine germanica, riuscirebbe più strano, essendo serbato a un senso ancor più esclusivo" (Manzoni ^{2}1969, S. 554). Im *Abozzo* heißt es: "Il vocabolo *drudo* (*treu* fedele), che aveva lo stesso significato ed è di evidente origine germanica farebbe peggior suono, essendo ora destinato ad un senso ancor più esclusivo e ben diverso" (ebd., S. 674).

34 Die Frage, wie die von G. Lonardi und P. Azzolini vorgeschlagene Figuraldeutung der Tragödie hier einzubinden ist, muß wegen der weitreichenden Implikationen zwar weitgehend ausgeklammert bleiben; der typologische Bezug gehört aber als konstitutives Element in den Zusammenhang des in die Transzendenz verlagerten Schlusses; vgl. dazu auch S. Carpentari-Messina in Manzoni 1979, S. 47 u. 53f. – Eine Rolle spielt hier sicherlich die vage angedeutete Analogie von Adelchi und Anfrido zu Christus und seinen Jüngern, die ihre negative Entsprechung in dem vor allem von Suarto verkörperten Judas-Motiv hat.

35 Anders als Schlosser hat Goethe die zwischen den beiden Möglichkeiten schwankende Bedeutung von *Fedele* nicht nur erkannt; er hat auch die weiteren Konsequenzen für das Verständnis der Tragödie, wie sie sich aus der Freundschaftserklärung Anfridos als Kernstelle ergeben, angedeutet. In dem knappen Kommentar zur Anfrage von Schlosser zu V.10 schreibt er: "Das Wort *fedel* steht hier wie in dem übrigen Stücke für: Lehnsmann, durch Pflicht und nicht gerade durch Gesinnung verbunden. Dagegen *prodi fedeli* die eigentlich wackren, wahren, dem Fürsten treu angeeigneten Männer bezeichnet; deswegen

könnte zudem eine wesentliche Absicht des Dramas sein, das Auseinanderfallen der beiden Bedeutungsmomente darzustellen. Während ihre Desintegration an den Verrätergestalten Guntigi und Suarto deutlich wird, gelangt in dem Verhältnis Anfridos zu Adelchi noch einmal die Synthese zu einem Kulminationspunkt.

Daß Manzoni das ganze Bedeutungsgewicht dieser Filiationen jedenfalls klar ist, zeigt sich bei seinen etymologisch-sprachgeschichtlichen Anmerkungen, die in deutlichem Bezug zu den aktuellen Zuständen stehen. Bei der Rückführung auf die politischen Dimensionen der eigenen Zeit erfolgt eine entschiedene Trennung zwischen Italien und Frankreich.[36] Im Gegensatz zum Italienischen, wo *fedele* seinen alten Sinn ganz verloren habe und nur der subjektivierte Bedeutungsinhalt gelte, sei es im Französischen zur Bezeichnung des ständischen Unterschieds erhalten geblieben.[37] – Wenn Manzoni gegenüber den späteren Entwicklungen in beiden Ländern Reserven hat, dann begründet sich seine dennoch positive Einschätzung des Feudalgedankens in der dahinter stehenden alteuropäischen Ordnungsvorstellung vom Ganzen Haus. Mit der Zuordnung von Anfrido zum Gesinde ("Gasindi") stellt er diesen Aspekt sogar nachdrücklich heraus. Hier offenbart sich eine Anbindung an die scholastisch-tridentinische Gesellschaftslehre; ein von der romantischen Zeitaltertheorie ausgehendes Interesse an einer Wiederaufnahme oder Fortsetzung von antiken und frühmittelalterlichen Formen gesellschaftlicher Integration.[38]

---

auch Carl über sich selbst verdrießlich wird, daß er die longobardischen zu ihm abtrünnigen Fürsten also begrüßt habe" (23. [27.] 1. 1827; zit. nach Blank 1992, S. 309). Mit der letzten Bemerkung gemeint ist die Szene III.5, in der die langobardischen Lehnsleute zu Karl überlaufen. In der folgenden Szene wird dann die Radikalität von Anfridos Hingabe gezeigt, der als einziger seinem Herrn bis in den Tod treu geblieben ist. Von dieser Haltung zeigt sich der Frankenkönig beeindruckt: "Amar così deve un Fedel" (III.7, V. 282). Der Akt endet mit der Trauer Adelchis über den Verlust des Freundes.

36 "c'è pur troppo, tra quelle così differenti vicende, una trista somiglianza: i Francesi hanno conservata nel loro idioma questa parola a forza di lacrime e di sangue; e a forza di lagrime e di sangue, è stata cancellata dal nostro" (Manzoni [2]1969, S. 554). – Die frühere Fassung formuliert neutraler: "si è sperduta dal nostro" (S. 1041). – P. Gibellini und S. Blazina vermerken in der von ihnen vorgelegten Ausgabe: "In Francia la fondazione di una monarchia nazionale mantenne, trasformandolo, il legame di vassallaggio; in Italia invece la frantumazione e l'instabilità politica, la fioritura dei comuni, le invasioni straniere non permisero la sopravvivenza di questo rapporto di fedeltà personale" (Manzoni 1991, S. 13).

37 "Nella lingua francese, il 'fidelis' barbarico s'è trasformato in 'féal', e c'è rimasto; e le cagioni della differente fortuna di questo vocabolo nelle due lingue, si trovano nella storia de' due popoli" (Manzoni [2]1969, Bd. I, S. 554). Im *primo abbozzo* ist noch ergänzt: "In questo come in tante altre cose sarebbe difficile il dire quale dei due abbia di che invidiar l'altro" (Manzoni [2]1969, S. 674).

38 Greifbar wird dieser Hintergrund im *primo abozzo* der *Notizie storiche*. Darin spitzt Manzoni den Ausgangspunkt seiner Argumentation zu zum Gegensatz von Freiheit und Knechtschaft, von "servo" und "padrone". Den Ausgleich erkennt er allein in dem Modell des in der klassischen Antike präformierten mittelalterlichen Vasallentums: "E noto il costume dei potenti nelle nazioni germaniche di tenersi pei servizi domestici dei giovanetti liberi, i quali erano col Signore in relazioni miste di soggezione e di amicizia" (Manzoni [2]1969, S. 672). Die Herkunft dieser gesellschaftlichen Konstruktion benennt Manzoni nicht nur mit aller Deutlichkeit, sondern auch grundsätzlich zustimmend: "si può qui osservare ancora che

Die modernen Interpreten haben sich auf eine solche Rückbindung, die bis hierhin noch sehr latent ist, nicht eingelassen. Der skizzierte Interpretationsansatz hängt aber nicht nur an einer vom Dichter später wieder geänderten Majuskel, und ihr Bedeutungsanspruch zielt auf einen sehr viel weiteren Problemzusammenhang. Der theoretische Hintergrund von Anfridos Rede und die darin von Manzoni vertretene eigenwillige Position werden deutlicher faßbar, wenn sie im Kontext der zugehörigen zeitgenössischen Diskussion betrachtet werden.[39]

III. Manzonis Überlegungen zur Rückführung des modernen Intellektuellen in die Gesellschaft

Der Dialog zwischen Adelchi und Anfrido dreht sich im Kern um die Diskussion der Sentenz "Sii grande e sii infelice!" / "Sois grand et malheureux!", die um 1820 in Italien die *Risorgimento*-Debatte beherrschte. Sie führt uns zu dem von Foscolo entworfenen Persönlichkeitsbild zurück. Ja, es geht um die Neubegründung bzw. Weiterentwicklung von Konzepten, die noch über Foscolos *Ortis* hinaus zu Goethes *Werther* und *Torquato Tasso* bis in das vorrevolutionäre Frankreich zurückreichen. Die Sentenz findet bei Manzoni, der sie in III.1 mehrfach variiert, ihre Zuspitzung in ebenden Worten, die die letzte Replik Anfridos auf die Rede des melancholischen Freunds eröffnen: "Alto infelice!".[40]

Die Sichtung der Forschungsliteratur zu Manzonis Dramen zeigt durchaus, daß man die Bedeutung dieser Gedankenfügung gesehen hat.[41] Ein Verweischarakter, etwa zu Leopardi, wird vermutet, aber nicht aufgedeckt. S. Carpentari-Messina, die Herausgeberin von Fauriels *Adelchi*-Übersetzung, hebt in ihrer Deutung das als typisch romantisch qualifizierte Element des *ennui* und der Unfähigkeit zum Leben im Alltag hervor. Dabei geht sie davon

---

questa idea intorno ai servigj personali è una delle pochissime umane e ragionevoli che sieno venute a poco a poco ai popoli romani conquistati dai loro feroci e duri conquistatori" (ebd., S. 673). Der Verweis auf die Wortgeschichte von *drudo* als Synonym von *fidelis* mit ganz offenkundig germanischer Herkunft fügt sich hier ein. – Die Gründe für einen späteren Mißbrauch des Dramas liegen hier auf der Hand.

39 Zur ausführlicheren Darstellung von deren wichtigsten Aspekten vgl. Ley 1996, S. 131–173. In ihrer Magisterarbeit "N.J.F. Gilbert (1750–1780). Untersuchungen zur Konstituierung des Paradigmas vom 'poète malheureux' in der Spätaufklärung" vermerkt K. Purper, daß die Wendung "Sois grand homme, et sois malheureux" von Mlle de Lespinasse bereits im Brief vom 23.10.1774 Diderot zugeschrieben wird. Die Korrespondenz, die 1809 im Druck erschien, wird hier zitiert nach: *Lettres de Mlle de Lespinasse*, ed. par E. Asse, Paris 1903 (das Zitat: S. 139).

40 Auch am Schluß des Chors "Dagli atri muscosi", so wie er in den frühen Fassungen lautet, werden die nach Manzoni für die Thematik konstitutiven Aspekte von Macht, Größe und Unglück zusammengeführt: "Domani al destarvi tornando *infelici*, / Saprete [...] / Che regnano insieme, [...], *si danno la fede*, / Che il *donno* che il *servo* che il nome restò" (V. 73ff; in: Manzoni [2]1969, S. 781. – Hervorhebung K.L.).

41 G. Petrocchi 1971, S. 84ff etwa hat den großen Zusammenhang im Blick.

aus, daß der ursprünglich – in der 1. Fassung – als *scène de confidence* angelegte Dialog erst in einem zweiten Schritt zur Darstellung des Realitätsverlustes von Adelchi gelangt sei.[42] Hier sind, weil die umfassendere Bedeutung der Sentenz "soffri e sii grande!" nicht erkannt worden ist, die Akzente wenig treffend gesetzt.

Am deutlichsten heben C. Salinari und C. Ricci in ihrer sehr verbreiteten *Storia della letteratura italiana* die Bedeutung der Wendung hervor, wenn sie bemerken, daß Adelchis Unglück, nämlich an der Verwirklichung großer Dinge durch die politischen Verhältnisse gehindert zu sein, von Anfrido auf den Begriff gebracht werde.[43] Abgeschrieben haben sie ihren Kommentar bei G. Bollati (A. Manzoni, Tragedie, Torino 1965, S. XXIV), der aber noch als eine weitere interessante Perspektive wiederum den Verweis auf Leopardi hinzufügt.[44] S. Nigro schließlich konstatiert bei seiner Analyse der Szene zutreffend, Adelchi zeige ein Bewußtsein, das im unaufhebbaren Widerspruch stehe zwischen dem Willen zum Handeln nach festen ethischen Prinzipien und einer von grundsätzlich unmoralischen Gegebenheiten bestimmten Lebenspraxis; daraus entspringe seine Bestimmung als Märtyrer, wie sie von Anfrido mit der Aufnahme der Sentenz "Sois grand et malheureux" dann auch benannt wer-

---

42 "[la scène] montre dramatiquement comment la réalité échappe à Adelghis. [...] On peut cependant signaler une nuance dans l'interprétation du thème 'romantique' du mal de vivre; le thème du masque et de l'incompréhension devient, dans la deuxième version, thème de l'impossibilité de l'action" (Manzoni 1979, S. 321; entsprechend etwa auch S. Blazina in der *Prefazione* seiner mit P. Gibellini veranstalteten Ausgabe: S. LIV). – Bei ihrer Deutung geht S. Carpentari-Messina (Manzoni 1979, S. 37ff) pointiert von der These aus, Manzoni habe im Sommer 1821 nach der Niederschlagung der Unruhen durch die Österreicher die Konzeption seiner Tragödie ausschließlich aus politischen Gründen verändert. Das gilt allerdings nur bedingt, so sicherlich für die den Lateinern zugeordnete Rolle. Für die mit dem Konzept von *Fedele* verbundenen Aspekte trifft es nicht zu: in der Erstfassung von V.1, an der Carpentari-Messina ihre Interpretation vor allem festmacht, wird bereits die Verbindung von "Fedele" und "Amico", so wie sie auch später Gültigkeit hat, unmittelbar hergestellt. Adelchi setzt sie in dieser Szene emphatisch als Synonyme:

DESIDERIO: *Fedeli*, voi degni del nome, udite
Ciò che Adelchi propon. [...]
ADELCHI: *Amici*
Un fin s'apressa [...]
(*Prima stesura*, V. 23 u. 27; Manzoni ²1969, S. 750 – Hervorhebung K.L.)

Außerdem grenzt er – durchaus in Weiterführung der schon von Goethe angemerkten Äußerung von Karl dem Großen (III.5) und der von der Zensur inkriminierten Stelle in I.2 – die Überläufer als Verräter aus:

Ei della nostra
Gente la feccia – i traditori – accolse
Gli chiamò suoi *fedeli* [...]
(*Prima stesura* V.1; V. 115ff; in Manzoni ²1969, S. 752.)

43 "l'affermazione di Anfrido lo definisce emblematicamente, condensando nel contempo il nucleo più genuino della tragedia: 'Soffri e sii grande: il tuo destino è questo'" (Salinari/Ricci 1974, Bd. III.1, S. 314).

44 "[la risposta] rinvia, chi voglia, a sondare le affinità segrete tra Adelchi e l''anima' leopardiana, a scrutare comparatisticamente le due vie seguite dal milanese e del recanatese nella ricerca di una risposta a domande che l'epoca poneva identiche a chi avesse orecchio da raccoglierle" (Salinari/Ricci 1974, Bd. III.1, S. 314).

de.[45] Der potentielle Werther Adelchi wird also von Anfrido gerettet vor der drohenden *acedia*. Dagegen zeigt – wenn man die mehrfach genannte Parallele ausführt – Leopardis Verfangensein im Pessimismus die gegenteilige Zuspitzung; hier fehlt jede Kehrtwende zu einer positiven Lebenseinstellung; das große Individuum bleibt mit seinem Unglück allein. Erst gegen Ende seines Schaffens, in *La Ginestra*, überwindet Leopardi seine weltverneinende und solipsistische Haltung. Seine auf allgemeine zwischenmenschliche Solidarität gegründete Lösung erweist sich dann aber mit ihrer in eine offene Gesellschaft zurückführenden Tendenz als zukunftsweisender als die da bereits überholten ständischen Vorschläge Manzonis.

Der Hinweis auf Leopardi ist noch aus einem weiteren Grunde von Bedeutung. Bei Leopardi findet sich nämlich eine erste magere Angabe zur Herkunft der Sentenz "sii grande e infelice" und ihrer für das Verständnis der zeitgenössischen Intellektuellen aussagekräftigen, überaus komplizierten und reichhaltigen Geschichte.

In kurzer Zusammenfassung sieht das Ergebnis so aus: die Selbstbestimmung auf der Grundlage von Größe und Unglück entsteht im Umfeld der Académie Française bei dem vor allem als Satiriker bekanntgewordenen N.J.L. Gilbert. Sie ist zunächst begrenzt auf die Rolle des *poète malheureux*. Als Formel auf den Begriff gebracht worden ist sie von D'Alembert, dem indirekten Gegenspieler Gilberts. Als Identifikationsfiguren dienten zwei große Dichter der Vergangenheit, der ans Schwarze Meer verbannte Ovid und mehr noch Torquato Tasso. Mit seinem Namen ist die weitere Entwicklung in Italien verbunden, wo kurz nach der Jahrhundertwende der Hinweis auf seine Größe und sein Unglück in zahlloser Wiederholung erscheint. Als eines von zahlreichen Beispielen sei eine 1816 in Florenz als Broschüre gedruckte *Orazione per l'anniversario della nascita di Torquato Tasso* genannt.[46]

Die Auseinandersetzungen Manzonis wie auch Leopardis um 1820 liegen in einer Zeit, als die Sentenz schon durch lange Diskussionen ideologisch aufgefüllt worden war.[47] Die von Gilbert angefachte Debatte war nämlich euro-

45 "Adelchi è coscienza scissa dalla contraddizione irricomponibile tra la volontà di agire secondo rigorosi dettami etici e l'effettiva prassi obiettivamente immorale. Il suo destino di martirio si riassume nel dogmatismo tragico dell'esortazione di Anfrido alla virtù redentrice del dolore: 'Soffri e sii grande'" (Nigro 1978, S. 83).

46 Darin heißt es fast schon stereotyp: "pochi sanno le disgrazie che lo travagliarono, e gli fecero condurre una vita la più infelice, che abbia mai vissuto uomo, e lo condussero in età da produrre altre maravigliose opere, alla tomba. Fino dal suo natale parve che la natura gli dicesse 'sii grande, ed infelice'" (Benedetti 1816, S. 6; weitere Beispiele: Ley 1996, S. 131ff).

47 Bei Leopardi zeigt sich, wie in Abgrenzung zum späten 18. Jh. das Bild Tassos als "grande e infelice" allmählich in einen veränderten Assoziationsrahmen eingeordnet wird. Hatte noch Alfieri in dem Sonett *Del sublime cantore* verlangt, dem verkannten Genie müsse von der trauernden Nachwelt die Peterskirche als Grabmonument bereitgestellt werden, so verwehrt sich Leopardi im Brief an seinen Bruder Carlo vom 20.2.1823 gegen solche Erwartungen: "Io non vorrei in nessun modo trovar questo cenere sotto un mausoleo. Tu comprendi la gran folla di affetti che nasce dal considerare il contrasto fra la grandezza del Tasso e l'umiltà

paweit aufgegriffen worden. Goethe hatte zunächst im *Werther* auf dieser Grundlage den modernen Intellektuellen als mit sich und seiner Gesellschaft zerfallenes Individuum gezeichnet und zur weithin beachteten Identifikationsfigur gemacht. In einem weiteren Schritt hatte er noch am Ende des Ancien Régime in *Torquato Tasso* am Beispiel des unglücklichen Dichters der *Gerusalemme liberata*, der sich am Ende des Dramas dem Machtmenschen Antonio zuwendet, zu zeigen versucht, daß Geist und Macht gezwungenermaßen zu einem letzten Ausgleich kommen müssen. Die Machtfrage, wie sie hier gestellt und einer Lösung zugeführt wird, fand umgehend Widerspruch in der italienischen Literatur. Ugo Foscolos *Ultime lettere di Jacopo Ortis* lassen sich nämlich auch als Beitrag zu dieser Auseinandersetzung lesen. Tasso spielt in Foscolos Werk die bereits skizzierte Rolle des großen und unglücklichen Intellektuellen, mit dem sich der Titelheld Ortis identifiziert. Allerdings kommt es bei Foscolo unter den neuen politischen Bedingungen zu keinerlei Kompromiß mit der Macht. Wie Werther, aber aus einer ganz anderen Form der Verzweiflung begeht Ortis Selbstmord. Daß diese korrigierende Umdeutung nicht das Gefallen Goethes fand, erscheint nicht weiter erstaunlich. Ganz anders sieht dessen Reaktion auf Manzonis literarisches Schaffen und auch auf den *Adelchi* aus.

Was macht Manzoni? Anders als Leopardi, der – so läßt sich hier festhalten – bis zu seiner Wende in *La Ginestra* zunächst die Linie Gilbert – *Werther* – Foscolo fortsetzt, stellt der Dichter des *Adelchi* die Frage der möglichen Verbindung von Geist und Macht, die er ja auch aus der parallel verlaufenden Entwicklung der Diskussion in Frankreich kannte,[48] neu. Dabei greift er zwar zurück auf den Lösungsvorschlag von Goethes *Torquato Tasso*, verteilt aber doch die Gewichte anders. Adelchi ist als Sohn des Herrschers und zukünftiger König zugleich der melancholisch-intellektuelle Kopf, der unzufrieden mit der Gegenwart nach neuen Welten drängt. Diese aber lassen in ihrer klaren Verbindung von *gloria* und *justitia*[49] – im Gegensatz zu den Phantastereien, die die früheren Wirrköpfe, Gilberts "poète malheureux" und Goethes Werther und sogar noch dessen Tasso, bewegen – nicht die vorgegebene

della sua sepoltura" (Leopardi 1938, I, S. 412 – zum Kontext von Alfieris Sonett vgl. Ley 1996, S. 165 u. 171).

48 Vgl. dazu Bosse 1981; Mundt 1990, S. 40ff.

49 Fauriel kommentiert diesen Gedanken folgendermaßen: "[Manzoni] a fait d'Adelghis un jeune héros qui aime la gloire, sans la séparer de la justice; qui comprend les avantages de la civilisation, et serait heureux d'appliquer son pouvoir à les répandre; qui pense noblement et voudrait agir de même, mais condamné par le respect et l'obéissance qu'il doit à son père, à être l'instrument d'entreprises injustes et dévastatrices" (Manzoni 1979, S. 99). – Die Ausprägung des Ruhmesgedankens, von dem Adelchis Edelmut und die Opferbereitschaft für sein Volk getragen wird und der nach Meinung Fauriels in krassem Widerspruch zu den zugehörigen Lebensbedingungen der germanischen Völker steht, fügt sich in das figurale Deutungsmuster ein. In der *prima stesura* verweist Adelchi, der Sohn, auf Gott, den Vater, als Quelle und Ziel allen Ruhmes: "O Padre, a Dio tutta la gloria" (Manzoni [2]1969, S. 719, V. 159).

Ordnung hinter sich.[50] Vielmehr sollen die Ideale der Wahrheit und Gerechtigkeit gegen alle Widerstände des wirklichen Lebens und daher in einem noch offenen, immer wieder zu korrigierenden Entwurf als Ziel der Geschichte angestrebt werden. Daß dieses Ziel scheitern muß, bedeutet nicht, daß es nicht erhofft und angegangen werden soll. All das einzufordern, ist Anfrido als Aufgabe zugewiesen; und hier liegt die – gegenüber der Verschiebung des Melancholikers auf die Rolle des Mächtigen – eigentlich fundamentalere Abweichung von den vorherigen Deutungsmustern. Als Vorbild für Adelchi mag Manzoni sich Schillers Don Carlos genommen haben[51]; dessen Verhältnis zu seinem geistigen Führer Marquis Posa ist aber durch ein völlig anders ausgerichtetes ersetzt. Anfrido erscheint als ein Mensch, der in der Bewunderung des Großen und selbstverständlich Überlegenen diesem intuitiv den richtigen Weg bei der noch nicht beendeten Suche nach einer Orientierung vorgibt und ihn mitzugehen bereit ist. Die Gefahr des Scheiterns ist – wie schon in der Linie Gilbert – Goethe – Foscolo – vorgegeben; der Pessimismus wird aber auf die christlich-jansenistische Linie zurückgenommen. So verliert er seine bodenlose Abgründigkeit in dem Maße, wie Phantasie und Intellekt wieder in ein klares, d.h. von der Religion bestimmtes Verhältnis zueinander gesetzt werden.

IV. Von der Tragödie zum Roman – die Folgen von Anfridos Autonomiegewinn

In aller Kürze gefaßt ergibt sich nun als Rahmen für ein angemesseneres Verständnis von *Adelchi* das, was bereits in der älteren – allerdings noch ganz von den Ausläufern des *Risorgimento* geprägten, mitunter auch faschistischem Gedankengut bedenklich nahen – Forschung partiell zutreffend gesehen worden ist.[52] Es geht in der Tragödie des letzten Langobardenfürsten auf der Grundlage der christlichen Staatstheorie um ein Gemeinschaftschaftserleben, ein Konzept von emotionsgeladenem Zueinanderstehen, das den Mächtigen wie den Untergebenen umfaßt – eine "politica considerata come un valore derivante esso stesso dal principio religioso e morale", wie es G. Zonta im dritten Band

50 Hier liegt wohl – wenn überhaupt – die Nähe von *Adelchi* zu Goethes *Egmont* begründet, auf den Manzoni ja selbst durch die Widmung seines Dramas hinweist. Das Dichtungs- wie das Dichterkonzept in *Torquato Tasso* dagegen mußte ihm mit seinem pointierten Bemühen, der geschichtlichen Wahrheit nahezubleiben, letztlich wenig ansprechend erscheinen. – Wie die Reaktionen Goethes zeigen, hat er das Ringen Manzonis um historische Genauigkeit nicht entsprechend ernst genommen, so daß dieser sich zunehmend distanzierte; zum Hintergrund vgl. Blank 1992, S. 35f.

51 Zur Diskussion der Bedeutung Schillers, neben der Goethes und des *Egmont*, vgl. Manzoni 1958, parte 1, S. XIIIf.

52 So finden sich, neben dem bereits von de Sanctis diagnostizierten "ideale di ritorno", auch Anklänge an den Führerkult; zum Zusammenhang vgl. Heitmann 1985, S. 12ff.

seiner *Storia della letteratura italiana* von 1932 formuliert.[53] Wenn allerdings *Adelchi* im gleichen Zuge als definitive Formulierung von Manzonis politischer Vorstellungswelt vereinnahmt wird, so ist dem entschieden zu widersprechen.[54]

Die Botschaft des Dramas ist, wie bereits Manzonis unschlüssige Einstellung zu dem Kerngedanken der ständisch gebundenen Treue zeigt, sehr viel weniger eindeutig und daher alles andere als programmatisch. Nach dem frühen Entwurf ist Adelchi zunächst der zerrissene und melancholische Intellektuelle, wie ihn noch Foscolo im Anschluß an Gilbert und Goethe zeichnet. Sein Drang nach Entgrenzung und unerfüllbarer Vollkommenheit wird aber – und das ist das Element, das Manzoni neu in die Diskussion einführen will – zugleich hin auf ein gesellschaftsbildendes oder -orientiertes und die Geschichte akzeptierendes Verhalten eingegrenzt und auch auf eine metaphysische Instanz hin transzendiert. Adelchi wird aufgefordert, nach seinen weiten Ansprüchen und großen ethischen Forderungen zu handeln – und zwar von seinem Schildknappen Anfrido, dessen Aufwertung in diesem Zusammenhang erst voll begreiflich wird. Obwohl er wissen muß, daß er in seinem Tun scheitern kann, soll Adelchi nach seiner eigenen, letztlich im Jenseits begründeten und zugleich von den Besten seines Volks gestützten Bestimmung Großes vollbringen. Die tragisch-metaphysische Dimension des Dramenschlusses mit ihrem problematischen Pathos wird hier vorgegeben.[55] Manzoni muß wohl

---

53 Zonta 1932, S. 860.

54 Hier erscheine, so heißt es im Anschluß an A. Galletti, "il 'programma' politico del poeta: un'Italia unita sotto un capo guerriero, alle cui opere l'accordo tra le classi sociali e la partecipazione di tutto il popolo alla virtù pubblica offrisse il consenso e il sostegno di tutta la nazione" (Zonta 1932, S. 861). – Die politische Indienstnahme im nachhinein zeigt sich daneben besonders in Bemerkungen wie: "nella figura di Adelchi, presago dell'avvenire, [...] vivono le speranze e il pensiero del Manzoni italiano, cattolico e patriota" (Zonta 1932, S. 861).

55 Am Schluß wird entsprechend der figuralen Anlage des Werks das feudal-mittelalterliche Gesellschaftsmodell auf Gott ausgerichtet, wenn Adelchi in seiner Anrufung Christi sagt:

> O Re de' re tradito
> Da un tuo Fedel, dagli altri abbandonato! [...]
> Vengo alla pace tua (V.10, V. 401ff)

Wegen dieser für die Absicht des Dramas zentralen Stelle, die er bezeichnenderweise nicht verstanden hat, fragt Schlosser, bei seiner Übersetzung von *Adelchi*, im Brief vom 20. Januar 1827 bei Goethe an: "Dunkel ist mir im ganzen Buch nur *eine* Stelle geblieben. Wer ist in der letzten Rede des Adelgis der Lehnmann des Königs der Könige, der den Adelgis verrathen hat? Sollte nicht vielleicht ein Druckfehler stattfinden, und es *un mio Fedel* heißen müssen? Matt würde dann die Stelle seyn und kaum ein würdiger Schluß des kräftigen Ganzen. Aber bey dem *tuo Fedel* vermag ich mir nichts Klares zu denken, da man weder auf Karl noch auf Desider, die als irdische Könige Vasallen des Königs der Könige genannt werden könnten, die Stelle beziehen kann, weil keiner von beiden den Adelgis *verrathen* hat" (Blank1992, S. 307ff).
Schlosser übersetzt:

> O Herr der Herrn, verrathen
> Von einem deiner Treuen, von dem andern
> Verlassen, deinem Frieden nah' ich.

gesehen haben, daß er hier zu Mißverständnissen Anlaß geben konnte. Die spätere Relativierung des gesellschaftlichen Grundmusters hat allerdings auch keine eindeutige Lösung herbeigeführt.

Als ebenso wenig definitiv wie der Versuch einer Rückführung des romantischen Unendlichkeitsstrebens zu einer Auseinandersetzung mit der konkreten Welt ist die Art des Vorgehens anzusehen, die Manzoni bei der Selbstfindung Adelchis vorschlägt. Der Fürst findet seinen Weg nicht durch und aus sich selbst, wobei ihm von den Untergebenen allenfalls applaudiert wird; er wird vielmehr gelenkt, ausgerichtet, beinah schon entworfen von einem Untergebenen, der ihn liebt und der ihm Bewunderung zollt; der aber vor allem in dieser neuen Rolle akzeptiert und ernst genommen wird. Dieser gibt ihm die Maximen seines Handelns vor und verpflichtet ihn auf seine Verantwortlichkeit gegenüber sich, seinem Volk und der gemeinsamen Zukunft. Manzoni gelingt dieser Vorschlag nur dadurch, daß er auf das Feudalsystem des Mittelalters zurückgreift und es im Sinne seiner christlichen Politik, Staatslehre und Psychologie deutet. Die Vorbehalte, die der Franzose Fauriel gegen den *caractère idéal* Adelchis und die dogmatische Trockenheit Anfridos hatte,[56] werden hier nachvollziehbar. Manzonis eigene Unsicherheit angesichts dieser Lösung äußert sich gleichfalls in der späteren Korrektur. Der Beitrag, den *Adelchi* zum Streit um die Vorstellung vom großen Individuum leistet, erweist sich vor diesem Hintergrund eher als eigenwilliger Problemaufriß und provozierende Anregung zur Diskussion bislang nicht hinreichend berücksichtigter Aspekte denn als verbindliche Festlegung ideologischer Richtlinien.

Das eigentlich entscheidend neue und zumindest literarisch folgenreichste Element der Konstruktion von III.1 bleibt nach solchen Vorbehalten schließlich die kräftige Aufwertung des *scudiero*, des Schildknappen Anfrido. Dadurch, daß er – und nicht wie bislang und noch bei Leopardi die Natur – den fatalen Satz "Sii grande e sii infelice!" spricht, wird die Identitätsproblematik Adelchis von der Verbindung zu dunklen Schicksalsmächten auf klar zu fassende soziale Voraussetzungen und historische Bedingtheiten gelenkt. Erst von Anfrido kommt auch die Perspektive des Hoffens, die bis dahin ganz fehlt.

---

56 Zusammenfassend bemerkt er: "Or, plus Adelghis, dans cette position, est intéressant par la noblesse de ses sentimens, par le ton religieux et solennel de ses dernières paroles, de ses derniers voeux, et plus la fiction de ces sentiments et de ces paroles doit frapper le spectateur; plus le contraste entre ce caractère idéal et les autres caractères donnés par l'histoire devient sensible, et plus l'effet en est douteux. On peut dire, il est vrai, que ce développement du caractère d'Adelghis n'est pas tout à fait gratuit, que ce n'est pas simplement pour mourir qu'il est apporté dans la tente de Charlemagne, mais pour y obtenir un adoucissement au malheur de son père. Je ne sais toutefois si une telle action a des motifs assez dramatiques, ni si la prière d'Adelghis est telle, qu'il y ait lieu à la faire d'un ton si solennel, et telle que Charles puisse mettre de l'orgueil à la satisfaire. Dans tout cela, c'est toujours le caractère d'Adelghis, c'est-à-dire ce que le caractère a de faux ou de hasardé, historiquement parlant, qui vise a l'effet dramatique, et qui l'obtient ou le manque" (Manzoni 1979, S. 104).

Das Verhältnis von oben und unten wird so auf eine neue Basis gesetzt. Die Stellung des Einzelnen in der Welt und ihrer Geschichte vor allem bedingt dessen Charakterentwicklung wie auch die Größe der von ihm zu übernehmenden Aufgaben. Im gesellschaftlichen Gesamtgefüge kommt jedem sein – gleichermaßen wichtiger – Platz zu, wobei deshalb, weil in der Moderne das Gleichgewicht empfindlich gestört ist, eine geeignete Ersatzlösung gesucht werden muß. Zu dieser Problematik will Manzoni mit seinem Vorschlag erklärtermaßen beitragen.

In dem skizzierten Kontext können nun die Hauptlinien der in *Adelchi* verfolgten Absichten nachgezogen werden, so wie sie von Manzoni selbst angelegt sind. Im *primo abozzo* der *Notizie storiche* umreißt der Dichter zunächst die Kernproblematik und legt sie erst dann, ohne daß eigentlich eine definitive Entscheidung fiele, für die dramatische Bearbeitung des gewählten historischen Stoffes fest im Sinne seiner Theorie des *vassallaggio*. Dabei geht er von folgender Überlegung aus: Wenn es in der Gesellschaft Herrschaft und Unterordnung geben müsse, diese sich aber in der Moderne nur im Sinne grundsätzlicher Gleichheit als 'freiwilliges Dienen' realisieren lasse, dann sei es zugleich unerläßlich, auch die Konsequenzen radikal zu denken. Es gehe nicht an, über der gesellschaftlichen Ungleichheit in der Lebenspraxis das fundamentalere Postulat der Freiheit aller zu vernachlässigen.[57] Das sei im Kern der Fehler früherer Zeiten gewesen. Ein Ausgleich des Gegensatzes von Unterordnung und Herrschaftsausübung könne unter den gegebenen Bedingungen nur durch ein Gefühl der gegenseitigen Zuneigung oder sogar Liebe geschaffen werden, wie es im Zeitalter des Feudalismus als Ideal vertreten, aber wahrscheinlich nie in die Realität umgesetzt wurde.[58] Hier zeigt sich, warum der Langobardenfürst Adelchi, wie ihn Manzoni seinen Absichten gemäß für die eigene Zeit geformt hat, so wenig in den zugehörigen historischen Kontext paßt.

Das Grundgerüst dieser Argumentation, das auf dem Gedanken von Freiheit und Unabhängigkeit aufbaut, ist in seiner Rationalität sowohl an der Aufklärung orientiert als auch – über sie zurückgehend – an der scholastisch-humanistischen Gesellschaftstheorie.[59] Erst auf dieses Fundament wird mit der

57 "Quelli che hanno continuato e continuano ad avere questa idea del servigio libero in uso nelle nazioni moderne, non riflettono che una relazione stabilita fra due parti per una convenzione libera di entrambe non può essere disonorevole per l'una che non lo sia egualmente per l'altra, e chi vuole a tutta forza usare la parola *servo* come è intesa ai nostri giorni, in senso d'ingiuria deve convenire che *padrone* è egualmente un titolo ingiurioso" (Manzoni ^{2}1969, S. 673).

58 Nach Ansicht Manzonis zur Entstehungszeit des *Adelchi* ist deshalb zu folgern: "Poichè la società è ordinata in modo che alcuni uomini sieno serviti da alcuni altri, è cosa morale, umana, e sensata il considerare questo servigio come cosa onorata e gentile, come volere il servigio, e riguardarlo come cosa abietta era una contraddizione stolta e crudele (dei costumi gentileschi)" (Manzoni ^{2}1969, S. 673).

59 Ähnliche Vorstellungen werden etwa schon von G. della Casa in *De officiis inter potentiores e tenuiores amicos* vertreten; vgl. dazu Ley 1984, S. 84ff.

von der Romantik geprägten Idee einer dienenden Selbstaufgabe eine irrationalistische Ergänzung gesetzt, deren Begründung Manzoni durchaus zur Diskussion zu stellen bereit ist. Zunächst aber hält er als verbindliche Größe zur Begründung seines Konzepts fest: es sei hinreichend bekannt, daß das, was an den Vasallenverhältnissen als Tugend geschätzt wurde, grenzenlose Treue und Hingabe gegenüber dem Herrn war und daß sich diese tatsächlich in vielen von ihnen fand.[60]

Gegenüber diesem Befund, wie immer er auch in der praktischen Umsetzung ausgesehen haben mag, ergeben sich in der Moderne, so Manzonis Folgerung, zwei gegensätzliche Haltungen. Erst wenn in beiden die wesentlichen Aspekte, die darin jeweils vernachlässigt sind, korrigiert werden, läßt sich als Mittelweg die im christlichen Ordo verankerte Lösung finden, wie sie in *Adelchi* vorgetragen wird. Ihm scheine, so bemerkt Manzoni, daß sich die von Vasallen gegenüber ihrem Herrn gepflegte Hingabe auf der Skala der menschlichen Beweggründe gewissermaßen zwischen den niedrigsten Antrieben, die allein auf den eigenen, ganz privaten Nutzen zielen, befindet und den Bestrebungen, die das allgemeine Glück befördern und sogar mit den Plänen der göttlichen Weisheit in Übereinstimmung stehen.[61]

In diesem Rahmen, mit dem korrespondierenden figuralen Deutungsmuster als Verstärkung, entwirft Manzoni in *Adelchi* die Form einer religiös begründeten, sich zugleich aber auf die geschichtliche Erfahrung berufenden gesellschaftlichen Hierarchie, die er in ein Spannungsverhältnis zu den politischen Verhältnissen seiner Zeit bringen will. Sie bezieht ihre Rechtfertigung aus der Teleologie und will so, grundsätzlich ohne dem Gleichheitsprinzip zu widersprechen oder es gar aufzuheben, durchaus zu einer allgemeinen Neuorientierung dienen. Diese Skizze einer metaphysisch überhöhten feudalen Ordnung hält Manzoni als Konkurrenzmodell den subjektivistischen Entwürfen, etwa eines Foscolo, entgegen; allerdings dauert es nicht lange, bis er seinerseits Widerspruch erfährt und überholt wird – so in Leopardis Plan einer rein zwischenmenschlich organisierten Solidarität. Die bereits durch die Entstehung bedingten unklaren Konturen des Dramas *Adelchi*, die bald noch weiter an Schärfe verlieren, lassen im Gegenzug schließlich auch Deutungen hochkommen, die von ganz anders motivierten Interessen bestimmt sind.

---

60 "E noto pure che quello che si stimava virtù di questi ufficj [d.h. di vassallaggio] era una fedeltà e una devozione illimitata al Signore, e che questa si trovò in fatto in molti di essi" (*Primo abozzo*, Manzoni ²1969, S. 672).

61 Die Definition übernimmt Manzoni aus der Literatur: "A noi sembra che questa specie di devozione sia stata assai bene stimata e per così dire classificata dal sig. Hallam (tom. I pag. 381 della traduz. francese) che la chiama 'quasi un termine medio d'una scala dei motivi delle azioni umane, cominciando dal più ignobile dell' utile proprio fino al ... della felicità generale, e alla conformità ai disegni della Sapienza Infinita'" (Manzoni ²1969, S. 672f – Die Punkte bezeichnen eine Lücke im Manuskript). – Bei der angeführten Studie von Henry Hallam handelt es sich um dessen *View of the state of Europe during the middle ages*, 2 Bde., London 1818.

Manzonis Festlegung auf den Feudalismus als Folie seines Entwurfs einer mustergültigen Beziehung von Individuum und Gesellschaft kommt auf der Basis eines Meinungsgegensatzes zustande, den er in der zeitgenössischen Diskussion vorfand und den er selbst umrissen hat. Über die sich dabei zu Worte meldenden Verfechter des *vassallaggio* heißt es zunächst mit ausgesprochener Zurückhaltung:

> Alcuni scrittori moderni ammirano ed invidiano questi costumi e deplorano la bassezza, l'avarizia e l'egoismo calcolatore dei nostri tempi nei quali non ne resta quasi più vestigio: ma questi scrittori quando sieno di buona fede, dimenticano però che l'uomo non deve nè può mai ragionevolmente abbandonare ad altri il governo di una volontà dell'uso della quale egli renderà conto: dimenticano che questi uomini assoggettandosi all'arbitrio altrui, e facendo per così dire voto di obbedienza venivano a sacrificare non solo se stessi, ma altrui, giacchè facevano delle loro forze proprie uno strumento cieco il quale poteva essere ed era adoperato sopra e contro il resto degli uomini.[62]

> (Einige moderne Autoren bewundern und beneiden die dem Feudalismus eigenen Gewohnheiten und sie beklagen die Niedrigkeit, den Geiz und den berechnenden Egoismus unserer Zeiten, in denen von den früheren Zuständen so gut wie keine Spur mehr geblieben ist. Aber diese Autoren, mögen sie auch guten Glaubens sein, vergessen, daß aus Gründen der Vernunft der Mensch niemals anderen die Herrschaft über ein willensbestimmtes Ausgestalten der Verhaltensformen, für das er selbst Rechenschaft abzulegen hat, überlassen darf und kann. Sie vergessen, daß die Menschen früherer Zeiten, indem sie sich dem Urteil anderer unterwarfen und sozusagen das Versprechen zum Gehorsam leisteten, damit nicht nur sich selbst, sondern auch andere opferten. Sie machten ja aus ihren eigenen Kräften ein blindes Werkzeug, das über und gegen den Rest der Menschen eingesetzt werden konnte und wurde.)

Die Vorbehalte, die auch gegenüber seinem eigenen Entwurf gültig bleiben, sind eindeutig. Den Gegnern einer solchen Verklärung des Vergangenen, die den Gedanken dienender Selbstaufgabe prinzipiell ablehnen und der Geschichte kritisch gegenüberstehen, kann Manzoni aber auch nicht recht geben, sie jedoch ebensowenig eindeutig verurteilen. Ihnen, von denen es heißt: "Altri scrittori vituperano questo costume come affatto vile e abietto", hält Manzoni entgegen:

> [...] questi pure dimenticano che nel sacrificio volontario della vita e dei piaceri vi è sempre un moto dell'animo nobile e morale che è raro e che bisogna discernere e lodare dovunque si trovi. (ebd.)

> (diese Leute vergessen, daß im freiwilligen Opfer des Lebens und seiner Annehmlichkeiten immer auch ein Antrieb des vornehmen und moralisch verantwortlichen Geistes steckt, der selten ist und den man erkennen und loben muß, wo immer er sich findet.)

62 Manzoni ^{2}1969, S. 672.

Hier wird mehr als deutlich, daß sich für Manzoni eine gewisse Ambivalenz gegenüber seinem Entwurf bereits aus der Sache ergibt. Zugleich aber erklärt sich, daß er gerade deshalb sein Drama *Adelchi* als Auseinandersetzung mit dem Gesellschaftsmodell des Feudalismus angelegt hat, um den Defiziten der Gegenwart das Bild einer Alternative entgegenzuhalten. Dessen Zweck ist es zunächst zu zeigen, wie es früher anders war, daneben aber auch, wie es unter den damals gegebenen Verhältnissen anders hätte sein können. Über diesen moralisch-erkenntniskritischen Impetus hätte sich die Aussageabsicht von Manzonis Stück für die Zeitgenossen deutlich und nachhaltig herleiten lassen, wäre sie nur uneingeschränkt zum Ausdruck gekommen. So aber ist das Drama ein "petit monstre romantique" geblieben, das die Spuren seiner hybriden Anlage nicht verloren hat. Auch deshalb ist *Adelchi* als Werk des Übergangs zu begreifen.

Der Weg zum Entwurf der beiden *umili* Renzo und Lucia in den *Promessi sposi* ist hier vorgezeichnet. Dem durch Offenheit, aber auch Haltlosigkeit gekennzeichneten modernen Intellektuellen, der in dem hochgestellten Königssohn Adelchi steckt, wird als notwendige neuzeitliche Ergänzung der vom Alltag geprägte, aber doch seelisch-moralisch ebenbürtige Gemeine zur Seite gestellt. Wenn es sich auch auf eine in ihrem ständischen Denken weit entfernte Phase der Geschichte bezieht, eröffnet das in *Adelchi* eingeschlagene Darstellungsverfahren dem Dichter ganz neue Dimensionen, die er in dem nachfolgenden opus magnum weiter ausbaut. Für dessen Zweckbestimmung hat die Tragödie als literarische Form dann keine Bedeutung mehr.

Literaturverzeichnis

Apollonio, M.: *Storia del teatro italiano*, 2 Bde., Firenze 1981.

Benedetti, F.: *Orazione per l'anniversario della nascita di Torquato Tasso*, Firenze 1816.

Blank, H. (Hrsg.): *Weimar und Mailand. Briefe und Dokumente zu einem Austausch um Goethe und Manzoni*, Heidelberg 1992.

Bosse, M.: *Metamorphosen des literarischen "Contre-pouvoir" im nachrevolutionären Frankreich. Mme de Stael, Saint-Simon, Balzac, Flaubert*, München 1981.

de Lollis, C.: *Alessandro Manzoni e gli storici liberali francesi della restaurazione*, Bari 1962.

Heitmann, K.: "Die 'Promessi Sposi' in politischer Hinsicht", in *Italienisch* 13 (1985), S. 12ff.

Leopardi, G.: *Epistolario*, a cura di G. Piergili, Firenze 1938.

Ley, K.: *Die 'scienza civile' des Giovanni della Casa. Literatur als Gesellschaftskunst in der Gegenreformation*, Heidelberg 1984.

Ley, K.: "'sii grand'uomo e sii infelice'. Zur Umwertung des Tasso-Bildes am Beginn des Ottocento: Voraussetzungen und Hintergründe im europäischen Rahmen (La Harpe / Gilbert – Goethe – Foscolo)", in *Germ.-Rom. Monatsschrift* 46 (1996), S. 131–173.

Manzoni, Alessandro: *Tutte le opere*, a cura di A. Chiari e F. Ghisalberti, Bd. I: *Poesie e tragedie*, Verona: Mondadori ^{2}1969; Bd. VII.1: *Epistolario*, Verona: Mondadori 1970.

Manzoni, Alessandro: *Le tragedie secondo i manoscritti e le prime stampe*, a cura di Ireneo Sanesi. Edizione nazionale, serie seconda, vol. II, parte 1 e 3, Firenze: Sansom' Editore 1958.

Manzoni, Alessandro: *Adelchi*, a cura di P. Gibellini e S. Blazina, Milano: Garzanti 1991.

Manzoni, Alessandro: *Adelchi*, a cura di G. Lonardi e P. Azzolini, Venezia: Marsilio 1992.

Manzoni, Alessandro: *Adelghis, tragédie*. Traduction de Claude Fauriel. Lettre à M. C. *** sur les unités de temps et de lieu dans la tragédie, ed. par S. Carpentari-Messina, Saint-Etienne: Centre d'études foréziennes 1979.

Manzoni, Alessandro: *Adelgis, Trauerspiel*, übers. v. J. F. H. Schlosser, Heidelberg: Mohr 1830.

Mundt, C.: *Dichterische Selbstinszenierung im französischen Theater von Vigny bis Vitrac. Vom "poète malheureux" zum "homme moderne"*, Frankfurt a. M. 1990.

Nigro, S. S.: *Manzoni*, Bari 1978 [= Letteratura Italiana Laterza 41.

Petrocchi, G.: *Manzoni. Letteratura e vita*, Milano 1971.

Salinari, C. / Ricci, C.: *Storia della letteratura italiana*, vol. III.1: *L'Ottocento e il Novecento*, Bari 1974.

Simonini, A.: *L'ideologia di Alessandro Manzoni*, Ravenna 1978.

Zonta, G.: *Storia della letteratura italiana*, Bd. III: *L'età moderna*, Torino 1932.

Jürgen Kost

“ ’s ist ja doch alles Komödie” – Zum Problematischwerden der Tragödiendramaturgie in Grabbes *Napoleon*

Während der napoleonischen Kriege kommt es auf dem Schlachtfeld zu einer Wiederbegegnung eines Berliner Freiwilligen mit seinem jüdischen ehemaligen Schulkameraden Ephraim. Es entbrennt eine Auseinandersetzung um einen lange zurückliegenden Pennälerstreit, der Berliner beleidigt Ephraims Mutter, dieser “gibt dem Berliner eine gewaltige Ohrfeige. Der Berliner will sie ihm grade wiedergeben, als eine Kanonenkugel dem Ephraim den Kopf abreißt”.[1] Der Vorfall wird von dem Berliner – grammatikalisch nicht ganz korrekt – mit den Worten kommentiert: “Ah, wie furchtbar rächt mir das Geschick” (GA II, S. 435).

Friedrich Dürrenmatt war von dieser Szene aus Christian Dietrich Grabbes 1830 veröffentlichtem Drama *Napoleon oder die hundert Tage* fasziniert: “Diese Szene bringt uns zum Lachen”; sie sei “so gut, daß uns der Verdacht aufsteigt, Grabbe könnte sie erfunden haben”; Dürrenmatt nutzt die Szene, um an ihrem Beispiel paradigmatisch das für ihn so kennzeichnende Problem des Verhältnisses von Wirklichkeit und Möglichkeit im Drama zu entwickeln.[2]

Was für Dürrenmatt so faszinierend gewesen sein muß an dieser Szene, ist leicht zu erraten: Sie ist durchgehend grotesk; man muß es sich nur bildlich vorstellen, wie die verirrte Kanonenkugel in den Bühnenraum und den kleinlichen Streit der beiden hineinfliegt und “dem Ephraim den Kopf abreißt”. Zum Wahnwitz jedoch wird die Szene durch die angehängte Interpretation, die im grotesken Zufall das Walten der Nemesis erkennen will, die plötzlich nichts besseres mehr zu tun haben soll, als sich in die längst vergangenen Ehrpusseligkeiten von Berliner Schülern einzumischen. Vergleichbar verzweifelt-komische Versuche, einer widersinnig gewordenen Wirklichkeit durch einen

1 Grabbe 1960 – 1973. Nachfolgend zitiert mit der Sigle GA unter Nennung von Band- und Seitenzahl im fortlaufenden Text. Hier: GA II, S. 435.

2 Dürrenmatt 1991, S. 125.

ideologischen Überbau doch noch einen Sinn überzustülpen, sind auch im Werk Dürrenmatts Legion.

Die genannte Stelle ist weder die einzige noch die letzte, an der Grabbes Hang zum Grotesken, zum Komischen sichtbar wird; einige Seiten später wird ein Kürassier auf die Frage: "Kamerad, wo dein rechter Fuß?" antworten: "Mein Fuß? – Sakrament, da fliegt er hin, der Deserteur!" (GA II, S. 447). Einige Bilder vorher findet sich folgende Szene:

Die Bourbonen sind aus Paris geflohen, Napoleon hat noch nicht Einzug gehalten, das entstandene Machtvakuum beschließt ein Schneidermeister zu nutzen, um eine Revolution zu stiften, indem er einen Pflasterstein anstarrt. Schnell wird das Volk auf ihn aufmerksam:

> [...] Was hat der Mensch?
> ANDERE UMSTEHENDE: Was sieht der?
> NOCH ANDERE: Was geschieht?
> *Es drängt sich allmählich eine große Volksmasse um den Schneidermeister*
> SCHNEIDERMEISTER *halblaut*: Hm – Hum – Oh!
> VOLK: Großer Gott! Was ist?
> SCHNEIDERMEISTER *murmelt*: Gefahr – Paris – die Seine – Aristokraten –
> EINER AUS DER MASSE: Was sagt er?
> EIN ANDERER: Verstehst du nicht? Die Aristokraten wollen Paris untergraben, es mit Pulver von Vincennes in die Luft sprengen, wollen die Seine ableiten, und die Zufuhr sperren!
> WEIBER: Wir Unglücklichen! o, unsere Kinder!
> MÄNNER: Waffen! Waffen – Die Arsenale erbrochen! – Waffen! Waffen!
> EIN BÜRGER *kommt*: Meine Herren, es ist wahr – man will die Seine ableiten – Hier hab ich eine Schaufel – sie lag an ihrem Ufer – Zeugnis genug!
> VOLK IM VORDERGRUNDE: Die Schaufel – o, die Schaufeln!
> VOLK IM MITTELGRUNDE: Man miniert unter der Seine – Zehntausend Schaufeln sind entdeckt!
> VOLK IM HINTERGRUNDE: Auf! auf! Wir wollen uns wehren, für Leben, Weib und Kind, oder was es sonst sein mag! (GA II, S. 378f.)

Die Forschung hat sich mit solchen Passagen im Werk Grabbes immer schwer getan. Möglicherweise als Reflex auf die Grabbe-Rezeption des Dritten Reiches, wo man Grabbe als gleichsam nationalsozialistischen Dichter vereinnahmt und durchgängig als heroisch-pathetischen Autor interpretiert hatte, während man die grotesken Passagen seines Werkes übersah, kritisierte man noch in den achtziger Jahren die "unfreiwillige [...] Komik"[3] als ästhetische Schwäche: "Die Bonmots, deren sich Grabbe immer wieder rühmte, haben daher oft etwas Bombastisches, die Expressivität vieler Äußerungen kommt an die Grenze zum Peinlichen, die verbalen Heroismen streifen nicht selten das Komische."[4]

Im folgenden soll eine andere Deutung dieses Phänomens angeboten werden: Die Darstellung der Hundert-Tage-Herrschaft Napoleons ist bei Grabbe

3 Sengle 1980, S. 148.
4 Werner 1986, S. 120.

eingebettet in eine umfassende geschichtsphilosophische Konzeption; Grabbe selbst verlangt vom Dichter, "sobald er Historie dramatisch darstellt, auch eine *dramatische, conzentrische und dabei die Idee der Geschichte wiedergebende Behandlung*" (GA IV, S. 41). Der Vorfall soll so dargestellt werden, daß in ihm die "Idee der Geschichte", die Determinanten und Gesetzmäßigkeiten des historischen Prozesses als Ganzem sichtbar werden. Situiert in einem solchermaßen in seinem Wesen erfaßten historischen Prozeß wird erst die ganze, die historische Bedeutung des einzelnen Vorgangs erkennbar – es wird zu zeigen sein, daß Grabbe genauso in seinem *Napoleon* vorgeht, weswegen das Stück ohne Weiteres als Geschichtsdrama aufzufassen ist, auch wenn seit dem dargestellten Ereignis gerade erst 15 Jahre vergangen sind.

Das Geschichtsdrama ist in diesem Sinne untrennbar mit der ihm zugrundegelegten Geschichtsdeutung, mit einem Geschichtsbild verbunden. Das Grabbesche Geschichtsbild nun – und darin ist er durchaus modern – ist nur noch sehr eingeschränkt tragödienfähig, die Tragödie ist nicht mehr der adäquate Ausdruck dieser Geschichtskonzeption, diese zeigt vielmehr starke Tendenzen zur Komödie. Der Ausspruch Jouves, eines alten Revolutionärs, mit dem er den Schwur des Volkes auf die napoleonische Zusatzakte zur Verfassung kommentiert: "'s ist ja doch alles Komödie" (GA II, S. 398), hat paradigmatische Bedeutung: Er spricht ein Urteil aus über das Wesen des historischen Prozesses – die Geschichte erscheint ihm als Komödie – und er gibt entsprechend auch eine Erklärung für die Tendenz des Stückes zum Grotesk-Komischen als adäquatem Ausdruck von Geschichte.

Das Grabbesche Stück weist eine deutliche Zweiteilung auf. Während der zweite Teil – für den modernen Leser etwas ermüdend – der Darstellung der napoleonischen Schlachten und insbesondere der Schlacht von Waterloo vorbehalten ist, bietet die erste Hälfte ein "Panorama der französischen Gesellschaft des Jahres 1815, in dem 'kein sozialer Typus' zu fehlen scheint":[5] In der Erwartung von und der Reaktion auf Napoleons Rückkehr werden Adel, Bürgertum und das Subproletariat der Vorstädte ebenso vorgeführt wie das bourbonische Herrscherhaus, werden die verschiedenen Gesellschaftsschichten und deren typische Verhaltensweisen skizziert; und natürlich tritt auch Napoleon selbst schon in den Blick des Betrachters.

Daß die restaurative Herrschaft der Bourbonen in dieser Bilderfolge nicht besonders gut wegkommt, überrascht nicht: Von Anfang an werden die Bourbonen mit satirisch-spöttischer Komik übergossen. Immer wieder zieht Grabbe die Selbststilisierung der Bourbonen ins Lächerliche, indem er sie aus anderer Perspektive konterkariert. So läßt er den Auftritt des Königs und seines Gefolges durch Angehörige des französischen Adels beschreiben:

> MADAME DE SERRÉ: Welch ein Mann! Das ist, Herr Marquis, das ist noch ein König! Ein *geborener*! Diese heitere Miene, dieser Adel im Antlitz –

5 Kopp 1982, S. 152.

DER ALTE MARQUIS: Die unwillkürliche Grazie –
MADAME DE SERRÉ: Selbst in dem scheinbar nachlässigen Gange –

Die ebenfalls anwesenden Bürger sehen die Szene anders:

ERSTER BÜRGER *zu dem andern*: Der dicke Herr König hinkt ja wie der Teufel –
ZWEITER BÜRGER *zum ersten*: Das kommt vom Podagra.
ERSTER BÜRGER: Und das Podagra kommt vom Saufen, Fressen und – (GA II, S. 338f.)

Als die Bourbonen selbst auftreten, wird deutlich, warum Grabbe sie in solch satirischer Weise der Lächerlichkeit preisgibt: Die Bourbonen haben die geschichtliche und gesellschaftliche Realität verdrängt und leben in einer Traumwelt, in der die französische Revolution und die Herrschaft Napoleons nicht stattgefunden haben. Eine inadäquate Wirklichkeitssicht ist die Grundlage des Denkens und Handelns der Bourbonen und ihrer Anhänger; man erkennt nicht, daß man eine geschichtlich überholte Lebensform repräsentiert. Durch ihre rückwärtsgewandte Handlungsintention und ihre völlig inadäquate Sicht auf die geschichtliche Realität sind die Bourbonen völlig außerstande, eine zukunftsweisende Perspektive zu entwickeln oder gar in den Geschichtsverlauf einzugreifen und diesen zu bestimmen. Auf Grund ihrer offensichtlichen Unfähigkeit, als Subjekt der Geschichte zu fungieren, werden die Bourbonen von Grabbe gezielt der Lächerlichkeit preisgegeben, die Adligen erscheinen lediglich als Witzfiguren.

Diese Adelskritik hat einige Forscher dazu verführt, nun umgekehrt eine proletarisch-klassenkämpferische Perspektive bei Grabbe wahrnehmen zu wollen. Man glaubt zu beobachten, daß als historischer Nachfolger des geschichtlich überholten Adels nun "als Subjekt der Geschichte das Volk auf die dramatische Bühne tritt".[6]

Der Befund kann kaum aufrechterhalten werden: Von einem subjekthaften Bewußtsein des Volkes bei Grabbe kann nicht die Rede sein. Schon die eingangs zitierte Szene um den "revolutionsstiftenden" Schneidermeister zeigt, daß das Volk vielmehr auf simpelste und primitivste Weise manipulierbar ist, völlig unüberlegt, unberechenbar und inkonsistent handelt und zu einem wirklich geschichtsmächtigen Handeln überhaupt nicht in der Lage ist. Es reagiert lediglich – und zwar willig auf jeden Zuruf – und leistet sofort das von dem jeweiligen Manipulatoren Verlangte. So etwa vergehen nur wenige Sekunden, bis aus dem Ruf "Lang lebe der König!" der Ruf "Der verfluchte bourbonische Heuchler! Ihm nach – fanget, fesselt ihn!" wird (GA II, S. 377).

Es ist wohl richtig, wenn die Forschung eine solche Darstellung des Volkes als Ausdruck "der Grabbeschen Pöbelverachtung"[7] begreift: Das Volk er-

6 Busse 1986, S. 18.
7 Schneider 1973, S. 273. Vgl. auch Müller 1987: "Mit großer Verachtung und ohne jegliche Ambivalenz stellt Grabbe sowohl das Kleinbürgertum als auch die Vertreter des Liberalismus wie Fouché und Carnot dar" (S. 103).

scheint als dumm, manipulierbar, ohne eigene Überzeugung. Es ist völlig außerstande – ganz wie der Adel – zukunftsweisende Perspektiven und geschichtsmächtiges Handeln zu entwickeln.

Das Problem läßt sich auch dann nicht lösen, wenn man versucht, das dargestellte Volk als kritisch gesehenes Kleinbürgertum zu begreifen, dem das Proletariat der Vorstädte, wie es in Szene III.1 die Bühne betritt, als wahrhaft revolutionäre Kraft gegenüber gestellt wird, wie das einige Forscher tun.[8] Eine kritische Lektüre des Textes läßt auch diese Interpretation haltlos erscheinen; schon die Symbolik, die den Auftritt der Vorstädter begleitet, rückt diese in ein äußerst zweifelhaftes Licht und läßt sie ins Komische abdriften: "Und da tragen sie auf den Schultern eine Hure, in ihrer Jugend, als Gott vom Wohlfahrtsausschuß abgesetzt war, Göttin der Vernunft, und jetzt dieselbe noch einmal, aber recht gealtert" (GA II, S. 388). Ganz ähnlich wie das angebliche Kleinbürgertum läßt sich dieses angebliche Proletariat verführen und manipulieren – diesmal durch den alten Revolutionär Jouve, diesmal zu grotesk-grauenhaften Gewalttaten. Der eben noch von einigen Vorstädtern in Schutz genommene Schneidermeister ("Jouve, laß den Mann gehn – er ist so übel nicht" [GA II, S. 380f.]), wird aus nichtigem Anlaß von Jouve mit dem Schmiedehammer erschlagen und im Blutrausch folgen die Vorstädter der Aufforderung Jouves, sich in Ermangelung roter Jakobinermützen die Haare im Blut des Toten rot zu färben und ihm die Finger abzuschneiden und sich als Zigarren der Nation in den Mund zu stecken ("Her die Finger! – Ach, er hat nur zehn!" [GA II, S. 382]).

Eine historische Perspektive, der Charakter der Vorstädter als selbstbewußte Avantgarde des geschichtlichen Prozesses werden aus dieser Szene kaum ablesbar.

Die Glaubwürdigkeit Jouves und seiner Anhänger wird sicherlich auch nicht dadurch erhöht, daß Jouve nach dem Sieg Napoleons sofort zu diesem überläuft und opportunistisch die "Mode, solang es dauert", mitmacht (GA II, S. 384). Die Vorstädter und ihren Führer Jouve als positives geschichtliches Prinzip aufzufassen, Grabbe gleichsam unter der Perspektive von Büchners *Hessischem Landboten* zu interpretieren, verbietet sich damit. Zu dem antifeudalen Affekt gesellt sich somit bei Grabbe – etwas überraschend, aber deutlich erkennbar – ein solcher gegen die Masse, gegen den "Pöbel".

Aus der so entstandenen Irritation, die daher rührt, daß in Grabbes Stück ein eindeutiger Klassenstandpunkt fehlt, hat man sich zu retten versucht, indem man (in fataler Nachfolge nationalsozialistischer Grabberezeption übrigens) die Preußen zur Identifikation herausfordernden Kraft machen wollte. Die Perspektive und die Euphorie der sog. 'Befreiungskriege' werden auf Grabbe projiziert, und so erscheint "die kriegerisch-nationale Schicksalsbereitschaft der Preußen" als Verwirklichung eines "das einzelne Ich unterordnen-

---

8 Vgl. etwa Kopp 1982, S. 156; ebenso Ehrlich 1983, S. 40ff.

den Wertgedanken[s]",[9] in dessen Namen Preußen Napoleon als "ein Volk" entgegentritt.[10]

Auf die verschiedenen Probleme, die eine solche Perspektive aufwirft, soll hier nicht eingegangen werden. Entscheidend scheint: Gerade das preußische Heer, das angeblich als heroisches Kollektiv einen Wertgedanken in der Geschichte zu realisieren sucht und als geschichtliches Subjekt den großen Einzelnen Napoleon ablösen soll, scheitert in Wirklichkeit, die Restauration, die auf den Sieg über Napoleon folgt, ist eine Konsequenz, die niemand gewollt hat. Wenn Blücher gegen Ende des Dramas zu seinen Soldaten sagt: "Wird die Zukunft eurer würdig – Heil dann! – Wird sie es nicht, dann tröstet euch damit, daß eure Aufopferung eine bessere verdiente!" (GA II, S. 459), mag das aus der Perspektive des Jahres 1815 – also aus Blüchers Perspektive – eine offene geschichtliche Situation beschreiben. Grabbe weiß es aus der Retrospektive des Jahres 1830 besser: Unter den damals möglichen Optionen hat sich die schlechteste realisiert, der Einsatz des preußischen Heeres hat nicht zu dem historisch gewünschten Resultat geführt, den Soldaten bleibt lediglich der resignative Trost, "etwas Besseres verdient zu haben". Auch die Preußen fungieren nicht als geschichtliche Subjekte in dem Sinn, daß sie die Möglichkeit besäßen, den weiteren Fortgang der Geschichte nach ihren Vorstellungen zu gestalten.

Bleibt also Napoleon: der große Einzelne als eigentliches Subjekt der Geschichte, ein Präzedenzfall des 'Männer machen Geschichte'.

Aber auch hier trügt der erste Eindruck: Tatsächlich "sind Napoleons politische und geschichtliche Ziele kaum zu fassen",[11] und wo sie dies einmal sind, entpuppen sie sich eher als rückwärtsgewandt denn als zukunftsträchtig. So lehnt er zwar "Feudalismus und Pfaffentum" ab, aber auch republikanische Freiheiten. Statt dessen will er die bourbonische Charte durch eine Zusatzakte ergänzen und diese "auf einem Maifelde, ähnlich jenem der fränkischen Kaiser [!], publizieren" und beschwören lassen (vgl. GA II, S. 392). Er betrachtet sich als Retter der europäischen Monarchien, da er die Revolution "in ihre Ufer zurück" gedrängt habe (GA II, S. 349). So ist die Enttäuschung des Republikaners Labedoyere verständlich: "ich dachte, endlich die freisinnige Zeit, von den Umständen selbst bedungen, leuchten zu sehen, und es blinken schon wieder nichts als Bajonette, Säbel, Kürasse und Kanonen" (GA II, S. 418f.). Die Ablösung der Bourbonen durch Napoleon hat nicht zu einer qualitativ neuen geschichtlichen Formation geführt, der scheinbar so deutliche Einschnitt hat nicht zu wirklicher Veränderung geführt, der Kritik des Revolutionärs Jouve, der bei der Verkündigung der Zusatzakte Napoleons ausstößt: "Wahrhaftig, wie ich vermutete, der alte Brei in neuen Schüsseln" (GA II, S. 398), ist schwer zu widersprechen.

9 Martini 1979, S. 364.
10 Martini 1979, S. 363.
11 Kaiser 1981, S. 201.

Und auch die Kriege, die Napoleon unmittelbar nach seiner Thronbesteigung vorzubereiten beginnt, erscheinen im Gespräch Napoleons mit seiner Stieftochter Hortense als politisch zielloser, rein voluntaristischer Akt. Die – historisch übrigens korrekte – Rechtfertigung Napoleons, er müsse Krieg führen, weil ihm dieser von den Alliierten des Wiener Kongresses aufgezwungen wurde, wird von Hortense als Vorwand vom Tisch gewischt: "Du mußt – ja, weil du willst" (GA II, S. 395). Die Gründe für Napoleons Feldzüge sind offenbar äußerst zweifelhaft – auf sie wird noch einmal zurückzukommen sein –, auf jeden Fall verfügt auch er nicht über eine zukunftsweisende Vision, auch er ist nicht in der Lage, sinnstiftend in die Geschichte einzugreifen. Dieser Befund trifft sich übrigens durchaus mit der skeptischen Position, die Grabbe selbst in einem Brief an seinen Verleger Georg Friedrich Kettembeil einnimmt: Napoleon sei "ein Kerl, den sein Egoismus dahin trieb, seine Zeit zu benutzen, – außer eigensüchtigen Zwecken, hat er schon als Corse, als Halbfranzose nie gewußt, wohin er eigentlich strebte" (GA V, S. 306). Möglicherweise gegen den Willen des Autors[12] kommt diese Einschätzung auch im *Napoleon*-Drama zum Tragen.

Der Befund überrascht: Entgegen dem ersten Eindruck, der in Grabbes *Napoleon*-Drama gleich mehrere Kräfte wahrzunehmen glaubt, deren geschichtliches Handeln mythisiert, glorifiziert oder heroisiert wird, die als Subjekte des geschichtlichen Prozesses erscheinen und für diesen zukunftsweisende Perspektiven zu entwerfen in der Lage sind – entgegen diesem ersten Eindruck findet sich tatsächlich im Bühnenraum des *Napoleon* keine einzige Tendenz, die eine Konzeption zu sinnhaftem und zielgerichtetem geschichtlichen Handeln erkennen ließe, keine Kraft, von der sich sagen ließe, daß sie als Subjekt des historischen Prozesses fungiere, daß sie den weiteren Verlauf des geschichtlichen Prozesses prägend bestimmt hätte. "Alle Versuche einer Sinngebung der Geschichte in restaurativem, legitimistischem, republikanischen oder revolutionärem Sinne sind im Drama zum Scheitern verurteilt".[13]

Statt durch den Willen eines Einzelnen oder eines Kollektivs, statt durch bewußtes menschliches Handeln wird der Gang der Geschichte durch Zufälligkeiten und Nichtigkeiten bestimmt. Die Schlacht bei Waterloo wird aus dieser Perspektive durch die zufällige Verspätung Bülows und die "Dummheit, Nachlässigkeit oder Schlechtigkeit eines einzigen Elenden" (Grouchys; GA II, S. 452) entschieden. In einem Geschichtsprozeß, dem durch menschliches Handeln kein Sinn verliehen werden kann, ist aber für den Antiidealisten Grabbe ein wie auch immer gearteter Sinn überhaupt nicht auffindbar: Ein Ziel der Geschichte, geschichtlicher Fortschritt und damit eine lineare Entwicklung der Geschichte sind nicht mehr denkbar, Geschichte erscheint letztlich als naturhafter, sinnloser Kreislauf ohne Telos.

---

12 Immerhin schließt er den Brief an Kettembeil mit den Worten: "Im Drama werde ich aber aus Klugheit den l'empereur et roi hoch halten" (GA V, S. 306).

13 Lindemann/Zons 1986, S. 65.

So widerspricht auch Napoleon explizit der Hoffnung seiner Gegner, seine Niederlage werde eine qualitativ neue Stufe des geschichtlichen Prozesses nach sich ziehen, ein neues Zeitalter, das zustimmungsfähiger, besser, eben 'fortgeschrittener' in einem teleologischen Sinne wäre als das durch ihn repräsentierte. An die Stelle dieser Hoffnung setzt Napoleon die Prophezeiung einer weiteren, sinnlosen Kreislaufbewegung. Hier ist Napoleon wohl Sprachrohr des Autors, und deshalb soll diese berühmte Passage hier in etwas größerem Zusammenhang zitiert werden:

> Da stürzen die feindlichen Truppen siegjubelnd heran, wähnen die Tyrannei vertrieben, den ewigen Frieden erobert, die goldene Zeit rückgeführt zu haben – Die Armen! Statt eines großen Tyrannen, wie sie mich zu nennen belieben, werden sie bald tausend kleine besitzen, – statt ihnen ewigen Frieden zu geben, wird man sie in einen ewigen Geistesschlaf einzulullen versuchen, – statt der goldnen Zeit, wird eine sehr irdene, zerbröckliche kommen, voll Halbheit, albernen Lugs und Tandes, – von gewaltigen Schlachttaten und Heroen wird man freilich nichts hören, desto mehr aber von diplomatischen Assembléen, Konvenienzbesuchen hoher Häupter, von Komödianten, Geigenspielern und Opernhuren – – bis der Weltgeist ersteht, an die Schleusen rührt, hinter denen die Wogen der Revolution und meines Kaisertumes lauern, und sie von ihnen aufbrechen läßt, daß die Lücke gefüllt werde, welche nach meinem Austritt zurückbleibt (GA II, S. 457f.).

Natürlich handelt es sich hier um eine Prophezeiung post festum: Napoleon beschreibt Grabbes Gegenwart, das Deutschland der Restauration des Jahres 1830, in dem die Kleinstaaten restituiert und bürgerliche Freiheiten beschnitten worden waren, in dem Provinzialität und Kleinbürgerlichkeit dominierten. Grabbes eigene Gegenwart erscheint ihm als eine Zeit, in der das Verrosten der "Guillotine der Revolution" dazu führt, daß "das Gemeine, in der Sicherheit, daß ihm nicht mehr der Kopf abgeschlagen werden kann, [...] gleich dem Unkraut sein Haupt" erhebt (GA IV, S. 93), wie es in der berühmten Einleitung zu dem Aufsatz *Etwas über den Briefwechsel zwischen Schiller und Goethe* heißt. "Alles liegt chaotisch durcheinander, und Zeit ist es, daß der Geist Gottes wieder über den Wassern schwebe" (GA IV, S. 94). Grabbe sehnt die Veränderung herbei, aber wer soll der Träger derselben sein? Sicherlich nicht die immer wieder als "Pöbel" (GA IV, S. 94, 95, 97 u.ö.) beschimpfte Masse. Gerade weil Grabbe – anders als etwa Büchner – der "geniegläubige, unbürgerliche, antiliberale, die Masse bis zuletzt grundsätzlich verachtende Dichter"[14] ist, eröffnet sich ihm keine Perspektive auf grundlegende politische Änderung hin. Die Hoffnung, daß auf die abzulehnende Gegenwart eine qualitativ andere Zukunft folgen könnte, kann Grabbe nicht entwickeln.

Bezeichnenderweise führt die pessimistische Einschätzung der Gegenwart zu einer pessimistischen Einschätzung der Geschichte als des Prozesses, der in diese Gegenwart mündet: Geschichte, die zu einem solcherart trostlosen Zustand geführt hat und keine Perspektive auf Veränderung hin eröffnet, kann

14 Sengle 1980, S. 135.

nur wahrgenommen werden als sinnlose Wiederholung des ewig Gleichen, als Kreislauf, dem jedes Telos abhanden gekommen ist, in dem wirklicher Fortschritt nicht stattfindet.

Ein solcher Geschichtsprozeß aber kann in der Tragödie kaum mehr adäquat dargestellt werden. Ruft man sich die geradezu klassische Definition des Tragischen bei Hegel in Erinnerung, so wird klar, warum:

> Das ursprünglich Tragische besteht nun darin, daß innerhalb solcher Kollision beide Seiten des Gegensatzes für sich Berechtigung haben, während sie andererseits dennoch den wahren positiven Gehalt ihres Zweckes und Charakters nur als Negation und Verletzung der anderen, gleichberechtigten Macht durchzusetzen imstande sind und deshalb in ihrer Sittlichkeit und durch dieselbe ebensosehr in Schuld geraten.[15]

Eine solche Kollision, ein solcher Widerspruch ist unauflösbar, weil keine der beiden Seiten ihren Anspruch aufgeben kann, weil beide Ansprüche gerechtfertigt sind, die beiden Seiten des Widerspruchs aber einander ausschließen, so daß ein Ausgleich oder eine Koexistenz nicht möglich sind. So kommt es zum Untergang einer oder beider Seiten des Widerspruches, der aber vom Rezipienten als befriedigend empfunden wird, weil gerade in diesem Untergang die Sinnhaftigkeit und Ordnung der Welt sichtbar wird. Der tragische Konflikt erscheint immer als notwendiger und sinnhafter. So läßt Schiller seinen Marquis Posa als einen zu früh Gekommenen an den objektiven Möglichkeiten der historischen Situation zugrunde gehen, läßt den Rezipienten aber in der Gewißheit zurück, daß die an sich zustimmungsfähigen Forderungen des Marquis im geschichtlichen Prozeß aufgehoben werden, so daß auch dieser letztlich als ein sinnvoller, notwendiger, zielgerichteter erscheint.

Auch wenn der junge Goethe sicherlich nicht mit den Kategorien der Hegelschen Tragikkonzeption interpretiert werden kann, so ist doch auffällig, daß auch er nicht ohne den Begriff der Notwendigkeit auskommt, wenn er den Charakter des Tragischen bei Shakespeare zu fassen versucht. Er bestimmt es in seiner berühmten Rede *Zum Schäkespears Tag* als "den geheimen Punkt, [...] in dem das Eigentliche unseres Ich's, die prätendierte Freyheit unseres Wollens, mit dem nothwendigen Gang des Ganzen zusammenstößt"[16] und zieht schon bald darauf die Nutzanwendung aus dieser Formel für die Theaterpraxis mit seinem *Götz*. Wenn an dieser Stelle eine Verallgemeinerung erlaubt ist, so kann man wohl sagen: die Tragik einer Kollision resultiert aus ihrer Notwendigkeit und Sinnhaftigkeit.

Wird aber die Geschichte, die als Gegenpol des tragischen Helden fungieren soll, die den "notwendigen Gang des Ganzen" gegen die Freiheit des Ich in die Waagschale werfen soll, zum sinnlosen Kreislauf, dann 'funktioniert' Tragik nicht mehr: Der Konflikt ist kein 'notwendiger', denn eine sinnentleerte Geschichte kann keinerlei Notwendigkeit mehr für sich beanspruchen, die

15 Hegel 1970, S. 523.
16 Goethe 1953, S. 124.

Geschichte wird durch Zufälle bestimmt. Natürlich ist aus diesem Grund auch das Scheitern des Helden nicht notwendig, und vor allem ist es nicht sinnhaft; mit Blick auf den *Napoleon* heißt das konkret: "Weder ist der Held Träger eines sein Scheitern überdauernden Ethos, noch vermag die Form seines Untergangs, die militärische Mechanik, die zum Ausgang der Bataille von Waterloo führt, einen Sinn zu erzeugen."[17]

Ist also die Tragödie als Medium für die Darstellung einer modernen Geschichtsauffassung problematisch geworden, so zeigen das Komische und mithin die Komödie erstaunliche strukturelle Affinitäten zu dem von Grabbe vertretenen Geschichtsbild.

Per definitionem ist das Komische aufzufassen als Modellverstoß:[18] Im Rezipienten existiert ein Modell bzw. wird durch den Komödienautor ein Modell evoziert, an dem die komische Erscheinung gemessen wird. Erst dieser vorgenommene Vergleich führt zum Erkennen und Verstehen des Komischen: Das 'Normale', das 'Selbstverständliche' wird nie als komisch empfunden werden, umgekehrt dürfte es schwierig sein, das Komische einer Erscheinung zu erfassen, wenn dem Rezipienten unklar bleibt, auf welches zugrunde gelegte Modell das Komische sich bezieht, gegen welches Modell es komisch verstößt – die kulturell bedingt unterschiedliche Rezeption von Komik dürfte so zu erklären sein. Wird ein solcher Modellverstoß aus entsprechend distanzierter Haltung heraus wahrgenommen, so erscheint er als Komik.

Auf dieser Grundlage gilt es, mindestens zwei verschiedene Formen von Komik zu unterscheiden: Das zugrunde gelegte Modell kann unangetastet Gültigkeit behalten, der Modellverstoß bleibt rein negativ, er wird verlacht, verdient eliminiert zu werden – Resultat ist die satirische Komik mit kritischer Intention. Der komische Modellverstoß kann aber auch Qualitäten offenbaren, die dem Modell fehlen und die lustvoll belacht werden – etwa eine archaische Natürlichkeit. Nicht nur der Modellverstoß, auch das Modell selbst erscheint in diesem Falle als defizitär, ein gültiger Maßstab bleibt nicht bestehen. Resultat ist eine nicht orientierende Komik mit Tendenz zum Grotesken, um es mit Wolfgang Iser zu sagen: Komik als "Kipp-Phänomen".[19]

Genau diese letztere Struktur hat die Grabbesche Geschichtsauffassung: Ein Modell der Geschichte, nach dem diese als sinnhafter Prozeß abläuft, bleibt durchaus virulent. Eine Alternative zu dem trostlosen restaurativen Zustand in Deutschland muß denkbar, ein Geschichtsprozeß, der einer titanischen Figur wie Napoleon die Möglichkeit eröffnen würde, sinnstiftend in die Geschichte einzugreifen, muß vorstellbar bleiben. Erst dieser Kontrast macht das Besondere des Status Quo deutlich, erst mit diesem Kontrast im Hintergrund wird der grotesk-lächerliche Charakter der geschichtlichen Wirklichkeit er-

17 Werner 1986. S. 119.
18 Der im Folgenden skizzierte Zusammenhang wird ausführlich entwickelt in: Kost 1996, S. 17–64.
19 Vgl. Iser 1976.

kennbar: Die Geschichte selbst erscheint als Komödie. Schon in dem frühen Stück *Scherz, Satire, Ironie und tiefere Bedeutung* läßt Grabbe den Teufel expressis verbis über den Komödiencharakter der Wirklichkeit referieren:

> So will ich Ihnen denn sagen, daß dieser Inbegriff des Alls, den Sie mit dem Namen Welt beehren, weiter nichts ist, als ein mittelmäßiges Lustspiel, welches ein unbärtiger, gelbschnabeliger Engel, der in der ordentlichen, dem Menschen unbegreiflichen Welt lebt, und wenn ich nicht irre, noch in der Prima sitzt, während seiner Schulferien zusammengeschmiert hat. (GA I, S. 241f.)

Diese Auffassung der Welt als grotesk-lächerliche Komödie überträgt der ältere Grabbe offenbar auf die Geschichte.

Für den Antiidealisten Grabbe hat allerdings die – widersinnige – Geschichte allein durch ihre ungeheure Faktizität eine solche Gewalt, daß nicht nur sie, sondern auch das Modell eines anderen, sinnhaften Geschichtsprozesses fragwürdig wird: Wie soll das Modell eines sinnhaft-linearen Geschichtsprozesses gerechtfertigt werden, wenn es nirgendwo in der geschichtlichen Realität ausfindig zu machen ist und ein metaphysisches Ideenreich zur Rechtfertigung eines solchen Konzepts nicht akzeptiert wird? Grabbe scheint auf diese Frage keine Antwort zu finden.

So bleibt es wieder Jouve vorbehalten, den hier skizzierten Zusammenhang in nuce explizit zu machen: Zunächst wird das Modell evoziert – eine metaphysische Gerechtigkeit, die in die Geschichte eingreift und in ihr wirksam wird –, dann der widersinnig-groteske Widerspruch der Realität gegenüber diesem Modell konstatiert und damit das Modell entwertet, um schließlich das Handeln des geschichtlichen Menschen als "Albernheit", als Komödie zu demaskieren:

> Ob nicht im unerforschten Innern der Erde schwarze Höllenlegionen lauern und endlich einmal an das Licht brechen, um all den Schandflitter der Oberfläche zu vernichten? Oder ob nicht einmal Kometen mit feuerroten, zu Berge stehenden Haaren – Doch was sollten unsre Albernheiten, was sollte ein elendes, der Verwesung entgegentaumelndes Gewimmel, wie dieser Haufen, Erdentiefen oder Sternenhöhen empören? (GA II, S. 399)

Ganz ähnlich wird 120 Jahre später Dürrenmatt seine Entscheidung für die Komödie begründen.

Nun kann auf diese Weise zwar die Tendenz Grabbes zum Komisch-Grotesken erklärt werden, ohne auf das Begründungsmodell 'ästhetischer Mangel' zurückgreifen zu müssen. Jedoch ist Grabbe natürlich nicht Dürrenmatt, auch nicht ein 'Vorläufer' desselben im frühen 19. Jahrhundert. Zwar wird die Tragödiendramaturgie im *Napoleon* offensichtlich problematisch, und als Resultat tendiert die Darstellung zum Komisch-Grotesken. Eine Komödie im eigentlichen Sinn jedoch ist Grabbes *Napoleon* nicht, und so war er wohl vom Autor auch nicht intendiert. Viele Züge des Stückes sollen eher eine tragische Wirkung hervorrufen, und tatsächlich faßt auch etwa Friedrich Sengle Grabbe als einen der "Repräsentanten der mächtig aufblühenden Geschichtstragödie" auf.[20] Die Frage lautet also: Wie kommt Grabbe von einer eigentlich nicht mehr tragödienfähigen Grundlage aus zu einem zumindest in einigen Zügen tragödienähnlichen Drama?

Sucht man die Antwort auf diese Frage, so wird man sich wieder der Figur Napoleons zuwenden müssen. Es wurde schon oben festgestellt, daß Napoleons politische Ziele nirgendwo manifest werden, daß Werte, für deren historische Realisierung er einträte, seltsam unscharf bleiben. Die Erklärung für diese Unschärfe liegt wohl "eben darin, daß Napoleon für *keine* Ideologien eintritt und für *keine* 'Werte' kämpft, sondern sich selbst höchster Wert ist und sich alle anderen nur strategisch zunutze macht".[21] Napoleons einziger Handlungsantrieb und seine einzige Handlungslegitimation ist sein Wille. Dieser Wille ist auf keine Werte oder andere Inhalte außerhalb seiner selbst hin orientiert, sondern ausschließlich Wille zur Selbstverwirklichung im eigentlichen Sinn des Wortes. Das große, titanische Ich kennt keinen anderen Zweck als sich selbst, das, was es ist, verdankt es sich selbst, es hat sich selbst geschaffen. So kann Napoleon zu seinem Vertrauten Bertrand sagen:

> Künftig läßt du in jedem offiziellen Schreiben, das "Wir" und das "von Gottes Gnaden" aus. Ich bin Ich, das heißt Napoleon Bonaparte, der sich in zwei Jahren Selbst schuf, während jahrtausendlange erbrechtliche Zeugungen nicht vermochten, aus denen, die sich da scheuen, meine Briefe anzurühren, etwas Tüchtiges zu schaffen. (GA II, S. 390)

Nicht nur im "Ich bin Ich" werden Assoziationen zum Namen des alttestamentlichen Gottes geweckt; auch sonst wird der – nicht geschaffene, sondern sich selbst erschaffen habende – Kaiser in die Nähe des Göttlichen gerückt. Seine Rückkehr von der Insel Elba kommentiert Napoleon selbst mit den Worten: "Aber der Herr erstand!" (GA II, S. 352).

Dieses große, titanische Ich Napoleons und die allein aus seinem Willen zur Selbstverwirklichung abgeleitete Legitimation seines Handelns wird in Grabbes Drama nie in Frage gestellt. Edward McInnes ist zuzustimmen, wenn er schreibt: "Soweit ersichtlich ist, versucht Grabbe nie, diese subjektive Auffassung vom Recht auf absolute Weltherrschaft zu relativieren oder in Frage zu stellen."[22]

Mit Blick auf die Fragestellung der vorliegenden Untersuchung jedoch bedeutet das: auf den Anspruch, sinnstiftend in die Geschichte einzugreifen, 'Geschichte zu machen', zu gestalten, hat der Titan Napoleon geradezu explizit verzichtet. Da es der sinnwidrig-kreislaufhafte Geschichtsprozeß dem Menschen grundsätzlich verwehrt, historisches Subjekt sein zu können, liegt ein solcher Anspruch von vornherein außerhalb seines Horizonts. Nicht das 'Machen' von Geschichte ist das Ziel Napoleons, sondern die Verwirklichung seiner selbst in der Geschichte – oder sogar gegen die Geschichte: Denn daß

20 Sengle 1980, S. 158.
21 Zons 1985, S. 19. Hervorhebungen von mir. J.K.
22 McInnes 1982, S. 19.

die lächerlich-sinnwidrige Geschichte, geprägt und dominiert durch das "Gemeine", erstarrt in überkommenen Formen, kein Raum ist für die Selbstverwirklichung des Titanen, liegt auf der Hand.

Hier wird die Funktion der von Grabbe im zweiten Teil großzügig ausgemalten Schlachtenszenen offenbar: In der Schlacht gerät das Ich in eine Grenzsituation, die es an das Substantielle, das Existentielle heranführt: Standesschranken fallen – "Gern, Brüder, deren Major zu sein, mir die höchste Ehre ist" (GA II, S. 410), so spricht der Major am Wachtfeuer seine Soldaten an, und der Regierungsrat ist im Feld "Freiwilliger und Gemeiner wie du" (GA II, S. 408). Nicht mehr Konvention und bürgerliche Hierarchie bestimmen den Wert eines Menschen, sondern nur noch sein Ich. Der Heroismus, zu dem sich das Individuum aufzuschwingen in der Lage ist, findet in der Schlacht ein Betätigungsfeld, das ihm in der bürgerlichen Gesellschaft verwehrt bleibt; Werte, die das bürgerliche Leben dominieren, werden hinfällig zugunsten der Verwirklichung des großen Ich, das sich im Heroismus realisiert: "Verlierst du dein bißchen Leben, was verlierst du Großes?" (GA II, S. 449), kann Cambronne in diesem Sinne sagen, und entsprechend fallen die Soldaten in Grabbes *Napoleon* mit den Worten "O, wie süß ist der Tod!" (GA II, S. 454) auf den Lippen.

Die Schlacht wird von Grabbe dezidiert als Gegenentwurf zur bürgerlichen Gesellschaft gezeichnet – nicht zuletzt als Gegenentwurf zur Gesellschaft des deutschen Biedermeier und der Restauration, seiner eigenen Zeit. Anders als in dieser von Konventionen, von Kleinem und Gemeinem dominierten, in Kleinbürgerlichkeit erstarrten Sphäre kommt das Ich in der Schlacht zum Wesentlichen – zur Realisierung seiner Selbst. In diesem Sinne ist die Schlacht Gegenentwurf, Utopie. Der seltsam idyllische Charakter vieler Kriegsszenen bei Grabbe ist kein Zufall – allerdings sollte gerade an diesem Punkt sichtbar werden, daß die Vereinnahmung Grabbes durch den Nationalsozialismus nicht *nur* Mißbrauch dieses Autors war: Die Schlachtenideologie Grabbes bietet sich als Bestandteil faschistischen Denkens geradezu an als Ausgangspunkt für nationalsozialistische Kulturpolitik.

Allerdings stellt bei Grabbe die Schlacht als utopischer Ort eine Idylle dar, die von Anfang an nur Ausnahmesituation ist, nur temporär, dem Untergang geweiht; der utopische Ort erscheint als ein Ort nicht eigentlich in, sondern neben der Geschichte. Geschichte vollzieht sich weiter als sinn- und telosloser, kreislaufartiger Prozeß, in dem der Mensch nicht als Subjekt fungieren kann. Nur schlaglichtartig eröffnen sich vereinzelt in Ausnahmesituationen zeitlich eng begrenzte Möglichkeiten zu existentiell-sinnhaftem Handeln. Dieses jedoch bleibt historisch folgenlos: Eine sinnhafte Perspektive eröffnet sich lediglich mit Blick auf die Selbstverwirklichung des Einzelnen, nicht mit Blick auf Geschichte als Ganzes. Immerhin jedoch eröffnet diese einen Raum, der zumindest noch in seltenen Einzelfällen die Möglichkeit zur als sinnhaft empfundenen Realisierung des Ich eröffnet.

Großes Ich als Selbstzweck versus sinnlose Geschichte – eine tragische Konzeption im eigentlichen Sinne ist das nicht. Der Kollision fehlt die Notwendigkeit schon deshalb, weil mindestens eine der beiden Seiten des Gegensatzes keine Notwendigkeit für sich in Anspruch nehmen kann. Entsprechend ist der Untergang des Ich am Sinnlosen kein sinnhafter Konflikt, von einer tragischen Versöhnung kann nicht die Rede sein. "Nicht Schillers Vergnügen am tragischen Gegenstand soll den Zuschauer nach dem Fallen des Vorhangs erfüllen, sondern das tiefe Unbehagen angesichts einer unmoralischen zeitgeschichtlichen Situation."[23] Damit bezeichnet Grabbes *Napoleon* genau den Punkt in der Entwicklung des Geschichtsdramas, an dem die Tragödiendramaturgie problematisch wird: Mit dem Verlust des idealistischen Hintergrundes und der Etablierung des pessimistischen modernen Geschichtsbildes geht der Sinnhorizont verloren, dessen die Tragödie bedarf: Sie ist nicht mehr adäquater Ausdruck dieses Geschichtsbildes, dieses tendiert statt dessen zur Komödie als einer der ihm angemessenen Ausdrucksformen. Daran ändert nichts, daß Grabbe noch einmal nach einem Strohhalm für die Tragödie zu suchen scheint, daß ihm der "Versuch einer plötzlichen und kurzfristigen Sinngebung der Geschichte durch den heroischen Entwurf "[24] noch einmal die Möglichkeit eröffnet, Elemente der Tragödiendramaturgie in seinem Stück beizubehalten. Dies erklärt lediglich den irritierend ambivalenten Charakter seines *Napoleon.*

Seit Grabbe ist die Tragödie als adäquater Ausdruck modernen Denkens immer problematischer geworden. Zumindest aus der deutschen Literatur ist sie im 20. Jahrhundert nahezu völlig verschwunden. Statt dessen ist neben der Parabel Brechtscher Provenienz immer mehr die Komödie als dominierende dramatische Gattung in den Vordergrund getreten. Diese Entwicklung läßt sich auch im Bereich des Geschichtsdramas beobachten – hingewiesen sei nur auf das Werk von Peter Hacks und Friedrich Dürrenmatt, aber auch auf die Beispiele, die Philippe Wellnitz in seinem Beitrag für den vorliegenden Band anführt. Diese Entwicklung, so scheint es, nimmt ihren Anfang schon im ersten Drittel des 19. Jahrhunderts.

Literaturverzeichnis

Bergmann, A.: *Quellen des Grabbeschen "Napoleon"*, Detmold 1969.

Busse, D.: "'Aus Nichts schafft Gott, wir schaffen aus Ruinen!' Geschichte als Prozeß im Werk Christian Dietrich Grabbes", in *Grabbe-Jahrbuch* 5 (1986), S. 11–20.

Denkler, H.: *Restauration und Revolution. Politische Tendenzen im deutschen Drama zwischen Wiener Kongreß und Märzrevolution*, München 1973.

23 Freund 1981, S. 298.
24 Zons 1985. S. 12.

Dürrenmatt, F.: *Gesammelte Werke in sieben Bänden*, Bd. 7, Zürich 1991.

Ehrlich, L.: *Christian Dietrich Grabbe. Leben – Werk – Wirkung*, Berlin 1983.

Freund, W.: "'Ja, aus der Welt werden wir nicht fallen.' Die menschliche Geschichte und der geschichtliche Mensch in Christian Dietrich Grabbes 'Hannibal'", in *Wirkendes Wort* 31 (1981), S. 296–309.

Goethe, J. W.: *Gedenkausgabe der Werke, Briefe und Gespräche*, hrsg. v. E. Beutler, Bd. 4, Zürich 1953.

Grabbe, Christian Dietrich: *Werke und Briefe*, Göttinger Akademie Ausgabe [GA], bearb. v. A. Bergmann, Emsdetten: Lechte 1960–1973.

Hegel, G. W. F.: *Werke in 20 Bänden*, Bd. 15, Frankfurt a. M. 1970.

Hegele, W.: *Grabbes Dramenform*, München 1970.

Höllerer, W.: *Zwischen Klassik und Moderne. Lachen und Weinen in der Dichtung einer Übergangszeit*, Stuttgart 1958.

Horton, D.: *Grabbe und sein Verhältnis zur Tradition*, Detmold 1980.

Iser, W.: "Das Komische: ein Kipp-Phänomen", in *Das Komische*, hrsg. v. W. Preisendanz / R. Warning, München 1976, S. 398–402.

Kaiser, H.: "Hundert Tage Napoleon oder Das goldene Zeitalter der Willensherrschaft. Zu Grabbes 'Napoleon oder die hundert Tage'", in *Geschichte als Schauspiel*, hrsg. v. W. Hinck, Frankfurt a. M. 1981, S. 197–208.

Kopp, D.: *Geschichte und Gesellschaft in den Dramen Christian Dietrich Grabbes*, Frankfurt a. M. / Bern 1982.

Kost, J.: *Geschichte als Komödie. Zum Zusammenhang von Geschichtsbild und Komödienkonzeption bei Horváth, Frisch, Dürrenmatt, Brecht und Hacks*, Würzburg 1996.

Lerchner, G.: "Grabbes 'Napoleon oder die hundert Tage': Organisationsformen und Funktionen der Textgestaltung", *in Werkinterpretationen zur deutschen Literatur*, hrsg. v. H. Hartmann, Berlin 1986, S. 123–138.

Lewandrowski, R.: "Sehnsucht, Verzweiflung und Unspielbarkeit. Überlegungen zur Dramaturgie Grabbes am Beispiel von 'Napoleon oder die hundert Tage'", in *Grabbe-Jahrbuch* 8 (1989), S. 68–81.

Lindemann, K. / R. Zons: "La marmotte – Über Grabbes 'Napoleon oder die hundert Tage'", in *Grabbes Gegenentwürfe*, hrsg. v. W. Freund, München 1986, S. 59–81.

Martini, F.: *Geschichte im Drama – Drama in der Geschichte*, Stuttgart 1979.

McInnes, E.: "Grabbe und das Geschichtsdrama", in *Grabbe-Jahrbuch* 1 (1982). S. 17–24.

Müller, H.: "Poetische Entparadoxierung: Anmerkungen zu Büchners 'Dantons Tod' und Grabbes 'Napoleon oder Die hundert Tage'", in *Grabbe und die Dramatiker seiner Zeit*, hrsg. v. D. Kopp / M. Vogt, Tübingen 1990, S. 187–201.

Müller, H.: "Subjekt und Geschichte. Reflexionen zu Grabbes Napoleon-Drama", in *Christian Dietrich Grabbe (1801–1836)*, hrsg. v. W. Broer / D. Kopp, Tübingen 1987, S. 96–111.

Oehm, H.: "Geschichte und Individualität in Grabbes Drama 'Napoleon oder die hundert Tage'", in *Wirkendes Wort* 42 (1992), S. 43–55.

Porrmann, M.: "'Was tragisch ist, ist auch lustig, und umgekehrt'. Anmerkungen zum Komischen in Grabbes Tragödien", in *Grabbe-Jahrbuch* 6 (1987), S. 15–24.

Porrmann, M.: *Grabbe – Dichter für das Vaterland. Die Geschichtsdramen auf deutschen Bühnen im 19. und 20. Jahrhundert*, Lemgo 1982.

Schneider, M.: *Destruktion und utopische Gesellschaft. Zur Thematik und Dramaturgie des Heroischen im Werk Christian Dietrich Grabbes*, Frankfurt a. M. 1973.

Sengle, F.: *Biedermeierzeit. Deutsche Literatur im Spannungsfeld zwischen Restauration und Revolution*, Bd. 3, Stuttgart 1980.

Vogt, M.: *Literaturrezeption und historische Krisenerfahrung. Die Rezeption der Dramen Chr. D. Grabbes 1827–1945*, Frankfurt a. M. / Bern 1983.

Werner, H. G.: "Christian Dietrich Grabbe: 'Napoleon oder die hundert Tage'. Ein Drama in fünf Aufzügen", in *Werkinterpretationen zur deutschen Literatur*, hrsg. v. H. Hartmann, Berlin 1986, S. 107–122.

Zons, R. S.: "'... die ganze Welt, schaun Sie hier, wie sie rollt und lebt.' Über Grabbes 'Napoleon'", in *Grabbe-Jahrbuch* 4 (1985), S. 9–27.

Philippe Wellnitz

Die Französische Revolution im Spiegel des deutschsprachigen Dramas des 20. Jahrhunderts

Seit ihrem Ausbruch im Jahre 1789 hat die Französische Revolution wie kaum ein anderes europäisches historisches Ereignis die deutschen Geister beschäftigt und bewegt. Das bekannteste Beispiel liefert natürlich Johann Wolfgang von Goethe, der nach der Kanonade von Valmy am 20. September 1792, bei der preußische Truppen den revolutionären Heeren unterlagen, seinen Eindruck in prägnanter Hellsichtigkeit formulierte: "Von hier und heute geht eine neue Epoche der Weltgeschichte aus, und ihr könnt sagen, ihr seid dabei gewesen."[1] Dieser Satz wurde erst 1822, also 30 Jahre später, veröffentlicht, was seinen Allgemeinheitsanspruch noch unterstreicht.

Man weiß um Goethes sehr distanziertes Verhältnis zur Französischen Revolution,[2] das im Gegensatz zu dem anderer Denker seiner Zeit stand (z.B. Schiller). Allgemein wandelte sich aber anfängliche Begeisterung in zunehmende Ablehnung der revolutionären Bluttaten. Karl August Varnhagen von Ense schrieb 1811: "Die Revolution, die in Frankreich den Staat, hat in Deutschland die Literatur erschüttert."[3]

Diese "Erschütterung" in der Literatur wurde gleichbedeutend mit einem verstärkten politisch-feuilletonistischen Engagement der Literaten, und auch der Rückzug der Weimarer Klassik ins Erhabene und Schöne läßt sich politisch deuten. Ob es aber in Weimar zu einer "Entproblematisierung der politischen Welt zugunsten einer sozial harmonisierenden Bildungsidee", gekommen ist, wie Harro Zimmermann es formuliert, einem "allgemeinen Humanitätspostulat als Gegenmodell zur revolutionären Wirklichkeit",[4] ist ein kontrovers diskutierter Topos der Klassikforschung.

---

1 Goethe 1986, S. 385.
2 Siehe Boucher 1954. Fink 1990 dagegen sieht ab 1794 Goethes Werk unter dem Zeichen der Erneuerung.
3 Zitiert nach: Zimmermann 1989, S. 7.
4 Zimmermann 1989, S. 12.

Auch die engagiertesten Autoren des 19. Jahrhunderts, wie z.B. Georg Büchner, sprachen pessimistisch von einem "gräßlichen Fatalismus der Geschichte" – so sagt z.B. Danton am Anfang des zweiten Aktes von *Dantons Tod* (1835): "Wir haben nicht die Revolution gemacht, sondern die Revolution hat uns gemacht".[5] Das Stück endet mit den Morden und "Im Namen der Republik".[6] Sieht man aber von Georg Büchners *Dantons Tod* und Christian Dietrich Grabbes *Napoleon oder die Hundert Tage* (1831) ab, so haben bedeutende Dramenautoren des 19. Jahrhunderts die Französische Revolution nicht direkt, und jedenfalls nicht explizit zu ihrem Thema gemacht. (Eher dominieren in der Prosa Porträts großer 'Führernaturen' wie Robespierre und Napoleon, der zum neuen Cäsar hochstilisiert wird).

Erst mit der Hundertjahrfeier der Französischen Revolution im Jahre 1889, und vor allem im Zuge der Massenverelendung während der Industrialisierung, flammt das Interesse für die Französische Revolution am Vorabend der bolschewistischen Revolution wieder auf. Als erstes Beispiel werden wir ein relativ bekanntes Stück, Arthur Schnitzlers *Der grüne Kakadu* (1899) besprechen, werden aber dann auf weitaus weniger bekannte Stücke großer Autoren zu sprechen kommen – so zwei Stücke Heinrich Manns, *Madame Legros* (1913) und *Der Weg zur Macht* (1917), und – *Mayence oblige* – ein Stück von Stefan Zweig, *Adam Lux* (1913 begonnen, 1928 vollendet), das die Abenteuer des Mainzer Revolutionärs zur Zeit der Mainzer Republik 1792/93 schildert.

Ein sehr fruchtbares Untersuchungsfeld wäre die intellektuelle Debatte aus Anlaß der 150-Jahr-Feier der Französischen Revolution im Jahre 1939 gewesen. Zum einen würde dies aber zu viel Zeit in Anspruch nehmen, zum anderen setzte dies die Behandlung der "konservativen Revolution" voraus (Spengler, Jünger). Schließlich wäre auf dem Felde des Dramas nur wenig zu kommentieren.

Erst mit Peter Weiss' Stück aus dem Jahre 1964, *Die Verfolgung und Ermordung Jean Paul Marats dargestellt durch die Truppe des Hospizes zu Charenton unter Anleitung des Herrn de Sade* gerät das Thema der Französischen Revolution wieder in den Vordergrund der dramatischen Schöpfung. Selbstverständlich gehört auch Heiner Müllers Stück *Der Auftrag* (1981) in die Reihe international anerkannter Dramatik – da dieser Autor im Rahmen der Ringvorlesung von Dieter Kafitz behandelt wurde, lassen wir ihn hier beiseite. Abschließend werden wir auf ein wenig bekanntes Stück von Friedrich Dürrenmatt, nämlich *Achterloo* (1983/1986), eingehen.

Arthur Schnitzlers Stück *Der Grüne Kakadu* spielt am Abend des 14. Juli 1789 in Prospères Spelunke dieses Namens. Viele Adelige sind gewöhnlich in dieser Kaschemme zu Gast, denn der Wirt Prospère läßt allabendlich Schauspieler auftreten, die das Publikum beschimpfen und ihm die Wahrheit ins Gesicht schreien. Die adelige Gesellschaft ist *entzückt*, mit derartigem "*Spiel*"

5 Büchner 1968, S. 31.
6 Büchner 1968, S. 80.

die *Zeit* töten zu können. Während draußen die Revolution tobt, leben *alle* Beteiligten – die Adeligen, die mit dem Nervenkitzel vor der Realität flüchten, die Schauspieler, die in verbaler Aggressivität eigene revolutionäre Ohnmacht kaschieren – in einer von der Außenwelt offenbar abgeschlossenen Scheinwelt. Einer der Schauspieler, Henri, der gerade die wenig sittsame Léocadie geheiratet hat, spielt den betrogenen Ehemann. Sogar der Wirt Prospère glaubt an die Wirklichkeit dieses Monologs, denn er weiß, daß der Herzog von Cardignan *wirklich* Léocadies Liebhaber ist. Als das Volk die Bastille stürmt, beglückwünscht der Wirt Henri zu seinem Mord, den er deklamiert hat – Henri versteht, daß er *wirklich* betrogen wurde und tötet den gerade eintretenden Herzog, als die Revolutionäre in den "Grünen Kakadu" eindringen. Das Spiel zwischen Schein und Sein, das Schnitzlers Werk leitmotivisch durchzieht, lebt also hier von dem anscheinenden Nebeneinander von theatraler Illusion und revolutionärer Wirklichkeit.

Für unseren Zweck ist die simultane Unfähigkeit *beider* Gruppen, Adeliger und Schauspieler, zwischen Sein und Schein zu unterscheiden, von Interesse. Auf den ersten Blick scheint der Adel sich der wirklichen Lage wenigstens teilweise bewußt zu sein: ohne die eigene Rolle zu reflektieren (die Flucht vor der Realität ins Theater), stellt François Vicomte de Nogeant fest: "Solange das Gesindel zu Späßen aufgelegt ist, kommt's doch nicht zu was Ernstem" (S. 25) – doch stellt derselbe Vicomte die Frage, ob an der Bastille der "Spektakel" weitergehe (S. 30). Indem er die Revolution als bloßen Lärm oder Spektakel im Sinne eines Trugspiels abtut, verkennt er nicht nur die Realität, sondern gibt auch umgekehrt dem Schauspiel *in* der Taverne unbewußt Realitätscharakter. Auch die Marquise Séverine von Lansac unterhält sich "auf der Straße [...] in der letzten Zeit am besten" (S. 32) und hebt somit ebenfalls die scheinbare Trennung zwischen revolutionärer Illusion im Schmierentheater Prospères und dem Schauspiel der Straße auf. Séverine ist der hübschen jungen Leute wegen gekommen und mischt sich unter die animierenden Schauspielerinnen um "mitzukonkurrieren" (S. 36) und auch der Herzog von Cardignan möchte selbst gern Komödiant sein. So gesehen wundert es nicht, daß der Auftritt des Schauspielers Henri dem Vicomte François paradoxerweise als "etwas theatralisch" anmutet (S. 37). Nachdem die Bastille gefallen ist, endet der Schluß des Stückes mit den Rufen "Es lebe die Freiheit" (S. 44) und die Aristokratin Séverine fällt in den gleichen Ruf ein. Sie gibt zudem im Fliehen dem Dichter Rollin ein galantes Rendezvous: "Ich werfe den Schlüssel hinunter wie neulich – wir wollen eine *schöne Stunde* haben – ich fühle mich angenehm erregt" (S. 43).

Dieser sexuellen Ambivalenz werden wir später in Heinrich Manns Stück *Madame Legros* wiederbegegnen, als die Titelheldin durch die Erzählung eines erfundenen Liebesakts mit dem moribunden Bastillegefangenen die Königin zum sexuellen Höhepunkt bringt.

Die Konfusion der Gefühle Henris, die diesen zum Mord aus Eifersucht am Herzog treiben, lassen ihn am Ende des Schnitzlerstückes zum gefeierten Helden der Revolution werden: "Es lebe die Freiheit! Es lebe Henri! Es lebe Henri!" (S. 44). Das Stück endet mit den Sätzen des Pseudophilosophen Grasset, der die davonlaufenden Aristokraten nicht aufhält: "Laßt sie für heute – laßt sie. Sie werden uns nicht entgehen" (S. 44). Man könnte diese letzten Worte des *Grünen Kakadu* durchaus als satirischen Aufruf ans Publikum verstehen,[7] doch weist die kreisförmige Struktur des Stückes, das mit den Prahlereien Grassets beginnt, darauf hin, daß die Satire vielschichtiger ist.

In der Tat sind auch die "Intellektuellen" wie Grasset in Schnitzlers Visier geraten: behauptet Grasset anfangs, es würde kaum geschossen werden, wenn die Philosophen nicht geredet hätten, antwortet er auf die Frage des Wirtes, wann denn *seine* Broschüre endlich erschiene, man brauche keine mehr. Doch kommentiert Grasset in der Folge seine eigenen Bemerkungen, indem er sagt, dies "*könnte* das Glück einer ganzen Rede machen" (S. 10) und gesteht schließlich, daß er in Prospères Schmiere seine erste Rede gehalten hatte, "als wenn es zum Spaß wäre" (S. 11). Schließlich fragt er den Wirt, ob er im Falle eines Scheiterns der Revolution wieder als Schauspieler bei ihm auftreten könne. Auch hier vermischen sich Spiel und Revolution.

Auch der Dichter Rollin ist unfähig, zwischen theatralischer Illusion und Realität zu unterscheiden "Sein ... spielen ... kennen Sie den Unterschied so genau, Chevalier? [...] Ich nicht" (S. 33). Gerade die Verwischung der Grenze zwischen Realität und Illusion ist das, was für den Dichter Rollin vorgeblich den "Reiz" der Komödie ausmacht, die keine ist: "überall blitzt etwas Wirkliches durch. Das ist ja *das Entzückende*" (S. 35). Dieser Ausdruck erscheint öfter im Text. Vielleicht blitzt auch beim Zuschauer Schnitzlers der realistische Charakter dieser generellen Konfusion durch. Wollte man eine Sentenz des Herzogs persiflieren: "Auch zur Dirne muß man geboren sein – wie zum Eroberer oder zum Dichter" (S. 28), könnte man Schnitzlers satirische Botschaft wie folgt lesen: Auch zum Revolutionär muß man geboren sein!

Ähnlich geschichtspessimistisch mutet auch Heinrich Manns *Madame Legros* aus dem Jahre 1913 an: In dem Stück, das 1789 *vor* der Revolution spielt, geht es um die Frau des Strumpfwirkers Legros, die, als sie an der Bastille vorübergeht, die Nachricht eines seit über 40 Jahren vergessenen Gefangenen liest und sich solange für ihn einsetzt, bis er befreit wird. Dieser Erfolg gibt das Signal zum Sturm auf die Bastille, den Madame Legros anzuführen sich weigert (III.5, S. 299). Als die wutentbrannte Menge daraufhin auf ihrer Schwelle den Chevalier tötet, der ihr beim Hochadel Gehör und somit Erfolg verschafft hatte, weiß sie, daß sie umsonst einen Menschen befreit hat, da ein

7 Siehe auch Prospères Rechtfertigung vor dem Kommissär der Zensur: "Sie werden bemerken, daß hier gar nichts Aufrührerisches vorgeht, schon aus dem Grunde, weil mein Publikum sich nicht aufrühren läßt. Es wird hier einfach Theater gespielt – das ist alles" (S. 13).

anderer starb. In der vorletzten Szene des Stücks (III.7) spricht Madame Legros von "Verbrechen" und fragt den Akademiker: "Glauben Sie denn, daß Hände, die eine Bastille aufmachen, rein bleiben können?" (III.7, S. 301).

Genauso wie in Schnitzlers Stück enthält Heinrich Manns *Madame Legros* eine beißende Satire auf den Adel, dem das Volk und seine Sorgen zur Kulisse im Schauspiel geraten, das sie mit dem wirklichen Leben verwechseln. Als Madame Legros sich auf offener Straße an das Pariser Volk wendet, bietet sie vorübergehenden Adeligen willkommene Gelegenheit zur Zerstreuung. Die Comtesse sagt: "ich war hingerissen, *entzückt*. Endlich habe ich eine Revolte gesehen" (I.8, S. 256).

Dieses "Entzücken" des Adels ist auch bei Heinrich Mann bewußt ambivalent konnotiert: Einerseits soll Madame Legros der Zerstreuung der ästhetisierenden Geister im Salon der Comtesse dienen, andererseits sucht der Chevalier sexuelle Zerstreuung bei Madame Legros:

> [...] heute, in der Gasse hier, als eine Frau nach Blut schrie. War es nicht meins, wonach sie schrie? Sie soll es haben! Du bist wild und gefährlich: ich liebe dich, und ich will dich! (I.9, S. 261)

Genauso grotesk mutet die Haltung der Comtesse an, die sich freut, ein "Bürgerheim" gesehen zu haben: "Die Leute schlafen in richtigen Betten!" (I.10, S. 262). Für sie ist der Besuch in der "Höhle des Ungeheuers" (I.8, S. 256) eine Entdeckungsreise, und Madame Legros soll zur Attraktion ihres empfindsamen Kreises werden: "Sie müssen einer empfindsamen Gesellschaft ihre Angelegenheit vortragen! Versprechen Sie mir, daß Sie kommen!" (I.8, S. 258).

Doch den Adeligen scheint schließlich ihr Mitgefühl nur gespielt, da sie selber keines mehr besitzen (II.3, S. 269f). Als Madame Legros ohne es zu wissen vor der Königin steht, klagt sie deren nasse Augen mit trockenem Herzen an und ereifert sich für den Unschuldigen derart, daß die Königin eine Liebesbeziehung zwischen den beiden vermutet. Als Monsieur Legros sich über seine gestörte Ehe beklagt, beginnt die Königin sich erst für Madame Legros zu interessieren: "jetzt stellen sich höchst pikante Sitten bei ihr heraus" (II.7, S. 284). Madame Legros ist schließlich gezwungen, auf die lüsternen Fragen der Königin hin: "war es wie im Grab? War er brutal?" (II.7, S. 285) eine nekrophile Liaison mit dem Gefangenen in der Bastille frei zu erfinden:

> Er nahm mich wie eine Sterbende. Ich fühlte, daß er mager war wie der Tod. Ich roch Verwesung, da wir uns küßten, und das war süßer als aller Blumenduft hier oben! (II.7, S. 285)

Befriedigt durch diese aufreizende Geschichte, erreicht die Königin die von ihr ersehnte Klimax: "*Königin streckt sich, vergeht.*" lautet die Szenenanweisung (II.7, S. 286).

Nur durch dieses lustbringende Theater gelingt es Madame Legros, die Befreiung des Gefangenen zu erwirken: "Man soll nicht sagen, die Königin von

Frankreich verstehe die Tugend nicht zu belohnen" (II.7, S. 286). Das tändelnde Schäferspiel des Adels wird durch das Rollenspiel und die geheuchelte Erotik der Bürgerin Legros mattgesetzt. Auch in Heinrich Manns Stück schafft also Theater im Theater wie bei Schnitzler eine neue Realität, da die hergebrachte Wirklichkeit, die des dominierenden Adels, als affektiertes Spiel entlarvt wird.

Genauso wie bei Arthur Schnitzler erscheint bei Heinrich Mann der Adel unfähig, etwas anderes als Spiel in der Wirklichkeit zu sehen. Genauso blind für den Lauf der Geschichte, erklärt der Chevalier in unbewußter Selbstironie: "Wir kennen alles bis zum Überdruß, nur den Tod nicht. Er allein hat noch Reize" (II.7, S. 285).

Das Oszillieren zwischen Eros und Thanatos, zwei Grundpfeilern der *Décadence*-Literatur, einer Literatur, die Freuds Ideen begierig aufnahm, begleitet sowohl Arthur Schnitzlers als auch Heinrich Manns Stück unterschwellig. Der stete Wechsel zwischen Illusion und Realität ist bei Schnitzler dynamischer gestaltet – wenn dadurch auch die Aussage weniger eindeutig scheint, greift sie aber vielleicht grundlegendere Bereiche auf als Heinrich Manns Satire, bei der der Zeitbezug zum Wilhelminischen Reich nicht schwerfällt. Man kann sich fragen, ob Thomas Manns *Betrachtungen eines Unpolitischen* für diesen Zeitbezug nicht nachträglich einen Beleg liefern:

> [...] daß der Zivilisationsliterat nicht nur Prophet, sondern auch Künstler und als solcher ein ausgemacht verspielter Kopf ist, der sich an Michelets Revolutionsgeschichte überlesen hat, wie Don Quijote an seinen Ritterbüchern, und nun gegen Schafherden und Windmühlen ficht, die er für Ritter und Riesen – wohl letzten Ernstes nicht hält, aber des Hochgefühles halber zu halten sich einredet. Wir wissen längst, daß er geistig in einer 130 Jahre zurückliegenden Epoche der Französischen Revolution lebt und webt; die Folge ist, daß er *auf eine vollkommen verspielte Weise* die Verhältnisse von damals in das gegenwärtige Deutschland hineinträgt, hineinphantasiert.[8]

Thomas Manns sehr harsche Bemerkungen entstanden zwischen den Jahren 1914 und 1918, zwischen Ausbruch und Ende des ersten Weltkrieges, aber auch noch unter dem Eindruck der Oktoberrevolution 1917.

Stefan Zweig scheint dessen Skepsis auf seine Weise geteilt zu haben. Zwar besteht bei Stefan Zweigs Stück *Adam Lux*, das er zwischen 1913 und 1928 mehrmals umschrieb, wie bei Heinrich Mann zunächst noch der Glaube an die Tugend.

So sagt Adam Lux zu Beginn des Stückes:

> Die Besten der Nation, unsere Denker und Dichter sind längst in ihrem Herzen Weltbürger. Sie werden das Volk belehren. Ein paar Monate, und Europa ist ein Reich, eine Nation, eine einzige unzerstörbare Bruderschaft. (2. Bild, S. 352)

8 Th. Mann 1983, S. 333.

Doch weiß Lux' Kamerad Georg Forster um den gräßlichen Fatalismus der Geschichte, den wir im Zusammenhang mit Büchners *Danton* erwähnten: "Was wir wollen ist der Geschichte gleichgültig. Revolutionen folgen nicht ihren Führern, sondern die Führer ihrem Lauf" (2. Bild, S. 355). Saint-Just, der revolutionäre Taktiker, setzt wenig Vertrauen in die deutschen Intellektuellen:

> Unbrauchbar alle diese Deutschen. Überall dieselben in Straßburg und am Rhein. Sie lieben die Republik wie Werther seine Lotte, mit Rührung und Phrasen, statt zuzupacken. (3. Bild, S. 369f.)

Lux' Idealismus ist für den Leser jeglicher Hoffnung ledig geworden. Genauso wertherhaft endet schließlich Adam Lux. Kurz vorher hatte es aus dem Munde von Adam Lux wie ein Aufruf zur deutsch-französischen Verständigung ganz im Geiste der zwanziger Jahre des 20. Jahrhunderts geklungen: "Kein Strom, keine Grenze, keine Festungen und Fürsten sollen von nun ab mehr die beiden großen und fortgeschrittensten Länder Europas kennen" (3. Bild, S. 361). Wollte Zweig derart die europäische Brüderlichkeit beschwören?

In der Desillusion des Idealisten Lux hört man, relativ deutlich, Zweigs eigene Enttäuschung hindurch:

> Um die Henker verächtlich zu machen, gibt es kein besseres Mittel, als sie zu ihrem Handwerk zu zwingen. Eure Guillotine kann vor dem Gewissen der Welt nur erniedrigt werden, wenn endlich freie Menschen sich freiwillig ausliefern [...] (10. Bild, S. 405).

Das Stück schließt mit verzweifelten Worten von Lux, die an Stefan Zweigs eigenes tragisches Ende gemahnen: "Möge mein Freitod der Republik besser dienen als mein unnützes Leben! Ich unterwerfe mich dem Gesetz!" (10. Bild, S. 406).

Wie illusionslos Stefan Zweig dieser Revolution gegenüberstand, mag man aus der Tatsache ersehen, daß Stefan Zweig das Stück über Jahre hin nie völlig zu einer letztgültigen Fassung zu bringen vermochte, auch wenn die *Gesammelten Werke* aus dem Jahre 1984 die Fassung des Jahres 1928 beinhalten. Demgegenüber schrieb er relativ schnell seine Napoleontragödie *Das Lamm des Armen*, sein letztes Stück, dem auf der Bühne wenig Erfolg beschieden war (insgesamt 17 Aufführungen). Auch bei Stefan Zweig dominiert der Geschichtspessimismus, *Das Lamm des Armen* ist eine hellsichtige, aber illusionslose Anklage gegen den napoleonischen Cäsarismus.

Heinrich Manns zweites Geschichtsdrama, *Der Weg zur Macht* (1917), das den Wandel Bonapartes zu Napoleon beschreibt, scheint auf solche Kritik bereits abgezielt zu haben. Dieses Stück fußt auf der Novelle *Auferstehung* aus dem Jahre 1911. Erkennt man in der Novelle noch die Verehrung Bonapartes als Held der Idee und der Revolution, so zeichnet *Der Weg zur Macht* (1917) die Verderbnis der Idee durch ihre Verwirklichung nach.[9]

---

9 Banuls 1970, S. 120f. Siehe auch Banuls 1966.

Über seine Gestalt Napoleon im Paris des Jahres 1795, also nach den Jahren der *Terreur* 1793/1794, schreibt Heinrich Mann 1921 in *Der bürgerliche Held*: "Die furchtbare Tragik des Geistes hat sich vollzogen: er [Napoleon] verdirbt an seinen Toten".[10] Wie bei Schnitzler beschränkt sich auch dieses Stück Heinrich Manns nicht auf eine Kritik der Mächtigen, sondern enthält eine Kritik der Intellektuellen.

Der Abbé Sieyès war unter anderem einer der Vordenker der *Terreur* ohne selbst großen Anteil daran genommen zu haben. Er war es schließlich, der Napoleon 1799 zur Macht verhalf. In Heinrich Manns Stück rechtfertigt er sein Votum für den Tod des Königs folgendermaßen:

> Der König mußte sterben. Viele, viele, mußten sterben. Ich bin am Leben geblieben, denn ich war ein Philosoph. Das Kennzeichen des geistigen Menschen ist es, sich in die jeweils herrschenden Zustände zu schicken und sie, wenn nicht gar zu verteidigen, so doch für sich selbst unschädlich zu machen. So haben wir den blutigsten Schrecken überstanden. (II.5, S. 348)

Die Satire ist hier explizit. Noch interessanter als der Philosoph Sieyès ist die Gestalt des Schauspielers Talma. Der historische François Joseph Talma war durch eine gewagte Inszenierung eines historischen Dramas hervorgetreten, die zur Aufspaltung der *Comédie Française* führte, die er 1789 verlassen mußte. In seinem dissidenten Theater führte Talma unter anderem *Othello, Macbeth* und *Hamlet* auf, bis er dank Napoleons Gunst 1799 an die *Comédie Française* zurückberufen wurde, wo er Diktion und Kostüm im Sinne naturgetreuer, historischer Darstellung reformierte.

Bei Heinrich Mann erscheint dieser Theatermann als eitler Karrierist, ebenso von Erfolg und Macht besessen wie Napoleon, so z.B. in der m.E. sehr wichtigen neunten Szene des ersten Aktes:

> TALMA: Wir sind die Besten. Die Welt nehme uns zu Meistern, sie wird es nicht bereuen.
> [...]
> NAPOLEON: Wer weiß, wie bald ich dich zum Mitglied des Nationaltheaters mache. Hast du das Freibillet?
> TALMA: Hier. Mein Gastspiel auf Anstellung ist am Freitag. Ich spiele den Brutus. Cäsar wird umgebracht von meinem Organ. Er soll mir nicht länger im Wege stehn.
> NAPOLEON: Mach es wie ich! Ich lege die Alten hinein. Siegen ist nicht genug, hineinlegen ist das Wahre. (I.9, S. 328f.)

Man meint eine Szene aus einem Dürrenmattdrama zu lesen: "TALMA: Wer will mich aufhalten. Ich bin das Theater" (S. 329). Bei Peter Weiss lesen wir dann später im Munde des Marat: "Ich bin die Revolution" (8. Bild, S. 27).

Das Komödiantentum ist also nur eine Chiffre des Machtstrebens auf dem *theatrum mundi*. Doch schlägt auch hier die Schauspielerei in brutale Realität um: In der vorletzten Szene haben beide Komödianten, Talma und Napoleon,

10 Mann 1929, S. 33.

ihr Ziel erreicht: Talma ist der erste jugendliche Held des Nationaltheaters geworden, Napoleon bereits Kommandant von Paris. Der Weg zum Erfolg war mit mehreren Opfern gepflastert: denen, die Napoleon ermorden oder verhaften ließ, aber auch denen, die dem Schauspieler im Wege standen:

> Kaum war ich engagiert, habe ich den Inhaber des Cäsar [Talma meint die Rolle des Cäsar] einem eifersüchtigen Gatten ausgeliefert. Er ist so sehr verprügelt worden, daß er zu Bett liegt. Ich habe die Rolle. (III.9, S. 373)

Bonaparte zieht daraus folgendes Fazit: "Der Weg zur Macht ist besudelt, die Schuhe bleiben nicht sauber. Aber gehen wir Guten [sic!] ihn nicht, die Schlechten rutschen sogar auf den Knien hin" (III.9, S. 373). Das Stück schließt mit Napoleons Worten: "Talma komm! Die [er meint die beiden revolutionären Lager] sind schon satt. Wir haben Hunger!" (III.10, S. 376).

Erst sehr viel später, in seinen Memoiren *Ein Zeitalter wird besichtigt* (1943/44), wird Heinrich Mann Napoleons Rolle positiv werten, insofern er die Revolution verkörpert, ja sie vor der Geschichte für Europa fruchtbar gemacht hat und zur Neuordnung des postfeudalen Europas beigetragen hat. In seinen Memoiren betont Heinrich Mann, *Madame Legros* sei das einzige Stück, das er so ernst nehme wie seine Romane – das Tugendideal, das die Protagonistin verkörpert, scheint Manns Hauptanliegen zu sein, so daß man unschwer hier die satirische Norm entdecken kann.

Daß dies keineswegs eine für Heinrich Manns Zeit typische Sichtweise ist, mag ein kurzes Zitat aus einem Beitrag von Ina Seidel, die einen sehr polemischen, antiaufklärerischen Forster-Roman geschrieben hat, aus *Westermanns Monatsheften* von September 1919 belegen – das Pamphlet (anders kann man diesen Text nicht nennen) trägt den Titel *Revolution in Mainz (1792/93)* und beginnt mit der Frage:

> Ist die rote Flut der Revolution, die Deutschland heute bedeckt und aufwühlt, dieselbe, die vor fast anderthalb Jahrhunderten, von Westen kommend, über uns herzog [...]? [...] eine Erinnerung an das Jahr 1792, in dem Frankreich ein Heer aussandte, das unter der Parole "Vive la République" kämpfend, das Evangelium "Liberté, égalité, fraternité!" ausbreiten sollte, sei es auch mit Feuer und Schwert, drängt sich in uns auf, wenn wir heute von Osten die Bolschewistengefahr herandrohen sehen.[11]

Dieses einzige nationalkonservative Zitat soll genügen, um zu belegen, wie stark auch von konservativer Seite Zeitbezüge zwischen 1789er und bolschewistischer Revolution hergestellt wurden und somit ungewollt eine Brücke zwischen *Ancien Régime* und Kaiserreich geschlagen wurde. Aber sogar die 'konservative Revolution' um Oswald Spengler und Ernst Jünger[12] machte sich cäsaristische Gestalten wie Napoleon sehr bald zu eigen, und am 8. Mai 1939, am 150. Geburtstag der Französischen Revolution, hielt schließ-

---

11 Zitiert nach Mathy 1968, S. 89f.

12 So ist z.B. das Vorwort des *Arbeiters* "Berlin, 14. Juli 1932" datiert.

lich Alfred Rosenberg im Berliner Sportpalast eine Rede, die den bezeichnenden Titel "Die *andere* Weltrevolution" trug – gemeint war die 'völkische Revolution' der Nazis. In diesen Jahren war die Debatte wesentlich eine ideengeschichtliche, in der die aufgeklärten Literaten, denen des 19. Jahrhunderts nicht unähnlich, ideologisch Position bezogen: entweder für die liberalbürgerliche Tradition von 1789 oder im Sinne des Jakobinertums von 1793.

Der entscheidende Unterschied in der Betrachtungsweise der Französischen Revolution lag im Grad des Geschichtspessimismus: Beendete Heinrich Mann seinen Aufsatz *Die Französische Revolution und Deutschland* mit dem Satz: "Auch in uns handelt noch immer die Französische Revolution",[13] hat z.B. Bert Brecht kein Stück über die Französische Revolution geschrieben, da diese vom Bürgertum vereinnahmt worden war.

Walter Benjamin vor allem widersetzte sich dem blinden Fortschrittsglauben der Linksintellektuellen und betonte, "daß an die Stelle der Konjunktion des nationalen Ideals mit der Tugend, wie sie Robespierre vorgeschwebt hat, bei Hitler die des nationalen Ideals mit der Rasse getreten ist."[14]

Dermaßen in Verruf geraten, ja von aufklärungsfeindlicher Ideologie in Beschlag genommen, war die Französische Revolution kein Thema der dramatischen Nachkriegsliteratur mehr, es sei denn als Gleichnis totalitärer Despotie. In der DDR wurde natürlich die Mainzer Republik zum Forschungsthema, um historische Kontinuität in der deutschen Geschichte zumindest zu konstruieren.

Erst 1964 befaßte sich wieder ein wichtiges dramatisches Werk mit der Französischen Revolution und Marianne Kesting qualifizierte es als das beste deutschsprachige Stück nach 1945: *Die Verfolgung und Ermordung Jean Paul Marats dargestellt durch die Schauspielgruppe des Hospizes zu Charenton unter Anleitung des Herrn de Sade,* geschrieben von Peter Weiss, wurde zum Welterfolg. Wir werden uns im folgenden nicht auf den bereits vieldiskutierten Gegensatz zwischen de Sade und Marat, zwischen ästhetischem Idealismus und politischem Erneuerungswillen beziehen,[15] vielmehr werden wir versuchen, bereits erörterte Thematiken wie die Sexualität und vor allem die Theatralität wiederaufzunehmen und daraus eine Evolution in der Weltanschauung und somit in der Dramenform abzuleiten.

Genauso wie die Sexualität in Peter Weiss' Stück nur noch verzerrt in der Irrenanstalt dargestellt wird, nämlich als Erotomanie, ist die Revolution ein Spiel der Verrückten, das in Marats Megalomanie ("Ich bin die Revolution" – 8. Bild, S. 27) seinen Gipfelpunkt findet.

---

13 Mann 1939.

14 Zitiert nach Zimmermann 1989, S. 265.

15 Peter Weiss schreibt in seinen Anmerkungen: "Was uns in der Konfrontation von Sade und Marat interessiert, ist der Konflikt zwischen dem bis zum Äußersten geführten Individualismus und dem Gedanken an eine politische und soziale Umwälzung" (Weiss 1965, S. 140).

Doch ist die Nekrophilie der Charlotte Corday nur eine *gespielte*. Cordays Mord wird vom Spielleiter de Sade wie eine sexuelle Verführung Marats beschrieben:

> Marat / eine *Virgo intacta* steht vor dir und bietet sich dir an [...] Marat / gib alles andere auf / jetzt da sie zu dir kommt / Marat / es gibt nichts anderes als diesen Leib. (30. Bild, S. 121)

Corday, die auf Marats Leib "versessen" ist, hält in ihrem Dolchstoß inne – eine Zwischenszene "*Interruptus*" (31. Bild, S. 127ff.), die auf unterbrochene Wollust verweist, zieht noch einmal die Bilanz aller Morde, die Marat verschuldet hat: "Kaiser Napoleon" ist das Resultat des Blutbades, eines "Schauspiels", dem die Volksmassen tatenlos zugaffen. Das Schauspiel der Geschichte ist also wie ein *coitus interruptus* – ohne Lust, ohne Sinn. "Alle umstehen die Wanne in einem heroischen Tableau" (Szenenanweisung 32. Bild, S. 130).

Ist die Revolution derart zur Pose geraten, kann der Mord auch nur gespielt werden, als bloße Posse.

So wird das Spiel mit der Geschichte zum bloßen Selbstzweck: ebenso wie die Morde einer rein mechanischen Logik folgen –

> Ohne Leidenschaft verurteilen wir / kein schöner individueller Tod mehr / stellt sich in uns dar / nur ein anonymes entwecktes Sterben / in das wir ganze Völker schicken könnten / in kalter Berechnung / bis es einmal soweit ist / alles Leben / aufzuheben. (12. Bild, S. 37f.)

– ebenso hat auch die Revolution keinen Sinn mehr, jedenfalls keinen mehr, der sich eindeutig aussagen ließe: de Sade sagt zu Marat im 15. Bild:

> Du wolltest dich einmengen in die Wirklichkeit / und sie hat dich in die Enge gedrängt / Ich / habe es aufgegeben mich mit ihr zu befassen / mein Leben ist die Imagination / Die Revolution / interessiert mich nicht mehr (15. Bild, S. 48).

Das Spiel mit der Geschichte wird zum Selbstzweck, denn das Spiel, die Theatralität, ist die einzige Möglichkeit, die in einer Zeit ohne Antworten noch bleibt: Sade sagt in seiner letzten Replik:

> Es war unsere Absicht in den Dialogen / Antithesen auszuproben / und diese immer wieder gegeneinander zu stellen / um die ständigen Zweifel zu erhellen / jedoch finde ich wie ichs auch dreh und wende / in unserem Drama zu keinem Ende / [...] / Einerseits der Drang mit Beilen und Messern / die Welt zu verändern und zu verbessern / andererseits das individuelle System / kraft seiner eigenen Gedanken unterzugehen. *So sehn Sie mich in der gegenwärtigen Lage / immer noch vor einer offenen Frage* (Epilog 32. Bild, S. 133f.).

1954, zehn Jahre vor diesem Stück, hatte Friedrich Dürrenmatt in seinem Essay *Theaterprobleme* die dramaturgischen Konsequenzen aus einer ähnlich gearteten Analyse heraus gezogen:

> In der Wurstelei unseres Jahrhunderts [...] gibt es keine Schuldigen und auch keine Verantwortlichen mehr. Alle können nichts dafür und haben es nicht gewollt [...] Wir sind zu kollektiv schuldig, zu kollektiv gebettet in die Sünden unserer Väter und Vorväter. [...] Uns kommt nur noch die Komödie bei. Unsere Welt hat ebenso zur Groteske geführt wie zur Atombombe. [...] Doch das Groteske ist nur ein sinnlicher Ausdruck, ein sinnliches Paradox, die Gestalt einer Ungestalt, das Gesicht einer gesichtslosen Welt [...].[16]

Diese "gesichtslose Welt" ist für Dürrenmatt nur im Grotesken darstellbar. Scheiterten Heinrich Manns aufklärerische Postulate noch an der Realität, wird im Nachkriegsdrama eine solche Realität, ein solcher Anspruch, Geschichte abzubilden, gar nicht mehr postuliert. Der Rekurs auf Theatralität, auf das Theater im Theater, das Spiel an sich, wie es nur de Sade in Peter Weiss' *Marat* vorführt, scheint das einzige Noch-Mögliche. Dürrenmatt schrieb als Vorwort zu einem seiner letzten Stücke, *Die Frist* (1978): "Was die Bühne auch an Unwirklichkeiten erfindet, die Wirklichkeit holt sie ein."[17] Ebenso wie Henri in Arthur Schnitzlers *Grünem Kakadu,* dessen Untertitel nicht zu Unrecht *Groteske in einem Akt* lautet, seinen Mord nicht nur deklamiert, sondern, von der Wirklichkeit eingeholt, auch wirklich verübt, tötet die Irrenanstaltsinsassin Marion in *Achterloo* (1. Fassung) wirklich Robespierre.

Im Zeitalter der "transzendentalen Obdachlosigkeit",[18] wie Lukàcs es formuliert hat, ist die Geschichte, bzw. ihre verbindliche Fixierung in Dramen, anscheinend nicht mehr eindeutig möglich.

Die Französische Revolution als Frage des Geschichtsdramas mündet am Ende unseres Jahrhunderts ins Drama der Geschichte.

Literaturverzeichnis

Banuls, A.: *Heinrich Mann*, Stuttgart 1970.

Banuls, A.: *Heinrich Mann. Le poète et la politique,* Paris 1966.

Boucher, M.: *La Révolution de 1789 vue par les écrivains allemands ses contemporains Klopstock, Wieland, Herder, Schiller, Kant, Fichter, Goethe* [...], Paris 1954.

Büchner, Georg: *Dantons Tod*, Stuttgart: Reclam 1968 [= RUB 6060].

Dürrenmatt, Friedrich: *Achterloo,* Zürich: Diogenes 1983.

Dürrenmatt, Friedrich: *Die Frist*, Zürich: Diogenes 1980 [= Friedrich Dürrenmatt. Werkausgabe in dreißig Bänden, Bd. 15].

Dürrenmatt, Friedrich: "Theaterprobleme", in ders.: *Theater. Essays und Reden*, Zürich: Diogenes 1980 [= Friedrich Dürrenmatt. Werkausgabe in dreißig Bänden, Bd. 24], S. 31–72.

Fink, G.-L.: "Goethe et la Révolution Française", in *Recherches Germaniques* 20 (1990), S. 3–47.

---

16 Dürrenmatt 1980b, S. 62.

17 Dürrenmatt 1980a, S. 11f.

18 Lukàcs 1922, S. 23f.

Goethe, Johann Wolfgang: "Campagne in Frankreich 1792", in ders., *Autobiographische Schriften der frühen Zwanzigerjahre*, hrsg. v. K. Richter, München: C. Hanser 1986 [= Goethe. Sämtliche Werke nach Epochen seines Schaffens, hrsg. v. K. Richter, Bd. 14], S. 335–516.

Jünger, Ernst: "Der Arbeiter", in ders., *Sämtliche Werke* Bd. 8 [= Essays II], Stuttgart: Klett-Cotta 1981, S. 11–317.

Lukàcs, G.: Die Theorie des Romans. Berlin 1922.

Mann, Heinrich: "Der bürgerliche Held", in ders.: *Sieben Jahre*, Leipzig 1929.

Mann, Heinrich: "Die Französische Revolution und Deutschland", in *Internationale Literatur* 8 (1939). Erstdruck "La révolution française continue", in *La Dépêche du Midi* (Toulouse), 5. Juli 1939. .

Mann, Heinrich: "Madame Legros", in ders., *Schauspiele*, Düsseldorf: Claasen 1986, S. 237–305.

Mann, Heinrich: "Der Weg zur Macht", in ders., *Schauspiele*, Düsseldorf: Claasen 1986, S. 307–376.

Mann, Thomas: *Betrachtungen eines Unpolitischen*, Frankfurt a.M.: S. Fischer 1983 [= Frankfurter Ausgabe der Gesammelten Werke in Einzelbänden, Bd. 12].

Mathy, H.: *Als Mainz französisch war*, Mainz 1968.

Schnitzler, Arthur: *Der grüne Kakadu*, Frankfurt a.M.: S. Fischer 1978 [= Gesammelte Werke in Einzelausgaben, Das dramatische Werk, Bd. 3].

Schreckensmythen, Hoffnungsbilder – die Französische Revolution in der deutschen Literatur, hrsg. v. H. Zimmermann, Frankfurt a.M. 1989.

Weiss, Peter: *Die Verfolgung und Ermordung Jean Paul Marats dargestellt durch die Schauspielgruppe des Hospizes zu Charenton unter Anleitung des Herrn de Sade,* Frankfurt a.M.: Suhrkamp 1965 [= edition suhrkamp 68].

Zweig, Stefan: "Adam Lux", in ders., *Das Lamm des Armen*, Frankfurt a.M.: S. Fischer 1984 [= Gesammelte Werke in Einzelbänden Bd. 23], S. 337–406.

Eberhard Reißner

Von Glinka zu Borodin – Die historisch-heroische Oper in Rußland

I.

Die wohl auffälligste Besonderheit des russischen Opernrepertoires[1] ist der hohe Anteil von Werken national-heroischen Charakters – wie ein vergleichender Blick auf andere Länder nur zu deutlich lehrt. Selbst in Italien, wo die Oper im Leben der Nation noch heute einen besonders wichtigen Platz einnimmt und im 19. Jahrhundert zeitweilig eine eminent politische Bedeutung erlangte – man denke nur an die Rolle G. Verdis! –, spielte und spielt die Vergangenheit des eigenen Landes als Opernstoff kaum eine Rolle.

Dies aus den ästhetischen Traditionen der Gattung heraus zu erklären wie auch aus den besonderen Zensurbedingungen, denen die kulturelle Entwicklung Italiens unterworfen war, liegt nahe. Ein Blick auf Rußland wird eine solche Annahme stützen, bietet das Zarenreich unserem Blick doch das genaue Gegenbild dar.

Das zentralistisch, autokratisch regierte Großreich kannte im 19. Jahrhundert die Probleme der Nationwerdung, der Vollendung der nationalen Einheit, der Befreiung von Fremdherrschaft und ausländischer Bevormundung schon längst nicht mehr. Seine Eliten sind vielmehr von dem Bewußtsein durchdrungen, daß dem Zarismus an der Rettung Europas von der Tyrannei Napoleons ein hoher, wo nicht entscheidender Anteil gebührt. Und die vom Volksbildungsminister Graf S.S. Uwarow (1785–1855) formulierten totalitären Herrschaftsprinzipien – eine Religion, ein Herrscher, ein Volk (*prawoslawie, samodershawie, narodnost*) – sind weithin konsensfähig.

Andererseits bleiben weder der philosophisch-politische Meinungsstreit im übrigen Europa noch die revolutionären Erschütterungen jenseits der Westgrenze in Rußland ohne Auswirkung. Zumal nicht wenige Angehörige der Elite Unbehagen und ein schlechtes Gewissen spüren in dem Bewußtsein, ihren Lebensstandard den Mühen rechtloser Leibeigener zu verdanken, wovon

---

1 Die derzeit beste, ungemein faktenreiche, deutsche Darstellung der Geschichte der klassischen Musik Rußlands hat Dorothea Redepenning vorgelegt (Redepenning 1994).

der damals gängige Begriff des 'reuigen Barin' zeugt. Das für Rußland ab der zweiten Hälfte des 19. Jahrhunderts typische Phänomen der 'Intelligenzija' hat hier eine seiner Quellen. Der Begriff wäre mit Universitätsabsolvent, Akademiker, Kopfarbeiter, Intellektueller o. dgl. nicht angemessen verdeutlicht, da er nach russischem Verständnis noch eine zusätzliche ethisch-politische Komponente enthält, die man mit "selbstlosem verantwortungsbewußtem Dienst an Gesellschaft und Volk" umschreiben könnte.

Je stärker an Zahl diese in den Universitäten an der deutschen idealistischen Philosophie geschulte soziale Gruppe wird, je größer in ihr auch der Anteil derer, die nicht aus dem Adel hervorgegangen, sondern über die höheren Bildungsanstalten aufgestiegen sind, um so deutlicher tritt dieser neue Typus sowohl im Alltag wie auch im geistigen Leben in Erscheinung – besonders in der Kunst. Hier begegnet er uns in der Gruppe der sogenannten 'Wandermaler' oder auch im 'Mächtigen Häuflein' der musikalischen Neutöner. Hauptsächlich von dieser 'Intelligenzija' initiiert ist das fortschreitende Interesse für die Lage des Volkes sowie eine zunehmend kritische Einstellung zum sozialen System im ganzen. Immer mehr sieht man sich in solchen Kreisen in der Rolle von Volkstribunen: Die Künstler zeigen sich bestrebt, das (in der Öffentlichkeit) stumme Volk zum Reden zu bringen – sei es direkt in Gestalt literarischer Figuren (so bei L.N. Tolstoj, N.S Leskow u.a.), sei es indirekt durch das künstlerische Abbild (wie bei I.J. Repin, I.N. Kramskoj u.a.).

Synchron zu diesem Prozeß wandelt sich die Oper – sowohl stofflich wie musikalisch. Aus einer vom absolutistischen Spätfeudalismus geprägten national-heroischen Oper entwickelt sich die Oper der sozialen Kritik, wobei aus der Heroik des staatstragenden, den Staat repräsentierenden Helden die Heroik des seinen Weg suchenden Volkes wird.

Dieser Prozeß sei im folgenden an markanten Beispielen demonstriert.

II.

Im Jahre 1814 hatte Walter Scott seinen ersten historischen Roman *Waverley* (noch anonym) vorgelegt; ihm waren weitere gefolgt und hatten in ganz Europa Furore gemacht. *Waverley* lag zwar erst 1827 auch in russischer Übersetzung vor, doch andere Romane des Schotten kannte man bereits, so *Old Mortality* (1816, übersetzt 1824) und *The Legend of Montrose* (1819, übersetzt 1822–24).

Scott war also im Rußland der zwanziger Jahre bestens bekannt. Alexander Puschkin sah in ihm für eigene Arbeiten (z.B. *Die Hauptmannstochter*, 1836) das große Vorbild und pries ihn nicht zuletzt wegen seiner Art, geschichtliche Abläufe zu schildern, nämlich nicht nur mit einer Perspektive von oben her. Er attestierte ihm sogar Parteinahme für das einfache Volk,[2] was vor dem Hinter-

---

2 Vgl. Puškin, Bd. VII, S. 535.

grund der noch immer nicht ganz überwundenen klassizistischen Ästhetik offenbar als neuartig empfunden wurde.

In dem stolzen Bewußtsein, nicht nur Zeuge gewaltiger historischer Ereignisse gewesen zu sein, sondern an ihnen aktiv Anteil genommen zu haben, begann man sich im zweiten Jahrzehnt des Jahrhunderts wie nie zuvor für die nationale Vergangenheit zu interessieren, diese überhaupt erst zu entdecken. Hierbei leistete der Publizist und Erzähler Nikolai Michailowitsch Karamsin (1766–1826), dem Rußland die Schaffung einer stilvollen Erzählprosa verdankt, mit seiner *Geschichte des russischen Reiches* einen wesentlichen Beitrag. Die ersten im Jahre 1818 erschienenen Bände waren sofort vergriffen und mit den folgenden drei (bis 1824) verhielt es sich nicht anders. Dieses gut lesbare Geschichtswerk wurde zur wichtigsten Quelle historischer Belletristik.[3] Für die Methode der künstlerischen Umsetzung aber lieferte Scott das Muster (etwa mit der strukturprägenden Figur des mittleren Helden).

Rußlands erster namhafter Scottschüler war Michail Nikolajewitsch Sagoskin (1787–1852). Aus einer ursprünglich tatarischen Adelsfamilie stammend, die im 15. Jahrhundert dem Moskauer Zaren (Iwan III.) den Treueid geleistet hatte, war Sagoskin nach Teilnahme am Vaterländischen Krieg (mit Auszeichnung für Tapferkeit) Beamter geworden, ohne Karriere zu machen – bis er plötzlich als Verfasser von Theaterstücken hervortrat und namentlich als Prosaist literarisches Ansehen errang. Im Jahre 1829 legte er den ersten historischen Roman Rußlands vor: *Jurij Miloslawski oder die Russen im Jahre 1612*. Vier Jahre später folgte der Roman *Askolds Grab*, der zur Vorlage einer gleichnamigen Oper wurde.

Ihr Schöpfer war Alexej Nikolajewitsch Werstowski (1799–1862), der als erster den erfolgreichen Versuch unternahm, aus den Traditionszwängen der bis dahin unbestritten herrschenden italienischen Opernästhetik auszubrechen.

Der Gutsbesitzersohn Werstowski wollte eigentlich Ingenieur werden. Nachdem er aber als Zwanzigjähriger mit einem Opernvaudeville *Der Papagei der Babuschka* einen großen Erfolg erlebt hatte, beschloß er, sich ganz der Musik zu widmen. Ab 1825 war er in Moskau Musikinspektor und von 1848–60 Leiter des Moskauer Theaterkontors. Seines bestimmenden Einflusses auf das Theaterwesen wie auch seines Erfolges als Komponist wegen (er schrieb u.a. nicht weniger als 30 sehr populäre Melodramen und Vaudevilles) spricht man für die Zeit zwischen 1825 und '62 von der 'Werstowski-Periode' des russischen Opernwesens.

Werstowski war – soweit wir wissen – der erste, der die Absicht verkündete, eine nationalrussische Oper romantischen Charakters auf der Grundlage historischer Überlieferung zu schaffen. Dabei gaben die Romane Sagoskins die ideale Grundlage ab. Zwischen Romanautor und Komponisten entwickelte sich denn auch eine enge Zusammenarbeit. Sechs Opern sind diesem neuen

3 Besonders wichtig wurde für die Literatur Bd. 9 (1821) mit der Schilderung der Herrschaft Iwans d. Schrecklichen (1533–84).

Genre zuzurechnen – und zu dreien von ihnen lieferte Zagoskin das Libretto. *Askolds Grab* (1835) gilt als das bedeutendste Resultat dieser Zusammenarbeit.

Librettist und Komponist huldigten einem konservativ-nationalen Weltbild, dem gemäß das eigene Land eine Entwicklung durchlief und durchlaufen sollte, die sich von der im Westen fundamental unterschied, weil sie ihre Quellen im byzantinischen Osten hatte. In diesem Sinne blickte man, nicht frei von einer Tendenz zur Verklärung, auf die mittelalterliche Geschichte Rußlands zurück und verfocht die Überzeugung, Zar und Volk stimmten in ihrem politischen Wollen prinzipiell überein. Diese Grundideen sind für die erste Phase der heroisch-historischen Oper Rußlands kennzeichnend.

Am 16. (nach unserer Datierung am 28.) September 1835 in Moskau uraufgeführt, hielt sich *Askolds Grab* bis zur Jahrhundertwende auf dem Spielplan. Bei einem Vergleich mit der Romanvorlage fällt auf, daß das Bühnengeschehen aus der Regierungszeit Wladimirs des Heiligen, der im Jahre 988 Rußland dem Christentum zugeführt hat, in die seines Vaters Swjatoslaw, eines Heiden also, verlegt worden ist. Die Bestimmungen der russischen Theaterzensur enthielten nämlich das Verbot, einen Heiligen auf die Bühne zu bringen. Außerdem bekam die Oper ein *happy end*: die Liebenden werden vereint.

Motor der Handlung sind fortschrittsfeindliche (also gegen das Christentum gerichtete) Machenschaften eines geheimnisvoll-dämonischen Unbekannten. Er versucht, den Knappen Wseslaw gegen den Kiewer Großfürsten aufzuwiegeln, indem er ihm einredet, als Großenkel des (legendären) Fürsten Askold habe er legitime Rechte auf den Thron in Kiew. Der Knappe weist das Ansinnen des Treubruchs zwar zurück, gerät aber dennoch in Konflikt mit seinem Herrscher, als er seine Braut Nadeshda gegen Zudringlichkeiten der Höflinge verteidigt, wobei ein Leibgardist zu Tode kommt. Der Großfürst läßt jedoch Milde walten, geschah die Bluttat doch aus Liebe. Als der mysteriöse Fremde erkennen muß, daß sein Versuch gescheitert ist, dem Rad der Geschichte in die Speichen zu greifen, stürzt er sich in den Dnjepr.

Soweit in aller Kürze die Grundzüge der Handlung, die – wie man sieht – wohl einen historischen Rahmen hat, im übrigen aber kaum geschichtsrelevante Fakten verarbeitet.

Ging der Operntext auf Sagoskin zurück, so war auf musikalischem Felde K.M.v. Webers *Freischütz* von 1821 das große Vorbild. Das Werk war 1824 in Petersburg und ein Jahr später in Moskau herausgekommen, und nach seinem Muster wollte Werstowski, wie er 1836 dem Musikschriftsteller Wladimir Fjodorowitsch Odojewski (1804–69) schrieb, "in die europäische Form den Charakter einer nationalen russischen Musik einbringen".[4] Der Komponist setzt also auf das Erfolgsrezept seines deutschen Zeitgenossen: die Verbindung

4 Neef 1985, S. 711.

von Volkstümlichkeit, Schauerromantik und herzbewegender Sentimentalität. So präsentiert er wie Weber effektvolle Chormusik (Fischerchor, Mädchenchor), Arien im Romanzenton (zwei davon – Arien der Nadeshda – sind vor der Oper und unabhängig von ihr entstanden), läßt eine Hexe agieren in einer Szene, die es an Grauslichkeit mit der Wolfsschlucht Webers durchaus aufnehmen kann, einen Geisterchor hinter der Szene zur Stimmungsmache beitragen u.a.m. Auch wechselt gesprochene Rede im Dialog mit Musiknummern, und einige Figuren haben überhaupt keinen gesungenen Text – ein Stück Erbe aus der Tradition der komischen Oper. –

Anders als bei Werstowski liefert die Geschichte in der Oper *Ein Leben für den Zaren* von Michail Iwanowitsch Glinka (1804–57) nicht nur den äußeren Rahmen, sondern bestimmt das Schicksal des Helden unmittelbar, ja mehr noch: sie läßt ihn selbst Geschichte machen, worauf schon der ursprüngliche Titel verweist: *Iwan Susanin. Vaterländische heroisch-tragische Oper*. Die begeistert aufgenommene Uraufführung fand am 27.11./9.12.1836 in Petersburg (Großes Theater) statt.

Die Handlung spielt am Ende der sog. ‘Großen Wirren’, d.h. Anfang des 17. Jahrhunderts, als Rußland Spielball fremder Mächte, vor allem Polens und Schwedens, war und polnische Truppen den Kreml in Moskau besetzt hielten.

In die friedliche Welt eines russischen Dorfes, wo gerade die Hochzeit Antonidas, Tochter Iwan Susanins, vorbereitet wird, bricht unversehens ein Trupp polnischer Soldaten ein, denen bekannt ist, daß der Bauer das Versteck des zum neuen Zaren ausersehenen Michail Romanow kennt, zu der Zeit sechzehn Jahre alt. Sie wollen ihn zwingen, seinen Herrn zu verraten und in ihre Hände zu überliefern. Iwan Susanin führt die Häscher, sein Leben für den künftigen Herrscher und damit für sein Land opfernd, in ein tief verschneites Waldesdickicht, wo sie elendiglich zugrunde gehen – nachdem sie ihn zuvor erschlagen haben.

Die Tat des Bauern ist historisch, und jeder gebildete Russe kannte die Geschichte aus einem Schullesebuch – und aus einer historischen Versballade Kondrati Fjodorowitsch Rylejews (1795–1826), die im Jahre 1825 erschienen war, aus der Librettist und Komponist allerdings nur den Handlungskern entnehmen konnten. Ergänzt wurde er u.a. durch die Volksszenen und den Polenakt (II). Auch läßt Glinka im Gegensatz zu Rylejew, der seine Ballade heroisch-tragisch mit dem Tod seines Helden abschließt, die Oper strahlend triumphal mit einer Apotheose des befreiten Landes und des jungen Zaren enden.

Für Glinkas Erfolg lassen sich mehrere Gründe anführen. So entsprach der stramm-patriotische Charakter des Werkes genau dem Geist der Epoche, in der der ruhmreiche Abwehrkampf gegen die *grande armée* Napoleons noch immer das alles überstrahlende Geschichtserlebnis war. Zudem trifft hier ein einfacher Bauer eine politische Entscheidung, welche die Identität von Staatsräson und Volkswillen zum Ausdruck bringt, ja diese geradezu verkörpert. Auch kam das Werk literarisch gesehen zum ‘richtigen’ Zeitpunkt heraus: Wenige

Jahre zuvor war der Roman *Jurij Miloslawski oder Die Russen im Jahre 1612* erschienen, das Publikum daher mit der Epoche, in der die Oper spielt, bestens vertraut.

Was die Musik betrifft, so befand sich Glinka auf dem neuesten Stand der Entwicklung. Er hatte auf seiner ersten Europareise (1830–34) nicht nur den *Freischütz* (1821), sondern auch Spohrs *Faust* (1813) und Beethovens *Fidelio* (1805/14) gehört, in Mailand der Uraufführung von Donizettis *Anna Bolena* (1830) beigewohnt, die den Beginn der heroischen Oper in Italien markiert, und auch Bellinis Meisteropern kennengelernt: *Norma* (1831), *La somnambula* (1831) und *I Capuleti ed i Montecchi* (1830).

Es waren nicht zuletzt diese musikalischen Erlebnisse, die ihn nach Rückkehr in die Heimat dazu drängten, sein eigenes Opernprojekt in Angriff zu nehmen. Interessant ist die Tatsache, daß Glinka zuerst die einzelnen Musiknummern schrieb und sein Librettist Baron Georg (Jegor) Fjodorowitsch von Rosen (1800–60) gehalten war, dazu die entsprechenden Verse zu liefern, eine Aufgabe, deren sich der Baltendeutsche offenbar mit Bravour entledigte:

> Baron Rosen war ein Prachtkerl. Ich konnte bei ihm Verse bestellen, soviel ich wollte und welchen Versmaßes auch immer, ob in einem zweisilbigen, dreisilbigen oder sogar in einem völlig unbekannten – ihm war es gleich. Wenn ich am nächsten Tag wiederkam, war alles schon fertig.[5]

Ein Leben für den Zaren, die erste russische Oper ohne gesprochenen Dialog, d.h. mit komponierten Rezitativen, war in Rußland überaus erfolgreich bis in die Sowjetzeit, nicht zuletzt weil sie die Lieblingsoper Stalins war. Weshalb man sie denn auch in Berlin im Jahre 1940 zu Ehren des neuen Bündnispartners auf den Spielplan setzte. Hitler ehrte man übrigens in Moskau im selben Jahr mit der *Walküre*. –

Neue Wege für die nationale Oper eröffneten sich in Rußland in der Epoche des großen Aufbruchs unter Zar Alexander II. (1855–81). Im Jahre 1858 nahm unter Leitung Anton Grigorjewitsch Rubinsteins (1829–94) in Petersburg das erste russische Konservatorium seine Arbeit auf – im Palast der Großfürstin Jelena Pawlowa,[6] die sich um die Entwicklung des Musiklebens große Verdienste erwarb. Sie wurde die Schirmherrin der 1859 gegründeten "Russischen Musikgesellschaft", die es sich zur Aufgabe gemacht hatte, den Rückstand des Zarenreiches aufzuholen. Bisher nämlich gab (trotz Glinka und Werstowski) die italienische Oper den Ton an, was nicht verwundert, denn seit dem Beginn des Opernlebens in Petersburg im 18. Jahrhundert arbeiteten die bekanntesten italienischen Meister in Rußland und lösten einander als Chefdirigenten der Kaiserlichen Oper ab. Sie prägten auch die Ausbildung des

---

5 Redepenning 1994, S. 79.

6 Der gebürtigen Friederike Charlotte, Prinzessin von Württemberg (1806–73), Gattin des Großfürsten Michael Pawlowitsch (Bruder der beiden Zaren Nikolaus I. und Alexander I.) hat Rußland auf sozialem wie kulturellen Gebiet viel zu verdanken.

Nachwuchses, und selbstverständlich holten sich ihre Schüler den letzten Schliff in Italien.

Die Organisation eines eigenständigen Musikbetriebs samt Ausbildung des Nachwuchses konnte freilich nur nach westlichem Vorbild erfolgen und bedurfte der Mitarbeit ausländischer, jetzt vornehmlich deutscher, Lehrer.

Gegen diese 'Abhängigkeit vom Westen' organisierte sich – quasi im Geiste des Slawophilismus – im Jahre 1861 um Mili Alexejewitsch Balakirew (1837–1910) eine nationale Künstlergruppe, dem der mit ihr sympathisierende Großkritiker Wladimir Wassiljewitsch Stassow (1824–1906) alsbald den schmeichelhaften und höchst werbewirksamen Beinamen "Das mächtige Häuflein" verlieh. Es gehörten zu ihr Modest Petrowitsch Mussorgski (1839–81), Alexander Porfirjewitsch Borodin (1833–87), Cesar Antonowitsch Cui (1835–1918) und Nikolai Andrejewitsch Rimski-Korsakow (1844–1908). Ihr Vorbild war Michail Glinka.

Allem Unrussischen abhold, verweigerte sich das 'Mächtige Häuflein' selbstverständlich auch den Bemühungen eines Alexander Nikolajewitsch Serow (1820–71), die russische nationale Oper nach dem Vorbild Richard Wagners weiterzuentwickeln.

Den ersten Versuch in diesem Sinne unternahm der Komponist mit seiner Oper *Judith* (1863). Franz Liszt, dem er die Partitur bei einem Besuch in Weimar vorlegte, zeigte sich wenig davon angetan und riet ihm, sich doch besser einem russischen Thema zuzuwenden. Serow nahm sich dies zu Herzen und präsentierte zwei Jahre darauf *Rogneda* (UA: 27.10./8.11.1865 am Marientheater Spb).

Nach einem Szenario des Komponisten, das sich wie Glinkas *Iwan Susanin* auf eine historische Versballade Rylejews stützte, schuf Dmitri Wassiljewitsch Awerkijew (1836–1905) das Libretto. Die Handlung spielt ähnlich der Oper *Askolds Grab* zur Zeit des Übergangs vom Heidentum zum Christentum in Rußland, unmittelbar vor der Taufe von 988.

Die Titelheldin ist die Tochter eines Polowzerfürsten: Den hatte der (noch heidnische) Großfürst Wladimir einst überfallen, samt Sohn erschlagen und Rogneda gewaltsam zur Frau genommen, sich aber bald wieder anderen seiner zahlreichen Konkubinen zugewandt. Nach Rache dürstend sucht nun Rogneda die Hilfe der Priesterschaft des Gottes Perun – die sofort die Chance erkennt, den mit dem Gedanken des Abfalls vom alten Glauben spielenden Fürsten aus dem Weg räumen zu lassen. Eine zweite Bedrohung erwächst Wladimir durch den jungen Waräger (Normannen) Ruald, dem der Fürst die Braut entrissen und seinem Harem zugeführt hat. Ein Versuch des jungen Mannes, das Mädchen zu befreien, scheitert. Dem auf ihn bereits wartenden Henker entkommt er durch einen glücklichen Zufall: Teilnehmer eines fürstlichen Jagdzuges, wirft er sich einer Bärin entgegen, die sich anschickt, den Herrscher zu zerfleischen. Dem ob solcher Opferbereitschaft höchst verwunderten Fürsten erklären christliche Pilger, die gerade von einer Wallfahrt heimkehrend des Weges ziehen, das Gebot der Nächstenliebe. Dieselben frommen Männer greifen noch ein zweites Mal in die Handlung ein, indem sie das Schicksal Rognedas wenden, die wegen des gescheiterten Anschlags auf Wladimir hingerichtet werden soll. Rualds Opfertat mahnend in Erinnerung rufend, vermögen sie den Fürsten umzustimmen, so daß Gnade vor Recht ergeht. Das Verhalten des jungen Warägers und die christliche Botschaft aus dem Munde der Pilger bilden die entscheidenden Anstöße für den Fürsten, sich dem Christentum zuzuwenden und sein Volk taufen zu lassen.

Der in der Handlung ausgespielte (uns von Wagners *Lohengrin*, 1850, her bekannte) Konflikt zwischen Heidentum und Christentum erlaubt die Präsentation wirkungsvoller Nummern, aus denen sich besonders die Chorszenen herausheben.

Eine wichtige Rolle spielt (wie in Wagners *Tannhäuser* von 1845) ein Pilgerchor; eine Volksmenge wird von heidnischen Priestern aufgeputscht (Götzenopferchor); ein Knappenchor, ein Tanz der Spielleute und ein Tanz der Mädchen sorgen für abwechlungsvolle Lebendigkeit und konstituieren eine Struktur, die auch die große Oper des Westens, Meyerbeer und Wagner, kennzeichnet.

Das Werk beherrschte, von den Komponisten des 'Mächtigen Häufleins' (außer Mussorgski) wegen der offensichtlichen Wagnernachahmung scheel angesehen, bis zur Revolution die Petersburger Bühne. –

Von den elf Opern, die Pjotr Iljitsch Tschaikowski (1840–93) geschrieben hat, sind bei uns nur *Eugen Onegin* (1879) und *Pique Dame* (1890) bekannt. Unter dem Aspekt unseres Themas verdienen jedoch zwei andere Beachtung: *Der Wojewode* (UA: 30.1./11.2.1869, Moskau) sowie *Der Opritschnik* (UA: 12.4./24.4.1874, Spb.).

Die erstgenannte Oper basiert auf dem Schauspiel *Der Wojewode oder Ein Traum auf der Wolga* (1864) von Alexander Nikolajewitsch Ostrowski (1823–86). Das Libretto nahmen Komponist und Dramatiker zunächst gemeinsam in Angriff, dann trat Ostrowski jedoch zurück wegen anderweitiger dringender Verpflichtungen, aber auch wegen künstlerischer Meinungsverschiedenheiten (unumgängliche Straffungen sollten zulasten von Szenen gehen, an denen Ostrowski besonders lag), und so schrieb Tschaikowski das Textbuch im wesentlichen allein. Die Uraufführung am Bolschoitheater in Moskau wurde zwar ein großer Erfolg (obwohl die Direktion nur 300 Rubel für die Ausstattung bewilligt hatte), doch kam es nur zu fünf weiteren Aufführungen. Nicht mit sich und der negativen Kritik zufrieden, hat der Komponist seine Partitur im Jahre 1870 vernichtet. Pawel Lamm[7] hat sich nach dem zweiten Weltkrieg an eine Rekonstruktion gemacht und auf Grund der erhal-

7 Pawel Alexandrowitsch Lamm (1882–1951), Pianist und Musikwissenschaftler (Konservatorium Moskau), rekonstruierte die Originalfassung von Mussorgskis *Boris Godunow* und *Chowantschina* sowie Borodins *Fürst Igor*. Internationale Anerkennung durch seine Mussorgski-Gesamtausgabe.

tengebliebenen Stimmen eine Fassung erstellt, die am 28.9.1949 auf der Bühne des Kleinen Operntheaters in Leningrad der Öffentlichkeit vorgestellt wurde.

Thema des Werkes ist das ehr- und pflichtvergessene Handeln eines hohen Staatsdieners, eines 'Wojewoden' (d.h. Statthalters), der die ihm vom Zaren verliehene Regionalmacht sowohl im öffentlichen Bereich wie auch im privaten mißbraucht (er erzwingt die Hochzeit mit einem Mädchen, das einen anderen liebt). Tyrann und Wüstling in einem, bietet er das abstoßende Beispiel eines schlechten Herrschers, gegen den Widerstand zu leisten erlaubt und geboten ist. Diesem Widerstand – in Form eines Protestes in Moskau – verschreiben sich denn auch einige Personen von Einfluß. Dabei dürfen sie sich des Beifalls des Volkes durchaus sicher sein. Doch es ist nicht dieses Volk selbst, das sich artikulierte oder gar auflehnte. Derart revolutionäre Akte auf die Bühne zu bringen scheute Tschaikowski noch mehr als der Dramatiker, und mit Blick auf die Zensur und die allgemeine politische Lage taten sie sicher gut daran. Immerhin befand sich die Regierung nach dem (gescheiterten) Karakosowattentat auf Alexander II. (1866) in einer Phase des Zweifels, ob man nicht bei den Reformen schon zu weit gegangen, zu viel Liberalität gezeigt habe. Es war somit nicht die Zeit für provokante Bühnenaktionen. Und so wird denn auch in Tschaikowskis Oper die Ordnung des gesellschaftlichen Systems selbst nicht in Gefahr gebracht: am Ende erscheint als *deus ex machina* ein neuer Statthalter, vom Zaren auf Grund der Beschwerden seiner treuen Bürger gesandt, und stellt Frieden, Gerechtigkeit und Eintracht in der Provinz wieder her.

Der Opritschnik basiert auf der Tragödie gleichen Titels von Iwan Iwanowitsch Lashetschnikow (1792–1869). Das Stück war bereits 1843 vollendet worden, also unter Nikolaus I., konnte aber infolge eines langwirkenden Zensurverbots erst sechzehn Jahre später, nun unter dem liberalen Regime Alexanders II., veröffentlicht werden.

Ein junger Adliger (Andrej Morosow) schließt sich dem schlimmsten innenpolitischen Terrorapparat an, den Rußland vor der Kommunistenherrschaft je erlebt hat: den sogenannten Opritschniki, der übelbeleumundeten Garde Iwans des Schrecklichen. Die höchst aktuelle Frage lautet: kann/darf man einen persönlichen Pakt mit dem Teufel schließen, mit dem Bösen zusammenarbeiten, in der Absicht etwa, den Vater – unschuldiges Opfer des Staatsterrors – zu rächen und das geliebte Mädchen heimführen zu können? Erst in dem Augenblick, da Andrej den Eid leistet, wird ihm bewußt, daß er sich völlig ausliefert, alle privaten Bindungen abbrechen muß und nunmehr zu bedingungslosem Kadavergehorsam verpflichtet ist. Der furchtbare Zar selber tritt erst im vierten Akt auf und scheint zunächst der bedrohlichen Entwicklung eine Richtung zum Guten hin zu weisen. Aus einer menschlichen Regung heraus will er den jungen Mann aus seinem Dienst freigeben und ihm sogar zu seinem Mädchen verhelfen. Doch wer hier die gewohnte Lösung des Konflikts durch ein Machtwort des gerechten Herrschers erwartet, sieht sich getäuscht. Der Zar nämlich läßt sich durch einen seiner Satrapen dazu bewegen, das 'Recht der ersten Nacht' mit der Braut einzufordern – gewissermaßen als Dank für seine Großmut. Als Andrej dieses Ansinnen zurückweist, sich somit gegen seinen Herrn stellt, hat er nach 'Optritschniki-Gesetz' als Meuterer sein Leben verwirkt. Seine geliebte Natalja wird dem Zaren gewaltsam zugeführt, ihr Bräutigam dem Henker überantwortet. Seine Mutter stirbt, als man sie zwingt, der Hinrichtung des Sohnes beizuwohnen.

So politisch sich das Werk auch gibt, so eindeutig die Ablehnung der Gewaltherrschaft auch scheinen mag – im Zentrum des Bühnengeschehens steht doch das traurige Schicksal eines einzelnen. Andrej Morosow wird zur tragischen Figur: Wider besseres Wissen läßt er sich mit den Opritschniki ein, mit deren Hilfe er seine eigenen Absichten zu befördern hofft. Doch wie es im russischen Sprichwort heißt: "Wer mit dem Teufel essen will, braucht einen langen Löffel." Das muß auch der Held erkennen. Von einem Herrscher wie Iwan dem Schrecklichen ist Milde nicht zu erhoffen (wenn der Zar hier auch z.T. unter bösem Einfluß seiner Umgebung handelt).

Jedoch: Das autokratische System selbst wird bei Tschaikowski nicht in Frage gestellt; unser Abscheu wird auf den unwürdigen, den bösen Herrscher gelenkt, nicht auf das Gewaltsystem überhaupt. -

Nikolaj Alexandrowitsch Rimski-Korsakow (1844–1908) ist ein typischer Vertreter jener russischen 'Intelligenzija', die ich oben charakterisiert habe. Seine Haltung läßt sich als patriotisch-kritisch kennzeichnen. Patriotisch insofern, als er an seiner Loyalität gegenüber dem Reich und seinem Herrscher, der inneren Ordnung und kulturellen Tradition seines Landes nie einen Zweifel aufkommen ließ (Als Generalinspekteur aller Marineorchester nahm der zum Seeoffizier ausgebildete Komponist eine hohe, verantwortungsvolle Stellung ein). Kritisch dabei aber insofern, als er weder das Erscheinungsbild dieses Staates noch die Politik seiner Eliten, oder gar diese Eliten selbst, als sakrosankt anzusehen bereit war.

Diese Einstellung findet ihre Entsprechung in seiner für die 'Intelligenzija' charakteristischen Auffassung von der gesellschaftlichen Rolle des einfachen Volkes.

An der deutschen, vornehmlich romantischen, Philosophie geschult, sah Rimski-Korsakow in ihm eine geschichtsbildende Kraft aus eigenem Willen und eigenem Recht. Nicht überraschend daher, daß er einige seiner Vorlagen bei einem Schriftsteller suchte und fand, der mit seinen dramatischen Texten, die z.T. schon unter Zar Nikolaus I. entstanden waren, aber erst unter Alexander II. an die Öffentlichkeit gelangen konnten, genau diese Auffassung in Bühnenhandlung umgesetzt hat: Lew Alexandrowitsch Mej (1822–1862). Frühen demokratischen Tendenzen im russischen Geistesleben mit Sympathie gegenüberstehend, zeigte er als Dramatiker ein starkes Interesse für Folklore und war bemüht, historische Personen (im Sinne des Historismus) aus ihrer Zeit heraus zu verstehen und psychologisch verständlich zu machen.

Ende der sechziger Jahre, als Rußland im Zuge der Umsetzung des großen Reformwerks eine innenpolitisch sehr bewegte Zeit erlebte, begann Rimski-Korsakow mit der Vertonung des *Mädchens von Pskow* (1849/59). Im Jahre 1872 fertiggestellt, wurde das Werk noch mehrfach überarbeitet.

Die Handlung der Oper spielt im wesentlichen 1570, als Iwan der Schreckliche einen blutigen Feldzug gegen die Stadt Nowgorod am Ilmensee unternahm (2.1.–13.2.). Schon auf dem Anmarsch ließ er durch seine Opritschniki blutige Massaker in Städten wie Klin, Torshok, Twer inszenieren – wahre Schlächtereien, die dann in der Hansestadt Nowgorod ihre Kulmination erlebten. Der Blutzoll, welcher der Stadt dabei abverlangt wurde, war so furchtbar, daß der einst freiheitliche Geist der stolzen Republik endgültig ausgelöscht war – mit verheerenden Folgen für die Wirtschaft und die bis dahin sehr fruchtbaren geistig-kulturellen Kontakte mit dem Westen.

Das Sujet Mejs hat der Komponist im großen und ganzen beibehalten. Durchaus traditionell war der Handlungskern: junges Mädchen soll alten, reichen Mann heiraten, liebt aber einen jungen, den sie – wie ähnlich schon im *Opritschnik* – nicht bekommt. Daß der Ausgang auch hier tragisch ist, ohne *deus ex machina* auskommen muß, hat seinen Grund in der politischen Einbettung dieses privaten Schicksals. Der Herzallerliebste Olgas, der Kleinbürger Tutscha, sammelt nämlich, als sich der Zar mit seiner Terrorarmee nähert, die Armen der Stadt um sich – in der Absicht, sich dem Tyrannen entgegenzuwerfen, während die Reichen in ihrer Verblendung dazu neigen, sich zu unterwerfen. Daß es nach dem Eindringen des Heeres in die Stadt nicht zum fälligen Blutbad kommt, erklärt sich freilich nicht aus der feigen Kollaborationsbereitschaft der Wohlhabenden, sondern aus einem eigenartigen Zufall: In der Pflegetochter des Statthalters, bei dem der Zar Quartier nimmt, erkennt dieser nämlich sein eigen Fleisch und Blut. Olga ist die Frucht einer Zufallsaffäre. Schon scheint sich alles zum Guten zu wenden, als der Zar in einer Anwandlung von Rührung angesichts der personifizierten Erinnerung an ein kurzes Liebesglück auf Bitten des Mädchens deren geliebten Tutscha freigibt. Doch ein von Olga zurückgewiesener Bewerber aus Iwans Gefolge verleumdet das Mädchen bei dem krankhaft mißtrauischen Zaren als "Verräterin", und noch ehe diese Anklage geprüft werden kann, wird Tutscha von einem Gardisten erschossen; eine Kugel trifft auch Olga tödlich. Das Schlußtableau zeigt eine Szene, die an ein berühmtes Gemälde Repins denken läßt: Der Zar hält klagend die Leiche seiner Tochter in den Armen.[8]

Das für unser Thema Interessante aber ist vor allem die Art und Weise, wie Rimski-Korsakow die in dem Stück Mejs vorgegebenen Möglichkeiten, das Volk agieren zu lassen, nutzt.

---

8 Am 9.11.1582 hat Zar Iwan der Schreckliche seinen ältesten Sohn Iwan (27) im Jähzorn derart mißhandelt, daß er zehn Tage später starb.

So spielt das zweite Bild des ersten Aktes auf dem Markt in Pskow, dem traditionellen Versammlungsort der Bürger, die hier nach einem festgelegten Reglement wichtige Entscheidungen für die Stadt trafen. (Der Absolutismus wurde in Rußland erst im 17. Jahrhundert voll durchgesetzt.) Hier diskutiert man die Nachrichten über den Heereszug des Tyrannen, hier erfährt man auch vom Wüten in Nowgorod und erörtert die Reaktion darauf: Unterwerfen (wofür die Reichen plädieren) oder Kampf für die Bewahrung der Freiheit, wofür Tutscha die kleinen Leute mobilisieren kann. Rimski-Korsakow zeigt also eine noch weitgehend intakte republikanische Gemeinschaft in Aktion, er läßt den Widerspruch zwischen oben und unten deutlich werden und präsentiert eine Volksmasse, die sich nicht unterwerfen, sondern die Freiheit ihrer Stadt gegen Moskau verteidigen will.

Zwar kann man kritisch vermerken, daß der Volksführer Tutscha seinen Widerstand aufzugeben bereit ist, als ihm das private Glück winkt. Auch wird das Bild des Schreckenszaren dadurch etwas aufgehellt, daß er gerade hier in Pskow (was übrigens historisch und bis heute nicht erklärt ist) kein Massaker veranstaltet, daß dieser Zar gar menschliche Rührung zeigt und ihm Worte in den Mund gelegt sind, die ihn als Verfechter der nationalen Einigkeit ausweisen. Doch war für den wissenden Zuschauer klar, daß er hier mit einer Ausnahmesituation konfrontiert wurde, die das Furchtbare des Gesamtvorgangs nur um so deutlicher machte.

III.

Der Gardeoffizier, glänzende Pianist und Hobbykomponist Modest Petrowitsch Mussorgski (1839–1881) hatte seit den fünfziger Jahren Versuche auf dem Felde einer Opernreform angestellt. Seine frühen Projekte basierten auf Texten von Victor Hugo (*Han d'Islande*, 1856), Gustave Flaubert (*Salammbô*, 1862). Auch ein *Ödipus in Athen* (nach Oserow, 1860) war dabei – sowie die *Heirat* nach Gogol (1868). Entweder also ausländische Stoffe, oder aber – wie im Falle Gogol – Themen, die keinerlei Bezug zur russischen Geschichte hatten.

Nach Abbruch der Arbeit an der *Heirat* (1868) wandte er sich dem Stoff zu, aus dem er jenes Werk formen sollte, das ihn weltberühmt gemacht hat: *Boris Godunow* – nach Puschkins Tragödie von 1825, d.h. einem Werk, das fast ein halbes Jahrhundert alt war.

Boris Godunow, der die Herrschaft stellvertretend für den regierungsunfähigen Fjodor, Sohn Iwans des Schrecklichen, ausübt, hat den Thronfolger Demetrius, im Knabenalter stehenden Bruder Fjodors, ermorden lassen, um sich den Weg zum Thron freizumachen. Nach dem Tode Fjodors gelingt es ihm, sich zum Zaren wählen zu lassen. Doch wird ihm sein Herrschaftsanspruch nun unerwartet bestritten durch einen Pseudodemetrius (in Wahrheit der entlaufene Mönch Grigori), der von Polen aus mit Heeresmacht gegen Rußland zieht, um das ihm durch einen (angeblich gescheiterten) Mordversuch geraubte Erbe in Besitz zu nehmen. Schließlich – Boris Godunow ist durch einen überraschend eingetretenen Tod bereits dahingerafft – kann Demetrius (Dmitri) den Sieg an seine Fahnen heften (wenn auch nur für kurze Zeit: knapp zehn Monate nach seiner Krönung wird er gestürzt und umgebracht; Mai 1606). Seine Partnerin im Kampf um den russischen Thron ist die polnische Magnatentochter Maryna Mniszech.

Bei der Transponierung der Tragödie in ein Libretto mußte Mussorgski nicht unerhebliche Eingriffe vornehmen. Aus den ursprünglich 25 Szenen bei Puschkin machte der Komponist 10 Bilder. Weggefallen sind die Szenen 1, 6, 9, 11, 14, 16, 18–24; die von Puschkin selbst gestrichene Szene 25 (Marynas Ankleidezimmer) wurde ins erste Bild des dritten Aktes eingearbeitet. Die innere Struktur sowie das Charakterbild der Hauptfiguren sind nur unwesentlich verändert worden. So erscheint bei Mussorgski die Machtgier Boris' gemildert, andererseits das Menschlich-Private, also seine Rolle als Familienvater, eher noch verstärkt, zudem die Gewissenslast, die ihn nahezu in den Wahnsinn treibt, bühnenwirksam pointiert. Der Bojar Schujski (der später sein Nachfolger werden wird) tritt als Führer der Adelsfronde stark hervor; die Intrige hat ihren Ursprung allein bei ihm, weshalb Figuren wie Puschkin und Basmanow gestrichen wurden. Bei Grigori, dem falschen Demetrius, ist von Patriotismus kaum noch etwas zu spüren, dafür ist der Zug des Abenteurers deutlicher markiert und seine Rolle als Liebhaber operngemäß herausgearbeitet worden. Deutlich hervorgehoben als Verkörperung der Gerechtigkeit und Ankläger des Zaren wurde der Mönchschronist Pimen, während der Gottesnarr nicht nur als Ankläger, sondern auch als prophetischer Visionär fungiert. Ganz besonders verstärkt ist aber bei Mussorgski die Wirkung des Volkes, wofür die große Chorszene "Wald bei Kromy" als Beispiel diene.[9]

Auf einer Waldlichtung nahe Moskau rechnet das mit der Herrschaft des Mörderzaren und seiner Satrapen unzufriedene Volk mit einem Bojaren ab, den es als Vertreter der gehassten Obrigkeit zu Tode foltert. Für einen Augenblick ist die Macht (wenn auch auf sehr anarchische, brutale Weise) in die Hand des Volkes gelangt – bis der Pseudodemetrius erscheint und als der "wahre Zar", der nun endlich Glück und Wohlstand bringen soll, mit Jubel empfangen wird. Als die aufgeputschten Massen ihrem Idol folgend nach Moskau ziehen, bleibt als einziger der Gottesnarr zurück, um das Los seines schwergeprüften Landes zu beklagen.

Die Oper unter musikgeschichtlichem Aspekt genauer zu behandeln kann nicht meine Aufgabe sein. Lediglich auf einige auffällige Merkmale sei daher hingewiesen.

---

9 Rimski-Korsakow hat sie – ursprünglich Schlußszene – in seiner Überarbeitung zum ersten Bild des vierten (Schluß-)Aktes gemacht und läßt das Werk mit dem Tode des Boris (ursprünglich neuntes Bild) enden, wodurch die demokratische Tendenz zweifellos abgeschwächt wird.

Hauptkennzeichen der oben angesprochenen neuen Opernästhetik Mussorgskis ist die sog. “musikalische Prosa”, d.h. die weitestmögliche Annäherung der gesungenen Sprache an die gesprochene, was den Bruch mit der traditionellen Form der Oper, der Nummernoper, zur Folge hatte. Er bedeutete aber auch den Verzicht auf die vertraute Harmonik und Motivik, die ausschließlich musikalisch-melodischen Prinzipien folgen, ja in der Tendenz sogar eine Abkehr vom Kunstschönen – daher denn Rimski-Korsakows Bedürfnis, bei der Vollendung der fragmentarisch hinterlassenen Teile die Oper “anhörbar” zu machen.

Mussorgskis berühmtestes Werk hat einen langen und komplizierten Entstehungsprozeß durchlaufen. Nach gut einjähriger Arbeit legte der Komponist 1870 seine Partitur dem Kaiserlichen Theater vor (‘Ur-*Boris*’) und erhielt sie abgelehnt zurück. Begründet war die Zurückweisung vor allem mit dem Fehlen einer zentralen Frauenfigur. Vielleicht spielte aber auch die Tatsache eine Rolle, daß Puschkins Stück soeben erst (1870) – d.h. 45 Jahre nach der Vollendung – uraufgeführt worden war und ein Fiasko erlebt hatte.

Mussorgski überarbeitete sein Werk also und legte die zweite Fassung (‘Original-*Boris*’) am 23.6.1871 vor. Eingefügt hatte er den sog. Polenakt mit der Figur der Maryna – Geliebte / Gattin Dmitris. Während er aber so auf der einen Seite bereitwillig Zugeständnisse gegenüber der konservativen Operndirektion machte, nahm er sie *politisch* auf der anderen wieder zurück. Zwar war die Liebe wie gewünscht als Handlungselement eingefügt worden. Dafür aber gab es nun den brisanten Schluß mit der großen Chorszene auf der Waldlichtung von Kromy. Nicht also mit dem herzbewegenden Tod des Monarchen endet das Werk ursprünglich, sondern mit einer Szene, in der ein chaotisch-revoltierendes Volk agiert, um sich dann dem siegreich nach Moskau vorrükkenden Dmitri anzuschließen, diesen quasi als den Zaren seiner Wahl in die Hauptstadt zu geleiten. Daß die russischen Bauern mit *diesem* Herrscher nur vom Regen in die Traufe kommen werden, daß das heilige Rußland noch längst nicht am Ende seiner Leiden angelangt ist, ja noch Schlimmeres zu erwarten steht als dieser dubiose Herrscherwechsel, bringt der allein zurückbleibende Gottesnarr mit seiner prophetischen Klage über sein bedauernswertes Vaterland zum Ausdruck.

Die Zuschauer / Hörer wußten, was hier gemeint war: Das Land wird in eine der schlimmsten Phasen seiner an Katastrophen so reichen Geschichte eintreten, in die Zeit der ‘Großen Wirren’, in der Rußland wieder einmal total ruiniert werden wird – bis nach vielen bösen, blutigen Jahren mit der Thronbesteigung der Romanows allmählich wieder Ordnung einzieht.

Daß auch diese zweite Fassung abgelehnt wurde, kann wohl kaum überraschen. Sie konnte lediglich in einer fragmentarischen Aufführung (die nicht der Zensurgenehmigung bedurfte) im Februar 1873 am Marientheater präsentiert werden. Nur dank der Erpressung des Direktors Stepan Alexandrowitsch Gedeonow (1815 – 1878) durch seine Primadonna Julija Fjodorowna Platonowa (1841 – 1892), welche die Vertragsverlängerung von einer Aufführung des *Boris* abhängig gemacht hatte, kam es dann zur eigentlichen Uraufführung am 27.1./8.2.1874 – mit sensationellem Erfolg beim Publikum (und deutlicher Ablehnung seitens der Presse). 1876 wurde der politisch anfechtbare Schluß gestrichen – und bald darauf verschwand der *Boris* überhaupt von der Bildfläche, obwohl die letzte Aufführung ausverkauft gewesen war. 1896 (zwanzig Jahre später also) kam das Werk wieder auf die Bühne – in der von Rimski-Korsakow 'geglätteten' Fassung. –

Ich wende mich abschließend *Fürst Igor* zu. Im April 1869 entwarf Wladimir Stassow für seinen Freund Alexander Porfirjewitsch Borodin (1833 – 1887) das Szenario. Das Werk sollte die einzige Oper des Professors für Chemie und Medizin und dilettierenden Musikers bleiben. Von Arbeit überhäuft und ständig unterwegs, um seinen vielen Verpflichtungen nachzukommen, hat Borodin nur mit großen Unterbrechungen an seinem Werk gearbeitet, es jahrelang liegengelassen und nie vollendet. Es waren Rimski-Korsakow und sein genialer Schüler Alexander Konstantinowitsch Glasunow (1865 – 1936), die aus dem Torso ein spielbares Werk machten. Rimski-Korsakow arbeitete dabei die im Entwurf vorliegenden Teile aus und instrumentierte sie; Glasunow komponierte – mit einem erstaunlichen Einfühlungsvermögen in die musikalische Handschrift Borodins – die noch fehlenden Teile, so namentlich den dritten Akt, und schrieb auch die Ouvertüre. Die Experten haben festgestellt, daß von den 6890 Takten, die Borodin in einem chaotischen Zustand, z.T. auf kleinen Papierfetzen, hinterlassen hat, lediglich 1023 verwendet wurden, also etwa ein Siebtel! Angesichts dieses Entstehungsprozesses verwundert es nicht, daß die Uraufführung erst am 23.10./4.11.1890 stattfand: im Marientheater von Sankt Petersburg.

Dem Libretto zugrunde liegt das mittelalterliche *Igorlied*, das – wenn es denn keine Fälschung aus dem 18. Jahrhundert ist – von 1187 stammt und den Appell an die russischen Fürsten, Einheit und Eintracht zu wahren, als zentrale Botschaft hat.

Borodin hat aber auch noch andere historische Quellen benutzt, so z.B. die alten Chroniken sowie Studien über das turkotatarische Nomadenvolk der Polowzer.

Die Handlung verbindet bühnenwirksam Krieg und Amore. Fürst Igor unternimmt aus ehrgeizigem Tatendrang heraus einen Feldzug gegen die Polowzer; er wird geschlagen und gefangen genommen. Sein Bruder und Mitfeldherr Wladimir verliebt sich im Lager des Feindes in die Tochter seines siegreichen Gegners. Igor selbst kann mit Hilfe eines heimlichen Christen unter den Polowzern entfliehen und gelangt gerade noch rechtzeitig in seiner Residenz an, um dem schon angelaufenen Staatsstreich seines Schwagers zuvorzukommen.

Im Freundeskreis des 'Mächtigen Häufleins' wurde das Entstehen der Oper von Anfang an mit Beifall und Sympathie begleitet. Schließlich entsprach sie in ihrer nationalhistorischen Tendenz den Bestrebungen des Kreises. Mussorgski arbeitete zur gleichen Zeit an seiner *Chowanstschina*, Rimski-Korsakow an der Neufassung seines *Mädchens von Pskow*. Daß Borodin formal etwas andere Wege ging als Mussorgski, nämlich wieder zur alten Nummernform zurückfand, war im Vergleich zum Inhalt nicht so wichtig. Schließlich verfuhr auch Rimski-Korsakow so.

Die Dramatisierung eines epischen Textes gemäß den Bedürfnissen der Oper erforderte nicht unerhebliche Veränderungen gegenüber der Vorlage. So hat Borodin einen Gegenspieler zu Igor auf russischer Seite eingeführt, dessen Schwager Galizki, einen widerwärtigen, machtgierigen Intriganten, dem das Wohl von Volk und Land völlig gleichgültig ist, während Igor, so leichtfertig er sich auch in ein kriegerisches Unternehmen stürzt, sich immerhin seinem Fürstentum verpflichtet fühlt und seine Flucht aus dem Polowzerlager nicht zuletzt in Sorge um die Lage in der Heimat unternimmt. War durch die Figur Galizkis ein *dramatisches* Element in den Stoff eingearbeitet worden, so mittels der Liebesromanze zwischen Bruder Wladimir und der Polowzerprinzessin Kontschakowna ein *lyrisches*, das zudem mit der sich anbahnenden dynastischen Verbindung zwischen Russen und Polowzern Versöhnung zwischen zwei Völkern aufscheinen läßt. Über die mittelalterliche Vorlage ging Borodin auch durch neue folkloristische Passagen hinaus, wie sie mit den Gudokspielern Jeroschka und Skula verbunden sind, zwei komischen Angsthasen, die aber wegen ihrer Treue zum fern der Heimat kämpfenden Fürsten auch eine positive Rolle spielen. Nicht zu vergessen das Volk als Kollektivum, das mit seiner Ablehnung des Feldzuges (nach einer warnenden Sonnenfinsternis) für Frieden und Vernunft steht. Bemerkenswert ist weiter, daß die Konfrontation der christlichen mit der orientalischen Welt (vertreten durch die Polowzer) hier weniger politisch relevant ist als vielmehr musikalisch. Sie gibt dem Komponisten Gelegenheit, der großen Begeisterung für das orientalische Melos zur damaligen Zeit Rechnung zu tragen.

Auffällig ist aber gerade in diesem Zusammenhang noch etwas *politisch* Bemerkenswertes: die sich als dramatischer Grundkonflikt anbietende Konfrontation von Christentum und Heidentum – wie etwa im *Lohengrin* oder in der *Rogneda* Serows – wird nicht genutzt. Die so ganz andere Kultur, mit der das Russentum hier konfrontiert wird, ist eher eine ästhetische als eine politische Größe. Ja, die Aufwertung des 'ungläubigen', 'andersgläubigen' Gegners zu einem quasi ritterlichen Kontrahenten zeigt, daß man von den alten Haßgefühlen – wie im Mittelalter verständlich – weit entfernt ist. Das hat seinen Grund.

Rußland ist inzwischen zu einem Land mit einem großen muslimischen Bevölkerungsanteil geworden, der zudem noch ständig zunimmt. Im Verlaufe von zwanzig Jahren, von 1864–1885 – in diese Zeit fällt Borodins Arbeit am *Fürsten Igor* –, erobern russische Heere dem Zaren in Mittelasien ein Kolonialreich – die späteren innerasiatischen Republiken der Sowjetunion. Diese Eroberung sieht man natürlich als humanitären Akt der Verbreitung höherer Kultur – eine Sichtweise, der übrigens auch Borodin in den bekannten *Steppenskizzen aus Mittelasien* (1880) zum 25. Regierungsjubiläum des Zaren seinen Tribut entrichtet hat.

Diese neue Konstellation ist denn auch wichtiger als die ursprüngliche Botschaft des *Igorliedes* – die Einheit des Landes zu wahren, wie es im epischen Lied der Kiewer Großfürst in seiner “Goldenen Rede” fordert, war zu Borodins Zeiten, da das zaristische Imperium seinen machtpolitischen Höhepunkt erreichte, kein aktuelles Thema mehr.

Literaturverzeichnis

Neef, S.: *Handbuch der russischen und sowjetischen Oper*, Berlin 1985.

Puškin, A.S.: *Polnoe sobranie sočinenij*, 16 Bde., Moskau / Leningrad 1937–49.

Redepenning, D.: *Geschichte der russischen und sowjetischen Musik*, Bd. 1: ‘Das 19. Jahrhundert’, Laaber 1994.

Brigitte Schultze

Entzauberter Geschichtsmythos: Stanisław Wyspiańskis *Noc listopadowa* (*Novembernacht*, 1904)

I.

Das Dramenschaffen des Dichters, Dramatikers, Malers, Illustrators und auch Theatertheoretikers Stanisław Wyspiański (1869–1907) ist bis heute im deutschsprachigen Raum viel weniger bekannt als dies dem Rang dieses Künstlers entspricht. Auf einige von Wyspiańskis Bühnenwerken, z.B. *Wyzwolenie* (*Befreiung*),[1] hat der deutschsprachige Raum – wohl wegen der hochgradigen gattungspoetischen und kulturellen Fremdheit – mit völliger Rezeptionsblockade reagiert: Der Kulturtransfer beschränkt sich auf ein paar Zeilen, die Karl Dedecius übertragen hat.[2] Auch *Noc listopadowa* (*Novembernacht*), gleichfalls ein Versdrama, enthält viel historisch, kulturell und gattungspoetisch Fremdes. Dennoch ist dieses Stück nicht vom polnisch-deutschen Kulturtransfer ausgeschlossen geblieben: 1918 erschien eine vollständige Übersetzung des Stücks in der *Polnischen Bibliothek*,[3] und 1979 wurde eine ins Deutsche übertragene Bühnenversion von Andrzej Wajda im Nationaltheater Weimar aufgeführt.[4] Neben gattungspoetischer Fremdheit bietet *Novembernacht* für Rezipienten des deutschen Sprachraums vor allem historisch Fremdes. Noch wichtiger ist dies: Im Rahmen von Forschungen zum Geschichtsdrama nimmt Wyspiańskis *Novembernacht* eine Randposition ein, ist ein *Sonderfall*. Dafür seien vorausgreifend einige Gründe genannt: Wyspiańskis Stück stellt Geschichte weder als Prozeß dar, noch zeigt es die entscheidende Phase eines historischen Vorgangs. Vorgeführt wird dagegen der Anfang dieser 'Geschichte', nämlich die Nacht, in welcher der Aufstand begann – die Nacht vom 29. zum 30. November 1830. Dieser eine "Augenblick" wurde, mit den Worten von Agnieszka Ziołowicz, empfunden als

1 Schultze 1991.
2 Dedecius 1970.
3 Wyspiański/Odrowonsch 1918.
4 Lemmermeier/Schultze 1990, S. 100.

"ungewöhnlicher, heiliger, feierlicher Augenblick, wo eben in dieser Novembernacht des Ausbruchs des Aufstands alle der Offenbarungsglanz der Freiheit in Erstaunen versetzte und sich das Wunder der Geburt Polens zu neuem Leben vollzog."[5] Ein weiterer Unterschied zu vielen anderen Geschichtsdramen besteht darin, daß in diesem Stück nicht das Bild einer einzigen historischen Persönlichkeit oder einiger weniger Gestalten geboten wird. Es treten dagegen extrem viele Figuren auf. Überdies ist der ontologische Status des Personals sehr unterschiedlich; neben zahlreichen historischen Gestalten agieren hier die Götter der *Ilias*, ferner Demeter und Kora aus den Eleusinischen Mysterien sowie die Niken siegreicher Schlachten wie auch von Niederlagen. In *Noc listopadowa* greifen somit historisches und mythisches Drama ineinander. Sowohl die Tatsache, daß hier lediglich einige geschichtserfüllte Stunden dargeboten werden, als auch die spezifische Zusammenführung von Geschichte und Mythologie führen dazu, daß viele der systematischen Aspekte zur Gattungspoetik des historischen Dramas, wie sie bei Ulrich Broich,[6] Walter Hinck[7] und anderen zusammengetragen sind, in diesem polnischen Fallbeispiel buchstäblich nicht bedient werden. Es wird somit darauf ankommen herauszuarbeiten, welche gattungspoetischen Positionen des Geschichtsdramas dennoch besetzt und wie diese funktionalisiert sind.

Vorausgreifend sind auch zwei Deutungshorizonte von *Novembernacht* anzusprechen: 1. die Situation Polens im Jahre 1904 und 2. die kulturelle Bedeutung sowie die konnotative, vor allem auch emotionale Aufladung von Wörtern wie 'November', 'Novemberaufstand', 'Novembernacht' im Bewußtsein der Polen. Als Wyspiański dieses Stück schrieb, war Polen über einhundert Jahre ohne staatliche Souveränität – aufgeteilt zwischen Rußland, Preußen und Österreich. Krakau, der wesentliche Wirkungsort des 'Allround'-Künstlers Wyspiański, war Österreich zugeordnet und genoß damit entschieden mehr kulturellen Freiraum als das russisch besetzte Warschau. Um die Jahrhundertwende war die – latent selbstverständlich immer vorhandene – Diskussion zum Umgang mit dieser Situation des geteilten Landes und der Unfreiheit wieder lebhafter geworden; die einen befürworteten ein Festhalten am *status quo*, geduldiges Warten auf einen geeigneten historischen Augenblick, die anderen zogen – nach 1830/31 und 1863/64 zum dritten Mal – einen Aufstand als Lösungsweg in Erwägung.[8] Mit *Noc listopadowa* schaltete sich Stanisław Wyspiański gleichsam in eine aktuelle Debatte ein. So ist hier eine künstlerische Aussage zu dem Aufstandsbeginn, d.h. zum 29. November 1830, und auch zum Sinn und zu den Erfolgschancen eines erneuten Aufstands zur nationalen Befreiung zu erwarten. Zur konnotativen Aufladung von Wörtern wie 'November', 'Novemberaufstand' usw. mögen einige Hinweise genügen: Der Novemberaufstand hat für Polen eine

5 Ziołowicz 1994, S. 93f.
6 Broich 1987.
7 Hinck 1981, S. 7–21.
8 Nowakowski 1974, S. VI.

kultur- und identitätsstiftende Funktion wie kein anderes historisches Ereignis. Er war entscheidend an der Entstehung der romantischen Nationaldramen – *Dziady* (*Ahnenfeier*) von Mickiewicz, Krasińskis *Nie-Boska komedia* (*Un-Göttliche Komödie*) und Słowackis *Kordian* – beteiligt, die in erster Linie den Status der Romantik als "Schlüsseltradition"[9] der polnischen Literatur begründen. "Der Mythos vom Aufstand bleibt", mit Dobrochna Ratajczakowa formuliert, "ausschließlich im Rahmen der Religion des polnischen Patriotismus eine heilige und exemplarische Erzählung."[10] Wir haben es also mit religiös überhöhter Geschichtsauffassung zu tun. Hier sind somit die vielen poetischen Codes, Bilder und Stereotypen angelegt, die danach zunächst fortgeschrieben werden und im Verlaufe des 20. Jahrhunderts zu unzähligen 'Gegenschriften' herausgefordert haben. In die Tradierungslinie der poetischen Dramen der polnischen Hochromantik gehört auch Wyspiańskis *Novembernacht*. Der Aufstand wird selbstverständlich nicht allein in der Literatur (in Texten aller Genres) ausgestaltet und zur Prägung von Geschichtsbildern genutzt. Auch Maler, Komponisten und Historiker beteiligen sich an der Fabrikation von Mythen.[11] Als Nachweis für die herausragende Stelle des Novemberaufstands in der Geschichte und Kulturgeschichte Polens darf auch gelten, daß – mit den Worten von Janusz Tazbir – über dieses Thema "bereits eine ganze Bibliothek"[12] geschrieben worden ist. Bekanntlich ist der Aufstand keineswegs nur von polnischen Autoren dargestellt worden. Man hat z.B. mehr als eintausend deutsche Gedichte darüber gezählt.[13] Aus jüngster Zeit gibt es eine polnische Habilitationsschrift zum "Novemberaufstand in der zeitgenössischen deutschen Literatur und Historiograpie".[14] Die intensive Phase der deutschen Wahrnehmung des Aufstands lag danach in den Jahren 1831–32. Eine Erwähnung verdient gleichfalls, daß in den deutschen Darstellungen dieser Zeit die "polnische Perspektive" über das Stichwort "November"[15] dargeboten wird. Sofern militärische Aspekte des Aufstands erörtert werden, ist vom "Polnisch-russischen Krieg"[16] die Rede. Solche Differenzen der Außen- und Innensicht auf das gleiche Geschehen seien mit bedacht, wenn im folgenden Wyspiańskis polnische Sicht – aus einer historischen Distanz von mehr als 70 Jahren – betrachtet wird. Vorausgreifend sei auch dies erwähnt: Jetzt, gegen Ende des 20. Jahrhunderts, wird der Aufstand gerade von Historikern neu bewertet. Janusz Tazbir, der entschiedene Demystifizierer polnischer historischer Manipulationen, weist z.B. darauf hin, daß "fast jedes Treffen, daß der Ereignisse vom 29. November 1830 gedachte, von einem politischen Skandal begleitet war".[17]

9 Kowalczykowa 1991, S. 838; vgl. Schultze 1994, S. 369f; Patkaniowska 1993, S. 957.
10 Ratajczakowa 1995, S. 142.
11 Tazbir 1995, S. 71f.
12 Tazbir 1995, S. 74.
13 Tazbir 1995, S. 75.
14 Jaroszewski 1989.
15 Jaroszewski 1989, S. 22.
16 Ebd.
17 Tazbir 1995, S. 75.

Die Deutung, nach der sich alle Polen in großer Harmonie um dieses Ereignis geschart haben, hat danach niemals gestimmt.

Damit mögen einige wesentliche Horizonte von *Novembernacht* umrissen sein. Die weiteren Ausführungen sind folgendermaßen gegliedert: Zunächst werden einige Hinweise auf das heterogene Personal, die 'Raumregie' und wesentliche gattungspoetische Merkmale des Stücks gegeben. Danach wird der Geschehniskern gerafft dargeboten. Dabei gilt den historischen Vorgängen besondere Aufmerksamkeit; das mythische Geschehen wird etwas mehr gekürzt. An einigen Stellen müssen Kenntnisse, die der polnische Text impliziert, ergänzt werden. Sodann interessiert das Verhältnis von historisch verifizierbaren Daten zu Abweichungen vom Faktographischen. Auch gilt es zu fragen, ob Wyspiańskis Gestaltung jener einen Nacht 'klüger' ist als der historische Augenblick selbst, d.h. ob das Stück in die Zukunft sehen kann oder nicht. Zentrale Beachtung hat der Aspekt, wie die mythologische und die historische Textebene aufeinander bezogen sind, wie dieses Neben- und Ineinander bedeutungsschaffend eingesetzt wird. Der Bericht schließt mit einigen Hinweisen auf weitere Stücke Wyspiańskis zum Novemberaufstand: *Noc listopadowa* gehört nämlich zu einer Art Zyklus. Den Abschluß bilden einige Überlegungen zum Bild des Geschichtsdramas in Polen und zum Ansehen des Geschichtsdramas im nationalen Selbstverständnis der Polen.

II.

Die raum-zeitlichen Gegebenheiten und die gattungspoetischen Merkmale von *Noc listopadowa* sind im wesentlichen diese: Anders als viele kanonische Geschichtsdramen, in denen historisches Geschehen in Fünf- oder auch Dreiaktern der aristotelischen Tradition vorgeführt wird, sind hier zehn Szenen aneinandergereiht. Die Szenen sind teilweise recht lang; ein Ausspielen der gesamten Textvorlage dürfte viereinhalb Stunden oder mehr in Anspruch nehmen.[18] Der Verzicht auf die Segmentierung traditioneller Drei- oder auch Fünfakter, wie Wyspiański sie z.B. für sein Drama *Wesele* (*Hochzeit*, 1901) gewählt hat, ist dabei als Deutungsangebot zu verstehen: als Hinweis darauf, daß hier keine entscheidenden Umbrüche im Geschehen stattfinden, daß dieser Ausschnitt polnischer Geschichte offen endet – und gewissermaßen im Zeichen von Konturlosigkeit, Nivellierung steht. Die vorgeführten Abend- und Nachtstunden werden nicht nach der physikalischen Zeit gemessen; vielmehr ist die *Nacht* evoziert – als Beginn des Aufstands, vor allem aber als Zeitraum, in dem sich, wie in der romantischen Poesie, Träume entfalten, in dem symbolische Gestalten eingeführt, Historie mit der Sphäre des *Sacrum* verbunden werden kann.[19] Die dargestellten – historisch verifizierbaren – Schauplätze befinden sich in Warschau. Fünf Sze-

18 Vgl. Wyspiański 1974, S. 157–377. Aus dieser Ausgabe wird im folgenden mit Seitenangabe im Haupttext zitiert; der Ausgangstext wird in meiner Arbeitsübersetzung wiedergegeben.

19 Bulanowska 1992, S. 134.

nen, die Hälfte also, gehören in die 'Geographie' des Łazienki-Parks, d.h. sie verweisen auf den Ort, an dem – statt eines polnischen Königs oder eines ausländischen Wahlkönigs – ein Usurpator wohnt, der Großfürst Konstantin, Bruder des russischen Zaren. In den übrigen fünf Szenen werden höchst unterschiedliche Schauplätze aufgesucht, an denen entweder buchstäblich der Funke zum Aufstand gezündet wird oder aber die ersten Nachrichten eintreffen: die Fähnrichschule, Straßen und Plätze der Stadt, die Privatwohnung des Historikers Lelewel und – als Ort öffentlicher Begegnung – das *Teatr Rozmaitości* (Varieté-Theater). An dieser beliebten Spielstätte wird – etwa auf der Textmitte, in der fünften Szene – Theater gespielt, so daß das für viele polnische Bühnenwerke seit der Romantik charakteristische Metatheater entsteht.[20] Neben dem Personal aus der griechischen Mythologie eröffnet auch dieses 'Stück im Stück' wichtige Deutungshorizonte. Auf die Rollenfiguren, die übrigens nicht in einem Personenverzeichnis aufgeführt sind, sondern erst im szenischen Spiel vorgestellt werden, ist etwas näher einzugehen.

Ähnlich wie viele Dramen der polnischen Romantik, z.B. Mickiewiczs *Ahnenfeier* und Krasińskis *Un-Göttliche Komödie*, ist auch *Novembernacht* ein Stück mit einer extrem hohen Zahl von Rollenfiguren. Zu etwa fünfzig individuellen Gestalten treten noch mehrere Kollektive hinzu – Chöre des mythischen Geschehens, ein "Chor der Fähnriche", das Publikum im *Teatr Rozmaitości* sowie mehrere Abteilungen von Soldaten. Die Rollenfiguren der historischen Wirklichkeit und die Gestalten der griechischen Mythologie treten teilweise in direkten Kontakt miteinander, teilweise agieren die mythologischen Gestalten auch so, daß die Persönlichkeiten der Geschichte nichts davon wahrnehmen. Die Beziehung zwischen den Rollenfiguren mit unterschiedlichem ontologischen Status bietet einen nicht geringen Deutungsraum für Theaterleute. Ähnlich wie in anderen Stücken Wyspiańskis, z.B. *Befreiung*,[21] ist auch hier die Interaktionsform Theater, d.h. das Verhältnis zwischen Schauspieler, Rolle und Zuschauer, exponiert und verkompliziert. Hinzuweisen ist auch auf die Genese einiger Rollenfiguren. Mehrere der Göttergestalten sind nämlich – eigens für dieses Stück belebte – Statuen des Pariser Louvre und des Łazienki-Parks. Wyspiański zitiert damit Texte der Kultur, wobei die verschiedenen semiotischen Systeme, bildende Kunst und Schrifttradition, gemeinsam aufgerufen werden. Die Zusammenführung von Geschichte und Mythos ist im figuralen Feld darin augenfällig, daß neben den belebten Statuen des Łazienki-Parks bzw. den mit Leben erfüllten geschnitzten Figuren an der Fassade des Palastes[22] (ein Regisseur kann hier das theatrale Zeichensystem 'Dekoration' und die dazugehörige Rollenfigur gleichzeitig vorführen) auch die Statue von Jan Sobieski, einem der Türkenbezwinger vor Wien, eine zentrale Stelle einnimmt. Die Statue Jan Sobieskis, die den Schauplatz der dritten Szene markiert, steht dabei für den Mythos eines histori-

20 Schultze 1991, S. 183f.
21 Schultze 1991, S. 187f.
22 Nowakowski 1974, S. LXXXVII.

schen Sieges, eines Sieges, den ein polnischer König für das gesamte christliche Abendland errungen hatte. Alle diese figuralen Anordnungen signalisieren, daß die Grenze zwischen Historie und Mythos außerordentlich fließend ist – bzw. daß das mythische Element eine Art übergeordnetes Zeichensystem bildet.

Die allgemeinen Hinweise zur gattunspoetischen Anlage von *Novembernacht* seien nun mit einigen Angaben zum Verhältnis zwischen Haupt- und Nebentext bzw. Figurenrede und extradialogischem Text abgeschlossen. Ähnlich wie in Wyspiańskis *Befreiung*[23] ist auch hier die traditionelle Grenze zwischen Figurenrede und extradialogischem Text weitgehend aufgehoben. Der von der Figurenrede durch Kursivdruck unterschiedene extradialogische Text tritt in zwei Formationen auf. Zum einen gibt es traditionelle knappe szenische Anweisungen – "geht ab", "schließt alle Türen und tritt zum Schreibtisch" (S. 191, 195) –, zum anderen gibt es in Reime gefaßten Text, oft mit einer Länge von zehn und mehr Versen, der in höchstem Maße polyfunktional ist.[24] Manche der Angaben betreffen theatrale Zeichensysteme wie Dekoration, Proxemik, Requisiten, Kostüme u.a.m. Von der Nike von Chaironeia heißt es z.B., sie sei "bleich", "ihre Schleier und Tücher" seien "schwarz", sie erhebe ihre "Hände" "tragisch über den Kopf" (S. 173). In manchen Versen wird direkter Kontakt mit den Rezipienten aufgenommen: "Kennt Ihr jene Nike von Phidias, wie sie rasch die Sandale bindet?" (S. 166). Wiederholt wird die gegebene Situation kommentiert und zum Weiterdenken aufgefordert: "So haben die jungen Helden in schmerzerfülltem Nachdenken im Garten haltgemacht" (S. 231). Diesen polyfunktionalen gereimten Textelementen fehlt die Angabe einer Sprechinstanz. Man wird hier eine Art Maske des Werkproduzenten Wyspiański sehen dürfen. Zu den wesentlichen Funktionen dieser Textformation gehören ohne Frage – neben Impulsen für nichtverbale theatrale Zeichen – atmosphärische Verdichtung und das Hineinziehen des Rezipienten in den gleichsam nachgestellten historischen Augenblick und in den wieder und wieder zelebrierten Mythos. Hier ergibt sich die Frage, wie das Theater mit diesem Medium zur Vergabe zusätzlicher Information – und auch zur Beeinflussung des Rezipienten – umgeht. In manchen Inszenierungen werden einzelne dieser extradialogischen Texte von Sprechinstanzen ("Stimmen") aus dem Off gesprochen.[25]

Die zuvor skizzierte Anlage von Wyspiańskis *Novembernacht* läßt zweifellos keine Überprüfung der politischen, ökonomischen, geopolitischen und anderer historischen Voraussetzungen des Aufstandes erwarten. Dennoch haben wir es bei diesem Stück nicht nur, mit Walter Hinck gesprochen, mit dem Geschichtsdrama als "literarischem Mythos einer Nation",[26] nicht allein mit "Bestätigungs-

23 Schultze 1991, S. 188–190.
24 Vgl. Nowakowski 1974, S. CXI.
25 Vgl. Wyspiański/Wajda 1980, S. 8, 10.
26 Hinck 1981, S. 18.

literatur"[27] zu tun. Das wird bereits bei der nachfolgenden Skizzierung des dargestellten Geschehens erkennbar.

III.

Die erste Szene spielt im Korridor der Warschauer Fähnrichschule, somit an dem Ort, an dem der Aufstand angezettelt wurde und wo er (neben anderen Handlungsorten) am Abend des 29. November – früher als vorgesehen[28] – ausbrach. Der Geschehnisort "Fähnrichschule" impliziert bzw. präsupponiert dabei Kenntnisse, die sich in Gotthold Rhodes *Geschichte Polens* so lesen:

> Sein erster Träger [d.h. des Novemberaufstandes, B.S.] war auch nicht die politische Führungsschicht des Königreichs, sondern eine relativ kleine Gruppe jugendlicher Verschwörer, besonders unter den Fähnrichen der Warschauer Fähnrichschule, mit Leutnant *Wysocki* als Führer.[29]

In der Eingangszene von Wyspiańskis Stück wird der Aufstand jedoch gar nicht von dem damals 33jährigen Piotr Wysocki, sondern von Gestalten der griechischen Mythologie in Gang gesetzt: Pallas Athene richtet sich in Überlebensgröße vom Boden auf und ruft die "Siegesgeister" vergangener Schlachten herbei, die Niken der Kämpfe von Marathon, Salamis, von den Thermopylen usf. Auf die Frage des Chors, wer hier kämpfe, erteilt Pallas die Antwort: "Polen mit dem Zaren!" (S. 165). Es meldet sich auch die Nike der Napoleoniden, d.h. die Nike, die 1812 Napoleons Heer gegen Moskau geführt hat. Pallas nennt dieser Nike den "Großfürsten", den Bruder des russischen Zaren und Herrscher im russisch besetzten Polen, als Gegner. Den Vorschlag, den Großfürsten Konstantin "durch Verrat" zu überrumpeln, kann die Nike der Napoleoniden jedoch nicht akzeptieren (S. 167f.). Auch hierin ist impliziertes Wissen der polnischen Geschichte, vor allem aber der literarisch tradierten Geschichte aufgerufen: Seit Mickiewiczs *Konrad Wallenrod* und anderen Texten der Romantik gehört die Frage nach der Zulässigkeit und Entschuldbarkeit von Verrat im nationalen Befreiungskampf zu den wiederkehrenden Streitfragen. Es gelingt den Niken nicht, sich auf eine einheitliche Haltung zum politischen Verrat zu verständigen. Der Chor kündigt einen "Führer" (Wódz) an, dessen Name mit verschwörerischer Geste geheimgehalten wird, von dem es aber heißt, daß "ihn mit Gesang und Spiel die Satyrn im Theater amüsierten" (S. 171f.). Auch hier ist in Polen allseits bekanntes Vorwissen aufgerufen: Der General Józef Grzegorz Chłopicki, der später zum Oberbefehlshaber des Aufstands ausgerufen wurde und der sich am 5. Dezember zum Diktator erklärte,[30] saß am Abend des 29. November tatsächlich im "Varieté-Theater".[31] Pallas schlägt vor, die Nike der Napoleoniden möge den General Chłopicki

---

27 Hinck 1981, S. 17.
28 Rhode 1980, S. 350.
29 Ebd. – Hervorhebung vom Verfasser.
30 Rhode 1980, S. 350.
31 Vgl. die Anm. Wyspiański 1974, S. 172.

unter ihren Flügeln aus der Theatervorstellung entführen und zum Arsenal bringen (S. 172f.). Der Aufbruchstimmung setzt die Nike von Chaironeia, die "friedhofsmäßig" und, wie erwähnt, in schwarzen Schleiern auftritt, einen Dämpfer auf. Indem sie an jene Schlacht erinnert, bei der Philip von Mazedonien die vereinten griechischen Heere schlug, führt sie ein Codewort der polnischen historischen Erfahrung ein: *klęska*, "Niederlage".[32] Dennoch: von Pallas dazu aufgerufen, übernimmt der Chor die Losung "an die Waffen!!" (S. 178). Erst jetzt erscheint Piotr Wysocki auf dem Korridor der Fähnrichschule – und greift die Losung auf. Wysocki nimmt die hinter ihm stehende Pallas Athene wahr und tritt für mehrere Repliken mit ihr in Kontakt. Pallas verspricht "Kraft und Macht", verheißt "Lorbeer" für den Folgetag (S. 182f.). Jetzt ruft Wysocki seine Soldaten an die Waffen; erstmals wird ein Bruchstück der militärischen Operation zu Beginn des Aufstandes erkennbar: Wysocki gibt Anweisung, am Belwedere vorbei zum Arsenal zu eilen: Im Łazienki-Park warteten weitere Anhänger des Aufstands, sechzehn "Studenten und Literaten" von der Universität; zwei von ihnen sollten den Großfürsten ergreifen, falls er zu fliehen versuche (S. 185f.). Nochmals von Pallas ermutigt, eilen Wysocki und seine Kameraden in den Kampf.

Die zweite Szene zeigt den Großfürsten Konstantin und seine polnische Frau Joanna in einem Salon des Belwedere. Konstantin sieht in der Ferne ein Feuer, das er – völlig richtig – als Signal zum Aufstand deutet (S. 191). Er lehnt es ab, Pferde zur Flucht holen zu lassen. Seiner Frau Joanna gegenüber macht er Anspielungen auf einen Brief des Zaren Nikolaj I., der ihm, dem Großfürsten, angesichts der revolutionären Ereignisse in Westeuropa[33] unbegrenzte Vollmachten für seine Herrschaft im Königreich Polen gibt. Schließlich überläßt Konstantin den Brief seiner Frau zur Lektüre. Unter dem Druck der unklaren äußeren Situation (Joanna erblickt die Gestalten am Sobieski-Denkmal) baut sich zwischen dem Paar zunehmend größere Spannung auf; Verdächtigungen und Verletzendes werden geäußert. Der eskalierende Wortwechsel endet damit, daß Joanna in Ohnmacht fällt und von Hofdamen fortgetragen wird. Der General Gendre und Dymitr Kuruta, Vertraute des Großfürsten, erscheinen im Salon, auch der Spitzel der Geheimpolizei, Makrot. Die Destabilisierung der Situation teilt sich auch in den weiteren Redewechseln mit. Selbst seinen "Vertrauten" traut der Großfürst nicht vorbehaltlos. Da sich kein hinlänglich klares Bild von den Geschehnissen in der Stadt gewinnen läßt, wird für den Palast das Signal zur Nachtruhe gegeben.

Die dritte Szene spielt im Łazienki-Park, unter dem Standbild Jan Sobieskis. Einige Verschwörer, darunter Seweryn Goszczyński, ein polnischer Schriftsteller der 'Ukrainischen Schule', haben sich bei der Statue versammelt. Zu ihnen stößt Ludwik Nabielak, ein Freund Wysockis. Von Nacht und Nebel umgeben, meinen die Verschwörer, die Statue gäbe ihnen ein Signal. Beim

32 Schultze 1994a, S. 115–117; Schultze/Namowicz 1994b, S. 136.
33 Vgl. die Anm. Wyspiański 1974, S. 195.

Glockenschlag treten Kora und Demeter auf, um für die Zeit des Winters voneinander Abschied zu nehmen. Kora tröstet ihre Mutter damit, daß sie zur Frühlingszeit "wiederkehren" und "ein neues Leben beginnen" (S. 236) werde. Kora spricht auch den – hernach oft zitierten – Satz aus: "Sterben muß, was leben soll..." ("Umierać musi, co ma żyć...", S. 238). Hymen und sein Gefolge treten auf und ziehen Kora mit sich fort. Anders als in der ersten Szene, wo der Fähnrich Wysocki und dessen Soldaten mit den Gottheiten der griechischen Mythologie kommunizieren, treten die Verschwörer unter dem Standbild nicht in Kontakt mit den Gestalten der Eleusinischen Mysterien.[34] Sobald Demeter im Gelände des Parks verschwunden ist, treten die beiden Fähnriche auf, die von Wysocki dazu ausersehen sind, den Großfürsten an der Flucht zu hindern. Ein Schuß wird von den Verschwörern als Wysockis Signal dafür gedeutet, daß der Angriff bereits begonnen habe. Demeter kehrt noch einmal zurück und beklagt den Verlust ihrer Tochter. Eumeniden (man würde eher Erinnyen erwarten) treten auf, auch Hekate mit dem ständig wiederholten Ausruf: "Unrecht ist geschehen!" Schließlich verlieren sich die Gestalten im Park.

Die vierte Szene spielt erneut im Salon des Belwedere, wo sich zunächst der betrunken-verschlafene General Gendre und der Warschauer Polizeichef Lubowidzki – mit Nachrichten für den Großfürsten – aufhalten. Lubowidzki stürzt ins Schlafgemach des Großfürsten, um jenen zu wecken. Inzwischen sind einige Verschwörer, unter ihnen Wysockis Freund Nabielak und Goszczyński, in den Palast eingedrungen und durchkämmen sämtliche Räume. Es gibt erste Tote. Man begreift, daß sich der Großfürst irgendwo versteckt hält. Joanna tritt den Verschwörern entgegen (S. 252). Sobald die Eindringlinge fort sind, kehrt der Großfürst aus seinem Versteck zurück. Die Leichen des Gemetzels werden fortgetragen. Der völlig desorientierte, um Rettung flehende Großfürst wird – gleich einer Marionette – in seinen Habitus als Oberbefehlshaber eingekleidet und kann so einer kleinen Abteilung entgegentreten (S. 260). Kuruta teilt mit, daß der General Stanisław Potocki den Belwedere zum Schutze des Großfürsten mit seinen Kürassieren umstellt habe. Der Großfürst will Potocki dazu veranlassen, den Befehl zum Sturm auf Warschau auszugeben: "Donnez l'ordre! mon vieux-beau – que la Pologne meurt! Marchez – sur Varsovie – et massacrez tout!" (S. 261). Der General schweigt. Er nimmt diese Verantwortung nicht auf sich.

Die fünfte Szene, die sich, wie erwähnt, etwa auf der Mitte der Textvorlage befindet, spielt im "Varieté-Theater". Hier wird der Blick auf die gesamte Einrichtung – den Hintergrund mit Dekorationen, die Bühne und den Zuschauerraum – freigegeben. Noch vor der Übernahme einer Rolle kündigt ein Schauspieler ein "Vaudeville mit Gesang" an, in welchem der Schauspieler

34 In der Bühnenfassung von Andrzej Wajda (Wyspiański/Wajda 1980, S. 44) findet dagegen an dieser Stelle sogar ein rituelles Mahl statt. Von Seweryn Goszczyński heißt es: "[...] reißt einige Ähren von Koras Kranz, zerreibt die Körner in der Hand und gibt sie den anderen. Die Verschworenen essen die Körner, versonnen, unbeweglich. Sie warten."

“Kudlicz in der Rolle des Mephisto” (S. 263) auftreten werde. Das Publikum begrüßt beides, den Gesang und Kudlicz: Man hat es also mit Konsum- und Startheater zu tun – und mit einer Art Extrakt aus Goethes *Faust*. Das “Vaudeville” zeigt Fausts Studierstube, einen Platz vor der Kirche, die Bürger beim Osterspaziergang, Auerbachs Keller und schließlich ein Gärtchen vor Gretchens Haus. Dieses ‘Divertissement’ verläuft jedoch keineswegs störungsfrei: In die Begegnung zwischen Faust und Gretchen drängen sich der erste und der zweite Satyr aus dem Theaterballet ein, der erste Satyr “mimt den Großfürsten”, der zweite Satyr “mimt den Adjutanten Kuruta” (S. 267). Die Aufführung wird somit für politische Subversion benutzt (1904 konnte sich Wyspiański schon auf eine lange Traditon dieser Art berufen). Von der Bühne aus erspäht einer der Satyrn den General Chłopicki im Saal – einen der Hauptakteure des Novemberaufstands. Die ‘vierte Wand’ wird nun ständig perforiert, z.B. dadurch, daß sich der dritte Satyr im Zuschauersaal hinter dem Sitz des Generals Chłopicki aufstellt und jenen an eine Brüskierung seiner Person durch den Großfürsten erinnert. Nach jenem öffentlichen Skandal hatte Chłopicki seinen Abschied genommen (S. 270). Während der dritte Satyr hinter Chłopickis Sessel verharrt, spielen der erste und der zweite Satyr eben diesen Vorgang auf der Bühne nach. Das zum “Vaudeville mit Couplets” gewandelte *Faust*-Drama wird – zumindest vorübergehend – durch politisches Kabarett ersetzt. Das Publikum, das noch nichts von der fatalen Nähe zwischen Wirklichkeit und Spiel ahnt, wünscht eine Wiederholung. Es gelingt dem Schauspieler und weiteren um den Theaterabend Bemühten jedoch, die Kurzfassung aus Goethes *Faust* fortzusetzen. Die Satyrn betreiben weiter politische Obstruktion, diesmal, indem sie sich unter die Zechenden in Auerbachs Keller mischen: “Der Zar wird nicht mehr der Zar sein” (“Nie będzie Carem Car”, S. 277). Schließlich tragen die Satyrn und der Schauspieler Kudlicz (d.h. Mephisto) gemeinsam ein Couplet mit einem markanten Refrain vor: “Polonais, point de rêveries” (S. 282). Die umfunktionierte Vorstellung (“wenn der Zar befiehlt [...] Lachen, wenn er’s gestattet”) eskaliert. In diesem Augenblick wird von der Straße her der historische Augenblick ins Theater hineingebracht – durch die Nike der Napoleoniden. Sie ruft zu den Waffen (S. 283). Nach der Nike berichtet auch ein Offizier von Straßenkämpfen. Die Nike eilt zu Chłopicki, macht ihn für das Theaterpublikum unsichtbar (S. 287f.) und sucht seine Kampfbereitschaft zu wecken. Ein Kartenspiel, zu dem die Nike Chłopicki auffordert, endet mit der Niederlage des Generals (S. 296).

Die sechste Szene spielt in der Warschauer Privatwohnung des 1824 aus Wilna ausgewiesenen Geschichtsprofessors Joachim Lelewel. Lelewel, Abgeordneter des Sejm, wird von dem Journalisten Bronikowski aufgesucht, der ihn drängt, in dieser destabilisierten Situation eine “Regierung zu bilden” (S. 298). Lelewel, innerlich längst auf die Situation des Aufstands eingestellt, lehnt die Bitte dennoch ab: Im Nachbarraum liege sein Vater im Sterben. Hermes kommt, um den Vater ins Totenreich zu führen. Da drängt der Vater seinen

Sohn, sich in den Dienst der "Tat" (S. 303) zu stellen. Triumphierende Worte der Nike von Chaironeia beschließen das Bild.

Die siebte Szene spielt auf einer Straße im Herzen Warschaus, mit Blick auf Krakowskie Przedmieście. Pallas Athene ist am Ort des Geschehens und überzeugt den Kommandierenden Czechowski davon, daß sein Trupp Soldaten zum Arsenal geführt und dort bewaffnet werden müsse (S. 310). Ein gegenteiliges 'Regiekonzept' hat hingegen der Kriegsgott Ares. Gemeinsam mit dem General Żymirski führt er andere Truppen zum Belwedere. Pallas teilt dem herbeigeeilten Piotr Wysocki mit, daß der "wahnsinnige" Ares Soldaten zum Belwedere jage (S. 313). Sie erdenkt für den kopflos agierenden Kriegsgott eine List: Sie werde Ares in dem Glauben lassen, er habe gesiegt; er solle mit einer Gespielin in den leeren Königspalast eingeschlossen werden; durch Abriegelung der Stadt werde dem Großfürsten die Flucht unmöglich gemacht. Das Bild von Soldaten und ihren Anführern, die in unterschiedliche Richtungen ziehen, verdichtet sich weiter. Wysocki versucht, Mitstreiter zu gewinnen, so etwa den General Stanisław Potocki (S. 315–317). In einem anschließenden Scharmützel zwischen Aufständischen und einer Patrouille russischer Gendarmen fällt Potocki, getroffen von einer Kugel der zaristischen Seite – der er treu geblieben war. Der Spion der Geheimpolizei, Makrot, kann sich für einen Augenblick vor der aufgebrachten Menge schützen, indem er die Menge auf den jungen Offizier Gendre, den Sohn des bereits gefallenen Vertrauten des Großfürsten, lenkt; Makrot wird schließlich dennoch an einer Laterne erhängt. Am Szenenschluß erscheint der Fürst Adam Czartoryski, in der gegebenen Situation offensichtlich orientierungslos (S. 329).

Die achte Szene spielt im Łazienki-Palast, dem unbewohnten Palast des letzten Königs Stanisław August Poniatowski. Die Intrige der Pallas ist geglückt, im Siegestaumel läßt Ares sich bewirten. Dem Kriegsgott wird eine willenlose Joanna zugeführt. Kora erscheint noch einmal und erklärt Joanna, daß sie "hier herrsche" (S. 340). Kora verspricht, nach dem Schlaf neues Leben zu bringen (S. 341).

Die neute Szene spielt im Theater des letzten polnischen Königs, dem "Theater auf der Insel". Hier versammeln sich die in den ersten Stunden des Aufstands Gefallenen, bevor Hermes sie in die Unterwelt geleitet. Pallas teilt der Nike mit, daß Zeus alle Gottheiten aus dem Kampfgetümmel zurückrufe (S. 356), sie sei nur "ein Spielzeug in Gottes Hand" gewesen, habe nur "im Volke Seelen entzündet", ihm "für eine Weile einen Schimmer von Glück gegeben", "Unglück werden sie selbst vollenden" (S. 362). Die Szene schließt mit dem Bild von Charons Nachen, der die Toten zu Hades bringt.

Die zehnte Szene spielt an der Ujazdowski-Allee. Es ist noch Nacht. Der Großfürst steht unentschlossen im Herbstlaub, in einiger Entfernung wartet eine Schwadron auf den Befehl zum Kampf. Kuruta drängt Konstantin, den Befehl zum Angriff zu erteilen – vergeblich (S. 370). Joanna erscheint, bereits seelisch zerstört; sie deutet das Erlebnis mit Ares als "Traum" (S. 371). Der

Großfürst läßt seine Frau in einem Schlitten in Sicherheit bringen. Er wendet sich dem General Wincenty Krasiński zu, nennt den Magnaten, der dem Zaren dient, einen "Verräter"; er selbst "glaube" – im Unterschied zu Krasiński – "an Polen" (S. 372f.). Das Stück endet mit einer schmachvollen Situation für den General Krasiński und dem Auftritt Walerian Łukasińskis, eines der opferwilligsten Kämpfer für die Unabhängigkeit Polens. Während der General sein Gesicht mit den Händen verdeckt, begrüßt Łukasiński die "Morgenröte der Freiheit" (S. 377).

IV.

Im folgenden sei zunächst der Umgang mit geschichtlichen Fakten, mit der Historie überhaupt, eingehender betrachtet. Hier darf festgestellt werden, daß Wyspiańskis Stück nur wenige Abweichungen von den tatsächlichen Ereignissen der Nacht vom 29. zum 30. November 1830 enthält:[35] Historisch korrekt ist, daß der Aufstand in der Fähnrichschule seinen Anfang nahm, daß sich der vorzeitig in den Ruhestand getretene General Chłopicki im *Teatr Rozmaitości* befand[36] und nach der abgebrochenen Vorstellung zunächst unauffindbar war, bis man ihn am Abend des 30. November dazu bewegen konnte, die Macht zu übernehmen.[37] Verifiziert ist auch Chłopickis Neigung zum Kartenspiel,[38] ebenso die Entscheidung des Generals Żymirski, seine Truppen dem Zarenheer zuzuführen,[39] auch das Auftauchen des Großfürsten in der Ujazdowski-Allee,[40] das zögerliche Verhalten des Großfürsten, der – wie Gotthold Rhode formuliert – "nichts unternahm", "um den Aufstand sofort niederzuschlagen".[41] Zu den Abweichungen von den historischen Gegebenheiten gehört, daß sich der General Stanisław Potocki am 29. November nicht in den Belwedere begeben hatte (S. 261f.).[42] Der historische Kern, daß Potocki sich weigerte, am Aufstand teilzunehmen, und bereits am Morgen des 30. November 1830 umkam, ist jedoch in Wyspiańskis Stück erhalten. Abweichend von *Noc listopadowa* wurde Makrot, der verhaßte Spion der Geheimpolizei, erst 1831 an einer Laterne erhängt.[43] Wyspiański schafft hier durch Vordatierung eine gewisse atmosphärische Verdichtung; der Kern des Geschehens, die Lynchjustiz durch eine aufgebrachte Menge, bleibt erhalten. Abweichend von der historischen Wirklichkeit spielte das *Teatr Rozmaitości* nicht die Folge von *Faust*-Szenen, sondern drei französische Stücke in polnischer Übersetzung; die Vorführung wurde nach dem ersten Stück abgebrochen.[44] Weshalb Wy-

35 Vgl. Nowakowski 1974, S. XI.
36 Vgl. die Anm. Wyspiański 1974, S. 263.
37 Vgl. die Anm. Wyspiański 1974, S. 288.
38 Vgl. die Anm. Wyspiański 1974, S. 293.
39 Vgl. die Anm. Wyspiański 1974, S. 311.
40 Vgl. die Anm. Wyspiański 1974, S. 364.
41 Rhode 1980, S. 350f.
42 Vgl. die Erläuterungen zu den Rollenfiguren, Wyspiański 1974, S. 379.
43 Vgl. die Anm. Wyspiański 1974, S. 325.
44 Vgl. die Anm. Wyspiański 1974, S. 263f.

spiański das Theaterprogramm von Scribe und anderen französischen Autoren in Goethes *Faust* ändert, wird von der polnischen Forschung, soweit erkennbar, keiner Klärung unterzogen. Es darf vermutet werden, daß "Kudlicz in der Rolle Mephistos" und die Szene in Auerbachs Keller für die Vermittlung von politischer 'Contrabande' als geeigneter gesehen wurden als eine französische Salonkomödie.

Im Hinblick auf den Umgang mit historischem Faktenmaterial ist dies festzuhalten: Der Fakten- und Aussagekern bleibt erhalten. An keiner Stelle wird historisches Geschehen des 29. November 1830 so manipuliert, daß eine veränderte Deutung herauskäme.

Fragte man nun, ob Wyspiańskis Stück 'klüger' ist als der reale Augenblick, d.h. ob hier ein Blick in die Zukunft freigegeben wird, zeigt sich folgendes Bild: In *Noc listopadowa* sind einige, wenige Vorgriffe auf künftiges Geschehen eingeschrieben, teilweise auch nur durch Allusionen eingebracht. Die am Textausgang von dem Freiheitskämpfer Łukasiński zitierten Worte aus Mickiewiczs *Ode an die Jugend*, "Sei gegrüßt Morgenröte der Freiheit", standen am Morgen des 30. November an Warschauer Häuserwänden.[45] Neben diesem Mickiewicz-Zitat gibt es vor allem intertextuelle Bezüge zu Dramen von Słowacki, insbesondere zu *Kordian* (1834), d.h. zu Werken, die nach dem 29. November 1830 entstanden sind.[46] Dies bestätigt die eingangs erwähnte Position der Dramen der polnischen Hochromantik als Schlüsseltradition. Der wohl aussagehaltigste Vorgriff auf die Zukunft liegt in dem Lied, das der Schauspieler Kudlicz und die Satyrn gemeinsam vortragen: "Polonais, point de rêveries" (S. 282). Mit diesen Worten hatte der russische Zar im Jahre 1856 in einer französisch gehaltenen Rede (in Warschau) die Polen verwarnt.[47] Das Zitat eröffnet eine ganze Reihe von Deutungshorizonten: Im Kontext des Geschehens am 29. November 1830 wird vor Blindheit im Glückstaumel des Aufstands gewarnt; das 'schlimme Ende' kam bekanntlich noch. Im Kontext des Jahres 1856 fallen die "Träumereien" ein, mit denen der Januaraufstand 1863/64 begonnen wurde. Im Kontext des Jahres 1904 ist die Warnung selbst mehrdeutig: Wird vor dem Sich-Erträumen eines weiteren Aufstandes gewarnt? Werden die Polen ermahnt, ihre Geschichte nicht allzusehr träumend zu verklären? Das Spektrum denkbarer Kontexte ließe sich gewiß noch erweitern.

Wyspiańskis Stück gibt überdies eine Zukunftsprognose, die am besten mit dem polnischen kulturellen Codewort *klęska* (Niederlage)[48] zu bündeln ist. *Noc listopadowa* führt das Fehlen einer umfassenden Strategie, die Unentschlossenheit einzelner Generäle, das Marschieren polnischer Soldaten in entgegengesetzte Richtungen und weitere warnende Bilder vor. Die Zukunftspro-

45 Vgl. die Anm. Wyspiański 1974, S. 377.
46 Vgl. Nowakowski 1974, S. X.
47 Vgl. die Anm. Wyspiański 1974, S. 282f.
48 Vgl. Ratajczakowa 1995, S. 246.

gnose ("Niederlage") wird dabei, wie zu zeigen ist, vor allem durch das mythische Geschehen in das Stück eingebracht. Bevor die Inszenierung des Mythos bzw. mehrerer Mythen betrachtet wird, sei jedoch das Verhältnis zu traditionellen Geschichtsdramen aufgezeigt.

Es stellt sich die Frage, was Wyspiańskis *Novembernacht* – als Geschichtsdrama betrachtet – bietet und welche denkbaren inhaltlichen Momente und Deutungsdimensionen dieses Genres es kaum oder gar nicht berührt. Es ließ sich feststellen, daß die in diesem Stück versammelten historischen Daten nahezu ausnahmslos korrekt sind. In den zehn Szenen wird allerdings kein kohärentes Bild der Geschehnisse an den verschiedenen Schauplätzen Warschaus geschaffen. *Novembernacht* bietet nur Momentaufnahmen. Diese fügen sich zu einem Mosaik von großer Dichte, in dem zahlreiche wichtige Akteure und deren Reaktionen auf den Ausbruch des Aufstands, ebenso die komplexe Situation der verschiedenen Fronten und Loyalitäten, das Fehlen einer einheitlichen Führung und vieles mehr deutlich wird. Die suggestive Dichte kann dabei vor allem von geschichtskundigen Polen selbst aufgeschlüsselt werden. Es ist evident, daß Wyspiański – ungeachtet der Fülle historisch verifizierbarer Daten und Umstände – keine Rekonstruktion von Geschichte angestrebt hat. Es sei auch knapp festgehalten, was *Novembernacht* nicht bietet: Das Stück enthält keine neuen, bis dahin weniger bekannten historischen Daten und auch keine neue Deutung des Faktenmaterials; Aspekte, die einen Historiker interessieren würden (politische, militärische, geopolitische, wirtschaftliche, soziale usw.), werden allenfalls knapp aufgerufen, wie etwa der militärische, oder bleiben ausgeblendet, wie der soziale. Das Stück bietet auch keine Geschichtsdeutung im Sinne von Formeln wie 'Männer machen Geschichte', 'Zufälle machen Geschichte', 'Geschichte hat in wirtschaftlichen Momenten ihren entscheidenden Beweggrund'.[49] Als wesentliche Antriebskraft auf Seiten der Aufständischen und ihrer Sympathisanten ist zweifellos ein geradezu unbändiger Wille zur Gewinnung der nationalen Souveränität für Polen zu erkennen. Es ließe sich sogar sagen, daß diese Kraft bei den Aufständischen 'Regie führt'. Im folgendem sei nun das mythologische Geschehen in den Blick genommen.

Betrachtet man die mythologischen Texte und Zeichenelemente in *Novembernacht* getrennt von den historischen, so ergibt sich ein noch deutlicheres Bild der Negativität, Widersprüchlichkeit und Ambiguität. Aus der Fülle von Informationen, die sich zu diesem Bild zusammenfügen, seien nur einige noch einmal aufgeführt:

- Widersprüchlich und im Wortsinn kontraproduktiv agieren die homerischen Gottheiten: Während Pallas Athene Wysocki und die Aufständischen unterstützt, führt Ares, der nach der Maxime 'Krieg um des Kriegs willen' vorgeht, einen Trupp Soldaten vom ersten Ziel der Aufständischen, dem Arsenal, fort.

49 Vgl. Jaroszewski 1989, S. 19f.

- Während die Niken von Salamis, von den Thermopylen usw. siegreiche Schlachten repräsentieren, steht die Nike von Chaironeia für eine der großen Niederlagen der vereinten griechischen Heere.
- Während die Mehrzahl der Niken den Standpunkt vertritt, daß der Zweck die Mittel heilige, daß von daher Verrat annehmbar sei, lehnt die Nike der Napoleoniden Verrat als Mittel der Kriegsführung ab.
- Während Pallas Athene, Ares und andere homerische Gottheiten den 29. November als Augenblick zum Beginn des Aufstandes fördern, ist der Zeitpunkt gemäß dem Urteil der Gottheiten der Eleusinischen Mysterien von vornherein falsch gewählt: Er steht im Zeichen von Schlaf und Tod.
- Verstörend ist überdies, daß Pallas Athene die Fähnriche zum Aufstand ermuntert, sie auch noch einige Schritte in das Geschehen hineinbegleitet, sich dann aber – auf Geheiß von Zeus – völlig zurückzieht.

Weitere Befunde mit einem ähnlich widersprüchlichen und ambivalenten Deutungsangebot ließen sich nennen.

Die bereits in der historischen Schicht von *Noc listopadowa* implizit formulierte Frage, *wer* oder *was* eigentlich den Aufstand lenkt, ist auch in dem mythologisch verankerten Vorgang wieder und wieder exponiert:

- Die Handlungsfähigkeit von Pallas Athene ist durch Zeus' Willen begrenzt.
- Pallas Athene und die übrigen homerischen Gottheiten sind durch die Gottheiten der Eleusinischen Mysterien, d.h. diejenigen Gestalten, die den biologischen Kreislauf der Natur repräsentieren, in ihrer Aktionsfreiheit eingeschränkt.
- Die Niken behindern sich gegenseitig in ihrem Aktionsradius, indem sie Verrat zulassen oder auch nicht.

Betrachtet man nun die 'Kontaktstellen' von historischem Geschehen und Texten der Mythologie, so ergeben sich zwei entscheidende Aussagen: 1. Geschichte wird nicht von tapferen, opferbereiten Menschen gemacht; 2. wer den Novemberaufstand zum Mythos und Sacrum erhebt, verklärt und feiert eine Niederlage. Darauf, daß Geschichte nicht von heldenhaften Menschen gemacht wird, weist zunächst der Umstand hin, daß hier griechische Gottheiten zum Aufstand anstiften. So gesehen liegt die Regie bei den Gestalten der Mythologie, nicht aber bei den Leitfiguren der polnischen Geschichte. Die Vorstellung von Menschen als Herren und 'Machern' von Geschichte wird auch dadurch deutlich in Frage gestellt, daß mehrere historische Gestalten in der gegebenen Situation geradezu als gelähmt vorgeführt werden: Der Großfürst Konstantin weigert sich mehrfach, Entscheidungen zu fällen, Befehle zum Handeln zu erteilen; der General Stanisław Potocki, der seine Loyalität dem Zaren gegenüber nicht aufgeben mag, reagiert auf das Werben der Aufständischen mit physischer Erstarrung; auch Adam Czartoryski, der offensichtlich nicht einschätzen kann, was er für sich aus der Situation gewinnen könnte, verhält sich passiv. In ihrem Aktionsradius und in ihren Handlungsmöglichkeiten eingegrenzt sind aber nicht nur die historischen Gestalten, sondern die Historie selbst: Über der Geschichte steht der Kreislauf der Natur.

So unterstreichen die Gottheiten der Eleusinischen Mysterien am deutlichsten, daß der Novemberaufstand von Anfang an im Zeichen der Niederlage (*klęska*) gestanden hat. Hier sei noch einmal an die Worte der Kora in der dritten Szene erinnert: "Sterben muß, was leben soll [...]" (S. 238). Eben dieser Satz, der dem Aufstandsgeschehen Niederlage und Tod verheißt, hat aber auch eine weitere Bedeutungsdimension; er enthält einen Funken Hoffnung für das weitere Schicksal Polens; nach dem Ende des 'politischen Todes' ist eine Rückkehr in die Gemeinschaft souveräner Völker in Aussicht gestellt.

Zusammenfassend ist festzuhalten, daß die Zusammenführung von Mythos und Geschichte auf vielfältige Art geschieht und unterschiedliche Formen der Sinngenerierung schafft. Zum einen potenzieren sich die Aussagen der einzelnen Textschichten gegenseitig. Zum anderen wird die Geschichte mit den Codes des Mythos erkundet und – umgekehrt – der Mythos mit den Chiffren und Fakten der Geschichte exploriert.[50] Bei diesen Operationen wird der Geschichtsmythos bloßgestellt und seine Verabschiedung suggeriert.

Neben der Mythologie ist auch das Theater ein Medium zur Erkundung und Infragestellung des Mythos vom Novemberaufstand. Man halte sich dies vor Augen: Der Besuch einer Inszenierung von Wyspiańskis *Novembernacht*, und dies gilt vor allem für den Zeitraum vor 1918, d.h. vor Polens Rückkehr in die staatliche Eigenständigkeit, läßt sich zunächst als eine Feierstunde des Mythos sehen. In dieser Feierstunde ist noch einmal das Theater an zentraler Stelle plaziert, durch die Abendvorstellung im *Teatr Rozmaitości*, in der Ausschnitte aus Goethes *Faust* gezeigt werden. Darüber hinaus kommt das Theater noch einmal vor – als sich die ersten Toten des Novemberaufstands in dem "Theater auf der Insel" zusammenfinden, bevor sie ins Totenreich geleitet werden. In der fünften Szene werden alle Schichten des Stücks zusammengeführt: Die politische Situation ist u.a. darin aufgerufen, daß Chłopicki unter den Zuschauern gezeigt wird und daß – programmwidrig – sowohl der General als auch der Großfürst Konstantin von Schauspielern dargestellt werden; die mythologische Schicht ist u.a. dadurch vertreten, daß die Nike der Napoleoniden den General Chłopicki aus dem Theater entführt. Das Theater selbst macht sich fortgesetzt metadramatisch und metatheatralisch zum Thema. Hier sei, im Rückgriff auf die einleitenden Überlegungen, auch daran erinnert, wie umfassend die Positionen der Theaterformel – Schauspieler, Rolle, Zuschauer und auch der Regisseur – durchgespielt werden: Chłopicki ist zum einen Zuschauer im Saal, von einem Schauspieler in der Rolle des Generals Chłopicki dargestellt; dieser Schauspieler in der Rolle des Generals Chłopicki sieht dann als Zuschauer noch einmal einen 'vorgestellten' Chłopicki auf der Bühne, wobei diese Vorführung durch Rollenwechsel und durch eigenwillige Regiearbeit

50 Vgl. Ratajczakowa 1995, S. 245f., Ziołowicz 1994, S. 103, bes. Anm. 21.

eines Schauspielers zustande gekommen ist. Durch derartige Komplexionen wird das Theater als übergreifender Deutungshorizont herausgestellt. Während die fünfte Szene die aktuelle Gegenwart als durch und durch 'theatral' vorführt, liegt in der neunten Szene ein besonderer Akzent bei der Vergangenheit. Das von Stanisław August Poniatowski errichtete "Theater auf der Insel" erinnert an die letzten Jahre des freien Königreichs Polen. In diesem Theater aus einer nunmehr 'toten' Epoche treffen sich die ersten Gefallenen des Novemberaufstands, d.h. Gestalten, welche bereits aus der historischen Gegenwart ausgeschlossen sind. Angesichts dieser Befunde wird man die Theaterformel "die ganze Welt ist Bühne" als übergreifende Aussage in *Novembernacht* sehen dürfen.

Es seien nun die Beobachtungen zu *Noc listopadowa* in einige umfassendere Kontexte eingeordnet. Die strukturelle Zusammenführung von Geschichte, Mythos und Theater läuft darauf hinaus, daß den Polen, mit Walter Hinck formuliert, davon abgeraten wird, sich um dieses Kapitel "Nationalgeschichte wie um ein heiliges Panier [zu] versammeln".[51] In die gleiche Richtung weist auch das Deutungsangebot in Wyspiańskis weiteren Stücken zum Novemberaufstand, *Warszawianka* (*Die Warschauerin*) und *Lelewel*. Alle drei Dramen exponieren das Moment der Niederlage[52] und stellen das Bild einer Serie heroischer Taten in Frage. Dobrochna Ratajczakowa bringt dies auf die Formel: "[...] die Kunst führt den Polen aus seiner Falle der *polskość* heraus" ("[...] sztuka wyprowadza polaka z pułapki polskości").[53] Diese Formel läßt sich nicht allein auf Wyspiańskis Stück zum Novemberaufstand anwenden; sie gilt für viele wichtige polnische Texte des Jahrhunderts, vor allem für Dramen, aber auch für Prosawerke und Gedichte. Im Sinne eines Ausblicks seien nun einige Hinweise zum polnischen Bestand an Geschichtsdramen (im weiteren Sinne) sowie zur Position historischer Dramen im kulturellen Selbstverständnis der Polen gegeben. *Noc listopadowa* gehört in einen größeren Bestand polnischer Bühnenwerke mit einem Geschichtsmythos als sinnstiftendem Kern. Wollte man diesen Sonderfall des Geschichtsdramas terminologisch fassen, so müßte man sich wohl mit einer Umschreibung helfen: "Geschichtsdrama als historischer Mythos", "dramatisierter Geschichtsmythos" o.ä.

Zum Bestand polnischer Geschichtsdramen gehören neben Gestaltungen von Geschichtsmythen selbstverständlich auch Stücke, in denen die mythische Verklärung zurückgenommen ist; andererseits gibt es auch zahlreiche dramatische Verarbeitungen von Stoffen, die nachweislich in den Bereich der Legende gehören, wie die Legende von *Popiel und Piast*[54] oder die *Wanda*-

---

51 Hinck 1981, S. 17.
52 Ratajczakowa 1995, S. 246.
53 Ebd.
54 Auf diese Legende greift Słowacki in seinem Drama *Balladyna* (1834 entstanden, 1839 gedruckt) zurück.

Legende.[55] In diesem Zusammenhang ist daran zu erinnern, daß gerade das 19. Jahrhundert die Grenzen zwischen Legenden, historischen Mythen und Fakten weniger präzise wahrnahm und darstellte, als wir es aus heutiger Sicht tun.

Es ist evident – und weitgehend aus der politischen Geschichte selbst begründet –, daß das Geschichtsdrama im kulturellen Selbstverständnis der Polen einen hohen Stellenwert hat. Der erste Versuch, das Geschichtsdrama im nationalen Textkanon zu verankern (und damit einem 'mitteleuropäischen Standard' zu genügen), war am Modell der hohen Tragödie des französischen Klassizismus orientiert. Alojzy Felińskis (1771–1820) 1817 uraufgeführte Tragödie *Barbara Radziwiłłówna*[56] ist hier das herausragende Beispiel. Traditionsstiftend wirkte dieses Modell jedoch nicht. Kanonstiftend haben dann erst die – vor allem an Shakespeare ausgerichteten – poetischen Dramen der polnischen Hochromantik gewirkt. In diesen Stücken, Mickiewiczs *Ahnenfeier*, Słowackis *Kordian* usw., nimmt die Mythenbildung vor allem ihren Anfang. So muß Wyspiański eben hier ansetzen, wenn er den Mythos vom November zurückweisen will.

Literaturverzeichnis

Broich, U.: "Einleitung", in *Das europäische Geschichtsdrama nach 1945*, Berlin 1987 [= Literaturwissenschaftliches Jahrbuch 28], S. 153–163.

Bulanowska, B.: "Między transcendencją a głębiami podświadomości. O postaci symbolicznej w młodopolskim dramacie poetyckim", in *Dramat i teatr modernistyczny*, hrsg. v. J. Popiel, Bd. 1, Wrocław 1992 [= Dramat w teatrze. Teatr w dramacie 5], S. 103–138.

Dedecius, K.: "Stanisław Wyspiański: 'Befreiung' [Fragment]", in *Mickiewicz-Blätter* 44 (1970), S. 122.

Hinck, W.: "Zur Poetik des Geschichtsdramas", in *Geschichte als Schauspiel. Deutsche Geschichtsdramen. Interpretationen*, hrsg. v. W. Hinck, Frankfurt a.M. 1981 [= Suhrkamp Taschenbuch 2006], S. 7–21.

Jaroszewski, M.: *Der Novemberaufstand in der zeitgenössischen deutschen Literatur und Historiographie*, Warszawa 1989 [Selbstverlag].

Kowalczykowa, A.: "Romantyzm", in *Słownik Literatury Polskiej*, hrsg. v. J. Bachórz u. A. Kowalczykowa, Wrocław u.a. 1991, S. 832–844.

Nowakowski, J.: "Wstęp", in Stanisław Wyspiański: *Warszawianka. Lelewel. Noc listopadowa*, Wrocław u.a. ²1974 [= Bibliotheka Narodowa. Ser. I/193], S. V–CXXVII.

Patkaniowska, D.: "Romantyzm w literaturze polskiej XX wieku", in *Słownik Literatury Polskiej XX wieku*, hrsg. v. A. Brodzka u.a. Wrocław 1993, S. 957–964.

Polnisch-deutsche Dramenübersetzung 1830–1988. Grundzüge und Bibliographie, hrsg. v. D. Lemmermeier u. B. Schultze, bearbeitet von D. Lemmermeier,

55 Zu den frühen Dramen von Cyprian Kamil Norwid (1821–1883) gehört – neben einer Verarbeitung der Legende von Krakus – auch sein Wanda-Stück.

56 Lemmermeier/Schultze 1990, S. 61.

J. Mallek, A.-S. Gühlke u. B. Schultze, Mainz 1990 [= Mainzer Slavistische Veröffentlichungen 14].

Ratajczakowa, D.: *Obrazy narodowe w dramacie i teatrze*, Wrocław 1994 [eigentl. 1995] [= Dramat w teatrze. Teatr w dramacie 14].

Rhode, G.: *Geschichte Polens. Ein Überblick*, Darmstadt ^{3}1980.

Schultze, B.: "Das kanonische Bühnenwerk bleibt Lektüre. Mickiewiczs 'Dziady' (Ahnenfeier) im polnisch-deutschen Kulturtransfer", in *Komödie und Tragödie – übersetzt und bearbeitet*, hrsg. v. U. Jekutsch u.a., Tübingen 1994 [= Forum Modernes Theater 16], S. 369–403.

Schultze, B.: "Aspekte der 'Theaterbefreiung' in Stanisław Wyspiańskis 'Wyzwolenie' ('Befreiung')", in *Drama und Theater der Jahrhundertwende*, hrsg. v. D. Kafitz, Tübingen 1991 [= Mainzer Forschungen zu Drama und Theater 5], S. 181–194.

Schultze, B.: "Polnische Schlüsselbegriffe – als Verstehensproblem, als Aufgabe für Übersetzer", in *Convivium. Germanistisches Jahrbuch*, hrsg. v. M. Grimberg, Polen 1994, Bonn 1994a, S. 115–136.

Schultze, B./Namowicz, T.: "Geschichte und Kultur im Brennglas: Polnische Schlüsselbegriffe als Herausforderung für Übersetzer", in *Kwartalnik Neofilologiczny* 2 (1994b), S. 135–152.

Tazbir, J.: "W kręgu mitów polskich i obcych", in *Teksty drugie* 2 (1995), S. 71–78.

Wyspiański, Stanisław: "'Novembernacht'", deutsch von Stefan v. Odrowonsch [= Odrowąż-Wysocki], in ders.: *Dramatische Werke* 1, München: Müller 1918 [= Polnische Bibliothek Abtl. 3, Bd. 2.1], S. 57–302.

Wyspiański, Stanisław: 'Noc listopadowa'. Sceny dramatyczne, in ders.: *Warszawianka. Lelewel. Noc listopadowa*, Wrocław u.a.: Zakład Narodowy im. Ossolińskich [= Ossolineum] ^{2}1974 [= Biblioteka Narodowa Ser. I/193], S. 157–377.

Wyspiański, Stanisław: *Die Novembernacht*. Fassung v. Andrzej Wajda. Nachdichtung v. Heinz Czechowski. Nach einer Interlinear-Übersetzung aus dem Polnischen v. Gabriele Bock, Berlin (Ost): Henschel-Verlag 1980 [Bühnenmanuskript].

Ziołowicz, A.: "'Noc listopadowa' – czas misterium", in *Studia o dramacie i teatrze Stanisława Wyspiańskiego*, hrsg. v. J. Błoński u. J. Popiel, Kraków 1994, S. 93–135.

Ulrike Jekutsch

Der 'Müll' der Geschichte. Zu Daniil Charms' *Komedija goroda Peterburga*

Die *Komödie der Stadt Petersburg* ist ein zwischen 1926 und 1931 entstandenes Stück aus dem Nachlaß des Daniil Charms,[1] das sich dem Titel zufolge mit der Geschichte und dem Mythos der Stadt Petersburg auseinandersetzt. Es wendet sich damit einem Thema zu, das in der russischen Literatur des 18. bis 20. Jh.s eine bedeutende Rolle gespielt und 1916/1922 in Andrej Belyjs Roman *Peterburg* eine neue, umfassende Deutung erfahren hatte.[2] Dieses Thema ist verbunden mit der seit Peter dem Großen beginnenden Standortbestimmung und Diskussion um das Selbstverständnis Rußlands und seiner geopolitischen Lage zwischen Asien und Europa. Daniil Charms greift in seinem Stück nicht nur auf eine Vielzahl von Prätexten zurück, die den Mythos der Stadt Petersburg entwickelt haben, sondern auch auf solche zu dem komplementären Mythos der alten, zweiten Hauptstadt Moskau. Es geht also hier nicht nur um Petersburg und seine Bedeutung im russischen historischen Diskurs, sondern um eine umfassendere Deutung der russischen Geschichte. Zunächst soll im folgenden der Dichter Daniil Charms im Rahmen seiner Gruppe vorgestellt und anschließend die Geschichte und die frühere mythopoetische Modellierung der Städte Petersburg und Moskau skizziert werden. Daran schließt sich eine Analyse der Struktur des Stücks im Zusammenhang mit seinen Prätexten an, weil nur in dieser Zusammenschau die Stellungnahme Charms' zum russischen historischen Diskurs erkennbar wird. Zum Schluß soll auf die Frage eingegangen werden, in welchem Sinn das absurde Stück *Komedija goroda Peterburga* als Geschichtsdrama aufgefaßt werden kann.

Das Stück *Komedija goroda Peterburga* stammt aus einer Zeit, in der der Höhepunkt des historischen Dramas längst vorbei war, und ist von einem Dichter geschrieben, der zu den Initiatoren des 'Oberiu', der letzten avantgar-

1 Charms 1978, S. 84–125.
2 Burkhart 1984, 1987.

distischen Gruppe der UdSSR, gehört.[3] Oberiu soll nach dem Willen der Mitglieder eine Abkürzung für "Ob"edinenie real'nogo iskusstva" sein, auf deutsch "Vereinigung der realen Kunst", wobei 'Obe' auf 'ob"edinenie', 'r' auf 'real'nyj' und 'i' auf 'iskusstvo' ('Kunst') verweisen würde.[4] Die Endung 'u' steht stellvertretend für '-ismus' und soll die zahlreichen '-ismen' der zwanziger Jahre wie Futurismus, Konstruktivismus, Kubismus usw. parodieren. Oberiu konstituierte sich im Jahre 1927, Anfang 1928 erschien ihr Manifest in den Verlautbarungen des Dom pečati (*Afiši doma pečati*), in dem sie ihre Basis gefunden hatten. Bereits in dieser Zeit war die Gruppe heftigen Anfeindungen aus dem Lager der VAPP (Vserossijskaja associacija proletarskich pisatelej) bzw. RAPP (ab Mai 1928 Rossijskaja associacija proletarskich pisatelej) ausgesetzt, die sich als "Kerntruppe der proletarischen Kulturrevolution" verstand, und konnte nur noch wenige Projekte verwirklichen, sowohl im Bereich der Publikation als auch im Bereich der Theaterarbeit. Im Frühjahr 1930 fand anscheinend die letzte Vorstellung der Oberiuten statt,[5] eine Weiterarbeit war aufgrund der politischen Verhältnisse und innerer Differenzen nicht möglich.

Das Anfang 1928 erschienene Manifest stellt die theoretischen Grundlagen und literaturpolitische Stellung der Gruppe vor, die einzelnen Mitglieder und die verschiedenen Sparten, die sie als ihre Arbeitsfelder prospektieren.[6] Das Manifest besteht aus vier Kapiteln, einer Einleitung mit der Überschrift "Obščestvennoe lico Oberiu" und drei weiteren speziell zu ihrer Poesie, zum Kino und zum Theater. Die Gruppe definiert sich hier als Zweig der 'linken' Kunst, als ehrliche Arbeiter und Handwerker und erhebt die Forderung, für die neuen revolutionären Inhalte neue Formen und Ausdrucksweisen zu entwikkeln. Damit bezieht sie Stellung gegen die proletarischen Schiftsteller, die für eine den Massen unmittelbar verständliche Kunst und für die Formen und Verfahren des Realismus eintreten. Sie sind fast ausschließlich ausgesprochen junge Leute,[7] Vers- und Prosadichter, die eine neue, konkrete Poesie schreiben und Lese- und Theaterabende veranstalten, auf denen sie ihre Kunst vorführen. Als ihr bevorzugtes Verfahren nennen sie das "stolknovenie slovesnych smyslov" (Zusammenstoßen von Wortbedeutungen, Wortsinnen), das erstens den Gegenstand von der literarischen und alltäglichen Hülle reinige und zweitens den Sinn des Gegenstands und des Wortes erweitere und vertiefe, diese sinnlich greifbar werden lasse.[8] Sie stehen damit auf dem Boden der Litera-

3 *Poėty* 1994, S. 234. Die Werke des Petersburger Dichters Daniil Ivanovič Charms (1905 bis 1942), zu dessen Lebzeiten kaum gedruckt, wurden erst seit Ende der 70er Jahre veröffentlicht und rezipiert, zunächst im westlichen Ausland.

4 Milner-Gulland 1970, S. 67.

5 *Poėty* 1994, S. 14.

6 Vollständig abgedruckt von Milner-Gulland 1970, S. 69–74.

7 Sechs Namen werden im Manifest genannt: Charms ist 1905 geboren, A. Vvedenskij 1904, Zabolockij 1903, Vaginov 1899, Igor' Bachterev 1908, Boris Levin 1898. Vgl. Milner-Gulland 1970, S. 71.

8 Milner-Gulland 1970, S. 70.

turtheorie der russischen Formalisten, die die russische Literaturwissenschaft der ersten Hälfte der zwanziger Jahre dominierten. Das von den Formalisten von der Kunst geforderte *novoe videnie*[9] (Neues Sehen) auf die Gegenstände erscheint im Manifest der Oberiuten als Sehen mit "nackten Augen", das eine neue, erstmalige Erkenntnis bewirkt:

> Posmotrite na predmet golymi glazami i vy uvidite ego vpervye očiščennym ot vetchoj literaturnoj pozoloty.[10]
>
> (Betrachten Sie den Gegenstand mit nackten Augen, und Sie werden ihn zum ersten Mal gereinigt von der alten literarischen Vergoldung sehen.)

Diese Reinigung der Wörter und des Gegenstands von dem "Müll längst verwester Kulturen" ("ot musora starodavnych istlevšich kul'tur")[11] kann als grundlegende Forderung der Gruppe betrachtet werden. Die einzelnen Mitglieder sehen sich als selbständige Meister mit jeweils eigenem Programm und eigener Individualität an, die die genannte grundlegende Forderung des Sehens mit nackten Augen und des Arbeitens mit dem Verfahren des "stolknovenie slovesnych smyslov" auf eigene Art verwirklichen. Daniil Charms wird beschrieben als...

> [...] poėt i dramaturg, vnimanie kotorogo sosredotočeno ne na statičeskoj figure, no na stolknovenie rjada predmetov, na ich vzaimootnošenijach. V moment dejstvija predmet prinimaet novye konkretnye očertanija, polnye dejstvitel'nogo smysla. Dejstvie, perelicovannoe na novyj lad, chranit v sebe "klassičeskij otpečatok" i v to že vremja – predstavljaet širokij razmach oberiutskogo mirooščuščenija.[12]
>
> ([...] Dichter und Dramatiker, dessen Aufmerksamkeit nicht auf die statische Figur gerichtet ist, sondern auf den Zusammenprall einer Reihe von Gegenständen, auf ihre Relationen. Im Moment der Handlung nimmt der Gegenstand neue konkrete Umrisse an, voll wirklichen Sinns. Die in eine neue Ordnung gewendete Handlung bewahrt in sich den klassischen Stempel und stellt gleichzeitig den weiten Umgang oberiutischen Weltempfindens vor.)

Die Aufmerksamkeit liegt nicht auf den einzelnen Gegenständen, den Figuren und ihren Konzeptionen, sondern auf dem Zusammenstoß dieser Elemente mit anderen Gegenständen. Dabei stehen sie nicht vereinzelt, sondern gehören einer Reihe an, bilden eine Kette von Bedeutungen. Die Betonung der Reihe und der Ausdruck "perelicovannoe na novyj lad" verweisen auf Grundverfahren der Charms'schen Poetik, die auch in der *Komedija goroda Peterburga* eine konstitutive Rolle spielen.

Im Kapitel zum Theater wird das Wort Drama oder Dramatik anscheinend bewußt vermieden. Die Oberiuten bekennen sich zu einem Theater bzw. zu

9 Lachmann 1970.
10 Milner-Gulland 1970, S. 70. Alle Übersetzungen ins Deutsche sind, sofern nicht anders angegeben, von mir, U.J.
11 Milner-Gulland 1970, S. 72.
12 Milner-Gulland 1970, S. 71.

einer Theateraufführung, die aus einer Aneinanderreihung von pantomimischen Szenen bestehen kann und verweisen dabei ausdrücklich auf die Konzeption des Balagan, der russischen Schaubude bzw. Jahrmarktbude mit ihrer bunten Abfolge von Attraktionen. Sie betrachten nicht das Stück oder die Handlungssequenz als das konstitutive Merkmal des Theaters, sondern sehen die einzelne Szene als das grundlegende theatrale Element. Der Unterschied zwischen Stück und Theater wird folgendermaßen erklärt:

> Do sich por vse ėti ėlementy podčinjalis' dramatičeskomu sjužetu – p'ese. P'esa – ėto rasskaz v licach, o kakom-libo proisšestvii. I na scene vse delajut dlja togo, čtoby jasnee, ponjatnee i bliže k žizni ob"jasnit' smysl i chod ėtogo proisšestvija.
> Teatr sovsem ne v etom. Esli akter, izobražajuščij ministra, načnet chodit' po scene na četveren'kach i pri ėtom – vyt' po vol'či; ili akter, izobražajuščij russkogo mužika, proizneset vdrug dlinnuju reč' po latyni – ėto budet teatr, eto zainteresuet zritelja – daže esli eto proizojdet vne vsjakogo otnošenija k dramatičeskomu sjužetu. Ėto budet otdel'nyj moment, – rjad takich momentov, režisserski-organizovannych sozdadut teatral'noe predstavlenie, imejuščee svoju liniju sjužeta i svoj sceničeskij smysl.
> Ėto budet tot sjužet, kotoryj možet dat' tol'ko teatr.[13]

> (Bis heute wurden alle diese Elemente dem dramatischen Sujet untergeordnet, dem Stück. Ein Stück – das ist eine Erzählung in Personen über irgendein Ereignis. Und auf der Bühne arbeiten alle dafür, um den Sinn und Gang dieser Ereignisse klarer, verständlicher und näher am Leben zu erklären.
> Theater ist das nicht. Wenn ein Schauspieler, der einen Minister darstellt, auf der Bühne auf allen vieren zu gehen und dabei wie ein Wolf zu heulen beginnt; wenn ein Schauspieler, der einen russischen Bauern darstellt, plötzlich eine lange Rede auf lateinisch hält, – das wird Theater sein, das interessiert den Zuschauer – sogar dann, wenn das ohne jede Beziehung zum dramatischen Sujet geschieht. Das wird ein einzelner Moment sein – eine Reihe solcher, vom Regisseur organisierter Momente wird eine theatrale Vorstellung schaffen, die ihre Sujetlinie haben wird, ihren wahren Bühnensinn.
> Das wird ein Sujet sein, das nur das Theater geben kann.)

Dies könne dem Zuschauer, der daran nicht gewöhnt sei, zwar unschön erscheinen, aber die vom Leben auf die Bühne übertragenen Gegenstände müßten, wie das Manifest sagt, ihre dem Leben verhaftete Gesetzmäßigkeit verlieren und eine theatrale gewinnen. Jede Erklärung dieser theatralen Gesetzmäßigkeit wird abgelehnt ("Ob"jasnjat' ee my ne budem"), denn sie wird als eine gedacht, die nur unmittelbar im Geschehen erlebbar ist. Neben das dramatische Sujet solle ein szenisches treten, das spontan aus allen nebeneinander gesetzten Elementen des Spektakels entstehe. Es wird also auf eine Hierarchisierung der Elemente verzichtet, die Notwendigkeit einer Logik der Handlung, des gesunden Menschenverstands oder einer konstanten Figurenkonzeption wird negiert. Stattdessen wird eine Logik des Theatralischen postuliert, die aus der szenischen Augenblickswirkung entsteht. Diese Konzeption einer Theater-

13 Milner-Gulland 1970, S. 73.

aufführung erfordert vom Zuschauer die Fähigkeit, die 'zusammenstoßenden Bedeutungen' zu erkennen und sie ihrer jeweiligen Reihe zuzuordnen.

Oberiu steht damit in der Tradition des russischen avantgardistischen Theaters nach der Revolution, als dessen grundlegendes Kennzeichen die Tendenz zur Retheatralisierung gilt.[14] Die Gruppe bekennt sich zu einer Theaterauffassung, die an die Erfahrungen der Theaterarbeit zwischen 1918 und 1926/27 anknüpft. Das Theater der Oberiuten zeichnet sich weiter durch eine Hinwendung zum Absurden aus, das zwar im russischen Drama seit Aleksandr Suchovo-Kobylins *Smert' Tarelkina* (1869 geschrieben, 1900 zensiert uraufgeführt, 1917 zum ersten Mal unzensiert) vorhanden war, jedoch keine Tradition ausgebildet hatte. Dies beginnt erst im Schaffen der Oberiuten, insbesondere bei Daniil Charms und Aleksandr Vvedenskij, deren Dramen damals jedoch nicht auf der Bühne realisiert worden sind. Die einzige Ausnahme bildet Charms *Elizaveta Bam*, das auf der ersten abendfüllenden Veranstaltung der Oberiuten 1928 vorgestellt wird. *Elizaveta Bam* ist einerseits als Stück über die Problematik von Macht und Ohnmacht, von willkürlicher Verfolgung in der zeitgenössischen Sowjetunion lesbar und andererseits als Parodie auf traditionelle dramatische Gattungen wie das Melodrama oder das realistische Drama.

Komedija goroda Peterburga wird von Peter Urban als dramatisches Gedicht bezeichnet,

> [...] das [...] von der frühen Phase des Dichters Charms, seiner poetischen Spannweite, seinem dramatischen Konzept, aber auch seiner geistesgeschichtlichen Verankerung am meisten deutlich macht, [...] und das [...] den Vorzug besitzt, zugleich eine Art literarischer Topographie zu geben: von Petersburg-Petrograd-Leningrad, der Stadt des Daniil Charms um 1925.[15]

Christiane Müller-Scholle analysiert in ihrem Aufsatz "Das russische Theater des Absurden" neben *Elizaveta Bam* auch *Komedija goroda Peterburga* und deutet es als ein Stück in der Art der Celan'schen *Todesfuge*, das am Mythos des Todes mitwirke.[16] Der Mythos des Stadt Petersburg habe nach den Erfahrungen des ersten Weltkriegs und der Revolution jede Bedeutung verloren, Sankt Peterburg und sein politischer Untergang als Hauptstadt, der in der Umbenennung in Leningrad im Jahre 1924 seinen Endpunkt finde, werde von Charms zur Metapher für das Schicksal der russischen Dichtung gemacht. Der im Stück aufgerufene Mythos der Stadt werde banalisiert: "das Drama zeigt eine entmythologisierte Welt", "eine Parodie vergangenen Lebens, eine postapokalyptische Clownerie" (S. 68). "Parabelhaft versucht Charms zu zeigen, daß Petersburg in seiner neuen Erscheinungsform als Leningrad zu einer todbringenden Muse geworden ist" (S. 74). In Verbindung mit den zahlreichen Verweisen des Stücks auf zeitgenössische Begebenheiten kommt Scholle zu

14 Fischer-Lichte 1992, S. 172f.
15 Charms 1984, S. 234.
16 Müller-Scholle 1991, S. 59.

dem Schluß, *Komedija goroda Peterburga* sei "in jeder Beziehung nur aus dem historischen Kontext zu verstehen. Die vorausgegangenen literarischen Techniken und Mythen reflektierend, wird sie zum Zeugnis der politischen und künstlerischen Strömungen ihrer Zeit" (S. 76).

Diese Deutung Müller-Scholles geht jedoch – wie auch andere – ausschließlich von dem Mythos der Stadt Petersburg aus. Dieser wird im Text jedoch nicht allein aufgerufen, sondern erscheint in Verbindung mit dem der Stadt Moskau als der zweiten, der anderen russischen Hauptstadt. Es geht also nicht allein um Petersburg, sondern um das Verhältnis der beiden Hauptstädte zueinander und die mit ihnen verbundenen historischen und geschichtsteleologischen Vorstellungen. Diese werden vor allem in ihrer literarischen Verarbeitung aufgerufen. Der Dramentext erscheint als ein Kaleidoskop aus heterogenen Elementen, die auf verschiedene literarische Prätexte verweisen, die von einem kompetenten Leser ständig assoziiert werden: A. Puškins *Mednyj Vsadnik* (*Der Eherne Reiter*), F. Dostoevskijs *Besy* (*Die Dämonen*), Griboedovs Komödie *Gore ot uma* (*Verstand schafft Leiden*) und Lev Tolstojs *Vojna i mir* (*Krieg und Frieden*), um nur die wichtigsten zu nennen. Hinzu kommen Verweise auf den Diskurs zwischen Westlern und Slavophilen im 19. Jh. (Pirogov, Meščerskij usw.) und auf das Theater des 19. Jh.s (Ščepkin). Zunächst jedoch zu der Darstellung der beiden Städte in der russischen Literatur und ihrer Bedeutung im russischen Denken.

Die von Peter dem Großen 1703 gegründete Stadt Petersburg, die nach seinem Willen ab 1712 die alte Stadt Moskau als Hauptstadt des Russischen Reichs ablöste, ist in Rußland lange Zeit als fremdes Element empfunden wurden, als fremde – unrussische – Hauptstadt an der Peripherie des russischen Reichs. Jurij Lotman hat den oxymoralen Mythos der Hauptstadt folgendermaßen beschrieben:[17] Im Unterschied zur 'konzentrischen' Stadt wie z.B. Rom oder Moskau, die im Zentrum des dazugehörigen Landes und Kulturraums auf einer Anhöhe liege, die als Mittelpunkt und Tempel, als Mittler zwischen Himmel und Erde gesehen werde und der damit das Merkmal der ewigen Stadt zukomme, sei die 'exzentrische' Stadt am Rande des Kulturraums, am Meeresufer, an einer Flußmündung gelegen. Die exzentrische Stadt sei als Kulturleistung im Kampf gegen die Natur geschaffen, sie aktualisiere die Opposition 'natürlich/künstlich'. Am Beispiel Petersburgs als Antithese von Wasser und Stein sei die Vorstellung des ewigen Kampfes zwischen den Elementarkräften der Natur und der Kultur in diametral entgegengesetzter Weise entworfen worden: zunächst im 18. Jh. positiv als Sieg des Geistes und der Kultur über widrige Naturkräfte und ab dem zweiten Drittel des 19. Jh.s zunehmend negativ als Verkehrung der natürlichen Ordnung. Petersburg erscheine einerseits als die aus Stein, aus Granit erbaute Stadt, aber der Stein sei kein natürlicher, sondern ein aus anderen Gebieten herbeigeholter, ein kultu-

17 Lotman 1984.

rell bearbeiteter, von Menschenhand geschaffener Stein. Er besitze nicht die Attribute der Unbeweglichkeit, Beständigkeit, Widerstandsfähigkeit, sondern als Artefakt das widernatürliche Attribut der Versetzbarkeit und Beweglichkeit. Darüber hinaus sei dieser Stein in die Sümpfe der Neva-Mündung gesetzt, auf trügerischen Boden. Er könne daher nicht der Fels sein, auf dem das Reich gründe, sondern nur der Stein, der früher oder später vom Wasser verschlungen werde. Mit Petersburg verbinden sich dementsprechend von früh an eschatologische Mythen von seinem vorherbestimmten Untergang in den Fluten.[18] Petersburg vereinigt den imperialen Anspruch der Beherrschung des russischen Imperiums mit der beständigen Bedrohung durch den Untergang im Wasser. Petersburg ist im 18. Jh. interpretiert worden als Utopie der idealen Stadt der Zukunft, als Inkarnation von Geist, Vernunft, Kultur, im 19. Jh. dann als Pervertierung des Naturgegebenen, als eine aufgrund eines übermächtigen Willens mit brutaler Gewalt aus dem Sumpf gestampfte Stadt.

Darüber hinaus ist Petersburg nach dem Willen seines Gründers und Erbauers Peters des Großen das steinerne Zeichen für die Abwendung von dem alten, genuin russischen Zentrum Moskau und für die Öffnung und Hinwendung nach Europa, ist Zeichen für die Abwendung vom Eigenen hin zum Fremden. Peter I. ist – je nach innerrussischer Perspektive des Betrachters – als Heilsbringer oder als Antichrist gesehen worden. Im Reiterstandbild Peters des Großen, dem Wahrzeichen der Stadt, zeigt sich diese Mehrfachkodierung besonders deutlich. Das von Falconet im Auftrag Katharinas II. 1782 für Peter I. errichtete Denkmal, das Peter mit in die Weite weisender rechter Hand auf einem sich aufbäumenden Pferd zeigt, ist in der russischen Literatur als Inkarnation nicht nur des Zaren, sondern ganz Rußlands behandelt worden. Es symbolisiert die ambivalente Rolle und Wertung Peters I. in der russischen Geschichte und Kultur, die Renate Lachmann folgendermaßen beschrieben hat:

> Das Roß des Imperators, mit den Hinterhufen kaum noch den Granitblock berührend, der als das 'kulturelle Gedächtnis' des alten Rußlands interpretierbar ist, erhebt sich mit den Vorderhufen in die Utopie eines neuen Rußland. Die Rechte des Reiters verweist in die nordischen Sümpfe, deren "kulturelle Information" noch nicht erschlossen ist. Dieser nicht vollzogene Sprung in der Spannung zwischen alter und zukünftiger Ordnung bündelt die antinomischen Ideologeme des 18. Jahrhunderts: Ost/West, Rußland/Europa, das Alte/das Neue, richtiger Glaube/falscher Glaube, eigene Kultur/fremde Kultur, und antizipiert diejenigen des 19. Jahrhunderts: Statik/Dynamik, Slavophilie/Westlertum, Zarismus/Revolution. So betrachtet verkörpert das Kulturzeichen "Peter der Große" die genannten Antinomien.[19]

Puškin hatte in seinem Poem *Mednyj vsadnik* (*Der Eherne Reiter*), einem im Stück bereits eingangs aufgerufenen Prätext, diese Ambivalenz der Rolle Peters des Großen als des Reformers und zugleich des Vernichters der russischen

18 In russischen mittelalterlichen Prophezeiungen wurde ein derartiges Schicksal noch für Byzanz vorausgesagt. Vgl. Lotman 1984, S. 31f.

19 Lachmann 1990, S. 91f.

Kultur verdeutlicht. Die Ambivalenz Peters wurde auch auf die von ihm gegründete Stadt Petersburg übertragen, die als Symbol der russischen dualistischen Kultur entworfen wird:

> Petersburg repräsentiert die Geschichtslosigkeit, in die Rußland aus der Sicht der Slavophilen mit den petrinischen Reformen zurückgefallen ist, das Auslöschen der eigenen Kultur, und es repräsentiert den Beginn der neuen Geschichte Rußlands, das Erwachen zur Kultur aus der Sicht der Westler.[20]

Die Stadt stellt somit einen ganzen Komplex sich gegenseitig unterstützender und zugleich widersprechender Mythen, kultureller Texte und Kodes dar, die im Stück aufgerufen werden: in den sowohl expliziten wie konnotativ-assoziativen Verweisungen auf literarische Prätexte, auf die Geschichte der Stadt und ihrer Herrscher.

Moskau ist gegenüber dem bewußt aus dem Boden gestampften, rational geplanten Petersburg die alte gewachsene Hauptstadt des Moskauer Fürstentums und der Rus', des heiligen russischen Landes. Moskau gilt als genuin russisch, es ist die konzentrische, auf sieben Hügeln liegende heilige Stadt im Zentrum des Landes, Mittlerin zwischen Himmel und Erde. Schon aufgrund ihrer geographischen Lage ist sie Mittelpunkt des Russischen Reichs, darüber hinaus das geistliche Zentrum der russischen Orthodoxie und Krönungsstadt der Zaren auch nach 1712. Mit Moskau verbindet sich die Vorstellung vom dritten Rom und damit der Anspruch auf eine russische Weltherrschaft. Die Verlegung der Hauptstadt nach Petersburg bedeutete für Moskau den Fortgang des Zarenhofes, der Verwaltung und des Militärs, Moskau wurde im 18. Jahrhundert zunächst zur Stadt des in Ungnade gefallenen alten russischen Adels. Einer der ersten, der die Opposition von Moskau und Petersburg beschrieben hat, ist Vissarion Belinskij in seinem Artikel *Peterburg i Moskva* im 1845 erschienenen Almanach *Fiziologija Peterburga*.[21] Moskau ist, wie Belinskij sagt, weiblich, Petersburg männlich. In Moskau spielten das patriarchalische Familienleben, die alten Sitten und Gebräuche, auch die Familienprotektion eine große Rolle; hier baue man kleine Holzhäuser mit drei Fenstern oder höchstens zwei- bis dreistöckige Steinhäuser, die alle einzeln in großen Gärten ständen. Im 19. Jh. werde Moskau darüber hinaus zur Stadt der Kaufleute und der Kleinbürger, denn seine Lage im Zentrum des Landes bringe es mit sich, daß es Knotenpunkt des Handels und der Wirtschaft bleibe. Nach Belinskij vertritt jede der beiden Hauptstädte eine Idee: Petersburg sei eine junge Stadt, in der man im Staatsdienst arbeite; Moskau sei eine alte, mystisch orientierte Stadt, in der man viel rede, aber nichts vollbringe. In Moskau verkümmerten alle Talente; um sie zu entwickeln, müsse man nach Petersburg mit seiner ernüchternden Atmosphäre kommen.

---

20 Lachmann 1984, S. 93.
21 *Fiziologija Peterburga* 1991, S. 14–37.

Die Opposition Petersburg – Moskau wird im gesamten Text der *Komedija goroda Peterburga* aufgerufen. Charms hat daran in den Jahren 1926 bis 1931 mit Unterbrechungen gearbeitet, eine erste Fassung entstand von Februar bis September 1927, die letzte im Jahr 1931. Diese letzte ist verlorengegangen, es existiert nur noch die Fassung von 1927. Nach der Meinung des russischen Literaturwissenschaftlers Boris Mejlacha, der seit 1978 die erste vollständige Ausgabe der Werke Daniil Charms' herausgibt, stellt diese Fassung ein Fragment dar:[22] Es beginnt mit *Čast' II* ("Teil II"), es folgen *Dejstvie II* ("Aufzug II*")* mit Szenenwechsel ("na mostu, vtoroj und pervyj plan") und *Tretij Akt* ("dritter Akt"), danach *K tretej časti Komedii goroda Peterburga – Intermedija* und dann *Čast' III* ("Teil III"). Wir haben also vier Teile, die je zweimal mit '2' und '3' numeriert sind, dazu ein Intermedium. Der vorliegende Text weist jedoch, wie noch zu zeigen sein wird, eine deutliche Ringstruktur auf und kann daher trotz der inkonsequenten Numerierung als vollständig aufgefaßt werden.

Das Stück erscheint auf den ersten Blick als ein typisches absurdes Theaterstück, das das spezifische oberiutische Theaterprogramm realisiert. Es ruft in seinem Titel zunächst mit dem ersten Wort *Komedija* eine Gattungsbezeichnung auf, die durch die Fortsetzung *goroda Peterburga* in gewisser Weise wieder aufgehoben wird, da damit das Wort Komödie anscheinend außerliterarisch aufgefaßt wird. Von einer konventionellen Komödie kann in der Tat nicht gesprochen werden.

Ein Personenverzeichnis liegt nicht vor, ebensowenig eine Orts- oder Zeitangabe (die einzige Ausnahme stellt die Angabe "na mostu" – "auf der Brükke" – im dritten Akt dar). Aus den Gesprächen der Figuren geht hervor, daß sie sich in Petersburg befinden. Der Nebentext beschränkt sich auf knappe Angaben wie "vbegaja" ("hereinlaufend"), "poet" ("singt"), "tancuet" ("tanzt") usw. Einen Helden gibt es nicht, die Hauptfiguren sind Zar Nikolaj II, der Komsomolec Vertunov und sein Dienstkamerad Vanja Ščepkin; dazu Katja, Kirill Davydyč Obernibesov, Pavel Afanas'evič Famusov, der Fürst Meščerskij, Marija und Petr I. Hinzu kommen eine Fülle von häufig nur einmal auftretenden Nebengestalten im Singular und Plural: Balalaečnik, Dvoreckij, Zritel', Storož, Fakel'ščiki, Časovoj, 1. oficer, 2. oficer, dama, Malyj chor, Bol'šoj chor, Razbojniki, Zver', Čelovek pochožij na kolbasu, pugalka usw.

In der ersten Replik des Textes, gesprochen von Peter I., wird der Bezug auf Puškin hergestellt, indem er den Vorspann zu Puškins Poem *Mednyj vsadnik* paraphrasiert und ihn gleichzeitig parodiert. Peter knüpft mit der Geste des Erinnerns ("Ja pomnju den'. Neva šumela v more." – "Ich erinnere den Tag. Die Neva schäumte ins Meer.") an die im Prolog zum *Mednyj vsadnik* beschriebene Szene an, die die Entstehung der Idee, im Neva-Delta eine Stadt

22 Charms 1978, S. 181.

als ‘Fenster nach Europa’ zu gründen, im Denken Peters des Großen vorgestellt hatte. Charms stellt der Beschreibung Puškins die Erinnerung Peters gegenüber, die, aller Züge der Größe beraubt, nur noch auf die Geburt Petersburgs aus dem Kopf abhebt. Dem entspricht die auch die Nichtachtung Peters für die zu Tausenden beim Bau der Stadt in den Sümpfen zugrundegegangenen russischen Bauern: “i vmig // dremučij les byl do kornja ostrižen // I šumnye karety často bili v okna chižin” (“Und im Nu war der schlafende Wald bis zu den Wurzeln, geschert // und laute Kutschen schlugen häufig in die Fenster der Hütten”). Verweist der “gescherte Wald” auf das Verbot des traditionellen Bartes für Adlige durch Peter I., so ist der Text mit den “karety” (“Kutschen”) bei Andrej Belyjs *Peterburg* angelangt, in dem die durch Petersburg fahrende Kutsche des Senators Apollon Apollonovič als eines der Leitmotive erscheint.

Auf Peter antwortet Nikolaj II., mit dessen Person die Zeit des Stücks ins 20. Jh. verlegt wird. Seine Antwort beginnt ähnlich lakonisch wie die Peters mit: “Ty Petr byl carem”, einer in diesem unbestimmten Kontext zweideutigen Äußerung. Je nachdem, auf welchem Wort der Akzent liegt, kann Nikolaj auf die Vergänglichkeit Peters hinweisen (“Du *warst* der Zar”) oder darauf, daß Peter noch ein wahrhafter, unangefochtener Zar war (“Du warst der *Zar*”). Beide Bedeutungen stoßen in seiner Rede aufeinander, die sich zwischen diesen beiden Polen entwickelt. Einerseits erklärt Nikolaj: “Da Petr. Ja živu.” (“Ja Peter. Ich lebe.”), und versteigt sich bis zu der Behauptung “carica rodit mne syna krepkogo kak buk” (“die Zarin gebiert mir einen Sohn kräftig wie eine Buche”). Damit stellt er sich über Peter, der seinen Sohn hinrichten ließ und den seine Töchter beerbten. Projiziert auf die historische Realität, auf den hämophilen Sohn Nikolajs II. und russischen Thronfolgers, weckt diese Behauptung Zweifel. ‘Buk’ (‘Buche’) allerdings bezieht sich nicht nur auf Kraft, die den Romanovy inzwischen fehlt, sondern auch auf das kyrillische Alphabet, dessen zweiter Buchstabe in der kirchlichen Auslegung den Namen ‘buky’ trägt. Bezogen auf die neuzeitliche russische Geschichte und die Petersburgs wird deutlich: Peter als der Gründer der Stadt ist ihr ‘A’, ihr ‘az’ (‘ich’); Nikolaj als derjenige, mit dem die Stadt untergeht, kann nicht das ‘az’ sein, auf das ein ‘buky’ folgt. Nikolaj geht denn auch mit “no tol'ko sily u menja net Petr sily” unvermittelt zum Eingeständnis seiner Schwäche über. Er setzt sich weiter, wenn er sich von einem Reiter auf einem Felsen, d.h. von dem Denkmal Peters des Großen, verfolgt sieht, zu der Hauptfigur des kleinen Beamten Evgenij im Poem *Mednyj vsadnik* in Beziehung. Seine Replik entwickelt so die Opposition von Stärke und Schwäche in physischer, politischer und sozialer bzw. ständischer Hinsicht. Sein letzter Satz kehrt zum Anfang zurück und korrigiert ihn: Aus “Ty Petr byl carem” wird “Ty Petr pamjatnik besčuvstvennyj ty car'!!!” (“Du Peter, gefühlloses Denkmal, du bist der Zar!!!”). Diese beiden Eingangsreden Peters und Nikolajs scheinen zunächst vorzugeben, daß die *Komödie der Stadt Petersburg* mit ihrem Anfang und Ende und dem ihrer Herrscher, der Romanovy, verbunden sei.

Wenn die Monologe der beiden Zaren über ihre Macht und Machtausübung bereits eine labile Figurenkonzeption vorgeben, so führt die nächste Figur eine Umkehrung der Situation ein: Der eintretende Komsomolze Vertunov befiehlt unvermittelt, den Zaren zu fesseln. Das Stück ist damit in der Zeit nach der Revolution angelangt, als man Nikolaj und seine Familie gefangensetzte. In dem folgenden Dialog zwischen Nikolaj und dem Komsomolzen Vertunov ist zunächst Vertunov der Situationsmächtige, der Nikolaj dem willkürlichen Verhör eines ungebildeten naiven Funktionsträgers aus der Unterschicht unterwirft: Vertunov will von dem Zaren die Bestätigung dafür, daß er früher in samtene Kissen gespuckt habe. Der entnervte Zar bejaht dies schließlich gleichgültig, lehnt aber auf weitere Fragen Vertunovs jede Antwort ab. Die sich anschließende, im folgenden angeführte Passage demonstriert die Instabilität der Figuren, die in sprachlicher Hinsicht, in ihrem Verhalten und in ihrer expliziten Charakterisierung keine konstante Identität besitzen:

> Николай II: О Петр где твоя Россия?
> где город твой, где бледный Петербург?
> куда попал я в Кострому на Небо, иль в Парламент?
> скажи мне Петр внуку своему.
> Меня спросили: не плевал ли я в подущку
> но я не знаю, я не помню я забыл.
> Забыл, мне память изменяет Петр, Петр
> скажи куда плюются все цари?
> Петр: В плевательницу или под стол.
> Николай II: Позвать Комсомольца Вертунова.
> Дворецкий: Слушаюсь ваше величество!
> Комсомолец Вертунов: Что прикажете Ваше Величество?
> Николай II: Здрасте. Как на улице тепло или холодно?
> Ком.Верт.: Тепло Ваше Величество.
> Николай II: А я под стол плеваться умею!
> Ком.Верт.: Очень интересно В.В.
> Николай II: Хочешь покажу?
> Ком.Верт.: Ну покажи![23]
>
> (NIKOLAUS II.: O Peter, wo ist dein Rußland?
> Wo deine Stadt, wo ist dein bleiches Petersburg?
> Wo bin ich hingeraten – nach Kostroma im Himmel oder ins Parlament?
> Das sag mir Peter deinem Enkel.
> Man fragt mich: habe ich gespuckt auf Kissen
> aber ich weiß nicht keine Ahnung ich hab es vergessen.
> Vergessen, mein Gedächtnis läßt im Stich mich. Peter, Peter
> sag mir: wohin spucken alle Zaren?
> PETER: In den Spucknapf oder unter den Tisch.
> NIKOLAUS II.: Man rufe den Komsomolzen Vertunov.
> HÖFLING: Zu Befehl Euer Majestät!
> KOMSOMOLZE VERTUNOV: Sie wünschen Euer Majestät?
> NIKOLAUS II.: Tag. Wie ist es draußen auf der Straße warm oder kalt?
> KOMSOMOLZE VERTUNOV: Warm Euer Majestät.

23 Charms 1987, Bd. 1, S. 87. – Alle weiteren Zitate im Haupttext folgen dieser Ausgabe.

> NIKOLAUS II.: Und ich kann unter den Tisch spucken!
> KOMSOMOLZE VERTUNOV: Sehr interessant E.M.
> NIKOLAUS II.: Soll ich dirs zeigen?
> KOMSOMOLZE VERTUNOV: Na mach schon!)[24]

Der Zar wendet sich an Peter I., mit der Bitte, ihm zu sagen, wohin denn Zaren zu spucken pflegen, er habe es vergessen. Auf Peters Antwort "V plevatel'nicu ili pod stol" läßt Nikolaj, wieder ganz Zar, den Komsomolzen Vertunov rufen, erklärt ihm, daß er unter den Tisch spucken könne. Damit werden die Rollen verkehrt, das Verhalten schlägt ins Kindliche um. Dies demonstriert er auf die Aufforderung Vertunovs und erhält dessen Beifall. Die Verfügung über Macht und Befehlsgewalt ist austauschbar, die Machtverhältnisse verkehren sich ständig, die Figuren nehmen verschiedene Rollen an, darunter auch eine verkindlichte. Kindlichkeit ist bei Charms nach Thomas Grob "nicht ein Attribut, das einen Charakter, ein 'Subjekt' definiert, sondern sie ist eine akzidentielle Eigenschaft, die für einen Moment die Figur und ihr Verhalten dominieren kann; Kindlichkeit fungiert im Dienste der Illusions- und Einfühlungsstörung."[25] Gleichzeitig erfahren die Aussagen und Sprachhandlungen mit der zeitweiligen Verkindlichung der Figuren eine "De-Semantisierung im Sinne einer Ent-Wertung, einer Loslösung aus ihrem deutenden Kontext".[26] Darüber hinaus macht die Frage des Zaren Nikolaj an Peter aber schon deutlich, daß die Romanovy historisch nicht nur zu Petersburg gehören: Sie begannen ihre Laufbahn im Moskauer Staat, Kostroma ist eine der frühen Residenzen der Romanovy, die sich damit nicht nur als zu Petersburg, sondern auch zu Moskau gehörig erweisen. Kostroma allerdings ist für sie inzwischen so unwirklich geworden wie das Dasein nach dem Tod oder die Vorstellung eines Parlaments. Damit aber wird das Thema Moskau eingeführt und sofort vertieft: Ščepkin kommt mit einer Warnung vor der gefährlichen Zugluft hereingelaufen und singt Lieder über Moskau. Nikolaj und Vertunov stimmen dann in aufeinanderfolgenden Monologen das Thema des drohenden Untergangs des russischen Landes an, wobei Nikolaj in Reminiszenzen auf das *Igor'-Lied* und den Beginn des Untergangs des Kiever Reichs im 12. Jh. verweist, Vertunov auf die Zerstörung Moskaus beim Einzug Napoleons und damit auf Tolstojs *Vojna i mir*. Mit der Erwähnung des *Igor'-Lieds* wird Kiev als die dritte, historisch gesehen die erste, Hauptstadt des russischen Landes angesprochen, der historische Raum erweitert sich immer mehr.

Die Figuren erinnern jedoch nicht die großen historischen Ereignisse wie den nationalen Krieg gegen Napoleon, sondern deren literarische Verarbeitung und Deutung. Nikolaj negiert jede Erinnerung an das verbrannte Moskau, doch er erinnert sich an Famusov, eine literarische Gestalt aus Griboedovs 1831 ur-

---

24 Übersetzung von Peter Urban, vgl. Charms 1984, S. 21f. Alle weiteren deuten Zitate im Haupttext folgen dieser Ausgabe.
25 Grob 1994, S. 119.
26 Grob 1994, S. 122.

aufgeführter Komödie *Gore ot uma* ("Verstand schafft Leiden"), deren Handlung 1822, zehn Jahre nach dem Brand, in Moskau spielt. Famusov, der Vater der Heldin Sofija, ist dort die Verkörperung alten Moskauer Adels, erzkonservativ, ungebildet und mit stark entwickeltem patriarchalem Bewußtsein. Famusov tritt nun in der *Komedija goroda Peterburga* als väterlicher Ratgeber mit weitverzweigten Beziehungen auf, der das Mädchen Katja und Kirill Davydyč Obernibesov mit auf die Bühne bringt. Er führt auch eine weitere Gestalt ein, den Fürsten Meščerskij, der auf historische Vertreter dieses Namens im 18. und 19. Jh. verweist.[27]

Der historische Fürst Meščerskij des 18. Jhs. ist durch Gavrila Deržavins erstmalig 1779 publizierte Ode *Na smert' knjazja Mečerskogo* bekannt geworden, in der Deržavin seinem lebenslustigen Bekannten nach dessen plötzlichem Tod ein Denkmal setzte. Der Text besingt nicht den Tod einer hochrangigen Persönlichkeit, sondern stellt die Wirkung des plötzlichen Todes eines Freundes auf die Hinterbliebenen und die Reflexion über das Thema der Vergänglichkeit des irdischen Lebens in den Mittelpunkt. Die zahlreich aufgerufenen Topoi des 'memento mori' werden in der Schlußpointe der Ode umgedeutet zu 'memento vivere'. Der Text ruft damit nicht zur Reue und Einkehr auf, zur rechtzeitigen Vorbereitung auf den Tod, sondern zum Genuß des irdischen Lebens als einer kurzen Himmelsgabe. Meščerskij erscheint als eine Figur, die mit Lebenslust und Tod zugleich verbunden ist und der Famusov in *Komedija goroda Peterburga* den Ausspruch zuschreibt: "Ne v žizni cel', a v pesne" (S. 93).

Es lassen sich, unter Nichtbeachtung der alogischen Spielelemente, im Stück zwei Handlungsequenzen feststellen, die teilweise als Doppelung angelegt sind. Beide beginnen mit der Frage: Wer ist besser, Vanja Ščepkin oder Kirill Davydyč Obernibesov? Famusov schlägt seinen Freund, den Fürsten Meščerskij, als Schiedsrichter vor. Da er in der Schweiz lebt, wird Obernibesov mit dem Flugzeug ausgesandt, um Meščerskij zu holen. Meščerskij trifft zu Beginn des zweiten Aktes ein, er erklärt denjenigen für besser, der schon in den Windeln Papa oder Mama am Schnurrbart gezogen habe. Dahingehend befragt, reagiert Ščepkin mit Unverständnis, Obernibesov lehnt es überhaupt ab, vor dem Zaren zu erscheinen. Meščerskij reist zu Beginn des nächsten Aktes indigniert wieder ab. Damit ist die eine Sequenz zu Ende, die ursprüngliche Frage ist längst vergessen. Die andere Sequenz ist die Gegenüberstellung Vanja Ščepkins und Obernibesovs. Vanja wird im ersten Teil von Petersburg nach Moskau geschickt und kommt mit der Nachricht zurück, dort sei "alles wie bei uns. Genau dieselben Häuser Menschen [sic!]. Nur sprechen sie ver-

27 Aus dem 19. Jh. ist u.a. ein I.A. Meščerskij bekannt, der Komödien aus dem Französischen übersetzt (vgl. *Istorija* 1977f., Bd. 5, S. 413; S. 452 usw.). Diese Verweismöglichkeit würde an die Theatergeschichte Rußlands anknüpfen, die auch der Name Ščepkin assoziiert: M.S. Ščepkin war einer der bekanntesten Komödienschauspieler der ersten Hälfte des 19. Jh.s, vgl. *Istorija* 1977f., Bd. 4, S. 13f.

kehrt. 'Guten Tag' bedeutet bei ihnen 'Auf Wiedersehen'" (S. 35). Ščepkin ist in seiner Figurencharakteristik auf die Angst vor Zugluft beschränkt, über die er ständig spricht. Umgekehrt kommt Obernibesov aus Moskau nach Petersburg und zeigt die deutliche Präokkupation, sich für Gott zu halten. Die Darstellung der Figur des Obernibesov und seiner Beziehung zu seiner Geliebten Marija wird ergänzt durch die Parallele zum Verhältnis zwischen dem Komsomolec Vertunov und Katja. Die Bezeichnung Komsomolec läßt zunächst auf die Jugend Vertunovs schließen, sein Name verweist auf das Verb 'vertet'' ('drehen, wenden'). Er ist der Petersburg-Sphäre zugeordnet, verweist aber auch auf Moskau, wo die Organisation des Komsomol im Oktober 1918 gegründet wurde. In der letzten Szene stellt er Katja, die er im ersten Akt als ehemalige Geliebte Nikolajs II. einführt, als seine Frau vor. Er verbindet damit Petersburger und Moskauer Elemente: Er ist jung und gründet eine Familie. Der Name des aus Moskau kommenden Obernibesov läßt sich auf zwei Arten deuten: als Zusammensetzung aus 'obernit'' ('drehen, wenden') und 'bes' ('Teufel') oder als 'ober' ('Ober'), 'bes' ('Teufel') bzw. 'nibes' ('Himmel').[28] Obernibesov behauptet bereits bei seinem ersten Auftritt, Gott zu sein, wird jedoch von den anderen eher als böse, als Teufel betrachtet. Zwischen diesen Polen Gott und Teufel bewegt sich seine Figurencharakteristik; er bezeichnet sich auch als "vladyka nad Moskvoju" ("geistlicher Fürst über Moskau"). Der Name seiner Geliebten, Marija, ist erstens als Hinweis auf die Maria-Himmelfahrts-Kathedrale im Moskauer Kreml', das russische Nationalheiligtum, angelegt – in dieser Beziehung kann Marija als die Verkörperung der russischen Kirche gedeutet werden[29] – zweitens als die Figur der Märchenprinzessin, die sich in einen Vogel verwandeln und fortfliegen kann. Marija vereinigt also wie Moskau kirchliche und volkstümlich russische Züge. Sie wird im Laufe der Komödie von Obernibesov getötet, doch kann ihr dies nichts anhaben: Am Schluß des vierten Aktes trifft Marija in Petersburg ein, um ihren in einer Bank als Oberbuchführer dienenden Verlobten Kirill Davydyč Trech"ėtažnyj zu suchen. Der Wechsel des Namens von Obernibesov zu Trech"ėtažnyj ("Dreietagen") deutet eine Banalisierung dieser Figur an, die nun nicht mehr auf die drei Ebenen von Himmel, Erde und Hölle verweist, sondern auf dreistöckige Häuser. Im letzten Akt sind die Moskauer also nach Petersburg umgezogen, haben die Mystik abgelegt und heiraten. In Opposition zu Griboedovs *Gore ot uma* endet Charms Stück nicht mit der Abfahrt aus Moskau, sondern mit der Ankunft der Figuren in Petersburg. In dieser Schlußszene stellen sie sich wieder gegenseitig einander vor: Sie sind in einer Stadt angekommen, die nicht mehr Hauptstadt ist und offiziell nicht mehr Petersburg heißt, die sie aber noch als Hauptstadt betrachten – mit Ausnahme des Komsomolec Vertunov. Petersburg und Moskau haben die Plätze getauscht.

28 Müller-Scholle 1991, S. 69.
29 Müller-Scholle 1991, S. 72.

Ich fasse zusammen: Die aufgerufenen Prätexte verweisen nicht nur auf die Opposition der beiden russischen Hauptstädte Moskau und Petersburg, sondern auch auf ihr Nebeneinander. In *Gore ot uma* spricht Famusov zu einer Zeit, als Petersburg eindeutig die Hauptstadt ist, mehrfach von "edva // Gde syščetsja stolica, kak Moskva"[30] ("Kaum findet man eine Hauptstadt wie Moskau"). In *Komedija goroda Peterburga*, als Moskau wieder Hauptstadt ist, sprechen alle meist von der Hauptstadt Petersburg; nur der Komsomolec Vertunov stellt dies in Frage. Petersburg und Moskau sind die beiden Städte Rußlands, die für das russische Selbstverständnis von entscheidender Bedeutung waren. Der Wechsel in der Funktion der Hauptstadt ändert daran nichts. Wechsel, Wenden, Karnevalisierung ist das Grundthema des Stücks, das im ständigen Wandel der Figurenkonzeption, in Reisen von Moskau nach Petersburg und umgekehrt, im Aufrufen literarischer, folkloristischer und trivialer Texte etc. vollzogen wird. In den Namen von Obernibesov und Vertunov tritt dies Prinzip der karnevalistischen Umkehrung offen zutage. Trotz der historischen Umkehr, trotz der Zerstörung der zaristischen Herrschaft aber sind die Ordnung und die Mechanismen der Herrschaftsausübung dieselben geblieben. Darauf verweist insbesondere die Gegenüberstellung der sich wendenden und sich verkehrenden Figuren des Stücks mit dem Prätext *Gore ot uma*: Dort rühmt Famusov die Vorzüge der guten alten Zeit, die für den jungen, welterfahrenen Čackij die Zeit des *rabolepstvo*, der Kriecherei, der Unterwürfigkeit ist: "tot i slavilsja, č'ja čašče gnulas' šeja"[31] ("Der wurde gerühmt, der häufiger den Hals verbog"). Daß diese Zeiten vorbei sein könnten, stellt das Stück in Frage, indem es die willkürliche Machtausübung durch die früheren und die neuen Herrschenden spielerisch demonstriert.

Ausgehend von der historischen Situation der 20er Jahre, zeigt Charms, daß die literarische und geschichtsphilosophische Auseinandersetzung zwischen Slavophilen und Westlern in den Symbolen Moskau und Petersburg eine Schein-Opposition aufgestellt hat. Zu Stereotypen verkommene Thesen zur russischen Geschichte werden im Verfahren des *stolknovenie slovesnych smyslov* nebeneinander gesetzt und damit entblößt, vorgeführt wird der "Müll" der Geschichte. Die Deutung der Ergebnisse dieser Zusammenstöße bleibt dem Zuschauer oder Leser überlassen. So wie Moskau und Petersburg sich wieder in der Funktion der Hauptstadt abgelöst und damit nur die Vorzeichen getauscht haben, so ist trotz der Umkehrung der Herrschaftsverhältnisse auch die Ausübung von Gewalt dieselbe geblieben. Gewechselt haben nur die Träger der Gewalt: Es sind nicht mehr die Zaren, sondern die *bol'ševiki* bzw. *komsomolcy*.

Charms *Komedija goroda Peterburga* knüpft an die russische Literatur- und Komödientradition an, sie spiegelt einmal die Erfahrung der Revolution mit ihrer Karnevalisierung der Welt bei einer sich gleichbleibenden Problema-

---

30 Griboedov 1987, S. 84; S. 86.
31 Griboedov 1987, S. 77.

tik von Macht und Ohnmacht wider. Zweitens aber zeigt sie, daß Rußland und russische Geschichte nicht auf die Opposition der Hauptstädte Moskau und Petersburg oder auf die Herrschaft der Romanovy seit Peter dem Großen zu reduzieren ist. Die russische Geschichte umfaßt die des gesamten Landes und die aller Bevölkerungsgruppen einschließlich der nichtrussischen und nichtseßhaften – darauf verweisen eine Reihe fragmentarischer Zitate. Daniil Charms macht mit *Komedija goroda Peterburga* auf die Einseitigkeit und Obsoletheit des bisherigen literarischen und historischen Diskurses um die Rolle und Funktion Rußlands aufmerksam. Das Stück kann als Versuch aufgefaßt werden, standardisierte literarische Deutungen der russischen Geschichte als Annäherung an Europa oder als Suche nach dem eigenen Weg zu revidieren. Es deutet somit nicht historische Ereignisse auf neue Weise, sondern entblößt mit Hilfe der literarischen Mythisierung der nationalen Geschichte entwickelte Denkschablonen. Es kann nicht als Geschichtsdrama bezeichnet werden, sondern als ein Stück über die das Bewußtsein prägende Rolle von Geschichtsdeutungen, die im Laufe der Zeit auf dem Müllhaufen der Geschichte landen und von dort, wie der jüngsten Debatten in Rußland zeigen, auch wieder hervorgeholt werden können.[32]

Literaturverzeichnis

Burkhart, D.: "Mythoide Verfahren der Weltgenerierung in Andrej Belyjs Roman *Peterburg*", in *Mythos in der slawischen Moderne*, hrsg. v. W. Schmid, Wien 1987, S. 169–192.

Burkhart, D.: Schwarze Kuben – roter Domino. Eine Strukturbeschreibung von Andrej Belyjs Roman *Peterburg*, Frankfurt a.M. / Bern u.a. 1984.

Charms, Daniil: *Sobranie proizvedenij* pod red. M. Mejlacha i V. Erlja, Bd. 1, Bremen: K-Presse 1978.

Charms, Daniil: *Fälle. Szenen, Gedichte, Prosa*, hrsg. u. übersetzt v. P. Urban, Zürich: Haffmans Verlag 1984.

Fischer-Lichte, E.: "Die semiotische Differenz. Körper und Sprache auf dem Theater – Von der Avantgarde zur Postmoderne", in *Dramatische und theatralische Kommunikation. Beiträge zur Geschichte und Theorie des Dramas und Theaters im 20. Jahrhundert,* hrsg. v. H. Schmid u. J. Striedter. Tübingen 1992, S. 123–140 [= Forum Modernes Theater. Schriftenreihe 8].

Griboedov, Aleksandr Sergeevič: "Gore ot una, Komedija v četyrech dejstvijach, v stichach", in ders., *Sočinenija v stichach*, Leningrad: Sovetskij pisatel' 1987, S. 53–156.

Grob, Th.: Daniil Charms' unkindliche Kindlichkeit. Ein literarisches Paradigma der Spätavantgarde im Kontext der russischen Moderne. Bern 1994.

Groys, B.: *Die Erfindung Rußlands*. München/Wien 1995.

Istorija russkogo dramatičeskogo teatra, Bd. 1–7, Moskva 1977–1987.

Kulešov, V.I. (Hrsg.): *Fiziologija Peterburga*. Izdanie podgotovil V.I. Kulešov, Moskva: Nauka 1991.

32 Vgl. z.B. Groys 1995.

Lachmann, R.: "Die Verfremdung und das 'Neue Sehen' bei Viktor Šklovskij", in *Poetica* 3 (1970), S. 226–249.

Lachmann, R.: "Intertextualität als Sinnkonstitution: Andrej Belyjs *Petersburg* und die fremden Texte", in dies.: *Gedächtnis und Literatur. Intertextualität in der russischen Moderne*, Frankfurt a.M. 1990, S. 88–125.

Lotman, J.M.: "Simvolika Peterburga i problema semiotiki goroda", in *Semiotika goroda i gorodskoj kul'tury. Peterburg*, Tartu (1984), S. 30–45 [= Učenye zapiski Tartuskogo Gos. universiteta 664: Trudy po znakovym sistemam 18].

Mejlacha, B. (Hrsg.): *Poėty gruppy "OBERIU"*, pod red. B. Mejlacha, (BPB), St. Petersburg: Sovetskij pisatel' 1994.

Milner-Gulland, R.R.: "'Left Art' in Leningrad: The OBERIU Declaration", in *Oxford Slavonic Papers* 3 (1970), S. 65–75.

Müller-Scholle, C.: "Das russische Theater des Absurden. Charms – Vvedenskij", in *Russische Avantgarde 1917–1934. Kunst und Theater nach der Revolution*, hrsg. v. B. Zelinsky, Bonn 1991, S. 57–92.

Winfried Herget

Amerikanisches Historienspiel als nationale und ethnische Identitätsbindung

Als Historienspiel wird im folgenden jene Spielart theatraler Aufführungen bezeichnet, die im Englischen gemeinhin *pageant* oder – mit unterschiedlichen Akzentsetzungen – *masque*, *symphonic drama* und *historical spectacle* genannt wird. *Webster's New World Dictionary* führt unter *pageant* vier Bedeutungen auf, die zugleich die Entwicklung der Form verdeutlichen. Zuerst wird auf die Verbindung des *pageant* zum mittelalterlichen Mysterienspiel hingewiesen:

> a) originally an individual scene in a medieval mystery play.
> b) [...] any of a series of movable outdoor platforms on which a mystery play was performed.

Dann wird angegeben, daß es sich bei einem *pageant* um eine Parade handeln kann, d.h. um einen Umzug mit Festwagen, die sich zur allegorischen Darstellung eignen. Drittens definiert Webster *pageant* als "an outdoor drama celebrating a historical event or presenting, with local actors, the history of a community." Viertens und letztens werden *pageants* dann pejorativ als "empty pomp or display; mere show" bezeichnet.

Im folgenden ist vor allem die dritte Definition, die *pageant* als Historienspiel beschreibt, von Bedeutung. Wichtig ist vor allem, daß der Aufführungsort außerhalb eines Theatersaals liegt und häufig der Bezug zu einer bestimmten Örtlichkeit gegeben ist, was nicht zuletzt durch die Verwendung einheimischer Darsteller geschieht. Solche lokal charakterisierten Historienspiele haben ihren Ursprung im Mittelalter; sie waren in England jahrhundertelang populär, sowohl als 'Masken', die am Hof aufgeführt wurden, als auch in der Form großer *pageants*, die z.B. der 'Lord Mayor' von London veranstaltete. Gegen Ende des neunzehnten Jahrhunderts wurde das Historienspiel in England dann wiederbelebt und gelangte schließlich in den ersten zwei Dekaden des zwanzigsten Jahrhunderts zu neuer Blüte in den USA. Naima Prevots[1] führt anhand der Angaben des Bulletins der *American Pageant Association* für den Zeitraum zwischen 1908 und 1917 mehr als 350 Historienspiele auf, mehr als 200 allein in den Jahren 1914 bis 1916.[2]

Die Gründe für eine solche Blüte und das Wiederaufleben einer alten Tradition sind mannigfaltig. Theater- und kulturgeschichtlich steht die Renaissance des Historienspiels in engem Zusammenhang mit zeitgenössischen Versuchen, das Guckkastentheater abzuschaffen und das Theater zu entliterarisieren. Die althergebrachte Form des *pageant* trifft sich also mit avantgardistischen Tendenzen, das Theater ins Freie zu verlagern, es auf die Straßen und Plätze, ja, sogar an 'Originalschauplätze' zu tragen – man denke etwa an Max Reinhardts Inszenierung des *Kaufmann von Venedig* auf der Piazza San Marco. Ziel ist es, ein Publikum zu erreichen, das für gewöhnlich nicht den Weg ins Theater wagt und dem so die Schwellenangst genommen wird. Moderne Historienspiele wollen ein Volkstheater im 20. Jahrhundert schaffen, das ein breites Publikum erreicht und zudem Laienspieler einbezieht.[3] Theatertheoretisch basieren diese Entwicklungen auf Romain Rollands Vorstellungen sowie auf Gordon Craigs Ideen zur Verwendung von Klang, Licht und Bewegung. In den Vereinigten Staaten war es insbesondere Percy MacKaye, der über die Möglichkeiten eines spezifisch amerikanischen Historienspiels nachdachte und forderte, daß sich das amerikanische Historienspiel an den besonderen gesellschaftlichen Gegebenheiten der USA zu orientieren habe. Im Vorwort zu seinem *Caliban by the Yellow Sands* (1916) beschreibt er sein Stück als "a structure of potential interrelated pantomime, music, dance, lighting, acting, song, scene values, stage management and *spoken* words."[4]

Die Popularität der *pageants* in den Vereinigten Staaten hat darüber hinaus aber auch einen politischen bzw. sozio-kulturellen Hintergrund. Es fällt auf, daß *pageants* genau in dem Augenblick wieder populär werden, in dem die USA in einer Zeit wachsender Industrialisierung, Urbanisierung und damit verbundener erhöhter Mobilität sowie zunehmender ethnischer Diversität nach einer Selbstvergewisserung verlangen. Historienspiele gewinnen also genau zu dem Zeitpunkt neue Bedeutung, an dem fraglich erscheint, was die Nation in ihrem geschichtlichen Handeln zusammenhält. *Pageants* wollen in dieser Situation über das Theatererlebnis Identifikationsmöglichkeiten schaffen und so eine Homogenität herstellen, die, wie es scheint, der Gesellschaft in toto ab-

1 Das Standardwerk zur Geschichte der *pageants* bleibt Withington 1963, der im zweiten Band (zuerst 1926), Kapitel 9 einen Überblick über die Entwicklung in den Vereinigten Staaten gibt.

2 Prevots 1990, S. 177–199. Vgl. auch Glassberg 1990, Bodnar 1992 und Kash 1983.

3 Thomas H. Dickenson formuliert 1915: "The significance of the pageant is a dual one. On the one side it signifies an active society seeking an outlet for its common energies. On the other side it represents an appropriation on a large scale by the people themselves of new agencies of artistic expression" (S. 147).

4 MacKaye 1916, S. XXIII.

handen gekommen ist. *Pageants* dienen somit zugleich der Einbindung heterogener Elemente, insbesondere der neuen Einwanderer, wie auch der Identitätsbindung einzelner ethnischer Gruppen.

Für die Betrachtung des Historienspiels soll zunächst eine Unterscheidung zwischen Vergangenheit und Geschichte vorgenommen werden, die als allgemein akzeptiert gelten kann. Als Vergangenheit wird all das bezeichnet, was je geschehen ist, ganz gleich, ob es aufgezeichnet bzw. in irgendeiner Weise festgehalten wurde oder nicht. Geschichte dagegen bezeichnet die Repräsentation von Vergangenheit. Als Rekonstruktion bzw. Konstruktion von dem, was gewesen ist, stellt Geschichte deshalb nicht nur Interpretation, sondern letztlich auch immer Ideologie dar; ihr Versuch, dem Vergangenen eine Bedeutung zu geben, antwortet auf ein Bedürfnis nach Sinngebung, das sich ganz besonders in Krisenzeiten Ausdruck verschafft.

Auf dem Hintergrund dieser Unterscheidung kann das historische Drama als eine Form des Theaters definiert werden, die Vergangenheit auf der Bühne repräsentiert und dabei einen gewissen Grad an Authentizität für sich in Anspruch nimmt, z.B. indem historisch belegte Personen auftreten oder dokumentarische Prätexte eingebracht werden. Die populäre Form der *pageants* stellt dabei den Versuch dar, Vergangenes als *symbolische Handlung* zu repräsentieren, *mit der sich eine Gemeinschaft identifizieren kann.* Die Vergangenheit wird demnach als Geschichte öffentlich in Erinnerung gerufen und für die Gegenwart nutzbar gemacht. In der Art, wie *pageants* Vergangenes vergegenwärtigen, wird folglich immer auch die Gegenwart reflektiert.

Die Verwobenheit von Gegenwart und Vergangenheit sei zunächst an George Pierce Bakers *The Pilgrim Spirit* aufgezeigt – einem *pageant*, das 1921 zur Erinnerung an die Landung der sogenannten Pilgerväter vor dreihundert Jahren am 'Originalschauplatz' in Plymouth, Massachussetts, aufgeführt wurde. Baker erlangte durch seinen '47 Workshop' Berühmtheit, in dem er an der Harvard Universität das Schreiben von Theaterstücken lehrte. Er interessierte sich jedoch auch schon sehr früh für die Form des *pageant*[5] und trat bereits 1910 mit dem Peterborough-Pageant richtungsweisend hervor.[6] Zur Vorbereitung des *Pilgrim Spirit* bereiste Baker Europa. Dort traf er u.a. mit Max Reinhardt zusammen, zeigte sich beeindruckt von Vorstellungen eines Gesamtkunstwerks und recherchierte die Quellen, auf denen sein Spiel basieren sollte.[7]

Die Aufführung kam 1920 jedoch noch nicht zustande, denn der Monat November (das eigentliche Datum, dessen Wiederkehr gefeiert werden soll) ist für die Aufführung eines *pageant* denkbar ungeeignet. Für das Freilufttheater am Plymouth Rock boten sich vielmehr die warmen Sommernächte des fol-

---

5 Baker 1913.
6 Vgl. Withington ^{2}1963, Bd. 2, S. 264–265.
7 Zu Bakers Theaterschaffen vgl. Kinne 1954 und Prevots 1990, S. 105–129.

genden Jahres an.[8] Die Dunkelheit war eine Voraussetzung, um die Möglichkeiten einer elaborierten Lichtregie ausschöpfen zu können. Die speziell für die Aufführung entwickelten Scheinwerfer, danach als *pilgrim projectors* bekannt, erlaubten es, sowohl Massenauftritte auszuleuchten als auch eingegrenzte Räume zu markieren.

Das Stück ist in vier Episoden mit insgesamt 23 Szenen aufgeteilt und umfaßt Pantomime, Tanz, Musik und Dialoge. Baker zeigt zunächst in sieben kurzen pantomimischen Szenen die Vorgeschichte, d.h. die ersten Kontakte von Europäern mit dem Land und mit Indianern, bevor er dann, was von der Kritik als sehr eindrucksvoll hervorgehoben wurde, ganz kurz den leeren Raum erleuchtet, um zu symbolisieren, daß das Land – dessen indianische Bewohner durch die Pest dahingerafft worden waren – nunmehr leer und für die Pilgerväter bereit ist. Erst dann setzt auch der Dialog ein, der sich in den folgenden Episoden und Szenen über weite Strecken an William Bradfords *Of Plimmoth Plantation* orientiert – einem Werk, in dem der Gouverneur die Geschichte seiner jungen Kolonie bis 1646 aufgezeichnet hat. Wie sehr *The Pilgrim Spirit* jedoch ein Stück aus dem Jahre 1921 ist, wird durch die Einrahmung des historischen Geschehens deutlich. Der Plymouth-Fels erhält gewissermaßen als genius loci eine epische Stimme, die zu Beginn die Zuschauer als Amerikaner anspricht: "I, the rock of Plymouth, speak to you, Americans" (S. 5). Der Fels steht für die Teleologie des Raumes, die von Plymouth aus für den gesamten amerikanischen Kontinent gilt. Der Fels hat von Urbeginn an darauf gewartet, daß sich an ihm der Zweck der Geschichte erfüllen wird: die Landung der Pilgerväter, die ihn ihrerseits zum "cornerstone of the Republic" (S. 6) machen. Die kausale Kontinuität wird von 1620 über die amerikanische Revolution bis in die Gegenwart der Zeit nach dem Ersten Weltkrieg fortgeschrieben. Als die Pilger am Ende der dritten Episode schließlich aufbrechen, um den Ozean zu überqueren, verweist die Stimme des Felsen erneut auf die nationale Bedeutung dieses Ereignisses: "This is your heritage. All you Americans" (S. 79). Zugleich werden die Zuschauer in der Sprache des 17. Jahrhunderts ermahnt: "Do ye maintain it?" (S. 79). Die Ausdeutung des vorgeführten Geschehens läßt im Schlußteil auch Washington und Lincoln als 'Erfüllungsgehilfen' der Pilgerväter zu Wort kommen, bevor dann selbst die amerikanische Beteiligung am Ersten Weltkrieg im Geiste der Pilgerväter als eine Verteidigung der freiheitlichen Ideale der ersten Einwanderer gefeiert wird. Geradezu beschwörend erhebt der Fels seine Stimme: "The path of the *Mayflower* must forever be kept free" (S. 133).

Die gemeinschaftsstiftende Funktion des *pageant* im Sinne einer Wiederverpflichtung auf althergebrachte nationale Werte der Einheit und Freiheit tritt

---

8 Das Programm, Photographien und eine ausführliche Darstellung der Feierlichkeiten sowie ein Bericht über den Besuch von Präsident Harding finden sich in der Festschrift. Vgl. Bloomingdale 1921. – Für zeitgenössische Theaterkritiken vgl. O'Conor 1921 und Lewisohn 1921.

am Schluß deutlich hervor. Nicht nur ziehen die einzelnen Bundesstaaten mit ihren Flaggen auf, sondern vor dem erleuchteten Replikat der *Mayflower* zitiert der Fels, ohne die Quelle eigens zu nennen, Abraham Lincoln: "With malice toward none and charity for all, it is for us to resolve that this nation under God shall have a new birth of Freedom" (S. 136).[9]

The Pilgrim Spirit, das Ereignisse, die mehr als dreihundert Jahre zurückliegen, zelebriert, ist im Kontext der sogenannten Amerikanisierungswelle zu lesen, die bereits vor dem Ersten Weltkrieg einsetzt und besonders durch die Kriegsereignisse gefördert wird. Die Verfechter der Amerikanisierung halten es für dringend notwendig, die Masse der neuen Einwanderer zu 'guten' Amerikanern zu machen, indem man sie auf die amerikanische, und das heißt vornehmlich angelsächsisch geprägte, Tradition verpflichtet. Aufschlußreich ist in diesem Zusammenhang die Liste der Darsteller, die eine große Anzahl italienischer Namen enthält, denn in den 1920er Jahren sind viele Einwohner von Plymouth keineswegs Nachkommen der Pilgerväter, sondern italienische Einwanderer.

Das Problem der Loyalität und des 'unamerikanischen' Verhaltens manifestiert sich im Stück auch in der Gestaltung des Schlusses. Man könnte meinen, daß ein Historienspiel, das sich mit den Pilgervätern befaßt, mit einer Erinnerung an das erste Dankfest 1621 endet, hätte hier doch eine Verbindung zur inzwischen etablierten Tradition des *Thanksgiving*-Festes bestanden, die es außerdem noch erlaubt hätte, wie bei Bradford, die Indianer einzubeziehen. Baker wählt stattdessen eine in *Of Plimmoth Plantation* geschilderte Episode aus dem Jahre 1624, die davon handelt, wie man zum Schutz des Gemeinwesens mit den ersten subversiven Elementen umging, sich der ersten disloyalen Siedler entledigte und – im Namen der Freiheit – selbst das Briefgeheimnis brach. Der Bezug zur Gegenwart von 1921 mit ihrer 'Rotenhatz', dem sogenannten *red baiting*, scheint überdeutlich. Was mit jenen zu geschehen hat, die sich nicht zum Amerikanertum bekennen, haben die Pilgerväter bereits 1624 vorexerziert. Diese Warnung ist vorausschauend in Bradfords Worten enthalten: "Let this be a warning that what we established here for personal liberty and self-government, that will we hold as a heritage for our children and our children's children" (S. 131).

Im Stück sprechen die zukünftigen Pilgerväter von 1620 bereits 1607 eine Sprache, die eigentlich die Amerikanische Revolution voraussetzt. Sie sind eigentümlich visionär und erscheinen als Revolutionäre, die sich gegen den König auflehnen. Vor allem aber sind sie typologisch angelegt, indem sie bereits auf das verweisen, was sich später erfüllen wird. Im Englischen bezeichnet man diese Art der Vorausdeutung anschaulich als *foreshadowing*: Die Pilger sind das, was man in der biblischen Hermeneutik den *shadow* gegenüber

9 Baker montiert Passagen aus zwei bekannten Lincoln-Reden, aus der zweiten Amtsantrittsrede und der *Gettysburg Address*.

dem darauffolgenden *act*, der sich in der amerikanischen Republik vollzieht, nennt.

Zusammenfassend läßt sich feststellen, daß *The Pilgrim Spirit* aus dem Jahre 1921 ein Ritual im Rahmen dessen darstellt, was Robert Bellah 1966 als *civil religion* (Zivilreligion) bezeichnet hat. Bellah hält die Zivilreligion für spezifisch amerikanisch, weil sie dem geschichtlichen Handeln der Amerikaner einen transzendenten Zweck unterlegt und die Amerikaner auf diesen Zweck hin immer wieder neu verpflichtet, indem sie ein religiöses Vokabular und ein quasi-religiöses Symbolsystem bereithält und tradiert. Dazu gehören 'heilige' Texte, wie sie – mit entsprechendem Wiedererkennungswert – auch in den hier besprochenen Historienspielen ein ums andere Mal zitiert werden: Die Unabhängigkeitserklärung, die Präambel der Verfassung und insbesondere die Rede Lincolns anläßlich der Einweihung des Gettysburger Soldatenfriedhofs (*Gettysburg Address*) dienen einer solchen Wiederverpflichtung auf frühere Werte. Dazu gehören 'Nationalheilige' wie Washington und Lincoln sowie nationale Feiertage, wie der Gedenktag an den Bürgerkrieg (*Memorial Day*), das Danksagungsfest (*Thanksgiving*) oder der Unabhängigkeitstag (4. Juli). Dazu gehören weiterhin 'Kultstätten', wie etwa die Baudenkmäler in Washington, aber auch der 'Plymouth Rock' oder das zum nationalen Schrein erklärte Roanoke Island, wobei bereits der Ausdruck *national shrine* zeigt, wie hier Religion und Nationalismus verschmelzen. Die Historienspiele, von denen hier die Rede ist, können als Teil dieser amerikanischen Zivilreligion verstanden werden. *The Pilgrim Spirit* nutzt dazu den Fels von Plymouth als Kultstätte und die Pilgerväter als Propheten der Nationalreligion. Roanoke Island wird zum Schauplatz von Handlung und Aufführung des wohl erfolgreichsten *pageants* des 20. Jahrhunderts: Paul Greens *The Lost Colony* (1937).

Paul Green[10] hat das Stückeschreiben an der University of North Carolina bei Frederick Koch – gewissermaßen dem Pendant zu George Pierce Baker – gelernt und ist in den zwanziger Jahren mit einer Vielzahl von Einaktern hervorgetreten, die die Spannungen zwischen Schwarzen und Weißen thematisierten und Elemente der afroamerikanischen *folk culture* verarbeiteten. In der Form der *pageants* sah er die Möglichkeit, seine Vorstellungen eines 'symphonischen' Dramas als Zusammenklang von Musik, Gesang, Tanz, Pantomime und geprochenem Wort zu verwirklichen.

The Lost Colony[11] erinnert an den Versuch der Engländer, in den 1580er Jahren auf Roanoke Island vor der Küste des heutigen North Carolina eine Kolonie zu errichten. Das Unternehmen endete ungewiß. Bereits 1589 existierte die Ansiedlung nicht mehr, über den Verbleib der englischen Kolonisten ist

10 Zu Green vgl. Green 1953, Avery 1987, Avery 1994, Kenny 1971, Kimball/Sadler 1994, "Paul Green" 1978, Ilacqua 1982 und Schäfer 1982.

11 Die Textausgabe in Free/Lower ^{4}1963 enthält zahlreiche Äußerungen Greens und Kritiken, die auch die Entwicklung über die Jahre dokumentieren. Außerdem werden die Quellentexte wiedergegeben.

nichts bekannt. Einen bis heute rätselhaften Hinweis gibt das in einen Baum geritzte Wort "CROATOAN", das die Imagination beflügelt und zu Spekulationen über das Schicksal der Siedler einlädt. Nachrichten über die Ereignisse fanden das Interesse der elisabethanischen Zeitgenossen, denen schon bald die Berichte in Hakluyt, Hariot und De Bry zugänglich waren.[12] Green nutzt diese Quellentexte zur historischen Fundierung des dramatischen Geschehens. Seine Beschäftigung mit dem Stoff geht auf Kochs *Raleigh, the Sheperd of the Ocean* (1918) zurück, das dem Gedenken an den dreihundertsten Todestag von Sir Walter Raleigh gewidmet ist, und knüpft außerdem an den eigenen, nicht erfolgreichen Versuch von 1921 an, das Leben der Virginia Dare, des ersten in der Neuen Welt geborenen englischen Kindes, auf die Bühne zu bringen. Als historischer Anlaß für *The Lost Colony* wird der dreihundertfünfzigste Geburtstag von Virginia Dare am 18. August 1937 genommen. Ganz im Sinne der Zivilreligion wird die Geburtstagsfeier jedoch mit der Premiere des Stükkes am 4. Juli begangen.

Greens Historienspiel von der verlorenen Kolonie deutet den historischen Mißerfolg in einen Gründungsmythos um, der – ähnlich wie bei Baker – gemäß einem typologischen Geschichtsverständnis die ersten Siedler als Typen einer Verheißung begreift, die in der weiteren amerikanischen Nationalgeschichte ihre Erfüllung findet. Das Ideologem 'amerikanischer Traum' (als Terminus erst 1931 belegt) durchzieht das Stück und verbindet Raleigh, das einfache Volk des elisabethanischen Zeitalters, die Gründer und Bewahrer der Vereinigten Staaten und die Zuschauer der Gegenwart.

Green gestaltet die Aufführung wie einen Gottesdienst. Von Anfang an begleitet die Orgel das Geschehen und füllt die Dämmerung mit kathedraler Feierlichkeit. Nachdem die Aufführung mit einem Choral zum Lobpreis Gottes eingeleitet worden ist, spricht ein Pfarrer das Dankgebet, mit dem der Ort als Kultstätte geweiht wird ("this sacred spot [...] [w]hich we have come to dedicate" – S. 6). In einer direkten Hinwendung zum Publikum wird Roanoke Island zum geistlichen und geistigen Geburtsort der Nation ("the spiritual birthplace of our nation" – S. 7) erklärt, an dem es gilt – im Gedenken an die heldenhaften Männer und Frauen der ersten Stunde – sich den Idealen der amerikanischen Geschichte wiederzuverpflichten. Die Einschwörung erfolgt über einen Sprachduktus, der deutlich an Lincolns *Gettysburg Address* erinnert.

Die Szenenfolge, durch die eine Erzählerfigur in der Funktion des Historikers führt, wechselt im ersten Akt zwischen dem indianischen Roanoke und dem elisabethanischen England. Auf eine sorgfältig choreographierte, über Pantomime und Tanz vermittelte Darstellung einer indianischen Erntedankzeremonie, die mit der Eroberung durch den weißen Mann abbricht, folgt eine Szene am englischen Hof, wo Raleigh bei Königin Elisabeth um die Unterstüt-

12 Neben Free/Lower [4]1964 vgl. auch Fuller 1995.

zung seines Siedlungsprojektes, seines imperialen Traums von einer englischen Kolonie in Nordamerika, wirbt. Raleigh wird zum idealistischen Visionär stilisiert, der die Unterstützung des einfachen Volkes genießt. Im zweiten Akt stehen die Ereignisse nach der Ankunft der Siedler auf Roanoke Island zwischen dem 23. Juli 1587 und Weihnachten 1588 im Mittelpunkt.

Träger der Handlung in der Neuen Welt ist nicht Raleigh, sondern John Borden, der den Namen eines authentischen Kolonisten trägt, über dessen Herkunft und Schicksal ansonsten aber nichts überliefert ist. Am Beispiel von Borden zeigt Green auf, daß man in der Alten Welt als armer Schlucker nichts werden kann, ja daß man nicht einmal die Frau heiraten darf, die man liebt und die diese Liebe erwidert, aber standesgemäß heiraten muß. In Amerika dagegen werden die Karten neu gemischt: Nicht Herkunft und Reichtum, sondern Charakter, Fleiß und Tugend führen zum Erfolg im demokratischen Gemeinwesen, wozu dann auch die Liebesheirat gehört. Parallel angelegt ist die Handlung um Old Tom, eine Figur, die dem *comic relief* dient, die aber auch die Funktion des leichtfertigen Narren übernimmt. In der Neuen Welt entwikkelt der Trunkenbold Verantwortungsgefühl und Selbstbewußtsein. Er erkennt, daß er in England ein Niemand war, in Amerika aber Anspruch darauf hat, "somebody" zu sein: "But here where there is no remembrance I who was lately nothing am become somebody" (S. 74). Auch ihm wird nun Liebesglück zuteil in Gestalt einer "Indian Squaw", die ihn verehrt – und sich für ihn abschleppt.

Am Ende des Handlungsbogens steht die Bedrohung der Ansiedlung durch die Spanier. Trotz ihres Widerstandswillens müssen die Siedler erkennen, daß sie – ohne den Rückhalt des Mutterlandes – keine Chance haben, im Kampf zu bestehen. Dennoch resignieren sie nicht, sondern beschließen, ins Landesinnere zu den Indianern weiterzuziehen. So werden sie für Green zu Vorbildern an Mut, Entschlossenheit und Leidensbereitschaft. Wenngleich das Schicksal der Siedler von Roanoke letztlich ungewiß bleibt, so werden sie doch zu heldenhaften Vorläufern jener Pioniere, die die Wildnis des amerikanischen Kontinents meisterten.

Bedenkt man den gesellschaftlichen Kontext des Jahres 1937, so wird das Vertrauen in die Zukunft, wie es das Stück als wesentlichen Bestandteil amerikanischer Identität verkündet, zur Botschaft der Hoffnung in einer Situation wirtschaftlicher Depression. Darüber hinaus leistet *The Lost Colony* einen Beitrag zum regionalen Selbstbewußtsein des Südens. Zum einen datiert das Stück den amerikanischen Gründungsmythos vor – die Wiege der amerikanischen Freiheit steht nicht mehr im Neuengland des Jahres 1620, sondern im Süden des Jahres 1587. Zum anderen ruft der Titel des Greenschen Historienspiels Assoziationen mit der Vorstellung vom *Lost Cause* der Südstaaten auf. Danach sind Heldentum und Wertewelt der Plantagenkultur nicht mit der Niederlage im Bürgerkrieg untergegangen, sondern wirkten bis in die Gegenwart identitätsstiftend fort. Durchhaltevermögen im Angesicht der Krise, wie es

Green zufolge die Siedler auf Roanoke Island und ihre Nachfahren im 19. Jahrhundert vorlebten, wird zum Wesensmerkmal amerikanischer Identität in den Südstaaten.[13]

The Pilgrim Spirit und *The Lost Colony* stellen Spielarten des *pageants* dar, die lokal verankert und regional gefärbt auf eine nationale Identität im Sinne der amerikanischen Zivilreligion abzielen. Andere Historienspiele erwachsen aus dem Bestreben, ethnischen Minderheiten ein Selbstwertgefühl und Stolz auf die eigene Vergangenheit und Herkunft zu vermitteln. Zwei Beispiele, *The Pageant of the Norsemen* und W.E.B. DuBois' *The Star of Ethiopia*, seien kurz betrachtet.

Das Historienspiel der Nordmänner wird in St. Paul, Minnesota, im Jahre 1925 zur Erinnerung an die Ankunft des ersten norwegischen Einwandererschiffs, der *Restaurationen*, vor einhundert Jahren mit 1500 Akteuren vor 80.000 Zuschauern aufgeführt.[14] Die Parallele zu Bakers *pageant* am Plymouth Rock zur Erinnerung an die Ankunft der Pilgerväter auf der *Mayflower* drängt sich auf und ist gewollt, denn: "[...] the celebration would do for the Norwegian immigrants what a recent celebration at Plymouth Rock had done for the descendants of the *Mayflower*."[15] Das Stück stellt in 24 Szenen die Vorgeschichte in Europa und den Beitrag der norwegischen Einwanderer zur amerikanischen Geschichte dar. Gezeigt werden soll nicht nur, daß die Norweger Teil der amerikanischen Nation sind, sondern daß sie eigentlich sogar die besseren Amerikaner sind. Bereits bei Leif Erikson ist typisch angelegt, was sich im Bürgerkrieg in der Person des Hans Christian Heg, des heldenhaften Heerführers einer Einheit norwegischer Einwanderer, bewies. Die Werte und Ideale der amerikanischen Nation werden also schon vor der Ankunft der Engländer begründet und in Zeiten der Krise von Nachfahren der norwegischen 'Gründungsväter' opferbereit verteidigt. Amerikaner norwegischer Herkunft bedürfen also keiner Amerikanisierung, sondern müssen sich lediglich des eigenen Erbes vergewissern, um gute Amerikaner zu sein.

Als Afro-Amerikaner hat es W.E.B. DuBois[16] ungleich schwerer, in seinem Historienspiel die Geschichte der eigenen ethnischen Minorität zu feiern. Ihr Platz in der amerikanischen Nation läßt sich noch nicht einmal mit einem geschichtsträchtigen Ort verbinden, die afrikanische Vergangenheit liegt im Dunkeln, ein positiver Beitrag zur amerikanischen Geschichte wird ihr weitgehend abgesprochen, und die Diskriminierung ist auch in der Gegenwart keinesfalls überwunden. DuBois nimmt die fünfzigjährige Wiederkehr der Emanzipationserklärung durch Präsident Lincoln zum Anlaß der Uraufführung

---

13 Zur Ambivalenz und zu den ideologischen Ausformungen des Begriffs *Lost Cause* vgl. *Encyclopedia of Southern Culture* 1989, S. 1134–1135.

14 Das Stück wird ausführlich bei Schultz 1994 behandelt. – Vgl. auch Overland 1996 und Bodnar 1992.

15 Schultz 1994, S. 91.

16 Zu DuBois vgl. Lewis 1993, Moore 1981 und Daniel 1990.

seines *pageant*,[17] an dem er seit 1911 gearbeitet hat. Das Stück wird in verschiedenen Versionen 1913 in New York als *The People of Peoples and Their Gifts to Men* (350 Akteure), 1915 in einem Baseballstadion in Washington, D.C., als *The Star of Ethiopia* (1200 Akteure), 1916 in der Convention Hall in Philadelphia (1700 Akteure) und noch einmal 1925 in Los Angeles aufgeführt.[18] DuBois' Hoffnung auf Aufführungen in mindestens zehn weiteren Orten hat sich nicht erfüllt.

In der Version von 1913 besteht das Stück aus einem Präludium und sechs Episoden. DuBois bietet keine Entfaltung individueller Schicksale. Er will vielmehr die Geschichte der schwarzen Rasse von den afrikanischen Ursprüngen in vorgeschichtlicher Zeit (das Programm der Aufführung in Los Angeles spricht von 50.000 Jahren) bis zur Gegenwart in einer Abfolge von Bildern darstellen, die sich der Mittel des Aufzugs, des Tableaus, der allegorisierenden Personifikation und des Auftritts historischer Persönlichkeiten bedient. Pantomime, Tanz und Gesang sind – mehr noch als in den bisher behandelten *pageants* – von zentraler Bedeutung. Dagegen wird auf das gesprochene Wort nahezu völlig verzichtet. Die Sprache dient lediglich zur Deklamation der Botschaft, die auch auf Spruchbändern formuliert wird. Im Präludium verkünden vier Herolde:

> Hear ye, hear ye! Men of all the Americas, and listen to the tale of the eldest and strongest of the races of mankind, whose faces be black. Hear ye, hear ye, of the gifts of black men to this world, the Iron Gift and Gift of Faith, the Pain of Humility and the Sorrow Song of Pain, the Gift of Freedom and of Laughter, and the undying Gift of Hope. Men of the world, keep silence and hear ye this! (S. 1)

Die Welt verdankt also den Schwarzen das Eisen, die Zivilisation (am Nil), den Glauben (in Form des Islam), die Demut (als Erfahrung der Sklaverei), den Kampf um Freiheit und die Hoffnung auf Freiheit für alle Menschen, die diese noch nicht erlangt haben. Jede dieser Gaben wird einer geschichtlichen Entwicklungsphase zugeordnet, wobei sich die Schwarzen als "eldest and strongest" (S. 1), als "wisest and gentlest" (S. 2), als "bravest and truest" (S. 2), als "humblest and [...] mightiest" (S. 3) und als "stoutest and [...] sturdiest" (S. 3) erweisen.[19]

DuBois konstruiert eine afroamerikanische Geschichte, die nicht nur aus der Erfahrung der Sklaverei gespeist wird und die beschämende Opferrolle der

---

17 Zur Tradition der Emanzipationsfeiern vgl. Wiggins 1987.

18 Der Text erschien nach der New Yorker Aufführung in DuBois' Organ der National Association for the Advancement of Colored People, *The Crisis*. Zitiert wird nach Aptheker 1985. Zur Aufführung in Washington, D.C., vgl. Aptheker 1986, S. 151–152. Zur Aufführung in Philadelphia ebd., S. 161–165; Textauszüge auch in DuBois 1963, S. 89–94. Das Programm der Aufführung in Los Angeles findet sich in Aptheker 1986, S. 206–209. Zur Form des *pageant* äußert sich DuBois in 1915a und 1915b.

19 Deutungsansätze finden sich bei Scott 1989 und Wiggins 1987, S. 49–59. Das Stück ist ansonsten – auch in Darstellungen zur Geschichte des afroamerikanischen Dramas – kaum beachtet worden.

Schwarzen betont, sondern die es seinen Zeitgenossen ermöglicht, stolz auf die eigene Herkunft zurückzublicken. Er greift dazu auf Vorstellungen des sogenannten Äthiopianismus zurück, die die Wiege der Menschheit nach Ostafrika verlegen und – auch gestützt auf die Bibel – den schwarzafrikanischen Beitrag zu den ägyptischen, jüdischen und griechischen Kulturen hervorheben.[20] Zur Ahnenreihe der Afroamerikaner gehören u.a. der Pharao "Ra, the Negro" und die Königin von Saba, die in der zweiten Episode auftreten, in der auf von Ochsen gezogenen Wagen auch die Sphinx, eine Pyramide, ein Obelisk und der Pharaonenthron vorgeführt werden. In der letzten Episode wird die gewaltsame Befreiung aus der Sklaverei als zukunftsweisend für die Befreiung der Arbeiter gefeiert. Die wohlbekannten Freiheitskämpfer Frederick Douglass, David Walker, Sojourner Truth und Colonel Shaw (der im Bürgerkrieg ein afroamerikanisches Regiment anführte), aber auch William Lloyd Garrison, John Brown und Abraham Lincoln treten auf. Der Höhepunkt wird mit dem Spiritual "O Freedom" erreicht, das zunächst von einer Einzelstimme gesungen und dann von einem Sopranchor aufgegriffen wird – ein Kontrapunkt zu dem Spiritual "Nobody Knows the Trouble I Have Seen", das die Versklavung in Afrika in der dritten Episode begleitet.

Der Erfolg des DuBois-Stückes war unter den Afroamerikanern in den Städten, in denen der *pageant* zur Aufführung kam, sehr groß. Es wird berichtet, daß in New York 14.000, in Washington, D.C., 12.000 und in Philadelphia potentiell 45.000 Zuschauer den Aufführungen beiwohnten. DuBois schien zu der Annahme berechtigt, mit seinem Stück dem rassistischen Film *The Birth of a Nation* (1915) entgegenwirken zu können. Daß die *American Pageant Association* von dem Erfolg des Stückes praktisch keine Notiz nahm, hat DuBois verärgert feststellen müssen. Dennoch werden in der Folgezeit weitere afroamerikanische Historienspiele zur Förderung der eigenen Identitätsbindung geschrieben und aufgeführt. Richardsons Anthologie *Plays and Pageants from the Life of the Negro* (1930) legt hiervon Zeugnis ab.[21] Darin enthalten ist auch James McCoos *Ethiopia at the Bar of Justice*, das 1924 in Louisville uraufgeführt wurde. Sogar bei der Chicagoer Weltausstellung im Jahre 1933 wurde ein afroamerikanischer *pageant* mit dem Titel *The Epic of a Race* im Soldiers Field-Stadion gezeigt. Als "historical pageant" bezeichnet auch noch in den sechziger Jahren Amiri Baraka seine Dramatisierung der afroamerikanischen Leidensgeschichte in *Slave Ship* (1967), das viele Elemente aufnimmt, die sich bereits bei DuBois finden.

Paul Greens *The Lost Colony* ist mit Ausnahme der Kriegsjahre bis heute in jedem Sommer wiederaufgeführt worden. Als Historienspiele scheinen sich *pageants* ansonsten jedoch nur noch geringer Beliebtheit zu erfreuen. Als

---

20 Zur Bedeutung des Äthiopianismus für die Entwicklung eines schwarzen nationalen Selbstbewußtseins vgl. Moses 1975. Vgl. auch DuBois 1947.

21 Drei der Stücke sind von Frauen verfaßt, darunter *Out of the Dark* von Dorothy C. Guinn, in dem die Funktion des Chronisten von einer Frau übernommen wird. Vgl. auch Hebel 1996.

Form sind sie bestenfalls der Standardisierung anheimgefallen oder zu bloßen Spektakeln verkommen. Sie sind kommerzialisiert und dienen in erster Linie dem Tourismus. Damit haben sie die Funktion, die Autoren wie Baker, Green und DuBois ihnen zuschrieben, weitgehend eingebüßt.

Literaturverzeichnis

Avery, L.: "Paul Green (1894–1981)", in *Fifty Southern Writers after 1900. A Bio-Bibliographical Sourcebook*, hrsg. v. J. Flora u. R. Bain, New York 1987, S. 235–246.

Baker, G. P.: "Pageantry", in *Art and Progress* (1913), S. 831–835.

Baker, G. P.: *The Pilgrim Spirit*, Boston: Marshall Jones 1921.

Bellah, R.: "Civil Religion in America", in *Daedalus* (1967), S. 1–21.

Bibliographical Sourcebook, hrsg. v. J. Flora u. R. Bain, New York 1987, S. 235–246.

Bloomingdale, H.: *Plymouth Tercentenary. Illustrated with a Brief History of the Life and Struggles of the Pilgrim Fathers*, New Bedford, MA 1921.

Bodnar, J.: *Remaking America. Public Memory, Commemoration, and Patriotism in the Twentieth Century*, Princeton, NJ 1992.

Daniel, W.: "W.E.B. DuBois' First Efforts as a Playwright", in *CLA Journal* 33 (1990), S. 415–427.

Dickenson, T. H.: *The Case of American Drama*, New York 1915.

DuBois, W.E.B.: *An ABC of Color. Selections from Over a Half Century of the Writings of W.E.B. DuBois*, Berlin 1963.

DuBois, W.E.B.:"A Pageant", in *Crisis* 21 (1915a), S. 230–231.

DuBois, W.E.B.:"The Star of Ethiopia", in *Crisis* 11 (1915b), S. 90–94.

DuBois, W.E.B.: *The World and Africa. An Inquiry into the Part Which Africa Has Played in World History*, New York 1947.

W.E.B. DuBois Speaks. Speeches and Addresses, 1890–1919, hrsg. v. P. Foner, New York 1970.

Encyclopedia of Southern Culture, hrsg. v. C. Wilson u.a., Chapel Hill 1989.

Fuller, M.: *Voyages in Print. English Travel to America, 1576–1624*, Cambridge, MA 1995.

Glassberg, D.: *American Historical Pageantry. The Uses of Tradition in the Early Twentieth Century*, Chapel Hill, NC 1990.

Grant, T.: "American History in Drama. The Commemorative Tradition and Some Recent Revisions", in *Modern Drama* 19 (1976), S. 327–339.

"Paul Green: The South's Greatest Playwright", in *Pembroke Magazine* 10 (1978), S. 1–86.

Green, Paul: *Dramatic Heritage*, New York 1953.

Hebel, U.: "Early African American Women Playwrights (1916–1930) and the Remapping of Twentieth-Century American Drama", in *Arbeiten aus Anglistik und Amerikanistik* 21 (1996), S. 269–286.

History into Drama. A Source Book on Symphonic Drama Including the Complete Text of Paul Green's The Lost Colony, hrsg. v. W. Free u. C. Lower, New York: Odyssey ^{4}1963.

Ilacqua, A.: "Paul Green – in memoriam. A Bibliography and Profile", in *Southern Quarterly* 20 (1982), S. 76–87.

Kash, B.: *Outdoor Historical Dramas in the Eastern United States*, Ann Arbor, MI 1983.

Kenny, V.: *Paul Green*, New York 1971.

Kimball, S. / Sadler, L.: *Paul Green's Celebration of Man. With a Bibliography*, Fayetteville 1994.
Kinne, W.: *George Pierce Baker and the American Theatre*, Cambridge, MA 1954.
Lewis, D.: *W.E.B. DuBois. A Biography of a Race, 1868 – 1919*, New York 1993.
Lewisohn, L.: "The Plymouth Pageant", in *The Nation* 113 (1921), S. 210 – 211.
A Southern Life. Letters of Paul Green, 1916 – 1981, hrsg. v. L. Avery, Chapel Hill, NC 1994.
McCalmon, G. / Moe, C.: *Creating Historical Drama. A Guide for the Community and the Interested Individual*, Carbondale, IL 1965.
Mackaye, Percy: *Caliban by the Yellow Sands*, Garden City, NY 1916.
Moore, J.: *W.E.B. DuBois*, Boston 1981.
Moses, W.: "The Poetics of Ethiopianism. W.E.B. DuBois and Literary Black Nationalism", in *American Literature* 47 (1975), S. 410 – 426.
O'Conor, N.:"The Plymouth Pageant", in *Bookman* 54 (1921), S. 166 – 168.
Overland, O.: *Home-Making Myths: Immigrants' Claim to a Special Status in Their New Land*, Odense 1996 [= Odense American International Studies Series 20].
Pamphlets and Leaflets by W.E.B. DuBois, hrsg. v. H. Aptheker, White Plains, NY 1986.
Plays and Pageants from the Life of the Negro, hrsg. v. W. Richardson, Jackson, MS ^{2}1993.
Plays of Negro Life. A Source-Book of Native American Drama, hrsg. v. A. Locke u. M. Gregory, Westport, CT ^{2}1970.
Prevots, N.: *American Pageantry. A Movement for Art and Democracy*, Ann Arbor, MI 1990.
Rampersad, A.: *The Art and Imagination of W.E.B. DuBois*, Cambridge, MA 1976.
Richardson, W.: *Negro History in Thirteen Plays*, Washington, D.C. 1935.
Schäfer, J.: *Geschichte des amerikanischen Dramas im 20. Jahrhundert*, Stuttgart 1982 [darin: "Folk Drama and Paul Green", S. 44 – 51.].
Schultz, A.: *Ethnicity on Parade. Inventing the Norwegian American through Celebration*, Amherst, MA 1994.
Scott, F.: "The Star of Ethiopia: A Contribution toward the Development of Black Drama and Theater in the Harlem Renaissance", in *The Harlem Renaissance. Revaluations*, hrsg. v. A. Singh u.a., New York 1989, S. 257 – 269.
Wiggins, W.: *O Freedom! Afro-American Emancipation Celebrations*, Knoxville, TN 1987.
Withington, R.: *English Pageantry. An Historical Outline*, 2 Bde., New York 1963.
Creative Writings by W.E.B. DuBois. A Pageant, Poems, Short Stories and Playlets, hrsg. v. H. Aptheker, New York 1985.

Klaus Pörtl

Teatro Universitario de Murcia: *El Fernando*. Ein historisches Drama des Nuevo Teatro Español als versteckte Systemkritik an der Francodiktatur

Das Teatro Universitario von Murcia nimmt schon seit Jahrzehnten eine Sonderstellung im zeitgenössischen spanischen Theater ein. Murcia ist neben Alcalá de Henares die einzige Universität Spaniens mit einem Lehrstuhl für Theaterwissenschaft[1] und hat sich schon zu Zeiten der Franco-Diktatur einen Namen mit seinem avantgardistischen Universitätstheater unter ihrem Leiter César Oliva gemacht. Neben Valle-Inclán[2] standen vor allem junge Protestautoren auf dem Programm,[3] die man später zum größten Teil zu den Dramatikern des 'Nuevo Teatro Español' zählte und die sich auf kommerziellen Bühnen Spaniens kaum Gehör verschaffen konnten. Ihre Gesamtthematik war eine wegen der herrschenden Theaterzensur meist verschlüsselte Systemkritik an den politischen und gesellschaftlichen Zuständen unter der Diktatur Francos.

Im April 1972 nun begann in Murcia C. Oliva mit den Proben für *El Fernando*, ein Stück, an dem acht Protestautoren[4] im Auftrag des T.U. de Murcia im Kollektiv geschrieben haben. Ihre Erfahrungen und gewiß nicht unproblematische Arbeitstechnik bei dieser höchst ungewöhnlichen Gemeinschaftsproduktion kann man in einem aufschlußreichen Interview nachlesen.[5]

Um aktuelle Verhältnisse im Land kritisch zu beleuchten, hat man bewußt einen brisanten historischen Stoff der eigenen Geschichte gewählt. *Crónica de un tiempo en que reinó S.M. Fernando VII, llamado el Deseado* lautet der episches Theater ankündigende Untertitel des Geschichtsdramas in einem Prolog,

1 Seit 1968: Cátedra de Historia y Estética del Teatro .
2 *Farsa y licencia de la reina castiza*, 1967 und 1974.
3 U.a. J. López Mozo, M. Pérez Casaux, L. Matilla, J. Ruibal u. D. Miras.
4 José Arias Velasco, Angel Garciá Pintado, Jerónimo López Mozo, Manuel Martínez Mediero, Luis Matilla, Manuel Pérez Casaux, Luis Riaza u. Germán Ubillos.
5 Vgl. Encuesta a los ocho autores de *El Fernando*, in *Yorick*, 55/56 (1972), S. 11–18.

zwölf Szenen und einem Epilog. Nach Meinung der Historiker bildet die Epoche von Fernando VII. den Ausgangspunkt des Aufeinanderprallens der beiden unversöhnlichen Spanien:

> Una, la ilustrada, que se manifiesta en las Cortes de Cádiz y elabora una nueva forma política. Otra, la tradicional, mantenida por un pueblo immerso en la fidelidad a la monarquía.[6]

> (Eines, das aufgeklärte, das sich in den Cortes von Cádiz darstellt und eine neue politische Form erarbeitet. Das andere, das traditionelle, das von einem Volk aufrecht erhalten wird, das in seiner Treue zur Monarchie aufgeht.)

Wie war nun die historische Konstellation? Fernando VII. war jahrelang ein Gefangener Napoleons, der in Spanien einfiel und den sechs Jahre bis 1814 andauernden Unabhängigkeitskrieg auslöste. Währenddessen erarbeiteten die 'Cortes Constituyentes' von Cádiz nach langen, mühsamen Debatten eine liberale Verfassung, die im Geist der französischen Revolution als eine ideologische Ablösung vom Ancien régime der bislang geltenden absolutistischen Monarchie konzipiert war. Sie wurde 1812 verkündet. Nach dem Urteil von Historikern hatte der König in dieser konstitutionellen Monarchie die Funktion "eines gestärkten Präsidialmonarchen".[7] Seine Aufgaben waren nach wie vor, Regierungsminister und Justizbeamte zu ernennen und zu entlassen, zivile und militärische Stellen zu besetzen, die Streitkräfte anzuführen, die Auslandsbeziehungen zu unterhalten, den Krieg zu erklären und Frieden zu schließen. Unterstellt war ihm die Staatskasse, die Gerichtsbarkeit stand unter seiner Kontrolle. Nach dem Willen der Verfassungsgeber behielt der König eine große Autorität, was bereits die Präambel zum Ausdruck bringt:

> El Rey, como Jefe de Gobierno y primer Magistrado de la nación, necesita estar revestido de una autoridad verdaderamente poderosa. Toda la potestad ejecutiva la deposita la Nación por medio de la Constitución en sus manos.[8]

> (Der König als Regierungsoberhaupt und oberster Justizbeamter der Nation muß mit einer wirklich gewaltigen Macht ausgestattet sein. Die Nation legt durch die Verfassung die ganze exekutive Gewalt in seine Hände.)

Fernando VII. wurde, wie sein Beiname El Deseado ausdrückt, als der Ersehnte zurückerwartet, vom einfachen Volk, von den traditionellen Kräften, die nach wie vor eine absolutistische Monarchie wünschten wie auch von den Liberalen. Diese allerdings verlangten von ihm, daß er einen Eid auf die Verfassung leisten müsse, wenn er nach Spanien zurückkäme. Doch das schlug Fernando VII. aus und erklärte in seinem 'Valencianer Dekret' vom 4.5.1814 die Verfassung für null und nichtig, womit die absolute Monarchie wieder hergestellt war. Mit dieser dramatischen Konstellation und zwar mit dem Text des Dekrets von Valencia setzt das Stück ein.

6 Oliva 1978, S. 24. – Im folgenden wird nach dieser Ausgabe zitiert.
7 Vgl. Palacio Atard 1978, S. 72.
8 Vgl. Palacio Atard 1978, S. 71f.

Artículo de oficio. El Rey – Declaro que mi real ánimo es no jurar ni acceder a la llamada Constitucíón ni decreto alguno de las llamadas Cortes Generales y Extraordinarias y además declaro aquella Constitución y aquellos decretos nulos y de ningún // valor ni efecto, ahora ni en tiempo alguno, como si no hubieran pasado jamás tales actos.
Y, como el que quisiera sostenerlos y contradijera ésta mi real declaración atentaría contra mi soberanía, y causaría turbación y desasosiego, declaro reo de lesa Majestad a quien tal osare y que como a tal se le imponga la pena de la vida.
Que así es mi voluntad. Dado en Valladolid, a 4 de mayo de 1814. Yo el Rey, Fernando VII.[9]

(Amtliche Vermeldung. Der König – Ich erkläre, daß ich aufgrund meines königlichen Willens nicht bereit bin, auf die sogenannte Verfassung oder auf irgendein Dekret der sogenannten Allgemeinen und Außerordentlichen Cortes zu schwören oder einzugehen. Außerdem erkläre ich jene Verfassung und jene Dekrete für null und nichtig, jetzt und für immer, als wenn sich solche Vorgänge nie ereignet hätten.
Und da der, der sie unterstützen möchte und dieser meiner königlichen Erklärung widerspräche, meine Souveränität verletzen und Verwirrung und Unruhe stiften würde, erkläre ich jeden der Majestätsbeleidigung für schuldig, der solches wagen sollte, und den dafür die Todesstrafe treffen würde.
So ist mein Wille. Gegeben zu Valladolid, den 4. Mai 1814. Ich, der König Fernando VII.)

Die ideologischen Fronten der beiden Spanien, wie sie bis in die Epoche Francos hinein Bestand hatten, sind damit klar umrissen.

Wer nun meint, daß ein historischer Stoff aus dem 19. Jahrhundert ohne größere Schwierigkeiten durch die franquistische Theaterzensur kommen konnte, täuscht sich. Unter den vielen Einzelvorschriften der 1963 schriftlich fixierten Zensur wird ausdrücklich vermerkt, daß die verunglimpfende, anschwärzende Darstellung politischer Anschauungen verboten sei, sowie: "El falseamiento tendencioso de los hechos, personajes y ambientes históricos"[10] ("Die tendenziöse Verfälschung von Ereignissen, Gestalten und historischem Milieu"). Mit anderen Worten, man mußte damit rechnen, daß das Stück als tendenziöse Verfälschung von Ereignissen, Gestalten und historischem Milieu ausgelegt würde. Denn kritisch und satirisch wurden Fernando und seine Gefolgsleute allemal porträtiert, so daß dem Teatro Universitario von Murcia auch nur wenige Aufführungen gestattet wurden.[11]

Die Studentenbühne von Murcia durchbricht mit ihrem modernen Theaterkonzept die vierte Wand: der Zuschauer wird von den sieben Spielpodien und

9 Oliva 1978, S. 44–46. Im Stück ist von Valladolid, bei Palacio Atard (S. 100) von Valencia als Ausstellungsort des Dekrets die Rede.

10 Vgl. Orden Ministerial de 9 de febrero de 1963, Normas de Censura cinematográfica II, 14,3⁰. Die Zensurvorschriften für den Film galten sinnentsprechend auch für das Theater.

11 Die Uraufführung fand am 13.10.1972 beim *VI Festival de Teatro de Sitges* statt. Die Zensur erlaubte nur Aufführungen bei Festspielen oder an Universitäten, so daß das Stück insgesamt siebenmal zur Aufführung kam. (Sitges, Badajoz, Salamanca [zweimal], Tarragona, Murcia [zweimal].)

der sichtbaren Technik umgeben, er wird in das Geschehen tatsächlich eingetaucht, weil es von allen Seiten auf ihn eindringt. Die Autoren setzen auch mehrfach das Mittel von authentischem dokumentarischen Material ein: so wird unter anderem das königliche Dekret von 1814, von dem wir vorhin gesprochen haben, zitiert, markante Textpassagen aus der Verfassung von Cádiz im Original werden wechselweise gesprochen oder auch Lieder von Zeitzeugen wie von dem Dichter Martínez de la Rosa werden vom Chor gesungen (S. 216). Die hinter jeder Szene eingeschobenen Lieder haben kritisch räsonnierenden Charakter und sind das auffälligste Strukturmerkmal eines episch angelegten Dramas im Stil Bert Brechts. Der Zeitbezug zur Gegenwart ist stets zwischen den Zeilen präsent oder wird, die Geschehnisse verallgemeinernd, bewußt gemacht.

Bei den Historikern hat Fernando politisch wie auch menschlich ein schlechtes Image. Das wenig Gute, was über den König gesagt wird, ist seine Schlichtheit und Ungezwungenheit. Er ließ Teile des Protokolls am Hof streichen; seine Sensibilität veranlaßte ihn auch, die Folter abzuschaffen. Jedoch war er ein mißtrauischer Mensch, weil er sich stets bedroht fühlte. Von einer unbewußten Religiosität geleitet, vertrat er immer die politische Devise, die Kirche zu verteidigen und zwar in der gewohnten Form einer Allianz zwischen Altar und Thron. Er war nach dem Urteil von Historikern eigentlich für das Regieren nicht geeignet, aber er wollte auch nicht darauf verzichten; er war den widersprüchlichsten Berichten seiner Berater ausgesetzt, ohne selber feste Ansichten zu besitzen. So konnte er einfach nicht vorausschauend handeln und mußte immer wieder improvisieren.

Im Schauspiel werden diese Eigenschaften des Königs satirisch karikierend herausgestellt und lassen den Monarchen als lächerlich wirkenden Popanz erscheinen: er wirkt inkompetent in Haushaltsangelegenheiten, arrogant desinteressiert in außenpolitischen Fragen, wenn es um die Beziehungen Spaniens zu den sich unabhängig erklärenden Staaten Lateinamerikas geht, leicht manipulierbar, wenn man ihm einen zweifelhaften Kandidaten zur Bischofsernennung präsentiert, und unsensibel, wenn er neben autoritärem Geschwätz dem hochverdienten liberalen General van Halen in einer letzten Aussprache vor seiner Aburteilung nur eine königliche Zigarre anzubieten hat. Dramaturgisch wird die Karikatur des Königs paraverbal sehr wirkungsvoll erreicht, indem er auf der Szene im Mittelpunkt eines Blinde-Kuh-Spiels mit dem sich albern gebärdenden königlichen Kabinett steht oder als Marionette verhüllt auf Stelzen auf die Bühne kommt. Sicherlich ist hier die satirische Verunglimpfung des absoluten Monarchen und im aktuellen Zeitbezug des Diktators Franco, der in öffentlichen Auftritten steif und marionettenhaft gewirkt hat, jedem zeitgenössischen Betrachter offenkundig.

Wer waren nun die Liberalen, die die Umwälzungen von Cádiz während des zermürbenden Unabhängigkeitskriegs gegen Napoleon gefördert haben? Sie waren ihrer Natur nach Führergestalten, ehemalige örtliche zivile Autoritäten, Geistliche, zum Teil sogar Bischöfe, Justizbeamte und Landadelige oder auch andere einflußreiche Persönlichkeiten. Auffallend ist die hohe Zahl von Geistlichen, der große Anteil von Beamten und Rechtsanwälten und die geringe Zahl der mittelständischen Kaufleute. Die Abgeordneten der *Cortes Constituyentes*, der verfassungsgebenden Versammlung, setzten sich nicht etwa nach wirtschaftlichen Gesichtspunkten zusammen, sondern nach dem Bildungsstand. Es waren in der Verfassungsgebenden Versammlung hochgebildete Geistliche, Professoren, Intellektuelle oder auch Offiziere stark vertreten. Es handelt sich um eine gebildete Minderheit, die ihren Auftrag nicht aus einem Volkskonsens ableitete, sondern aus dem dringenden Wunsch liberaler Politiker, zu einer Verfassung zu kommen, die eine institutionelle Reform beinhalten sollte. Die Historiker sind sich einig, wenn sie behaupten, daß das spanische Volk, das weder gebildet war noch ein politisches Bewußtsein besaß, der Verfassung von Cádiz *nicht* zugestimmt hat. Die schweigende Mittelschicht nahm an den Vorgängen in Cádiz eigentlich nicht Anteil und unterstützte das Vorhaben auch nicht. Diesen Umstand muß man vor Augen haben, wenn man die Konfrontation der liberalen Verfassungsgeber mit der blind dem König vertrauenden Volksmasse beurteilen will. Hinzu kam die unausweichliche Konfrontation der Verfassungsgeber mit Teilen der katholischen Kirche. Es setzt sich unter den Liberalen, die ja auch Geistliche in ihren Reihen hatten, ein Gesinnungswandel durch, wonach eine Revision der innerkirchlichen Verfassung für notwendig erachtet wurde, ohne an Glaubensgrundsätzen der Kirche zu rütteln; für viele Angehörige der Kirche ging das jedoch an die Substanz ihrer Privilegien. Die Verfassungsgeber bekannten sich ausdrücklich zum katholischen Glauben, sie stellten die Verfassung unter den Schutz "Gottes des Allmächtigen, des Vaters, des Sohnes und des Heiligen Geistes, des Schöpfers und obersten Gesetzgebers der Gesellschaft."[12] Artikel 12 der Verfassung legt fest:

> La religión de la Nación española es y será perpetuamente la católica, apostólica, romana, única verdadera. La Nación la protege por leyes sabias y justas, y prohíbe el ejercicio de cualquier otra.[13]
>
> (Die Religion ist und wird immer die katholische, apostolische, romanische, einzig wahre sein. Die Nation schützt sie durch gerechte und weise Gesetze und verbietet die Ausübung irgendeiner anderen.)

Für den König war das Problem der Liberalen politischer Natur. Er versuchte, den angeklagten Liberalen ein mutmaßliches Attentat gegen seine Souveränität zur Last zu legen. Daher befahl man nach dem königlichen Dekret von Valencia die Verhaftung der Abgeordneten, die in den Cortes für die nationale Souveränität gestimmt hatten. Es gab über 100 Verhaftungen und Verurteilun-

12 Vgl. Palacio Atard 1978, S. 76: "Dios Todopoderoso, Padre, Hijo y Espíritu Santo, autor y supremo legislador de la sociedad."

13 Vgl. ebd.

gen. Teile der Bevölkerung zeigten offen ihre Zustimmung zu dieser Maßnahme. In einem Brief von Wellington vom 24.5.1814 heißt es:

> La prisión de los diputados es considerada, creo yo que en justicia, como innecesaria y es, por cierto impolítica; pero ha gustado, en general, al pueblo.[14]

> (Die Verhaftung der Abgeordneten wird mit Recht als unnötig und daher auch als unpolitisch betrachtet; aber dem Volke hat sie im allgemeinen gefallen.)

Unter den Verhafteten waren prominente Politiker wie Agustín Argüelles, der sich für die Pressefreiheit und Abschaffung der Folter eingesetzt und die Präambel der Verfassung geschrieben hatte, oder der renommierte Jurist und Schriftsteller Martínez de la Rosa, der auch am Unabhängigkeitskrieg teilgenommen hatte. Argüelles bringt in dem Drama *El Fernando* die Erkenntnis des unausweichlichen Konflikts auf den Punkt, was auch noch für den Ausbruch des Spanischen Bürgerkriegs von 1936–39 gelten sollte mit allen Folgen in der Francoära. Er sagt im Dialog mit einem liberal gesinnten Geistlichen: "Vamos a dar lugar a un parto de dos Españas irreconciliables: la España que quiere explicarse y la España que no querrá que le expliquen nada." (S. 104) ("Wir geben Anlaß zur Geburt zweier unversöhnlicher Spanien: das Spanien, das sich erklären will, und das Spanien, das nie will, daß man ihm etwas erklärt").

In der dramatischen Konstellation ist es der fanatisierte Klerus, der die Liberalen und ihre Verfassung beim Volk verteufelt. Mehrfach wird die Verfassung als "infernal Constitución" (S. 108), als Teufelswerk verunglimpft. Da hilft auch nicht die naive Gegenmaßnahme der Liberalen, wenn sie die gedruckte Verfassung im Format eines Katechismus verteilen. Denn das Volk kann in der Regel gar nicht lesen. Und auch wenn sie im Schulunterricht nach altbewährter Methode eingepaukt wird, was ein deutlicher Seitenhieb auf das überholte Erziehungssystem des memnotechnischen Auswendiglernens von Unterrichtsstoff bis in die Francozeit sein soll, gibt es junge Leute, die das Buch als Toilettenpapier mißbrauchen (Escena VI). Solche derbe eingeschobenen Szenen entsprechen durchaus auch den ausgetauschten Verbalinjurien der Kontrahenten auf der Bühne.

Von großer Transparenz und durchaus in der Aussage anwendbar auf liberal gesinnte Regimegegner unter Franco ist die Spiegelszene (Escena IV), in der vier Liberale jeweils vor einem großen Standspiegel stehend ihre politischen Zweifel zum Ausdruck bringen. Sozusagen im Spiegelbild erkennen sie oder der Zuschauer ihre Selbsttäuschung. Es kommen die verschiedensten Argumente und Einstellungen zur Sprache, daß sie gut katholisch und nachweislich königstreu seien, daß sie naiv vertrauensselig auf eine bessere Zukunft gehofft haben und vieles mehr. Oder sie sehen im Exil die einzige Konsequenz für ihre Person oder machen sich sogar den Vorwurf, nicht eine radikale Revolution mit blutigen Opfern durchgeführt zu haben. Beim Anprobieren einer

14 Vgl. Palacio Atard 1978, S. 108.

passenden festlichen Kleidung – ebenfalls vor dem Spiegel – für einen Ballabend, zu dem der König eingeladen hat, fällt auch ironisch signifikant das Stichwort “cambio” (S. 92), das zum magischen Schlüsselwort für die politische Neuorientierung in der Nachfrancoära geworden ist. Sarkastisch und für den einfachen Mann auf der Straße heute möglicherweise ungerecht muß allerdings die abqualifizierende Bemerkung des nationalen Datums vom 2. Mai 1808 durch liberale Politiker wirken, wenn die grausame Erschießung aufständischer Spanier gegen die Franzosen in Madrid als belangloser historischer Zwischenfall ohne politische Relevanz hingestellt wird, was nichts anderes heißt, als daß das Volk ideologisch nicht in der Lage sei, für die eigene Freiheit dauerhaft einzustehen.

Die ideologische Auseinandersetzung zwischen Liberalen und Königstreuen läuft im Stück verbal auf äußerst primitiver Argumentationsebene ab: der König ist für die einen im Rahmen einer Verfassung *primus inter pares*, für seine Anhänger verlangt man blinden Gehorsam. Die Liberalen werden zu Teufeln verketzert, die Anhänger des Königs zu willenlosen Götzendienern degradiert. Intellekt, kritischer Geist, aufklärerische Gedanken in Reminiszenz an die französische Revolution werden von der katholischen Kirche in Spanien mit Macht unterdrückt und den Liberalen als den erklärten Freimaurern, die es auszurotten gilt, als Hybris zur Last gelegt.

Auch der mögliche Tyrannenmord, ein Motiv in jeder länger währenden Diktatur, wird von den Liberalen geprobt. Drei von ihnen engagieren einen Schlächter, der ihnen an einer Stoffpuppe beibringen soll, wie man als Meuchelmörder richtig mit dem Messer zusticht. Obwohl sie sich über Sinn und Rechtmäßigkeit solchen Handelns nicht einig sind, lautet ihre Devise: “Hay que ejecutarle si queremos la España que soñamos.” (S. 184) (“Man muß ihn hinrichten, wenn wir das erträumte Spanien wollen.”) Als es dann zum gescheiterten Attentat kommt, bei dem die liberalen Attentäter erschossen werden, relativiert der indignierte Potentat den Vorgang, indem er ihn als letztlich unbedeutend ins historisch Unverbindliche und damit episodenhaft Lächerliche zieht. Man läßt sich – entsprechend der bewußt anachronistisch angelegten Szene – ungern beim gemütlichen Trinken der Schokolade stören:

> Ustedes, queridos amigos, son testigos de este horrible hecho. Que la historia lo cuente o no lo cuente es lo de menos. Ustedes han visto que nosotros estábamos tomando tranquilamente el chocolate cuando estos desalmados han entrado a interrumpirnos. (S. 204)

> (Sie, liebe Freunde, sind Zeugen dieser schrecklichen Tat. Ob die Geschichte sie berichtet oder nicht berichtet, ist nebensächlich. Sie haben gesehen, daß wir ganz ruhig die Schokolade getrunken haben, als diese Bösewichter hereinkamen und uns störten.)

Auf ein beliebtes Motiv, intellektuelle Unfreiheit unter Diktaturen durch Verbrennen von Literatur sichtbar zu machen, wird nicht verzichtet. Szenisch wirkungsvoll wird eine lebensgroße Puppe, die aus Zeitungen gefertigt ist, angezündet, was symbolisch die Vernichtung der liberalen Presse bedeuten soll, nachdem Zitate aus der veröffentlichten Tagespolemik wie Angriffe gegen den Gerichtshof der Inquisition oder gegen die Willkürherrschaft des despotischen Königs emphatisch verlesen wurden (Escena VII).

Das tragische Scheitern eines zum Tode verurteilten Liberalen wird im Epilog in einer letzten Aussprache mit seinem jungen Sohn deutlich und gibt die pessimistische Grundhaltung der Autoren über Sinn und Zweck politischen Handelns wieder: alle seine hochfliegenden Ideale einer künftig gerechter eingerichteten Gemeinschaft als Utopie werden durch die infantilen Einwürfe seines Sohnes konterkariert, nämlich durch seine Äußerung, daß er seine Vorstellungen mit brutaler Gewalt durchsetzen werde. Der Sohn fungiert hier zum Schluß des Stücks als Spiegel faschistischen Handelns nachfolgender Generationen bis in die Gegenwart.

Auch wenn die Verfassung das Werk meist frommer Katholiken war, haben ihre Ideen innerkirchliche Probleme derart verschärft, daß es im Lauf der Regierungszeit von Fernando VII zu einer Eskalation der gereizten Kontrahenten kam. Was waren nun die eigentlichen Knackpunkte, die zu den Kontroversen führten? Zunächst ging es um die Beschlagnahme von kirchlichen Renten, der frommen Stiftungen; dann um die Veräußerung der Güter der Militärorden und um den Erlaß, alle aufgegebenen oder durch die französischen Besatzer reformierten Klöster zu schließen, was sich bis zur lediglichen Duldung von acht Klöstern im Lande steigerte, die man aus historischen Gründen oder wegen ihrer Berühmtheit erhalten wollte. Das hat natürlich sehr großen Unmut in der Bevölkerung hervorgerufen. Ein weiterer Grund für die Empörung unter dem Klerus waren die Anordnungen über die Nichtbesetzung vakant gewordener Pfründe. Schließlich hat die endgülige Aufhebung der unseligen Gerichte der Inquisition im Jahr 1820 viel Staub aufgewirbelt. Im sogenannten liberalen Triennium zwischen 1820 und 1823, wo Fernando VII gezwungen war, liberale Politik zu vertreten, wurde per Dekret vom 26.4.1820 angeordnet, daß die Gemeindepfarrer von ihren Kanzeln aus, "den Pfarrkindern an Sonn- und Feiertagen, als einen Teil ihrer Pflichten, die politische Verfassung der Nation beibringen sollten".[15] Das provozierte natürlich Proteste und Zusammenstöße von Bischöfen und Priestern mit der Regierung. Eine andere Maßnahme, die zur Verschärfung der Lage führte, war die erneute Ausweisung der Gesellschaft Jesu. Die Jesuiten hatten sich 1815 in Spanien auf Anweisung von Fernando VII reintegriert. 1820 befahl man ihre erneute Ausweisung. Die Aufhebung der Abgabe des Zehnten an die Kirche und seine Ersetzung durch den "halben Zehnten" zugunsten des Staates ging natürlich an die finanzielle Substanz des Klerus. Die Aufhebung der Immunität der Kleriker hatte schwerwiegende rechtliche Konsequenzen.

---

15 "expliquen a sus feligreses en los domingos y días festivos la Constitución política de la nación, como una parte de sus obligaciones" (Palacio Atard 1978, S. 122).

Innerhalb des Klerus gab es eine interne Spaltung: es gab auch radikale Geistliche, die zu den Freimaurern gehörten. Auf der anderen Seite radikalisierten sich Geistliche als Anhänger des Königs, die sich 1822 einem bewaffneten Aufstand anschlossen, so daß dieser Bürgerkrieg religiöse Züge annahm. Anhänger des Königs beriefen sich auf die erlittenen Verfolgungen, um sich so als Verteidiger der Freiheit für die Kirche darzustellen. Die Liberalen hingegen appellierten an den friedlichen Charakter des Evangeliums, was von den anderen nicht respektiert wurde. Diese religiöse Leidenschaft prägte den Charakter des politischen Konflikts und wird im Stück sehr stark polarisiert. Man darf nicht vergessen, daß Franco seinen Aufstand gegen die spanische Republik unter religiösen Vorzeichen propagandistisch ausgewertet hat, indem er ihn zur *Cruzada*, zum Kreuzug hochstilisierte. Diese Erinnerung an die unmittelbare spanische Vergangenheit ist einem spanischen Publikum auch heute noch sehr gegenwärtig, wenn es auf dem Theater die religiösen Auseinandersetzungen zwischen Liberalen und Konservativen unter Fernando VII erlebt.

Als geistliche Vertreter des fortschrittlichen, liberalen Sektors aus der katholischen Kirche wird nur eine Gestalt, nämlich Cabrera, in einer einzigen Szene (Escena V) im Dialog mit liberalen Politikern gebracht: zur Rechtfertigung seiner für ihn nicht ungefährlichen liberalen Haltung führt er den "libre albedrío" (S. 102), den freien Willen an, einen Terminus, der schon im *siglo de oro* ein klassisches Argument für Gewissensentscheidungen war. Viel stärker, das heißt, häufiger in verschiedenen Szenen vertreten, ist der konservative Sektor der katholischen Kirche. Der fanatische Klerus wird vor allem durch den unbeugsame Autorität ausstrahlenden Priester fray Diego repräsentiert: durch die verbale Sakralisierung Spaniens ("santa España", S. 46) in Verbindung mit dem König erhebt er den politischen Streit zum religiösen:

> Dios nos devuelve a nuestro soberano para que empuñe el timón de las Españas. [...] he visto en su majestad, la majestad de Dios. ¡Dios y el Rey están en España! (S. 48)
>
> (Gott gibt uns unseren Herrscher zurück, damit er das Steuer der spanischen Länder ergreife. [...] Ich habe in seiner Majestät die Majestät Gottes gesehen. Gott und der König sind in Spanien!)

Dem Spanier, der bewußt Bürgerkrieg und Francodiktatur miterlebt hat, wird die Parallelität des göttlichen Anspruchs eines irdischen Machthabers präsent sein: Franco ließ sich seit Anfang der 40er Jahre als "Caudillo de España por la gracia de Dios" titulieren, was für jeden auf einer Münzinschrift zu lesen war. Die verbale Verdammung der Gegner mit liturgischer Verbrämung (z.B.: "Cádiz, ciudad maldita por los siglos de los siglos", S. 50) ("Cádiz, verfluchte Stadt von Ewigkeit zu Ewigkeit") und die primitive Volksverhetzung bis zur Lynchjustiz (Escena XI) sind probate Mittel, die der fanatische Klerus mit Erfolg rücksichtslos einsetzt.

Ideologisch auf der gleichen Ebene wie zu Zeiten der Francodiktatur erfolgt die Indoktrinierung der Priesterzöglinge durch den *Rector* im Priesterseminar. Die Versuche der Cortes, die Kirche von innen zu reformieren, wird als unzulässiger Eingriff in die Monopolstellung der traditionellen Kirche gewertet. "Schande der Nation, [...] Union mit dem Teufel" ("vergüenza de la nación [...] unión con el diablo", S. 68) lautet das vernichtende Verdikt für die Verfassungsgebende Versammlung im Stück. Die Argumentationsschiene ist für nicht denkende gläubige Menschen denn auch unwiderlegbar: Der König ist auf der Seite Gottes, Gott und die Kirche sind untrennbar, wer dagegen rüttelt, den muß der heilige Zorn der Gerechten treffen. Mit solchen Argumenten wurde der unter religiösen Zeichen stehende Bürgerkrieg im liberalen Triennium von 1820–23 geführt und in ähnlicher Weise wurden die republiktreuen Spanier von den Ideologen Francos verteufelt. Der Kleriker fray Diego peitscht die Massen durch religiöse Parolen auf ("un furor religioso que me ciega", S. 80) ("eine religiöse Begeisterung, die mich blendet"). Der Krieg gegen die Feinde von Gott und König wird zum Heiligen Krieg erklärt, das kämpfende Volk wird mit dem sakralen Terminus "bautizar" ("taufen") zu "Defensores de la Fe y del Rey" (S. 80) (zu "Verteidigern des Glaubens und des Königs") vergattert und zur Menschenjagd nach verdächtigen Liberalen aufgerufen.

Die Versform als Ironie wird als konstantes Mittel im Diskurs des karrieresüchtigen Priesters eingesetzt, der in seinen Anfängen als *seminarista rebelde* revolutionäre liberale Ideen verteidigen wollte, aber durch die Aussicht auf eine Bischofswürde seine Ansichten wie ein Chamäleon gewechselt hat. Die Verse, die aus ihm heraussprudeln, wirken naiv und lächerlich und bringen mit ihren leeren Floskeln und hohlen Phrasen sein unehrliches Sprechen zum Ausdruck. Die Festpredigt des inzwischen zum systemkonformen Bischof avancierten Wendehalses bringt den spanischen Nationalkatholizismus ins Spiel: "A nuestro peculiar modo de entender la vida, responde un peculiar catolicismo." (S. 220) ("Unserer eigenen Art, das Leben zu verstehen, entspricht ein eigener Katholizismus"). Die besondere spanische Lebensform müsse auch einen besonderen katholischen Glauben in Abschottung vom Ausland aufweisen, heißt die Doktrin, die auch noch unter Franco ideologisch vertreten wurde. Die Trennung von Kirche und Staat ist mit Ausnahme der kurzen Unterbrechung durch die Verfassung von 1931 in der Spanischen Republik erst mit der Verfassung von 1978 vollzogen worden. Allerdings schränkt die heute für Spanien gültige Verfassung diese Trennung in gewisser Weise wieder ein, wenn es in Artikel 16, Abs. 3 heißt, der Staat habe den religiösen Anschauungen der spanischen Gesellschaft Rechnung zu tragen und entsprechende Beziehungen zur katholischen Kirche und anderen Konfessionen zu unterhalten.[16]

16 "Los poderes públicos tendrán en cuenta las creencias religiosas de la sociedad española y mantendrán las consiguientes relaciones de Cooperación con la Iglesia Católica y las demás confesiones." (Art. 16.3)

Die schwere Hypothek des spanischen Nationalkatholizismus, der sich seit der 'Reconquista' über die Jahrhunderte hinweg als nationale Eigenschaft sui generis gehalten hat, war, wie man sieht, sogar noch nach Franco in der Verfassungsgebung zu spüren.

Die Konfrontation der beiden Lager der sogenannten "dos Españas", die seit Generationen unversöhnlich einander gegenüberstanden, weckte dem Leser oder Zuschauer der historischen Chronik *El Fernando* des Teatro Universitario de Murcia automatisch die Erinnerung an die unselige Bürgerkriegsvergangenheit, wo sich Spanier unter ähnlichen Parolen blutig bekämpft haben. Als das Stück 1972 entstand und wegen der Zensur nur siebenmal aufgeführt werden konnte, bestand noch das System der Francodiktatur, allerdings schon mit deutlichen Anzeichen des Zerfalls. Für die heutigen, in einer konstitutionellen Monarchie lebenden Spanier kann es sicherlich als Warnung interpretiert werden, nie mehr in barbarische Zeiten ideologischer Auseinandersetzungen zurückzufallen.

Literaturverzeichnis

Abellán, M.L.: *Censura y creación literaria en España (1939–1976)*, Madrid 1980.

Artola, M.: *La burguesía revolucionaria (1808–1874)*, Madrid 1974.

Bernecker, W.L. / Pietschmann, H.: *Geschichte Spaniens. Von der frühen Neuzeit bis zur Gegenwart*, Stuttgart u.a. 1993. [Darin Teil 2: W.L. Bernecker, "Vom Unabhängigkeitskrieg bis heute", S. 199ff.]

Cantalapiedra, F.: *El teatro español de 1960 a 1975. Estudio socio-económico*, Kassel 1991.

Castilla del Pino u.a.: *La cultura bajo el franquismo*, Barcelona 1977.

Cirici, A.: *La estética del franquismo*, Barcelona 1977.

Encuesta a los ocho autores de "El Fernando", in *Yorick*, 55/56 (1972), S. 11–18.

Franz, H.W.: *Der Frankismus. Zur politischen Herrschaftssoziologie Spaniens während der Franco-Ära*, Frankfurt a.M. / Bern 1981.

Haubrich, W. / Moser, C.R.: *Francos Erben. Spanien auf dem Weg in die Gegenwart*, Köln 1976.

Marcus, M.H.: *Freedom and tyranny in the theater of later Franco Spain*, Ann Arbor 1981.

Miguel de, A.: *La herencia del franquismo*, Madrid 1976.

Miralles, A: *Nuevo teatro español: una alternativa ~~cultural~~* [sic!] *social*, Madrid 1977.

Neuschäfer, H.-J: *Macht und Ohnmacht der Zensur. Literatur, Theater und Film in Spanien (1933–1976)*, Stuttgart 1991.

Oliva, C. (Hrsg.): *T.*[eatro] *U.*[universitario] *de Murcia: 'El Fernando'*, Madrid 1978.

Palacio Atard, V.: *La España del siglo XIX, 1808–1898. Introducción a la España contemporánea*, Madrid 1978.

Pérez-Stansfield, M.P.: *Direcciones de teatro español de posguerra: Ruptura con el teatro burgués y radicalismo contestatario*, Madrid 1984.

Pörtl, K. (Hrsg.): *Reflexiones sobre el Nuevo Teatro Español*, Tübingen 1986.

Ruhl, K.-J. (Hrsg.): *Spanien-Ploetz. Spanische und portugiesische Geschichte zum Nachschlagen*, Freiburg / Würzburg 1986.

Ruiz Ramón, F.: *Historia del Teatro Español. Siglo XX*, Madrid 1977.

Saalbach, M.: *Spanisches Gegenwartstheater. Unterdrückung und Widerstand im Endstadium der Franco-Diktatur*, Bonn 1984.
Tusell Gómez, X. u.a.: *Política y sociedad en la España del siglo XX*, Madrid 1978.
Wellwarth, G.E.: *Spanish Underground Drama*, The Pennsylvania State University Press, University Park / London 1972.

Wilfried Floeck

Geschichte unter weiblichem Blick? Das historische Drama spanischer Autorinnen der Gegenwart

Schon seit Aristoteles wissen wir, daß sich die Haltung des Schriftstellers gegenüber historischen Themen von derjenigen des Historikers unterscheidet. Der Schriftsteller interessiert sich mehr für das Allgemeine und Typische als für das Besondere und Zufällige; mehr als auf eine objektive Beschreibung konzentriert er sich auf eine Interpretation der Geschichte. Er bemüht sich, aus den geschichtlichen Ereignissen einen kohärenten Sinn herauszuschälen. Die Verpflichtung des Schriftstellers, ein wahres Bild der Geschichte zu rekonstruieren, zielt weniger darauf ab, eine wirklichkeitsgetreue Abbildung geschichtlicher Ereignisse zu liefern als den wahren Charakter einer Epoche herauszuarbeiten. Dies verpflichtet ihn dazu, ein Gleichgewicht zwischen geschichtlicher Treue und dichterischer Freiheit zu suchen, in den Worten des spanischen Gegenwartsdramatikers Antonio Buero Vallejo: "Escribir teatro histórico es reinventar la historia sin destruirla."[1] ("Historisches Theater zu schreiben heißt, die Geschichte neu zu erfinden, ohne sie zu zerstören.") Nach Georg Lukács zeichnen sich historischer Roman und historisches Drama im eigentlichen und modernen Sinn durch ihre Fähigkeit aus, den Charakter und das Verhalten des Menschen aus den eigentümlichen Besonderheiten seiner Zeit herzuleiten. Dabei muß sich das Drama im Gegensatz zum Roman auf die Gestaltung der großen Kollisionen im Ablauf des Geschichtsprozesses konzentrieren. Darüber hinaus geschieht die Rekonstruktion der Vergangenheit aus der gegenwärtigen Perspektive des Schriftstellers, der an die Vergangenheit Fragen aus der Perspektive seiner eigenen Zeit richtet.[2] Am klarsten und nachdrücklichsten formuliert dies in Spanien wieder Buero Vallejo in seinem zitierten Essay zum historischen Drama, wo es heißt: "El teatro histórico es valioso en la medida en que ilumina el tiempo presente."[3] ("Das historische Drama ist in

1 Buero Vallejo 1994, Bd. 2, S. 826f.
2 Lukács 1965, S. 106–206.
3 A.a.O., S. 828.

dem Maße gelungen, in dem es die Gegenwart erhellt.") Seit dem Verständnis der Geschichte als eines Entwicklungsprozesses, in dem die Vergangenheit zugleich unabläßliche Bedingung der Gegenwart ist, hat dieser Aspekt ständig an Bedeutung gewonnen. Der Ursprung dieser Konzeption des historischen Dramas ist in dem dialektischen Geschichtsverständnis von Hegel und Marx zu suchen, nach dem die Geschichte aus der ständigen Kollision gegensätzlicher sozialer Interessen entsteht und sich weiterentwickelt.

In Spanien dauerte es lange, bis dieses Verständnis des historischen Dramas entstand, und es dauerte noch länger, bis es sich durchsetzte.[4] Das Theater Ramón del Valle-Incláns lieferte bereits zu Beginn unseres Jahrhunderts erste Ansätze zu diesem Modell, aber das Theater Valle-Incláns hatte bekanntlich weder Auswirkungen auf die dramatische Produktion noch auf die theatralische Praxis seiner Zeit. Das vorherrschende Modell war vielmehr das historische Drama von Eduardo Marquina, der ein idealisiertes Bild der nationalen Vergangenheit lieferte, das weder zu einem Verständnis der Probleme der Vergangenheit noch der Gegenwart beitrug.

Ein radikaler Wechsel fand erst Ende der fünfziger Jahre mit dem Stück *Un soñador para un pueblo* (*Ein Träumer für ein Volk*) statt, dem ersten historischen Drama Buero Vallejos, mit dem dieser eine ganze Serie neuer Interpretationen der nationalen Geschichte einleitete. Das historische Drama Buero Vallejos und seiner Zeitgenossen entspricht exakt dem Modell von Lukács. Indem die Autoren den Akzent auf die dramatische Modellierung der Konfrontation zwischen dem reaktionären und fortschrittlichen Block, den sogenannten "beiden Spanien", legen, versuchen sie, dem Zuschauer den Ablauf der nationalen Geschichte sowie die Ursachen und Bedingungen ihrer eigenen Gegenwart verständlich zu machen. Je nach Weltsicht und Temperament liefern die Dramatiker dabei eine utopische Perspektive oder betonen den kritisch-satirischen Charakter ihrer Texte, konzentrieren ihren Blick auf den Konflikt zwischen Macht und Individuum oder Macht und Volk und stellen die geschichtliche Wirklichkeit aus der Perspektive einer realistischen, symbolistischen oder esperpentisch-grotesken Ästhetik dar. Jedoch behalten sowohl die Autoren der *Generación Realista* als auch diejenigen des sog. *Nuevo Teatro* die wesentlichen Merkmale von Buero Vallejos Modell bei, insbesondere die Revision der Vergangenheit aus der Perspektive der Gegenwart, den offenen Charakter und Ausgang des dramatischen Konflikts und die doppelte kathartische und kritische Wirkungsabsicht, das heißt die Verbindung von emotionaler Identifikation und kritischer Distanz in der Gestaltung der großen historischen Kollisionen.

Zwar lebt dieses Modell nach dem Tod Francos und nach den Jahren des Übergangs von der Diktatur zur Demokratie in Spanien weiter – wie bei-

4 Zum historischen Drama in Spanien gibt es nur wenige Untersuchungen. Vgl. vor allem Ruiz Ramón 1988 und den Schwerpunkt der Zeitschrift *Estreno* 14.1 (1988) zum Thema "El drama histórico español".

spielsweise die historischen Dramen eines Domingo Miras zeigen –, doch hat das Interesse an der Gestaltung der nationalen Geschichte erheblich abgenommen. Das Verschwinden des frankistischen Regimes, die allmähliche Überwindung der Konfrontation zwischen den beiden Spanien, die allgemeine politische und ideologische Desillusionierung, vor allem der für die Postmoderne charakteristische Verlust des Vertrauens nicht nur in linke Utopien, sondern überhaupt in die Möglichkeit, in der Geschichte ein kohärentes Sinnpotential zu erkennen, und andere Faktoren haben zu einem Paradigmenwechsel auch in der dramatischen Literatur beigetragen. Das Theater zieht der Vergangenheit die Gegenwart vor, dem Öffentlichen das Private, den großen sozialen Kollisionen die kleinen persönlichen Konflikte des Alltags. Dieser Wandel ist auch in den Dramen der weiblichen Autoren zu beobachten, die seit Anfang der achtziger Jahre allmählich in den Bereich der dramatischen Produktion vordringen. Ein besonders repräsentatives Beispiel für diese Entwicklung sind die Theaterstücke von Paloma Pedrero, deren Handlung ausschließlich in der Gegenwart spielt und deren Themen sich um Probleme wie persönliche Identitätsfindung, Geschlechterbeziehungen oder die Suche nach neuen Modellen von Männlichkeit und Weiblichkeit drehen. Auf der anderen Seite hat auch die Postmoderne keineswegs das Interesse an der Geschichte verloren. Im Bereich des Romans kann im Gegenteil geradezu von einer Wiederbelebung der Geschichte gesprochen werden. Allerdings erfolgt dies nicht mehr als Rekonstruktion geschichtlicher Wahrheit und Sinnkonstruktion, sondern als fiktionale *reescritura*, als ein 'Neu-Schreiben', ein 'Wieder-Erfinden' der Geschichte mit literarischen Mitteln. Nachdem die Postmoderne die Existenz eines kohärenten Sinns in der Geschichte in Frage gestellt hat, geht sie dazu über, in der Literatur den Sinn der Geschichte selbst zu erschaffen.[5] Das gilt auch für Autorinnen, die – wie Concha Romero oder Carmen Resino – weiterhin historische Dramen schreiben, dabei aber das in den sechziger und siebziger Jahren vorherrschende Modell in dem skizzierten Sinn verändern. Anhand einer kurzen Analyse einiger repräsentativer Stücke Romeros und Resinos möchte ich diesen Wandel in der Gestaltung des historischen Dramas illustrieren.

Vier der insgesamt acht Theaterstücke, die Concha Romero bis heute vorgelegt hat, behandeln historische Themen (*Un olor a ámbar*, *Las bodas de una princesa*, *Juego de reinas*, *Abrázame, Rin*). *Un olor a ámbar* (*Ambraduft*, 1983) gestaltet die Auseinandersetzung der beiden Klöster von Alba de Tormes und Ávila um den unversehrten Leichnam der Heiligen Teresa von Ávila, eine Auseinandersetzung, aus der am Ende die Kirche dadurch als Sieger über die Äbtissin und die Nonnen von Alba de Tormes hervorgeht, daß sie ihnen die Exkommunizierung androht. Die Entwicklung der dramatischen Ereignisse – vor allem die Konfrontation zwischen den beiden Klöstern sowie die durch fanatischen religiösen Übereifer verursachte Zerstückelung des Leichnams der

5 Vgl. Stenzel 1995; Lavaud-Fage 1996; Boix 1996; González Herrán 1996.

Heiligen durch Nonnen und Geistliche – sind historisch bestens recherchiert und dokumentiert.[6] Das Werk stellt in erster Linie eine satirische Kritik an der Institution Kirche und der Unterstützung von Wunder- und Aberglauben dar. Mit seiner kritisch-satirischen Intention und seiner esperpentischen Verzerrung der Wirklichkeit steht es ganz in der Tradition des historischen Dramas der vorangegangenen Generation. Doch in zwei Punkten setzt die Autorin unterschiedliche Akzente. Auf der einen Seite zeigt die dramatische Handlung indirekt, daß sich hinter der Kollision politischer, sozialer und ökonomischer Interessen auch ein Geschlechterkonflikt verbirgt. Wie bereits María Pilar Pérez-Stansfield gezeigt hat, liegt dem Text ein feministischer Subtext zugrunde, in dem die Kirche männliche Macht und Aggression verkörpert und die Zerstükkelung des weiblichen Leichnams zugleich verdeutlicht, daß der Frau im Kampf der Geschlechter die Rolle des Opfers zufällt.[7] Die Tatsache, daß an der Leichenfledderei auch Frauen beteiligt sind, widerspricht dabei nicht der Intention einer Kritik an den patriarchalischen Normen der Zeit, da die Nonnen gerade durch den von der männlichen Amtskirche betriebenen Reliquienkult dazu gebracht werden, sich ihre Reliquie vom Leichnam der Heiligen abzutrennen. Auf der anderen Seite hat Romero die Problematik des Geschlechterkonflikts und der sexuellen Gewalt in gewisser Weise enthistorisiert, indem sie in einer metatheatralischen Szene, in der eine Nonne auf einer kleinen Binnenbühne das Martyrium der heiligen Coloma unter Kaiser Aurelian darstellt, illustriert, daß die Frau in der Konfrontation der Geschlechter zu allen Zeiten die gleiche Niederlage erleidet. In die dramatische Modellierung der historischen Kollisionen hat sich unversehens eine kritische Reflexion über die Rolle der Frau im Verlauf des Geschichtsprozesses eingeschlichen, und das Ergebnis dieser Reflexion ist, daß der Frau dabei augenscheinlich stets die Rolle des Opfers zufällt. Der Subtext von *Un olor a ámbar* verrät damit zugleich die Absicht einer kritischen "Re-vision"[8] der Geschichte aus weiblicher Perspektive.

In *Las bodas de una princesa* (*Die Hochzeit einer Prinzessin*, 1988) und *Juego de reinas* (*Königinnenspiele*, geschr. 1989[9]) hat Romero drei große Persönlichkeiten der spanischen Geschichte in den Mittelpunkt der dramatischen Handlung gerückt: Isabel la Católica (Isabella von Kastilien), Juana la Loca (Johanna die Wahnsinnige) und Enrique IV (Heinrich IV.). Jedoch noch deutlicher als in *Un olor a ámbar* entfernt sich die Autorin dabei von dem Modell der vorangegangenen Generation, indem sie den Akzent ganz auf die psychologische Analyse der Protagonisten und deren Konflikt zwischen den Erfor-

6 Vgl. O'Connor 1983, S. 7–13; Pérez-Stansfield 1987.

7 Ebd.

8 O'Connor 1988, S. 39f.

9 Das Stück ist noch unveröffentlicht. Ich habe das Manuskript benutzt, das die Autorin mir freundlicherweise zur Verfügung gestellt hat und das den Titel trägt: *Razón de Estado o Juego de reinas*. Das Stück wurde 1991 in Alcalá de Henares unter dem Titel *Juego de reinas* aufgeführt.

dernissen ihrer öffentlichen Funktion und ihrer privaten Interessen legt. Erneut interessiert sich die Autorin dabei in besonderer Weise für die Situation der Frau. Die Charakterisierung und das Verhalten Isabels scheinen auf den ersten Blick der These von der Frau als Opfer einer von Männern beherrschten Gesellschaft zu widersprechen, da Isabel im Laufe der dramatischen Handlung offen gegen die patriarchalischen Normen der Gesellschaft rebelliert und eigene Normen und Ansichten entwickelt und durchsetzt. Am Ende des Stückes präsentiert Romero dem Zuschauer eine Prinzessin, der es gelungen ist, sich dem Machtanspruch der Männer zu entziehen, eigene Entscheidungen zu treffen und sogar ihrem künftigen Gatten ihren Willen aufzuzwingen. In der Figur der historischen Isabel hat Romero das Modell einer Frau geschaffen, der es beispielhaft gelingt, ihre eigene Selbstbestimmung, ihre Verantwortung gegenüber den Erfordernissen des Reiches sowie die Verwirklichung ihrer persönlichen Interessen und Gefühle miteinander in Einklang zu bringen.

Auf der anderen Seite aber widerspricht die Gestalt der Königin nicht gänzlich der These von der Opferrolle der Frau im Geschichtsprozeß. Vielmehr ist Isabel die Ausnahme, die die Regel nur bestätigt, wie das Schicksal ihrer Tochter, der künftigen Johanna der Wahnsinnigen, in *Juego de reinas* verdeutlicht, einem Stück, das 33 Jahre nach der Hochzeit Isabels spielt. Die Königin versucht, der Tochter und Thronerbin ihre Auffassung von der Rolle einer selbstbestimmten Frau zu vermitteln. Doch in diesem Bemühen erleidet sie Schiffbruch. Johanna ist das genaue Gegenteil ihrer Mutter. Ihr Verhalten wird ausschließlich von ihren Gefühlen bestimmt, und sie unterwirft sich bedingungslos ihrem Gatten, ohne dabei ihre eigene Selbstachtung oder die Notwendigkeiten des Reichs zu berücksichtigen. Im Gegensatz zu den Frauengestalten in *Un olor a ámbar* wird Johanna nicht unmittelbar von einer konkreten männlichen Gewalt bedroht und vernichtet, vielmehr hat sie die herrschenden patriarchalischen Normen so sehr verinnerlicht, daß sie außerstande ist, sich von der traditionellen Rolle der passiven und unterwürfigen Frau zu lösen und ein anderes Rollenbild zu entwickeln, obwohl ihre Mutter ihr vor Augen geführt hatte, daß dies möglich ist. *Juego de reinas* unterstreicht damit vielmehr die Außergewönlichkeit und Ausnahmestellung einer Persönlichkeit wie derjenigen von Isabel la Católica.

Concha Romero interessiert freilich nicht nur eine Hinterfragung weiblicher Rollenklischees. *Las bodas de una princesa* enthält zugleich eine kritische Reflexion über männliches Rollenverhalten, wie die Darstellung König Heinrichs IV. illustriert. Die Autorin stellt ihn mit all seinen bekannten historischen Eigenschaften dar: seiner Trägheit, seiner Passivität, seiner Unentschlossenheit, seinem Pazifismus und vor allem seinem Mangel an Männlichkeit und seinem Desinteresse an Fragen der eigenen männlichen Ehre. Doch was für zeitgenössische Chronisten wie für die Mehrheit moderner Historiker Anlaß zur Geringschätzung ist, wird im Text Romeros Ursache für Hochschätzung und Bewunderung. Indem sie die Haltung des Königs mit einer politischen

Konzeption begründet, deren grundlegendes Fundament der Friede und das Wohlergehen der Untertanen sind, gelingt es ihr, eine Figur zu schaffen, die selbst in ihren den traditionellen männlichen Rollenerwartungen am radikalsten widersprechenden Verhaltensweisen sympathisch erscheint. Für den traditionellen Spanier besonders schwer zu verdauen ist seine großzügige Reaktion auf die Untreue seiner Gemahlin und seine Sorglosigkeit gegenüber 'Ehrenfragen'. Als er erfährt, daß die Königin ihm Hörner aufgesetzt hat, äußert er mit verständnisvoller Nachsicht: "No debí dejarla tanto tiempo sola."[10] ("Ich hätte sie nicht so lange allein lassen dürfen.") Diese Reaktion entspricht zwar kaum der machistischen Vorstellung iberischer Tradition, dafür aber einem neuen Männlichkeitsmodell, in dem Sensibilität und Verständnis eine entscheidende Rolle spielen. Das Interesse der Autorin richtet sich im wesentlichen auf die psychologische Analyse ihrer Protagonisten und deren gegenseitige Beziehungen. Dabei will sie aber zugleich das Bild und die Bewertung bekannter historischer Persönlichkeiten, wie sie von einer patriarchalischen Geschichtsschreibung durchgesetzt worden sind, in Frage stellen und die historische Verwirklichung weiblicher und männlicher Verhaltensmodelle herausarbeiten, die den traditionellen Geschlechterrollen widersprechen und die eher der Auffassung der Autorin und deren eigener Gegenwart entsprechen.[11]

Das Interesse Romeros für große historische Persönlichkeiten und deren psychologische Charakterisierung zeigt sich auch in ihrem jüngsten Stück *Abrázame, Rin* (*Umarme mich, Rhein*) aus dem Jahre 1995. Zugleich verstärkt dieses Stück noch die Tendenz, das historische Drama zu enthistorisieren. Das Stück stellt eine dramatisierte Chronik des Lebens des deutschen Musikerehepaars Clara und Robert Schumann von deren Jugend bis zum Tod des Komponisten im Jahre 1856 dar. Bei der Gestaltung und Charakterisierung der Figuren spielen freilich die geschichtlichen Umstände keinerlei Rolle mehr. Von der Revolution von 1848 hört man lediglich den Lärm der Revolutionäre in den Straßen, was die beiden Protagonisten dazu bringt, sich auf das Land zurückzuziehen und sich noch mehr in ihrer privaten, allein von der Musik beherrschten Welt zu isolieren. Obgleich die Ereignisse aus dem Leben der Protagonisten historisch belegt sind, hat die Geschichte jegliche Bedeutung verloren. Sie liefert lediglich den Hintergrund, vor dem sich ein Psychodrama abspielt, in dem die Frau wieder die immer gleiche Rolle spielt: diejenige des Opfers. In ihrer Jugend leidet Clara unter der Tyrannei und dem Egoismus des Vaters, der aus seiner Tochter eine berühmte Pianistin machen möchte, die ihm selbst Geld und Ruhm einbringen soll. In diesem Unterfangen ist Clara reines Objekt, ohne Recht auf die Verwirklichung persönlicher Wünsche, die nicht der Förderung ihrer Karriere als Pianistin dienlich sind. In der Ehe leidet Clara dagegen unter der Eifersucht und der Unfähigkeit ihres Gatten, seine künstlerische Unterlegenheit zu akzeptieren und seinen mangelnden öffentli-

10 Romero 1988, S. 55.
11 Vgl. auch Podol 1990 und Harris 1993.

chen Erfolg sowie seine finanziellen Probleme zu verkraften. Er ist nicht in der Lage, sich von den traditionellen männlichen und weiblichen Rollenklischees zu befreien, so daß für Clara die Tyrannei des Vaters mehr und mehr durch die Tyrannei ihres Ehemanns ersetzt wird. Clara ist sich ihrer Situation voll bewußt und trifft genau ins Schwarze, wenn sie gegenüber ihrem Gatten verzweifelt feststellt: "Mi padre no me dejaba vivir. Tú no me dejas trabajar. Mi padre sólo quería mi éxito y tú no lo puedes soportar."[12] ("Mein Vater ließ mich nicht leben. Du läßt mich nicht arbeiten. Mein Vater wollte allein meinen Erfolg, und du kannst ihn nicht ertragen.") In *Abrázame, Rin* hat sich der weibliche Blick erheblich verstärkt, doch richtet sich dieser Blick nicht mehr auf die historischen Umstände und großen Kollisionen, sondern einzig und allein auf die konfliktreiche persönliche Situation einer Frau, deren Existenz sich durch die Schuld gerade der beiden Männer, die sie von ganzem Herzen liebt, in eine Hölle verwandelt. Die kritische und subversive Funktion des Stücks erwächst hier allein aus der kathartischen Identifikation des Zuschauers, der mit der Protagonistin leidet und unbewußt gegen eine Situation aufbegehrt, die eher existentiell als historisch und sozial bedingt anmutet.

Während sich Concha Romero von *Un olor a ámbar* bis *Abrázame, Rin* ganz allmählich von Buero Vallejos Modell des historischen Dramas entfernt, ist die Enthistorisierung der Figuren und der historischen Ereignisse bei Carmen Resino bereits von Anfang an ein typisches Merkmal ihrer dramatischen Produktion. Von den zahlreichen Stücken, die die Autorin seit 1968 veröffentlicht hat, sind vier historisch situiert: *El presidente, Nueva historia de la princesa y el dragón, El oculto enemigo del profesor Schneider* und *Los eróticos sueños de Isabel Tudor*. Was bereits deutlich den Unterschied zu Buero Vallejos Modell des historischen Dramas zum Ausdruck bringt, ist die Tatsache, daß die Handlung keines der Stücke der spanischen Geschichte entnommen ist, sondern vielmehr im Schottland des 13., im Japan und China des 15., im England des 16. und im Deutschland des frühen 20. Jahrhunderts spielt. Resino interessiert sich weder für ein besseres Verständnis der großen geschichtlichen Kollisionen ihres Landes noch versucht sie, ihrer Gegenwart über eine Auseinandersetzung mit der Geschichte näherzukommen. Zudem sind die Protagonisten ihrer historischen Dramen mit Ausnahme des jüngsten Stückes ausnahmslos fiktive Figuren oder – wie im Falle John Balliols in *El presidente* – historische Figuren mit einem gänzlich imaginierten Charakter. Die historischen Dramen Carmen Resinos gehören zu der Kategorie, die Herbert Lindenberger "unhistorical history play"[13] genannt hat. Was jedoch das historische Drama Resinos am stärksten von dem Modell Buero Vallejos unterscheidet, ist sein antidialektisches Geschichtsverständnis, seine Negierung eines durch politische und soziale Kollisionen bedingten historischen Entwicklungsprozesses,

12 Der Text ist noch unveröffentlicht. Ich zitiere aus dem Manuskript (S. 40), das die Autorin mir zur Verfügung gestellt hat.

13 Lindenberger 1975, S. 1ff.

seine Konzeption eines statisch-zirkulären Geschichtsverlaufs, der vom Zufall oder Schicksal bestimmt wird. Das geschichtliche Drama Carmen Resinos steht dem Modell der griechischen Tragödie näher als demjenigen Buero Vallejos. Dabei hat die Autorin diese Konzeption interessanterweise bereits zu einer Zeit (Ende der sechziger Jahre) verwirklicht, in der das Modell Buero Vallejos vorherrschte.[14] Eine kurze Analyse ihres ersten Dramas soll diese allgemeinen Bemerkungen veranschaulichen.

Die dramatische Handlung von *El presidente* (*Der Präsident*, 1968) spielt in Schottland von 1286 bis 1292, einer Zeit, in der das Land unter dynastischen Erbfolgeproblemen litt und der Gefahr einer Annexion durch Großbritannien ausgesetzt war. Im Zentrum der Handlung steht Prinz Jaime, ein höchst komplex gezeichneter, bisweilen geistig verwirrt anmutender, zaudernder, hamletartiger Charakter, der sich mit aller Kraft, aber vergebens gegen die Thronnachfolge und die Übernahme der Macht wehrt. Als König erliegt er mehr und mehr der Faszination des Höflings Juan Balliol – der einzigen historischen Gestalt, von der Resino freilich nach ihren eigenen Worten "ausschließlich und allein den Namen"[15] übernommen hat –, für dessen republikanische Ideen er sich schließlich begeistern läßt. Seinem Rat teilt er mit, daß er auf den Thron verzichten und die Macht Balliol übertragen will, damit dieser den reibungslosen Übergang zu einem republikanischen und demokratischen Regierungssystem sicherstelle. Jaimes Pläne haben einen Bürgerkrieg zur Folge, in dem das Vorhaben scheitert; der König wird von den republikanischen Revolutionären ermordet; Balliol verrät seinerseits die Revolution und läßt sich mit Hilfe Englands und des schottischen Adels zum Nachfolger Jaimes ernennen und zum neuen König Schottlands krönen.

Auf den ersten Blick scheint das Stück mit der Konfrontation zwischen Monarchie, Aristokratie und Volk auf eine Darstellung der großen gesellschaftlichen Kollisionen zu zielen, doch stellen diese Probleme in Wahrheit nicht den zentralen Kern der Wirklichkeit dieser Zeit dar, und die Autorin weiß dies sehr wohl, da sie in ihrem Vorwort betont, daß die dramatische Handlung "ein wenig anachronistisch"[16] abläuft. Für Resino bildet die Geschichte lediglich den Hintergrund, vor dem sich die Geschichte des existentiellen Scheiterns eines individuellen Charakters abspielt.[17] Darüber hinaus

14 Die Opposition gegen das vorherrschende historisch, politisch oder gesellschaftlich engagierte Theater ist ein allgemeines Kennzeichen der Theaterstücke Carmen Resinos, die sich eher für existentielle Probleme wie Einsamkeit, Kommunikationslosigkeit, Frustration, Egoismus oder Fragen nach dem Sinn des Lebens interessiert und die stärker von dem französischen Theater des Absurden als von dem spanischen Theater der 60er und 70er Jahre geprägt worden ist.

15 Resino 1968, S. 7f.

16 Ebd., S. 7.

17 Vgl. auch Paco 1995, S. 304: "La historia, y esto será lo común en el teatro histórico de Carmen Resino, es un 'telón de fondo' sobre el que se reinventa la realidad con muy definidos propósitos: los de mostrar la inexorable fuerza del destino y la irónica reiteración

wird Jaimes Scheitern nicht durch die geschichtlichen Umstände, sondern durch den Zufall oder das Schicksal verursacht. Das Verhalten des Protagonisten bleibt ohne jeden Sinn, da es von Anfang an unter dem Signum geradezu fataler Vergeblichkeit steht. Gerade in dieser Erfahrung aber liegt nach den eigenen Worten der Autorin das eigentliche Anliegen des Werkes:

> *El Presidente* es, en su más estricto sentido, la historia de un sacrificio y de una actuación inútiles, de un pensamiento igualmente inútil. Y en esta inutilidad, tantas veces repetida en la vida del hombre, es precisamente donde se encuentra el auténtico drama de la obra.[18]
>
> (*El Presidente* stellt im strengen Sinn die Geschichte eines vergeblichen Opfers und eines vergeblichen Handelns, eines gleichermaßen vergeblichen Gedankens dar. Und gerade in dieser im Leben des Menschen so häufig sich wiederholenden Vergeblichkeit liegt das authentische Drama des Werkes.)

Mit dieser Konzeption knüpft Resino in der Tat eher an die Tradition der griechischen Tragödie als an diejenige des historischen Dramas Buero Vallejos an.

Die völlige Vergeblichkeit und die Absurdität des menschlichen Verhaltens kennzeichnen alle Theaterstücke Carmen Resinos, gleichgültig ob sich ihre Handlung in einer mythologischen, historischen oder gegenwärtigen Wirklichkeit abspielt. Die Entscheidung des Protagonisten des mythologischen Stücks *Ulises no vuelve* (*Odysseus kehrt nicht zurück*, 1983), sein Versteck, in das er sich aus Angst vor dem Krieg geflüchtet hatte, zu verlassen und die große Lüge seines kriegerischen Heroismus endlich öffentlich einzugestehen, erweist sich als sinnlos, da genau in diesem Augenblick ein zweiter Krieg ausbricht, der ihn vor die Notwendigkeit stellt, seinen Ruf als Kriegsheld erneut unter Beweis zu stellen. Niemand entkommt seinem Schicksal. "Por mucho que queramos torcerlo, el destino siempre nos espera en cada vuelta."[19] ("So sehr wir es auch abwenden wollen, das Schicksal erwartet uns stets an jeder Ecke.") Für Carmen Resino ist der Mensch weder Herr seiner persönlichen noch der allgemeinen Geschichte. Nicht menschlicher Wille regiert die Welt, sondern ein blindes und grausames Schicksal. Darüber hinaus verliert das persönliche Scheitern angesichts des Scheiterns der kollektiven Geschichte jegliche Bedeutung, wie die Autorin in ihrem Kriminalstück *El oculto enemigo del profesor Schneider* (*Der verborgene Feind Professor Schneiders*, 1990) eindrücklich illustriert. Die dramatische Handlung spielt Ende Juni 1914 in Deutschland. Professor Schneider, ein bekannter Spezialist für menschliche Vorgeschichte, der sein ganzes Leben der Erforschung der Herkunft der menschlichen Spezies widmet, wird angeklagt, seine Frau ermordet zu haben. Durch eine Ironie des Schicksals, die Entdeckung einer vorgeschichtlichen Leiche im Garten seines Landhauses – letztes Glied, das dem Professor noch fehlte, um seine Theorie

---

de los sucesos, analizar los mecanismos del poder y evidenciar la inutilidad que acecha al ser humano en sus actuaciones y en sus anhelos."

18 Resino 1968, S. 8.

19 Resino 1983, S. 64.

vom Ursprung der menschlichen Spezies zu beweisen –, kommt Schneiders Schuld ans Licht. Dieser fühlt sich von der Geschichte, der er sein ganzes Leben gewidmet hatte, verraten, doch der Kommissar hält ihm die Zeitung mit der Nachricht von der Ermordung des Erzherzogspaars von Österreich vor Augen, um ihm zu zeigen, daß angesichts des Verrats der großen kollektiven Geschichte seine kleine persönliche Geschichte nicht die geringste Bedeutung besitzt und daß angesichts der bevorstehenden Katastrophe des Ersten Weltkriegs die Bestrafung seiner persönlichen Schuld so unwichtig wird, daß er ihn sogar laufen läßt. Die Folgen des Krieges würden sich als Strafe erweisen, die den kriminellen Professor in gleicher Weise wie den Rest der Gesellschaft ereilen wird. Wie in allen Stücken Resinos vereint auch hier die tragische Fatalität Schuldige und Unschuldige in einem gemeinsamen Schicksal – in den Worten der Autorin:

> En *El oculto enemigo del profesor Schneider*, libertad y destino se contraponen, siendo éste el que logra imponerse sobre la trayectoria de los personajes: acusado y acusador se verán unidos por una misma circunstancia, por una especie de fatalidad. Este dualismo, actuación y acontecer histórico, individuo y ser social, es algo que inevitablemente me ha seducido por lo que, generalmente, tiene de patético, y también lo he tratado en *Nueva Historia de la Princesa y el Dragón* y muy concretamente en *Ulises no vuelve.*[20]

> (In *El oculto enemigo del profesor Schneider* stehen Freiheit und Schicksal im Konflikt zueinander, wobei es diesem gelingt, den Lebensweg der Figuren zu bestimmen: Angeklagter und Ankläger sehen sich durch die gleichen Umstände, durch eine Art von Fatalität, vereint. Dieser Dualismus, Handlung und historisches Geschehen, Individuum und gesellschaftliches Wesen, ist etwas, das mich unweigerlich gereizt hat, und zwar durch das Pathos, das ihm in der Regel eigen ist. Das gleiche Thema habe ich in *Nueva Historia de la Princesa y el Dragón* und ganz konkret in *Ulises no vuelve* behandelt.)

In *El oculto enemigo del profesor Schneider* steht der historische Hintergrund noch weniger als in den übrigen Stücken Resinos in einer kausalen Verbindung mit der dramatischen Handlung.

Was Carmen Resino mit Concha Romero und anderen zeitgenössischen Dramatikerinnen vor allem seit Anfang der achtziger Jahre verbindet, ist die wachsende Bedeutung des weiblichen Blicks, mit dem sie die Geschichte betrachten. Auch Resino benutzt die Geschichte (oder die Mythologie) als Steinbruch dramatischer Handlungen, die die schwierige Stellung der Frau in einer patriarchalischen Gesellschaft illustrieren. Unter dieser Perspektive scheint die Geschichte gleichfalls keinerlei Entwicklung zu haben. In allen Zeiten und Kulturen scheint die Rolle der Frau stets die gleiche zu sein: diejenige des Opfers. Schon die Penelope in *Odysseus kehrt nicht zurück* leidet unter der Tyrannei ihres Gatten, dessen falschen Ruf als Nationalheld sie unterstützen muß, obwohl sie Odysseus gerade wegen seiner Feigheit und Verlogenheit verachtet. Sie leidet unter der Tyrannei des Großvaters, ihres Sohnes und vor allem

20 Resino 1990, S. 7.

ihres Ehemanns, doch ist sie "unfähig, ihre Situation aus eigenem Antrieb zu verändern".[21]

Das gleiche gilt für die Ehefrau und die Geliebte von Professor Schneider, für den das einzige, was im Leben zählt, seine Forschungen über den Ursprung des Menschen darstellen. Er ist sich nicht einmal bewußt, daß er infolge seines egoistischen Charakters das Gefühlsleben der beiden Frauen, die ihn leidenschaftlich geliebt haben, völlig zerstört hat. Während in *Ulises no vuelve* die falsche Norm eines männlichen Heroismus das Leben der Frau beherrscht, müssen sich die beiden Protagonistinnen von *El oculto enemigo del profesor Schneider* angesichts des wissenschaftlichen Interesses und der Karriere des Mannes selbst verleugnen. Als die Frau des Professors die Aufmerksamkeit ihres Ehemanns dadurch auf sich zu lenken versucht, daß sie ihm damit droht, sein Manuskript ins Feuer zu werfen, bringt er sie fast instinktiv um. Während ihr Leichnam am Boden liegt, führt er seine Arbeit in aller Ruhe zu Ende. Schneiders Geliebte Eva möchte dagegen, wie sie betont, nicht die Geschichte ihrer Mutter wiederholen, die "ein Opfer war, das sich nicht zu verteidigen wußte"[22], doch obwohl sie weiß, daß sie für den Professor lediglich ein Sexualobjekt darstellt, gelingt es ihr nicht, ihre Gefühle zu beherrschen und ihn des Mordes anzuklagen. Am Ende bricht sie in Tränen aus und widerruft ihre ursprüngliche Anschuldigung.

In *Nueva historia de la princesa y el dragón* (*Neue Geschichte von der Prinzessin und dem Drachen*, 1989) steht das Thema der vergeblichen Auflehnung der Frau gegen die rigiden Normen einer patriarchalischen Gesellschaft im Zentrum des Werkes. Die dramatische Handlung spielt im 15. Jahrhundert in China und Japan und gestaltet den Kampf der Prinzessin Wu-Tso um die Macht. Nach den eigenen Worten der Autorin beansprucht das Werk nicht, ein historisches Drama im engeren Sinn zu sein. "Wu-Tso und die übrigen Figuren sind nicht historisch, wohl aber der Geist der Zeit. Aus der Sicht der Chroniken existierten sie nicht, sie hätten aber sehr wohl existieren können."[23] In Wirklichkeit interessiert sich die Autorin nicht so sehr für eine Annäherung an die Geschichte als für das Schicksal ihrer Protagonistin sowie für deren verzweifelten Kampf gegen ihren Vater und ihren jüngeren Bruder um den chinesischen Kaiserthron. Wu-Tso ist in diesem Kampf jedoch allein und ohne Chance auf die Möglichkeit eines Sieges. Auf ihre Frage: "¿Cuándo dejarás, padre, de utilizarme para mi desgracia y para tu gloria?"[24] ("Wann wirst du aufhören, Vater, mich zu meinem Unglück und zu deinem Ruhm zu benutzen?") erhält sie nicht einmal eine Antwort. Im Gegensatz zu ihr hat ihre Mutter die patriarchalischen Normen der Gesellschaft vollständig verinnerlicht und auf die Argumente der Tochter, die sich der Thronfolge ihres mißratenen

21 Ragué Arias 1989, S. 23.
22 Resino 1990, S. 146.
23 Resino 1989, S. 3f.
24 Ebd., S. 28.

Bruders widersetzt, hat sie stets nur die gleiche Antwort parat: "Pero es varón" ("Aber er ist ein Mann"). Auf Wu-Tsos Frage nach ihrer Lebensaufgabe antwortet ihr die Mutter: "dar hijos al futuro emperador del Japón"[25] ("dem künftigen Kaiser von Japan Kinder zu schenken.") Die Mutter macht die Tochter darauf aufmerksam, daß ihr nur zwei Wege zur Auswahl bleiben: Resignation oder Unglück. Doch Wu-Tso hört nicht auf ihre Ratschläge und entscheidet sich bewußt für den Weg des Leidens. Sie gibt sich nicht geschlagen und versucht, in Japan das zu erreichen, was ihr in ihrem eigenen Land nicht möglich war. Doch auch dieser Versuch scheitert und endet in dem gewaltsamen Tod der Prinzessin.

Der folgende Dialog, in dem die Tochter sich von der Mutter verabschiedet, demonstriert nicht nur Wu-Tsos Widerstand gegen das Schicksal, das man für sie als Frau vorgesehen hat, sondern kündigt zugleich auch den tragischen Ausgang ihrer Auflehnung an:

> MADRE: No olvides que eres mujer. [...] Sólo se te permitirá dar placer, ni siquiera recibirlo y tener hijos para un macho ambicioso. Te quedan dos caminos, Wu-Tso: la resignación o la desgracia. [...] Resígnate Wu-Tso y saca provecho de la pequeña felicidad que te dejan.
> WU-TSO: No madre: la resignación no se hizo para mí.
> MADRE: Entonces sufrirás, hija mía, mucho más que todos los hombres. [...] Dime que tendrás en cuenta mis consejos.
> WU-TSO: No madre: sólo tendré en cuenta tu sufrimiento.[26]
>
> (MUTTER: Vergiß nicht, daß du eine Frau bist. [...] Man wird dir lediglich erlauben, Lust zu geben, nicht einmal sie selbst zu erleben, und Kinder für einen ehrgeizigen Mann zu gebären. Zwei Wege bleiben dir, Wu-Tso: Resignation oder Unglück [...]. Übe dich in Resignation, Wu-Tso, und ziehe Vorteil aus dem bescheidenen Glück, das man dir läßt.
> WU-TSO: Nein, Mutter. Die Resignation ist nicht für mich geschaffen worden.
> MUTTER: Dann wirst du leiden, meine Tochter, und dies weit mehr als alle Männer. [...] Versprich mir, daß du meinem Rat folgst.
> WU-TSO: Nein, Mutter, ich werde allein an dein Leid denken.)

Die Handlung des zuletzt veröffentlichten historischen Dramas Carmen Resinos *Los eróticos sueños de Isabel Tudor* (*Die erotischen Träume Elisabeth Tudors*, 1992) spielt im England des Jahres 1587, einer Zeit schwerwiegender Konflikte des Landes mit Spanien, das sich anschickt, einen Seekrieg gegen die britische Insel vorzubereiten, der bekanntlich ein Jahr später mit dem Untergang der berühmten Armada endete. Mit Elisabeth Tudor hat Resino erstmals eine große historische Persönlichkeit in den Mittelpunkt einer dramatischen Handlung gestellt. Die Intrige selbst ist jedoch ausschließlich eine Frucht der schöpferischen Phantasie der Autorin. Die englische Königin hat sich unsterblich in den spanischen König Philipp II. verliebt, den größten Staatsfeind ihres Landes. Während sie nach außen die Rolle der keuschen,

25 Ebd., S. 26f.
26 Ebd., S. 29f.

kühlen und stets selbstbeherrschten Monarchin spielt, verwandelt sie sich im Innern ihrer privaten Gemächer in eine von Emotionen und Leidenschaften geprägte Frau, die mit ihrem alter ego über ihre sexuellen Obsessionen diskutiert und die ihre unruhigen Nächte mit wilden Träumen von Philipp II. verbringt, der sich bei ihrem Erwachen zudem auch noch stets in den berüchtigten Piraten und Seehelden Sir Francis Drake verwandelt. Im zweiten Akt wird ein erotisches Rendezvous zwischen Elisabeth und Philipp / Drake dargestellt, wobei die Königin sich nicht sicher ist, ob sie diese Szene wirklich erlebt hat oder ob sie ihrer überschäumenden Phantasie entsprungen ist. Freilich ist dies ohne große Bedeutung, denn – wie ihr alter ego betont – ist die Phantasie nur eine andere Form der Wirklichkeit.[27]

Wie bereits diese wenigen Bemerkungen zeigen, ist auch dieses jüngste Stück kein historisches Drama im Sinne des Modells von Buero Vallejo. Auch hier interessieren die Autorin nicht die historischen Umstände und Kollisionen, sondern allein der Konflikt ihrer Protagonistin zwischen Pflicht und Neigung. Es ist dies ein typisch Cornelianischer Konflikt, und Resino stellt sich mit diesem Werk in der Tat stärker in die Tradition der klassischen Tragödie Corneilles als in diejenige von Bueros historischem Drama. Es handelt sich hier mehr um ein psychologisches als um ein historisches Drama. Für Elisabeth verschärft sich der Konflikt zwischen Pflicht und Neigung, weil sie eine Königin und vor allem weil sie eine Frau ist, denn sie ist sich sehr wohl bewußt, daß das, "was man einer Themsewäscherin nachsehen würde oder was für eine Hofdame Anlaß für eine Steigerung ihres Ansehens wäre, sich für alle diejenigen als fatal erweisen würde, die eine zu hohe Stellung einnehmen, zumal wenn es sich dabei um eine Frau handelt."[28] Wie die spanische Isabel Concha Romeros gehört auch die englische Elisabeth zu den wenigen Frauen in der dramatischen Produktion der zeitgenössischen spanischen Dramatikerinnen, denen es gelingt, ihre Macht und ihre persönliche Eigenständigkeit zu bewahren, doch die englische Elisabeth zahlt dafür einen hohen Preis: die Verwirklichung ihres persönlichen Glücks.

Wie die vorangegangenen Interpretationen einiger Theaterstücke Concha Romeros und Carmen Resinos gezeigt haben, haben auch die Dramatikerinnen der achtziger und neunziger Jahre das Interesse an historischen Epochen und Persönlichkeiten nicht verloren, doch haben sich dabei die dramatische Gestaltung und ihre Auffassung vom Verlauf der Geschichte erheblich gewandelt. Dramatikerinnen wie Romero und Resino interessieren sich nicht mehr für die großen Kollisionen der geschichtlichen Kräfte und deren Bedeutung für die Gegenwart oder für die allgemeinen Bedingungen der geschichtlichen Entwicklung, sondern für den Charakter großer historischer Persönlichkeiten und für existentielle und von einer konkreten historischen Situation unabhängige menschliche Probleme. Stärker als die vorangegangene Generation lösen sie

27 Vgl. Resino 1992, S. 74.
28 Ebd.

sich dabei von den überlieferten historischen Fakten und Charakteren und erschaffen die Geschichte mit Hilfe ihrer dichterischen Einbildungskraft neu – im Vertrauen darauf, daß die Phantasie, wie es in Resinos *Los eróticos sueños de Isabel Tudor* heißt, nur eine andere Form der Wirklichkeit ist und daß literarische und historiographische Wirklichkeit einander ebenbürtig sind. Dabei unterlegen sie ihrer dramatischen Geschichtsdeutung ihre eigenen Interessen und modellieren die Geschichte aus ihrer eigenen geschlechtsspezifischen Perspektive. Sie zielen bisweilen durchaus noch auf eine Entmythisierung der Geschichte, aber weniger aus einer politischen und sozialen als vielmehr aus einer weiblichen Perspektive, das heißt sie zielen auf eine Revision der männlichen Weltsicht und des patriarchalischen Wertesystems. Sie verwenden die Geschichte jedoch weniger, um die Gegenwart zu verstehen (und zu verändern), sondern eher als Steinbruch und Lieferant von Beispielen für den ewigen Kampf der Geschlechter und für die Frustration und Unterdrückung der Frau. Während das Geschichtsverständnis im Werk von Romero noch deutliche Parallelen zu demjenigen der vorangegangenen Generation aufweist, ist der Bruch in den Stücken Resinos radikaler. In ihnen ist das Verständnis der Geschichte als eines offenen und von der Verantwortlichkeit des Menschen mitgeprägten Prozesses einer geschlossenen und zirkulären Konzeption gewichen, in der Begriffe wie Schicksal und Fatalität mehr Bedeutung besitzen als Willensfreiheit und Verantwortung. Freilich verlieren die Stücke Romeros und Resinos dennoch nicht ihren Protestcharakter gegenüber einer ungerechten und unmenschlichen Situation. Die kathartische Identifikation mit den dramatischen Opferrollen impliziert automatisch eine Kritik, auch unabhängig von den Ursachen dieser Situation und vom Glauben an die Möglichkeit, sie zu verändern. Nicht einmal die fatalistische Konzeption Resinos scheint den Menschen gänzlich von seiner historischen Verantwortung zu entbinden, und diese Verantwortung wird in erster Linie auf die Vertreter des männlichen Geschlechtes bezogen, die seit Jahrhunderten sowohl die private als auch die öffentliche Geschichte mit Hilfe ihrer patriarchalischen Normen beherrschen. In *El oculto enemigo del profesor Schneider* symbolisieren nicht nur die Tränen und das Leiden der weiblichen Opfer diesen Protest. Der Kommissar bezichtigt den männlichen Protagonisten selbst, infolge seiner Leidenschaft für die Vorgeschichte jegliches Interesse für die Zeitgeschichte verloren zu haben. Daher trägt Schneider sowohl für das Scheitern seines Privatlebens als auch für die öffentliche Katastrophe einen gehörigen Teil Mitverantwortung.

Die Geschichte ist nach den Worten des Dramatikers Domingo Miras ein unerschöpflicher Steinbruch für dramatische Handlungen. Für ihn sind mehr als die Hälfte aller je geschriebenen Theaterstücke historische Dramen. "Historisches Drama im weitesten Wortsinn, das heißt in dem Sinne, daß die dramatische Handlung sich in der historischen Vergangenheit abspielt."[29] Es

29 Miras 1980/81, S. 21.

ist in der Tat notwendig zu definieren, was man unter historischem Drama versteht. Die Germanistik unterscheidet zwischen 'historischem Drama' und 'Geschichtsdrama'. Während das erstere der weiten Definition des Zitats von Miras entspricht, bezieht sich das zweite allein auf die Dramen, die auf eine Interpretation der Geschichte zielen, ihr einen kohärenten Sinnzusammenhang abzuringen versuchen und die zugleich eine geschichtliche Vision und ein historisches Bewußtsein entwickeln.[30] Die Auffassung von der Geschichte wandelt sich im Laufe der Jahrhunderte. Seit dem 19. Jahrhundert dominiert ein dialektisches Geschichtsverständnis, dessen gelungenste dramatische Umsetzung in Spanien das historische Drama Buero Vallejos darstellt. In den achtziger und neunziger Jahren hat dieses Modell an Attraktivität verloren, ohne daß bereits ein neues Modell erkennbar wäre. Die hier analysierten Dramen zielen nicht auf eine Interpretation der Geschichte ab. Sie sind eher historische Dramen in einem weitgefaßten Wortsinn. Allerdings führt dies bei den behandelten Autorinnen nicht zu einem rein spielerisch-ästhetischen Umgang mit der Geschichte sowie zur Entstehung eines antimimetischen, postmodernen Theatermodells. Postmoderne Theatermodelle, wie sie jüngst beschrieben worden sind[31], stellen im spanischen Gegenwartstheater eher die Ausnahme dar. Das spanische Gegenwartstheater behält seinen mimetisch-referentiellen Charakter vielmehr weitgehend bei und greift in ästhetischer Hinsicht sogar eher wieder auf realistische Darstellungstechniken zurück. Das gilt auch für das historische Drama. Die Autoren der achtziger und neunziger Jahre betrachten die Geschichte im wesentlichen als Steinbruch für Beispiele zur Gestaltung existentieller und psychologischer Probleme. Für die Autorinnen liefert die Geschichte darüber hinaus Beispiele, mit deren Hilfe sie ihre weibliche Weltsicht veranschaulichen können, sei es indem sie die Dominanz eines patriarchalischen Wertesystems im Lauf der Geschichte sowie die Rolle der Frau als Opfer aufdecken, sei es indem sie neue Modelle geschlechtsspezifischen Verhaltens und des Zusammenlebens der Geschlechter auf der Bühne vorstellen.

Literaturverzeichnis

Boix, C.: "La fin du XXème siècle. Déni de l'histoire ou changement de paradigme?", in *Notre fin de siècle. Culture hispanique*, Dijon 1996 [= Hispanística XX, Bd. 13, 1995], S. 27–46.

Buero Vallejo, Antonio: "Acerca del drama histórico", in *Obras completas*, 2 Bde., Madrid: Espasa Calpe 1994, Bd. 2, S. 826–830.

"El drama histórico español", Themenschwerpunkt der Theaterzeitschrift *Estreno* 14.1 (1988).

Fischer-Lichte, E.: "Postmoderne Performance: Rückkehr zum rituellen Theater?", in *Arcadia* 22 (1987), S. 55–65.

30 Vgl. das Resümee dieser Diskussion bei Neubuhr 1980, S. 1–37.

31 Vgl. Schlueter 1985; Fischer-Lichte 1987; de Toro 1995.

González Herrán, J. M.: "*Beatus ille* (1986) de Antonio Muñoz Molina: reescribir la historia, reescribir la ficción", in *Notre fin de siècle. Culture hispanique*, Dijon 1996 [= Hispanística XX, Bd. 13, 1995], S. 259–267.

Harris, C. J.: "Isabel y Juana: protagonistas históricas del teatro de Concha Romero", in *Estreno* 19.1 (1993), S. 21–25.

Keller, W.: "Drama und Geschichte", in *Beiträge zur Poetik des Dramas*, hrsg. v. W. Keller, Darmstadt 1976, S. 298–339.

Lavaud-Fage, É.: "Le concept de 'Fin de siècle'. D'un siècle à l'autre", in *Notre fin de siècle. Culture hispanique*, Dijon 1996 [= *Hispanística XX*, Bd. 13, 1995], S. 3–14.

Lindenberger, H.: *Historical Drama. The Relation of Literature and Reality*, Chicago / London 1975.

Lukács, G.: *Der historische Roman*, Neuwied 1965 [= Werke, Bd. 6: Probleme des Realismus III].

Miras, D.: "Los dramaturgos frente a la interpretación tradicional de la historia", in *Primer Acto*, 187 (1980 / 81), S. 21–23.

Neubuhr, E. (Hrsg.): *Geschichtsdrama*, Darmstadt 1980.

O'Connor, P.: "Una nueva voz femenina para el teatro", in Concha Romero: *Un olor a ámbar*, Madrid 1983, S. 7–13.

O'Connor, P.: *Dramaturgas españolas de hoy. Una introducción*, Madrid 1988.

Paco, M. de: "El teatro histórico de Carmen Resino", in *Anales de la Literatura Española Contemporánea* 20 (1995), S. 303–314.

Paco, M. de: "Teatro histórico y sociedad española de posguerra", in *Homenaje al profesor Antonio de Hoyos*, Murcia 1995, S. 407–414.

Pérez-Stansfield, M. P.: "La desacralización del mito y de la historia: teatro y subtexto en dos nuevas dramaturgas españolas", in *Gestos* 2.4 (1987), S. 83–99.

Podol, Peter L.: "Three 'Stages' in the Life of Isabel: Plays by Alberto Miralles, Manuel Martínez Mediero and Concha Romero", in *Estreno* 16.1 (1990), S. 28–33.

Ragué Arias, M.-J.: "Penélope, Agave y Fedra, personajes femeninos griegos, en el teatro de Carmen Resino y de Lourdes Ortiz", in *Estreno* 15.1 (1989), S. 23–25.

Resino, Carmen: *El presidente*, Madrid: Quevedo 1968.

Resino, Carmen: *Ulises no vuelve*, Madrid: Centro Expañol del Instituto Internacional de Teatro 1983.

Resino, Carmen: *Nueva historia de la princesa y el dragón*, Madrid: Lucerna 1989.

Resino, Carmen: *Teatro breve y El oculto enemigo del profesor Schneider*, Madrid: Fundamentos 1990.

Resino, Carmen: *Los mercaderes de la belleza. Los eróticos sueños de Isabel Tudor*, Madrid: Fundamentos 1992.

Romero, Concha: *Un olor a ámbar*, Madrid: La Avispa 1983.

Romero, Concha: *Las bodas de una princesa*, Madrid: Lucerna 1988.

Romero, Concha: *Razón de Estado o Juego de reinas*, Manuskript 1991.

Romero, Concha: *Abrázame, Rin*, Manuskript 1995.

Ruiz Ramón, F.: "El drama histórico", in ders., *Celebración y cátarsis (Leer el teatro español)*, Universidad de Murcia 1988, S. 165–185.

Schlueter, June: "Theatre", in *The Postmodern Moment. A Handbook of Contemporary Innovation in the Arts*, hrsg. v. St. Trachtenberg, Westport 1985, S. 209–228.

Stenzel, H.: "Fracaso de la historia y destrucción del sentido. Apuntes sobre las novelas 'históricas' de Manuel Vázquez Montalbán", in *La novela español actual. Autores y tendencias*, hrsg. v. A. de Toro und D. Ingenschay, Kassel 1995, S. 103–123.

Toro, A. de: “Die Wege des zeitgenössischen Theaters. Zu einem postmodernen Multimedia-Theater oder: das Ende des mimetisch-referentiellen Theaters?”, in *Forum Modernes Theater* 10 (1995), S. 135–183.

Wolfgang Düsing

Klassisches und modernes Geschichtsdrama. Schillers *Demetrius* und V. Brauns *Dmitri*

I. Einleitung

Volker Brauns *Dmitri*, geschrieben 1980, uraufgeführt 1982 im Badischen Staatstheater Karlsruhe unter der Regie von Günter Ballhausen, gehört in die Reihe moderner Dramen, die sich mit dem klassischen Drama auseinandersetzen. Die Klassik-Kritik hat in Deutschland eine lange Tradition. Sie ist geradezu ein Charakteristikum der deutschen Literatur. Man darf nicht vergessen, daß sie nicht erst nach 1945, als Teil einer Sichtung der deutschen Geistesgeschichte nach dem Schock des Nationalsozialismus einsetzt. Schon im 19. Jahrhundert distanziert sich Grillparzer von der "Unverschämtheit der schlegelschen Schule",[1] womit er vor allem ihre Haltung gegenüber Schiller meint. Heine stellt in seiner *Romantischen Schule* die "Opposition" gegen Goethe,[2] der er sich selbst zurechnet, mit einer ironischen Schärfe dar, die auch später kaum übertroffen worden ist. Bereits bei diesen wenigen Beispielen wird ein Grundzug der deutschsprachigen modernen Literatur sichtbar, nämlich daß sie häufig durch kritische Abgrenzung von der Klassik ihr Profil gewinnt. Das gilt in verstärktem Maß von der Literatur des 20. Jahrhunderts. Es ist nicht der Naturalismus oder der Expressionismus, mit dem sich die spätere Literatur auseinandersetzt, sondern immer wieder die Literatur der Weimaraner. Das wirkt sich auch auf die Forschung aus, die mit widersprüchlichen Stellungnahmen auf die spannungsreiche Rezeptionsgeschichte der Klassik antwortet.[3]

Die Auseinandersetzung mit der Klassik ist auch ein konstantes Thema im Werk V. Brauns. Sie muß vor dem Hintergrund der Literaturpolitik der DDR gesehen werden. Unter der Ägide eines traditionellen Klassikbildes, das sich auf die Interpretationen von Lukács stützte, war die DDR seinerzeit bemüht, das klassische "Erbe", wie es hieß, für sich zu reklamieren. Man erstrebte eine

1 Grillparzer 1925, Bd. 14/15, S. 96 .
2 Heine 1968, Bd. 4, S. 194.
3 Erwähnt seien nur die Klassik-Diskussion mit Barner, Lange, Werner u. Reed 1988, S. 347–374; ferner Grimm u. Hermand 1971, Leistner 1971, Voßkamp 1993.

Verbindung von Humanismus und Marxismus und sah im Marxismus die Vollendung des klassischen Humanitätsideals.[4] V. Braun gehört allerdings nicht mehr zur Generation dieser Kulturpolitiker und ist ihren Leitlinien der Klassik-Rezeption nicht kritiklos gefolgt. Schon Brechts Haltung war mit der offiziellen Position kaum zu vereinbaren. Man muß also sehen, daß distanzierte Stellungnahmen zu Schiller bei Braun nicht einfach bedeuten, daß dieser Klassiker für ihn belanglos geworden ist, sondern daß sie als Kritik an der amtlich verordneten, traditionsgebundenen Übernahme des Erbes und als Versuch einer eigenständigen, künstlerisch produktiven Auseinandersetzung verstanden werden müssen. Die Perspektive geht von der eigenen Gegenwart aus und ist nicht primär historisch auf eine treue Erfassung der literarischen Vergangenheit gerichtet. Das zeigt sich schon bei der frühen *Faust*-Adaption *Hans Faust* (Uraufführung 1968) und in verstärktem Maße in dem Stück *Hinze und Kunze* (1975) oder in dem 1992 erschienenen Stück *Iphigenie in Freiheit*, einem Text über die Wiedervereinigung, voller Anspielungen auf die taurische *Iphigenia*, auf Euripides und Goethe.

Während V. Braun seine Auseinandersetzung mit dem *Faust* zunächst selbstbewußt als "Aufhebung" bezeichnete – ein Terminus den auch Brecht für seine Klassik-Adaption verwendete –,[5] weil er im klassischen Werk vor allem eine Gestaltung "vorzeitlichen Denkens" sah,[6] nennt er nun seine Adaption des *Demetrius* vorsichtiger und angemessener eine "Weiterarbeit". In einem Interview aus dem Jahre 1978 erklärt er: "Alle Arbeit ist Weiterarbeit; aus dem eigenen Hut bloß würden wir Neandertal machen, aber wir hätten auch den eigenen Hut nicht."[7] Schiller wird nicht mehr von einem heute erreichten, höheren Standpunkt des Bewußtseins und der Produktivkräfte aus ideologiekritisch abgewert. V. Braun betont, wie viel sein Stück Schiller verdankt. Das heißt aber nicht, daß es ihm nur noch um eine der Tradition verpflichtete, restaurative Aneignung eines klassischen Dramas gehe.

II. Zur Intention V. Brauns

Schillers *Demetrius* bringt "Dimension in die neue Arbeit und [...] Kontrast". V. Braun versteht seine Stücke als "Desillusionierungen". Von einem Interviewer gedrängt, bekennt er sich zwar pflichtschuldig zum Sozialismus, aber wichtiger ist seine Feststellung, daß seine Texte nicht als Theorie oder Konversation verstanden werden wollen, sondern als "Teil des Spielvorgangs", als

4 Leistner 1971, S. 28ff.
5 Hinderer 1983, S. 466.
6 Leistner 1971, S. 50.
7 Braun 1991, Bd. 6, S. 248.

Element einer Inszenierung.[8] Das bedeutet, auch Schillers Stück wird in ein neues Spiel integriert und dadurch verändert.

Der Dramentext wird ergänzt durch "Arbeitsnotizen" und eine Szene für Szene vorgehende, ausführliche Zusammenfassung der Fabel. Unter dem Datum 12.1.81 notiert V. Braun: "wenn ich schon neuerdings so roh bin, die konzeption nicht in den theatertext zu formulieren (wo sie nichts zu suchen hat), so muß ich wohl wenigstens andeuten, daß trübsinn nicht mein anliegen war."[9] Diese Sätze sind einigermaßen überraschend, wenn man von Schillers Drama ausgeht. Bei Schiller wird die Konzeption im Stück formuliert, es gibt keine Trennung von Konzeption und Theatertext, es sei denn das Stück ist, wie im Falle des *Demetrius*, Fragment geblieben. Bei V. Braun aber haben wir eine eindrucksvolle, mehrdeutige Szenenfolge, die sich nicht leicht erschließt und zu der die skizzierte Konzeption einen Schlüssel bietet, der allerdings nicht unkritisch benutzt werden darf. Der Autor ist nach alter hermeneutischer Voraussetzung nicht auch zugleich der beste Interpret seines Werkes. Wir haben damit ein Stück, das in seiner Materialbasis Schillers *Demetrius* ähnelt, 1. einen Dramentext, 2. Zusammenfassungen der Fabel, 3. Thesen zur Konzeption. Dazu kommt 4. ein später publizierter Essay mit dem Titel "Schillers Entwurf des *Demetrius* als fingierte Biografie eines deutschen klassischen Autors".[10] Bei Schiller ist dieses Nebeneinander verschiedener Textsorten ungewollt, bei V. Braun dagegen intendiert. Die klassische Autonomie des Dramentextes ist damit aufgehoben.

Es ist deshalb empfehlenswert, zunächst die Konzeption V. Brauns zu klären, um das Theaterstück damit vergleichen zu können. Wenn Braun, wie erwähnt, betont, daß "Trübsinn" nicht sein "Anliegen" war, so richtet sich das dezidiert gegen die tragische Auffassung der Fabel, gegen Geschichte als Tragödie. Er versteht den "großartigen schluß" von Schillers *Demetrius*, bei dem ein Kosak auftaucht, die Krone an sich reißt und damit andeutet, daß sich das Ganze wiederholen wird, als "kehraus der tragödie, der hinterm rücken schillers und seiner figuren begann, die fabel als komödie, die den 'saturiert-mechanischen entwicklungsglauben' zerfledert."[11] Schillers *Demetrius* ist für den modernen Dramatiker eine verkappte Komödie, was Rückschlüsse auf die eigene Behandlung des Stoffes zuläßt.

Auch in der Schillerliteratur ist der Schluß des *Demetrius* umstritten.[12] Das Drama endet nicht mit der klassischen Apotheose des tragischen Helden, wie *Don Carlos*, *Maria Stuart* oder *Die Jungfrau von Orleans*, sondern der Held

8 Braun1991, Bd. 6, S. 249; 251; 254.
9 Braun 1991, Bd. 6, S. 208.
10 Braun 1992, Bd. 8, S. 297–312.
11 Braun 1991, Bd. 6, S. 226.
12 Vgl. May (1950/51) und den Überblick über die einschlägige ältere Literatur bei Kraft (1971), S. 487f, ferner Pfotenhauer (1991), S. 183, der die vieldiskutierte "realistische Wendung" beim späten Schiller als Wendung zur Anthropologie versteht, die auf eine "selbstkritisch-aufklärerische Obsession Schillers" zurückgeht.

kämpft um sein Leben und wird ermordet. Vergleichbar wäre hier allenfalls der Schluß des *Wallenstein*. Aber im *Wallenstein* triumphiert die Gerechtigkeit in Gestalt der Nemesis, der Protagonist büßt für seinen Verrat. Dazu kommt, daß Wallenstein während des gesamten Stückes, besonders aber in den letzten Szenen, im Unterschied zu Demetrius, höchste tragische Dignität ausstrahlt. Im *Demetrius* wird der Zar Boris, der durch Ermordung des Thronfolgers die Macht errungen hat, von der Nemesis ereilt. Die Folgen seines eigenen Verbrechens bewirken seinen Untergang. Erst die Ermordung des Thronfolgers liefert seinen Gegnern den Vorwand und läßt den Herrschaftsanspruch des falschen Zaren legitim erscheinen. Dieser, Ursache und Wirkung, Schuld und Sühne kunstvoll verbindende Zusammenhang ist jedoch bei Demetrius selbst weniger offensichtlich, da er sich keiner Schuld bewußt ist. V. Braun hat recht, wenn er im Schluß ein Geschichtsbild sieht, das kein Ziel und keine Entwicklung kennt, sondern nur sinnlose Wiederholung. Es muß allerdings offen bleiben, wie stark bei einer Vollendung des Dramas die pessimistischen Elemente des Geschichtsbildes akzentuiert worden wären, wie weit andere Szenen "durch ein erhabenes Ahnden höherer Dinge" ein Gegengewicht geschaffen hätten.[13] Aber damit wird das Stück für Schiller noch nicht zur Komödie. Es ist von Anfang an als Tragödie geplant. Schiller läßt den zunächst verfolgten Plan eines *Warbeck*-Dramas fallen, weil diese Fabel die tragische Wirkung gefährdet. Warbeck sollte nicht, wie Demetrius, ein betrogener Betrüger sein, sondern ein wirklicher Herzog, der in Unkenntnis seiner wahren adligen Abkunft, im Rahmen einer von der Herzogin inszenierten Intrige, die Herzogs-Rolle spielt. Der Schluß sollte zeigen, daß Warbeck in seiner Betrugsrolle nur seine wahre Abkunft vom Hause York antizipierte, der Betrug also nur scheinbar war. Auch hier bemüht sich Schiller, obwohl das Stück nicht tragisch enden sollte, "nie an die Comödie anzustreifen, sondern immer in der Tragödie zu bleiben". Das scheint bei diesem Stoff schwierig gewesen zu sein, denn einer der Gründe, warum er das Thema zu Gunsten des *Demetrius* aufgab, lautet: "Betrug als Basis repugniert".[14] Die Diskussionen der Schillerforschung über den *Demetrius* entzünden sich an der Frage, wieweit das Stück noch im Rahmen der klassischen Dramaturgie verstanden werden kann, ob Schiller mit dem düsteren Geschichtsbild, das keinerlei Fortschrittsglauben mehr erkennen läßt, das Konzept der Klassik und die Voraussetzungen des Idealismus aufgibt. Unstrittig ist jedoch, daß hier eine Tragödie ohne irgendeinen Ansatz zur Komödie vorliegt.

Dennoch hat V. Brauns Ablehnung des tragischen Charakters der Fabel eine innere Logik, denn darin kommt die prekäre Stellung des modernen Autors zur Tragödie und zum Tragischen zum Ausdruck. Braun spricht, wie erwähnt, vom "kehraus der tragödie" und umschreibt damit die gegenwärtige Situation zutreffend. Ob der "Kehraus" schon bei Schiller begann, ist aller-

---

13 Schiller, NA Bd. 11, S. 214.

14 Schiller, NA Bd. 12, S. 199; 500.

dings fraglich. Vor allem ist der *Demetrius* ein schlechtes Beispiel für diese These. Andere Dramenfragmente, unter denen sich Pläne zu "Seestücken" und Kriminalstücken befinden, wären unter diesem Gesichtspunkt interessanter. Die Skepsis gegenüber dem Tragischen und der Tragödie hat dazu geführt, daß moderne Schriftsteller in ihrer Auseinandersetzung mit Schillers Dramen vor allem die Gestaltung des Tragischen kritisieren, parodieren oder travestieren. Die Aufhebung des Tragischen kann marxistisch begründet werden, wie bei Brecht und seinen Nachfolgern, zu denen auch V. Braun zählt, oder von antiidealistischen Positionen der Moderne aus, wie beim Theater des Absurden (Hildesheimer) oder des Grotesken (Dürrenmatt). Die literatur- und geistesgeschichtlichen Voraussetzungen, die zu einer Auflösung des Tragischen führten, sind vielfältig.[15] Die Autonomie der Person und die Geltung absoluter Ideen werden fraglich, die Ablösung des Glaubens an historische Notwendigkeiten überantwortet die Geschichte dem Zufall. Die Überwindung der klassischen Stiltrennung führt zur Stilmischung, die reine Formen des Tragischen nicht mehr zuläßt.[16] Die Parodie der Erhabenen wird zur Grundform der Klassik-Rezeption.

V. Braun spricht zwar von Schillers "großartiger vorarbeit", kritisiert aber neben der Gestaltung des Tragischen auch die "privaten anlässe der handlung",[17] etwa die Motive des von Schiller als "fabricator doli" bezeichneten Mörders des Zarewitsch[18] und die Intrige der ehrgeizigen Marina, die beide Demetrius als Thronprätendenten aufbauen. Der Essay über den *Demetrius* als "fingierte Biografie" läßt erkennen, worin für V. Braun der private, nicht übertragbare Kern des Dramas besteht. Auf der "Unterbewußtseinsbühne" erscheint *Demetrius* als "Wunsch- oder Angstbiografie [...], die höchstes Gelingen/Mißlingen seines Lebens kritisch recherchiert."[19] Die individuellen Züge der Hauptfigur interessieren V. Braun weniger, weil er in ihnen Elemente einer durch die Zensur des Bewußtseins verschlüsselten Autobiographie sieht. Stattdessen rückt ein bei Schiller nur angedeutetes Motiv ins Zentrum, die Situation der als Knechte der Bojaren in Leibeigenschaft fronenden Bauern, das "bauerninteresse". Die Betonung ökonomischer und sozialer Aspekte ergänzt die Ablehnung des Tragischen, denn sie führt ins "realistische" und "komische". V. Braun kritisiert, daß Schiller sich so stark auf das Schicksal der Hauptfigur konzentriert, in deren Entwicklung "die mächtigsten kräfte der menschheit" freiwerden sollen. Er meint dagegen, die "mächtigsten kräfte" würden "gar nicht angesprochen", Demetrius werde keine "tragische Person" für den modernen Zuschauer, denn der Fall "spielt sich über den köpfen ab und ändert das leben der masse nicht".

---

15 Heidsieck 1971; Reinhardt1989, S. 1–15.
16 Auerbach ^{3}1964, S. 413.
17 Braun 1991, Bd. 6, S. 227.
18 Schiller, NA Bd. 11, S. 94.
19 Braun 1992, Bd. 8, S. 298.

Die Notizen lassen Aspekte der Geschichtskonzeption V. Brauns erkennen, die von der Schillers abweichen. Er hat den Eindruck, daß Geschichte bei Schiller von "'feudalen' mechanismen" determiniert ist und "über weite strekken unproduktiv" verläuft "(die talente der völker blutig verwurstend)". Er fordert eine Haltung, "die sich dem gesehnen produktiv entgegensetzt. eine haltung zur geschichte, die den heutigen tag meint". Dazu gehört auch die Hoffnung, am Anbruch einer "neuen Zeit" zu stehen, die "alten regeln und mechanismen" sind zwar noch in Kraft, aber zum Untergang verurteilt. Das Bild der Geschichte, wie es Schiller gestaltet, ist also für ihn eine Art negatives Gegenbild, von dem sich als Kontrast die Utopie einer neuen Zeit abhebt. Die Notizen schließen mit einem Satz, der eindrucksvoll die Perspektive seiner *Demetrius*-Rezeption und seine Geschichtsauffassung zusammenfaßt: "das bild der puren vergangenheit leuchtet, eine furchtbare Fackel, uns heim in die zukunft".[20] Diese Geschichtsperspektive unterscheidet sich wesentlich von der Schillers. Das große Individuum, nicht die Masse steht im Zentrum des klassischen Dramas, die Perspektive ist nicht in die Zukunft gerichtet. Nach dem *Don Carlos* wird Schiller jede politische Utopie mehr und mehr suspekt, selbst das Ideal eines ästhetischen Staates und einer ästhetischen Revolution wird gegen Ende der Briefe *Über die ästhetische Erziehung* eingeschränkt und zurückgenommen. Vor allem die Sphäre des Politischen erscheint seit *Wallenstein* als "des Lebens Fremde",[21] nicht als Heimat des Menschen. Ein wachsender Geschichtspessimismus prägt die klassischen Dramen und führt in der klassischen Lyrik zu Gegenentwürfen einer Welt des schönen Scheins.

III. Szenenvergleich

Die Abgrenzung von Schiller darf jedoch nicht verdecken,[22] wie stark sich V. Braun dem Klassiker gegenüber verpflichtet fühlt. Ein Vergleich ausgewählter Szenen kann den Grad der Um- und Neugestaltung deutlich machen. Die Wendepunkte des klassischen Dramas sind bekanntlich Exposition, Peripetie und Katastrophe. Wenn auch die Akteinteilung bei dem Fragment gebliebenen *Demetrius* nicht sicher ist, so weiß man doch, daß die sogenannte Reichstagsszene mit einer Sitzung des polnischen Seym als Exposition gedacht war. Die Peripetie bildet die Entdeckung der wahren Geburt des Demetrius,

---

20 Braun 1991, Bd. 6, S. 227–230.

21 *Wallensteins Tod*, I.4, V. 189. NA Bd. 8, S. 184.

22 Die wissenschaftliche Literatur konzentriert sich häufig darauf, die kommunistische Perspektive in V. Brauns *Dmitri* von der idealistischen in Schillers *Demetrius* abzugrenzen. Die dramatische Struktur des *Dmitri* wird dabei vor allem als "Ausdruck der Denkstruktur des historischen und dialektischen Materialismus" verstanden (Timm 1989, S. 1527). Hier interessieren dagegen die in der Abgrenzung vom klassischen Drama sich artikulierenden Elemente einer moderne Dramaturgie, die in der Auseinandersetzung mit Schillers Drama entstehenden selbstreferentiellen Strukturen – eine Fragestellung, die auch Ilse Winter 1987, S. 52–67, behandelt.

ein Höhe- und Wendepunkt des Stücks, und was als letzter Akt geplant war, die Katastrophe mit der Ermordung des Demetrius, ist ebenfalls so weit vollendet, daß es eine eingehendere Betrachtung zuläßt. Ein Vergleich dieser Szenen mit der Fassung, die ihnen V. Braun verleiht, gibt ein genaueres Bild der Umgestaltung. Dazu kommen noch Szenen, die V. Braun unabhängig von Schiller eingefügt hat und die seine Intention besonders deutlich zum Ausdruck bringen.

Schiller verzichtet auf eine zunächst geplante Einführung des Demetrius im "Privatstand", indem er die ursprüngliche Exposition mit den "Samborszenen" streicht und die frühere Entwicklung des Demetrius nur als nachgeholte Vorgeschichte berücksichtigt. Mit dem Reichstag zu Krakau wurde "eine glänzende Exposition" geschaffen, wie er selbst bemerkte.[23] V. Braun beginnt also auch mit der Reichsstagsszene, faßt diese aber kürzer. Während Dmitri, wie Schillers Demetrius, von der Entdeckung, daß er der angeblich ermordete Thronfolger sei, wie betäubt ist, wirkt die Intrige, die Demetrius zu einem Werkzeug der polnischen Woiwoden und der Marina macht, bei V. Braun zunächst wie ein Spiel. Die polnischen Adligen und der Vater der Marina, aber auch diese selbst brechen immer wieder in Gelächter aus und betonen so den Spielcharakter, die gelungene Inszenierung des Betrugs. Die Motive der verschiedenen Figuren, die bei Schiller klar und differenziert herausgearbeitet werden, interessieren V. Braun weniger. Dmitri ist ein Opfer der herrschenden Stimmung. Man will den Krieg mit Rußland und braucht einen Vorwand. Da gibt es nichts besseres als die Entdeckung des 'legitimen' Thronfolgers, den man nur bei der Wahrung seiner Rechte unterstützt, wenn man mit ihm gegen Moskau zieht.

Während bei Schiller die Bühnenanweisung für die Reichstagsszene ausführlich und in enger Anlehnung an historische Quellen das Bühnenbild beschreibt,[24] heißt es bei V. Braun "Reichstag in Polen. Die Großen laufen über die Bühne und präparieren simultan ihre Rollen, der König seine stumme."[25] Der Zuschauer soll also nicht, wie bei Schiller, die Illusion haben, Zeuge einer historischen Reichstagssitzung zu sein. Er hat den Eindruck, als sei der Vorhang zu früh aufgezogen worden, die wild deklamierenden und gestikulierenden Schauspieler präparieren sich noch für die Aufführung. Dann beginnt das Spiel mit den Worten des Erzbischofs von Gnesen, der Schillers Verse spricht:

> So ist denn dieser stürmevolle Reichstag
> Zum guten Ende glücklich eingeleitet
> König und Stände scheiden wohlgesinnt
> Der Adel willigt ein sich zu entwaffnen
> der widerspenstige Rokosz sich zu lösen

23 Schiller, NA Bd. 11, S. 253. (Hebbel hat übrigens den Wegfall der Samborszenen bedauert.)
24 Vgl. den Kommentar NA Bd. 11, S. 451.
25 Braun 1991, Bd. 6, S. 159.

Der letzte Vers wird zum Teil wiederholt: "Rokosz sich zu lösen", weil der Schauspieler, wie wahrscheinlich auch die Zuschauer, das Wort "Rokosz" nicht kennt, womit eine gegen den König gerichtete Versammlung des Adels bezeichnet wird.[26] Dann fährt der Schauspieler in der Rezitation des Schillertextes fort:

> Der König aber gibt sein heilig Wort
> Abhülf zu leisten den gerechten Klagen

Wieder erfolgt, jetzt mit hartem Stilbruch, eine Unterbrechung: "und nicht seinen Sohn auf den Thron zu hieven, nicht wahr, weil wir eine Republik sind". Mnischek, der Vater der Marina, der Braut des Demetrius, ergreift das Wort:

> Hier ist nicht Moskau nicht Despotenfurcht
> schnürt hier die freie Seele zu [...]

Aber diese Schillerverse sollen wie zitiert vorgetragen werden, denn die Bühnenanweiung lautet: "auswendig". Lemberg fährt fort, ebenfalls mit Versen, die allerdings bei Schiller Demetrius spricht. Plötzlich unterbricht er seinen schwungvollen Vortrag mit den Worten: "hier gehts nicht weiter", was ganz richtig ist, denn Schillers Text ist ein Fragment, die großen Reichstagsreden brechen gelegentlich ab. Es fehlen – nach Ansicht Lembergs – Ausführungen über die "blöden Rücksichten auf Sitten und die Anmaßung der Spitze und der vergammelten Völker, mit denen wir Frieden halten, wenn sich kein Vorwand findet, sie rechtens anzugreifen".[27] Was bei Schiller in der gepflegten Rhetorik der Protagonisten nur anklingt und erst später erkennbar wird, etwa ihre machtpolitischen Interessen, wird hier salopp und direkt formuliert. Nach diesem Stilbruch fällt der Sprecher wieder in Schillertext.

Es wurde ausführlicher zitiert, um einen Eindruck davon zu vermitteln, wie hier schon zu Beginn bei enger Anlehnung an Schillers Text das klassische Drama durch Betonung des Spielcharakters, durch Vermischung klassischer und moderner, niedriger und hoher Sprache verfremdet wird, ein Prozeß, der sich steigert, bis V. Braun dann mit eigenen Szenen einsetzt. Diese Distanzierungen schwächen die Möglichkeiten zur Identifikation, zu Furcht und Mitleid. Sie parodieren den bekannten Text und zerstören die tragische Stimmung. Bei V. Braun treten Schauspieler auf, die nicht Schillers *Demetrius* spielen, sondern Schillerverse wie bei einer Sprechprobe zitieren und durch Stilbrüche die Künstlichkeit des Textes, den theatralischen Charakter der Situation, die Rolle, in der sie agieren, bewußt machen. Die Szene, die bei Schiller mit großer Bewegung endet, weil der Krieg gegen Moskau und die gewaltsame Thronbesteigung des Demetrius hier ihren Ausgang nehmen, endet bei V. Braun grotesk. Der König beginnt mit einem Schillerzitat, aber auf Sächsisch und gibt dann im Dialekt, der in dieser Situation deplaziert und komisch

---

26 Schiller, NA Bd. 6, S. 159f.
27 Braun 1991, Bd. 6, S. 161.

wirkt, seine Einschätzung der Sitution wieder. Zurückhaltung, Nicht-Einmischung ist seine Devise, alles andere ist riskant und kostet Geld. Das Nebeneinander zweier Darstellungsweisen, zweier Stile, die im Grunde unvereinbar sind, bringt den Horizont der eigenen Zeit zur Geltung und verhindert die Identifikation mit der klassischen Tragödie, die nun aus kritischer Distanz beurteilt wird. Es geht V. Braun nicht einfach um die dramatische Vergegenwärtigung von Vergangenheit, sondern um Betonung des Zeitenabstands, um eine bewußte Trennung der Zeitebenen. Wenn man aus der Theorie der Hemeneutik den Horizontbegriff übernimmt,[28] so ist V. Brauns Intention das Spiel mit verschiedenen Horizonten, nicht die Schaffung eines einzigen, der alle anderen in sich aufnimmt. Das Spiel mit Kontrasten, die sich aus den wechselnden Horizonten ergeben, mit Stilbrüchen, mit historischen Inkongruenzen verwandelt das klassische historische Drama in ein modernes Puzzle verschiedenster Zeitebenen. Die Montagetechnik führt zu komischen Effekten, weil die Bruchstellen nicht verschleiert, sondern überbetont werden.

Bei Schiller enthält die große Reichstagszene beides, die Darstellung des Komplotts gegen den russischen Zaren zugunsten des Demetrius und dessen Reaktion. In einem langen Monolog greift er auf Kindheitserinnerungen zurück, die ihm immer dunkel waren und die nun einen neuen Sinn bekommen. Was sich mit der Entdeckung seiner hohen Abkunft ereignet hat, empfindet er als Bestätigung früher, halbbewußter Ahnungen. Seine neue Identität muß ihm nicht von außen aufgezwungen werden, er hat das Gefühl, erst jetzt auch für andere der geworden zu sein, der er für sich selbst schon immer war. Diese komplexen psychologischen Vorgänge werden von V. Braun nicht monologisch vertieft, sondern in einer zweiten Szene in äußere Vorgänge verwandelt. Die anderen reden auf Dmitri ein, er erscheint, ratlos und stumm dasitzend, eindeutiger als bei Schiller als Objekt des Geschehens, bis er dann plötzlich aufspringt und emphatisch seine neue Rolle spielt. Die politische Dimension dieses von polnischer Seite gegen Rußland inszenierten Krieges, das Illusionäre der von Demetrius angekündigten Befreiung aller Untertanen des falschen Zaren Boris wird bei V. Braun von Anfang an stärker betont. Bei ihm verspricht nicht Dmitri allen Gefolgsleuten reiche Beute, sondern diese Versprechungen kommen aus einem Lautsprecher "mit greisenhaft schnarrender Stimme" und verstärken damit den Eindruck der Irrealität des gesamten Geschehens.[29]

Die dritte Szene folgt ebenfalls einer Szene Schillers (II.3 "Ein russisches Dorf"), betont aber mit den drei hungernden Bauern die bittere Realität Rußlands, die völlige Ahnungslosigkeit Dmitris und die zynische Gleichgültigkeit der polnischen Oberschicht. Die vierte Szene mit Marfa, der Mutter des ermordeten Zaren, folgt wieder Schiller, allerdings mit einschneidenden Umgestaltungen. Für Schiller kommt in der Marfa-Szene eine der bedeutendsten

28 Gadamer ^{3}1972, S. 289f.
29 Braun 1991, Bd. 6, S. 166f.

tragischen Situationen zur Darstellung, die Situation einer Mutter, die nach jahrelanger Verbannung plötzlich erfährt, daß ihr tot geglaubter Sohn noch leben soll. Die Zweifel, aber auch die gegen alle Vernunft wieder erwachende Hoffnung werden von Schiller in einem dramatischen Monolog entfaltet. Sie weigert sich, dem Drängen des kirchlichen Würdenträgers, ihres alten Feindes nachzugeben, der von ihr im Auftrag des Zaren verlangt, Demetrius als Betrüger zu entlarven. Marfas Klage in der Verbannung:

> O warum bin ich hier geengt, gebunden,
> Beschränkt mit dem unendlichen Gefühl! (V. 1194f.)[30]

fand man nach Schillers Tod auf seinem Schreibtisch. Man kann in dieser Klage so etwas wie sein Vermächtnis sehen. Daran darf man jedoch nicht denken, wenn man V. Brauns Gestaltung der Szene betrachtet. Während sich Marfa bei ihm zunächst in tragischer Pose, auf einem Katafalk liegend, als lebender Leichnam präsentiert, verhandelt der Metropolit ganz geschäftsmäßig mit ihr: "Madame, die Sache wie folgt" beginnt er und unterbreitet ihr den Wunsch des Zaren, Dmitri zu entlarven. Zwischendurch schimpft er auf den entlegenen Ort und die schlechten Straßenverhältnisse. Als Marfa nicht reagiert, appelliert er dringender, vergißt seinen Rang und sagt drastisch: "Wir sitzen in der Scheiße". In einer Bühnenanweisung empfiehlt V. Braun der Darstellerin der Marfa, sich an Schillers Marfa-Monolog zu halten, ihn nachzuspielen, da er "natürlich stumm noch größer ist". Darüber kann man geteilter Meinung sein. Um so schärfer ist dann der Kontrast zum klassischen Drama in der Sprache. Als Marfa erkennt, daß alles von ihr abhängt, genießt sie ihren Triumph. Ihre Ausdrucksweise läßt allerdings ebenfalls an Deutlichkeit nichts zu wünschen übrig, wenn sie schadenfroh feststellt: "Dir geht der Arsch auf Grundeis". Sie hat die Empfindung, von den Toten auferstanden zu sein und gerät geradezu in einen "Freudentaumel", wie die Bühnenanweisung angibt.[31]

Die Fabel entwickelt sich in enger Anlehnung an Schiller weiter, aber Sprache und Bewußtsein der Figuren dokumentieren den Abstand der Moderne zur Klassik. Obwohl die Szenen "Boris in Moskau" und "Boris stirbt" von Schiller nicht mehr ausgeführt wurden, verraten die Skizzen die tragische Größe des Gegenspielers. Der Freitod des Zaren sollte eine klassische Darstellung des Erhabenen werden. Boris nimmt sich das Leben, weil er keine Erniedrigung dulden will. Er kommt damit seinem Schicksal zuvor und macht es so zu seiner eigenen Tat. Da das Schlimmste, was dem Menschen – nach Schillers Auffassung – widerfahren kann, Gewalt ist, "denn Gewalt hebt ihn auf",[32] rettet Boris seine menschliche Würde, indem er freiwillig aus dem Leben scheidet. Damit unterwirft er sich der Nemesis, die ihn nach Jahren einer ruhmreichen und glücklichen Regierungszeit doch noch ereilt. Auch bei

30 Schiller, NA Bd. 11, S. 52.
31 Braun 1991, Bd. 6, S. 171f.
32 *Ueber das Erhabene*, NA Bd. 21, S. 38.

V. Braun spielt Boris eine wichtige Rolle, aber die vergangene Schuld ist ständig präsent, denn unter dem Thron liegt während der gesamten Szene die Leiche des ermordeten Thronfolgers. Der Leichnam dokumentiert auf grausig-groteske Weise, daß – gleichgültig, was geredet wird – Boris immer ein Mörder bleibt und Dmitri ein Betrüger. Boris verhält sich den Bojaren gegenüber freundlich, aber selbst Schuiski, der mächtigste von ihnen, zittert vor Angst, wenn er ihm gegenübersteht – ein düsteres Bild zaristischer Herrschaft.

Neu ist die folgende, siebte Szene mit den Gräbern der ermordeten Familie Godunow. Als Ksenja, die Schwester Boris Godunows, Dmitri als Kriegsbeute präsentiert wird, verzichtet er ihr gegenüber darauf, seine sogenannten Siegerrechte geltend zu machen. Sein Mitgefühl unterscheidet ihn von der obszönen Soldateska, die Ksenja durch eine Vergewaltigung gedemütigt sehen will.

Eine Kernszene des Schillerschen *Demetrius* ist die Begegnung des Protagonisten mit dem Menschen, dessen List er seine Existenz verdankt. Demetrius steht in diesem Augenblick – wie die vorhergehende Szene "Demetrius in Tula" zeigt – auf der Höhe seines Glücks. Als jedoch der "fabricator doli" Demetrius mit der Wahrheit konfrontiert, um seinen Lohn zu kassieren, wird er von dem plötzlich aller Illusionen beraubten Demetrius umgebracht. Er erhält, wie Schiller bemerkt, seinen verdienten "Lohn"[33] als Opfer der Nemesis. Der innere Konflikt des Demetrius, der sich nun als Betrüger erkennt, obwohl er guten Glaubens handelte, wird von Schiller zu einer Identitätskrise vertieft. Demetrius sucht nun mit Gewalt und schlechtem Gewissen eine Position zu behaupten, die ihm zuvor ohne sein Zutun und ohne Gewissensprobleme zugefallen war und verdrängt damit eine Wahrheit, die ihn vernichtete, wenn er sie anerkennen würde.

Braun faßt die beiden Szenen, also Demetrius' erstes Auftreten als Herrscher in Rußland und die Entdeckung des Betrugs, zusammen. Die Bojaren überreichen die Schlüssel der eroberten Städte. Dmitri mißfällt die Unterwürfigkeit seiner russischen Diener und Berater. Polnische Adlige führen sich dagegen bereits als neue Herren auf. V. Braun interessiert das breite Milieubild, nicht Schillers Konzentration auf den inneren Vorgang. Die Identitätskrise der Hauptfigur fehlt deshalb bei Braun. Dazu zeigt sich wieder die Mischung von Komischem und Tragischem, denn ausgerechnet der Mörder des Zarewitsch spricht Dialekt: "Ne schöne Villa. Mein Sejen haste." Später bemerkt er noch: "Du traust dir wat. Jar keine Ähnlichkeit. Du bist mir der Richtje". Als Demetrius nicht versteht, wird er deutlicher. Er gibt sich als Mörder des Zarewitsch zu erkennen und bemerkt dazu: "Der Mensch nämlich macht de Jeschichte", womit er sich allerdings für seine Person irrt, denn seine Geschichte ist zu Ende. Drastischer noch als bei Schiller, stößt ihm Dmitri das Messer in den Mund, weil er zu viel geredet hat. Dmitri wird nach der Tat mit der Leiche des Zarewitsch, dem Symbol der grausamen Wahrheit und seines eigenen Endes,

---

33 Schiller, NA Bd. 11, S. 216.

konfrontiert. Er reagiert zunächst ähnlich wie Schillers Demetrius, wenn er sagt: "Ich, und die Wahrheit, das sind zwei" oder: "Ich bin zerfallen mit mir selbst". Aber es folgt dann keine Vertiefung und Verinnerlichung des psychologischen Problems, sondern es geht um die Legitimität seines Handelns. Er fragt sich: "Woher nehme ich jetzt das Recht?".[34] Er solle es sich einfach nehmen, empfiehlt sein Anhänger Basmanow. Die beiden für Schiller entscheidenden Aspekte der Situation, der psychologische (Identitätskrise) und der ethische (Betrug, dann Mord) spielen bei V. Braun eine andere Rolle. Während die Ermordung des "fabricator doli" bei Schiller ein Wendepunkt ist, weil Demetrius hier brutal und archaisch reagiert und sich völlig verändert, sieht sich Dmitri nicht als Mörder, sondern nur als Dieb der Rechte des ermordeten Thronfolgers. Bei Schiller dagegen beruht die Tragik des Geschehens darauf, daß Demetrius selbst betrogen wurde und unwissentlich Unrecht beging. Bei V. Braun geht es vor allem um den Widerspruch, daß Dmitri als Befreier Rußlands auftritt, ohne sich über die Unterdrückung der Bauern und deren Befreiung Gedanken zu machen.

Wie es um diese Rolle steht, wird sichtbar, als beim Einzug in Moskau unter den flatternden Mänteln plötzlich Harnische sichtbar werden und der bejubelte Einzug des Zaren sich als polnischer Überfall enthüllt. Dann treten – ohne Übergang – drei Bolschewiki auf und sehn "belustigt / interessiert / tränenlachend", wie es in der Bühnenanweisung heißt, "dem Schauspiel hinterher". Damit wird der homogene Zeit-Horizont des traditionellen Geschichtsdramas verlassen. Der kläglich scheiternde Reformversuch des Zaren wirkt aus der Perspektive der russischen Revolution lächerlich. Zunächst sieht es so aus, als habe die russische Revolution endlich die uralte Ungerechtigkeit der Verhältnisse überwunden. Es wird aus revolutionären Manifesten zitiert, aber so, daß der Text durch Brüche und Wiederholungen relativiert wird oder sogar sinnlos erscheint. In seiner Zusammenfassung der Fabel sagt V. Braun: "Drei Bolschewiki blicken interessiert und tränenlachend auf die alte Geschichte. Sie haben schon andere Probleme".[35] Es ist also einfach der Zeitenabstand, der das Geschehen in eine Distanz rückt, die es komisch erscheinen läßt. Es ist dann aber auch der heutige Abstand zur russischen Revolution, der diese wiederum in den Textmontagen unverständlich und absurd erscheinen läßt.

34 Braun 1991, Bd. 6, S. 182f.

35 Braun 1991, Bd. 6, S. 222. Mit den "drei Bolschewiki" sind Trotzki, Rosa Luxemburg und Aleksandra Michajlowna Kollontai gemeint, wie V. Braun anläßlich einer Lesung in der Johannes Gutenberg-Universität, Mainz, SS 1996 erläuterte (freundl. Mitteilung von Herrn Johannes Chwalek, M.A.).

IV. Die neuen Szenen

Nach der Begegnung mit Marfa, die bei Schiller zur Entlarvung des Demetrius führt, bei V. Braun aber dessen Stellung stärkt, zeigt V. Braun Dmitris Versuche, seine Räte und andere Untertanen vom Joch des Despotismus zu befreien. Sein Erfolg ist gering, weil man ihn überhaupt nicht versteht. Schon diese elfte Szene hat mit Schiller nur noch wenig zu tun, die folgenden Szenen bis zur letzten, zwanzigsten sind Brauns Erfindung. Man hat den Eindruck, daß er nun auch seine modernen dramaturgischen Mittel mit größerer Freiheit einsetzt. Die Distanz zu Schiller wird damit stärker betont. Zugleich löst sich die tragische Aura des Schillerschen *Demetrius* auf. Als der gewissenlose Metropolit, der selbst an der Ermordung des Thronfolgers beteiligt war, die Fronten wechselt und die Partei des Dmitri ergreift, will er über Ksenja Einfluß auf diesen gewinnen. Er weiß, daß die beiden sich lieben und gibt nun kundige sexuelle Ratschläge, die gleichzeitig an Bildern auf einer Projektionsfläche veranschaulicht werden. Als der Kirchenfürst bei der hübschen Ksenja auch einmal die Kontrolle verliert und sie ihn zurechtweist, belehrt er sie würdevoll: "Der Geist hat das Primat, aber das Fleisch ist relativ selbständig".[36] Auf diese Weise wird die idealistische Fassung des Konflikts von Geist und Natur travestiert. Braun will vor allem Distanz zum dargestellten Geschehen schaffen und alle Möglichkeiten zur Identifikation ausschalten. Die Verwendung moderner Medien – als "Film in Zeitlupe" wird beispielsweise die Ermordung Ksenjas in der nächsten Szene dargestellt – dient nicht der Verstärkung der Illusion, sondern im Gegenteil der Betonung des Theaterapparats und des Spielcharakters. Der Metropolit unterbricht sich plötzlich mit den Worten:

> Achgott, bin ich immer noch in dieser Geschichte. Ich mag
> sie gar nicht mehr verfolgen, ich hänge zu lange drin [...]
> Ich habe Lust, ein anderes Stück zu spielen – bei den
> Indianern oder den Schiiten.[37]

Beachtung verdienen auch die beiden neu eingeführten Traumszenen. Dmitri träumt, daß mit der Post aus Polen eine große Kiste kommt, in der Marina, seine Braut, ihm zugeschickt wird. Er muß ein Pferd spielen, auf dem dann Marina zum Thron reitet – der eine Aspekt seiner Zarenrolle. Später träumt Dmitri, man habe ihn in eine Zwangsjacke gesteckt. Er war ausgezogen, den Zarenthron zu erobern und wird jetzt als Idiot behandelt – der andere Aspekt seiner Rolle. Neben den Träumen sind es vor allem symbolische Gegenstände, wie der Katafalk für Marfa, die "Hochzeitsmaschine" für Marina, der Körper des ermordeten Dmitri oder später noch die überdimensionale Walze als Symbol des historischen Prozesses, die den Realismus der Szenen ins Surreale übersteigern.

---

36 Braun 1991, Bd. 6, S. 195.
37 Braun 1991, Bd. 6, S. 193.

Am klarsten jedoch hat V. Braun die Intention seines Dramas in der 16. Szene zum Ausdruck gebracht. Die Szene beginnt mit dem Auftritt dreier hungernder Bauern, die die Hochzeit des Zaren feiern, dies aber in Ermanglung von Nahrungsmitteln und Getränken, nur pantomimisch können. Ohne Übergang schließt sich ein diskursiver Text an, der folgendermaßen beginnt: “Zu dem Trauerspiel, zu dem sie vorgeladen waren AUF HÖHERE WEISUNG, erschienen sie vollzählig”. Sie zogen “die Kostüme” an, sie sind keine Zuschauer mehr, sondern Akteure, “FIGUREN im Spiel” eines unbekannten Regisseurs. Geschichte erscheint als Trauerspiel, das immer wieder neue Zuschauer findet: Leute, die “grinsend in ihren vergilbten Programmheften blätterten”. Alt und verstaubt wirkt das Stück auf moderne Zuschauer. Von ihnen sagt V. Braun in seiner Zusammenfassung der Fabel:

> Sie stellen fest, daß den Darstellern jenes Lebensstils die Verzweiflung keiner mehr abnimmt: sie ist echt, aber echt komisch, wir sehen ohne Mitleid auf so unproduktive Geschichte, die die herrlichen Talente zermüllert.[38]

Geschichte wird immer mehr zum Text und zum Spiel. Geschichtsinterpretation vollzieht sich in den Texten und Spielen repräsentativer Dramatiker. Eine Montage dieser Texte, wie bei V. Braun, schafft eine Metaebene, die verborgene Deutungsmuster sichtbar werden läßt: “Eine großartige Geschichte also, zurechtgemacht von Herrn Sophoklesshakespeareschiller [...]: die über ihre Knochen wegging, immer ÜBER SIE WEG, ÜBER SIE WEG, weil sie VON OBEN verfügt war.” Sie bietet immer das gleiche Bild. Die Akteure stehen “im Schlamm”, “weit unter dem Schicksal, der GÖTTLICHEN MACHT, der HÖHEREN GEWALT oder der HISTORISCHEN MISSION, das oder die in jedem Augenblick zuschlagen konnte”. Wer sich wehrte, kam “nur um so unbarmherziger unter die [...] Räder der Geschichte”. Aber nicht nur die alles zermalmende Geschichtsmaschine wird angeklagt, auch die Dramatiker mit ihren stabilisierenden Darstellungen werden kritisch gesehen und die Akteure, die vielen Namenlosen, denn sie haben mitgewirkt und wirken weiter mit. Die letzte Szene aller großen Geschichtstragödien und damit die Kernszene aller Geschichte gehört dem Tod, dem “Endprodukt dieser Maschine, die über die Bühne fährt, breiter als die Länder.” Die Zuschauer reagieren “kühl, ja eisig”, sie empfinden kein Mitleid, weil die Opfer selbst nicht frei von Schuld sind und weil die Geschichte schon so lange zurückliegt: “Das Trauerspiel: vor ihren ungeborenen Augen ein katalaunisches Feld, das sie verlegen grinsend betrachten mit seinen Pappenheimern, schlesischen Webern und Bolschewiki”.[39] Hier wird die gesamte Geschichte einer Kritik unterzogen, auch die kommunistische Revolution bildet da keine Ausnahme. Eine Wende im Geschichtsverständnis wird proklamiert, ein neues Bewußtsein, das zu all dem, was bis-

38 Braun 1991, Bd. 6, S. 206f; 224.
39 Braun 1991, Bd. 6, S. 207f; 210.

her Geschichte ausmachte und auf der Bühne als alles niederwalzende, blutige Geschichtsmaschine symbolisiert wurde, ein sehr distanziertes Verhältnis hat.

Dieses negative Bild der Geschichte und aller Figuren, die in ihr eine Rolle spielen, dominiert auch in den letzten Szenen. In Dmitris zweitem Traum wird Geschichte zum Alptraum, wenn er in einer Zwangsjacke, zum Clown degradiert, sich von den Polen jede Demütigung gefallen lassen muß. Marina, die bei V. Braun, im Gegensatz zur Intrigantin Schillers, Demetrius liebt, ist an der Frage, ob er der echte Zar ist, nicht mehr interessiert. Nicht Dmitri als Person, die Geschichte insgesamt ist "falsch", beruht auf falschen Voraussetzungen und hat falsche Ziele. Ändern läßt sich jedoch nichts mehr; die Dinge nehmen ihren Lauf. Die Gegner formieren sich, auch Marfa kann Dimitri nicht mehr retten. Schillers Lösung, sich aus moralischen Gründen von dem falschen Zaren loszusagen, kann sie bei V. Braun nicht akzeptieren. Sie ahnt, wie es weitergeht und unterbricht ihr Spiel: "Oje, was soll ich jetzt spielen. Ich bin die Schauspielerin [...] und muß diese Rolle zuendebringen, zu der mir nichts mehr einfällt. Eine Bombenrolle, jetzt wird sie mir gleichgültig."[40]

Das Stück endet nicht mit der Ermordung des Dmitri. Das Volk untersucht zunächst seinen Leichnam und stellt fest, er ist ein Mensch wie alle anderen auch. Im Stil einer alten Chronik in scheinbar authentischer Sprache und Schreibweise, der umfangreiche Text soll als Projektion ercheinen, wird berichtet, daß die Körper der ermordeten Polen tagelang auf den Gassen lagen, von Hunden angefressen wurden und mit Dmitri "greulicher Spott von allen Reussen" getrieben wurde. Die archaisierende Sprache stellt mit ihrem brutalen Realismus den hohen Stil der klassischen Tragödie ebenso in Frage wie der Sprung in die saloppe Ausdrucksweise der Gegenwart. Die künstlerischen und geistesgeschichtlichen Voraussetzungen von Schillers *Demetrius* werden durch die Kontrastierung mit einer späteren, modernen und einer früheren, zeitgenössischen Darstellung des Stoffes in ihrer historischen Bedingtheit sichtbar.

Bei Schiller öffnet zum Schluß der Auftritt des Kosaken den Horizont und läßt die Zukunft als Wiederholung des Anfangs, als ewige Wiederkehr der gleichen Stürme erscheinen. Bei V. Braun treten drei Individuen auf, von denen jedes auf seine Weise das "falsche Spiel wiederholen" will, wie es im Kommentar der "Fabel" formuliert wird. Das letzte Wort hat jedoch ein Vierter, der erst nach dem Fallen des Vorhangs erscheint und in bestem Sächsisch verkündigt: "Ich mach ihnen ni den Demetrius [...] Ich bin genuch gestraft. Soll sich um die Posten reißen wer will, ich spiel ni mit. Da bleibch Zuschauer, was mei Recht is". Braun bemerkt dazu: "Das Gelächter über ihn bildet vermutlich das Ende des Stücks."[41] Ein Demetrius-Drama, das auf Schillers Fragment zurückgeht, aber mit Gelächter endet, dokumentiert bei aller stofflichen Nähe zum Klassiker noch einmal einen fundamentalen Unterschied in der

40 Braun 1991, Bd. 6, S. 211; 213.
41 Braun 1991, Bd. 6, S. 219; 226.

Konzeption von Geschichte, die nicht mehr als Tragödie verstanden und gestaltet wird.

V. Einige Unterschiede in der Geschichtsdarstellung

Bei einem thesenartigen Vergleich der Geschichtsdarstellung beider Stücke liegt es nahe, mit dem Schluß zu beginnen. Aus einer klassischen Geschichtstragödie wird bei V. Braun ein Schauspiel mit komischen, grotesken und absurden Zügen. Die Auflösung des Tragischen ergibt sich aus einer marxistisch geprägten Geschichtsauffassung, die allerdings in seinen Essays deutlicher als in den Stücken erkennbar wird. Das utopische Ziel der Geschichte, die Schaffung einer neuen Gesellschaft, begrenzt das Tragische auf ein abgelaufenes Kapitel der Weltgeschichte. Das Stück will keine Tragödie mehr sein, aber es ist auch keine Komödie im traditionellen Sinn. Es liegt jenseits dieser Unterscheidungen, die im modernen Drama ihren Sinn verloren haben.

Das hat Folgen für die Geschichtsdarstellung und die Rezeption des Schillerschen Textes. Nicht Identifikation, Furcht und Mitleid sind das Ziel, sondern Distanzierung und kritische Beurteilung. Die Gestaltung will den Zeitenabstand nicht aufheben, sondern bewußt machen. Die hermeneutische Voraussetzung für das Verstehen und Darstellen von Geschichte ist – in der Terminologie Gadamers – eine "Horizontverschmelzung".[42] Bei V. Braun dagegen sollte man eher von einer "Horizontdifferenzierung" sprechen, ein Begriff, den Gadamer allerdings nicht kennt.[43] Mittel der Distanzierung sind Elemente des Grotesken und Absurden im Umgang mit Schillertexten, wie in der Sprach- und Figurengestaltung. Schillertext wird im Probenstil von Schauspielern memoriert, die erst dabei sind, ihre Rollen zu lernen. Dadurch kommt es immer wieder zu parodistischer Illusionszerstörung. Schillertexte werden auch per Lautsprecher mit blecherner Stimme und sinnverzerrenden Wiederholungen verkündet. Alles das sind Verfremdungseffekte, die Tragisches in Komisches verwandeln. Dazu gehört auch die Verwendung des Dialekts. V. Braun macht sich das psychologische Gesetz zunutze, daß es nur ein kleiner Schritt vom Erhabenen zum Lächerlichen ist. Sächsischen Dialekt hält keine klassische Tragödie aus. V. Braun arbeitet mit den verschiedensten Formen von Stilbrüchen, während zur klassischen Tragödie gerade der einheitliche hohe Stil, das 'genus sublime', gehört. Der klassische Schiller hat deshalb sogar bei Shakespeare die Vermischung des Komischen mit dem Tragischen abgelehnt.[44] Linguistisch gesprochen, arbeitet V. Braun mit einer differenzierten Technik des 'Code-Switching'.

---

42 Vgl. Anm. 28.
43 Zu diesem Begriff vgl. Düsing 1996, S. 328.
44 Vgl. "Über den Gebrauch des Chors in der Tragödie", Vorrede zur *Braut von Messina*.

Hiermit hängt die Zeitbehandlung zusammen. Während Schiller einen homogenen Zeitraum darstellt, wechselt V. Braun übergangslos die Zeitebenen, die immer auch Deutungsebenen des historischen Vorgangs sind. Neben der durch Schiller repräsentierten Ebene des 18. Jahrhunderts gibt es einen archaisch gehaltenen Text, der die Rezeption des Geschehens durch Zeitgenossen spiegelt, dann die Perspektive der russischen Revolution und vor allem die der Gegenwart. Die Einheitlichkeit der Zeitdarstellung wird abgelöst durch ein universales Nebeneinander disparater Zeitabschnitte. Das 'Code-Switching' mit historischen Sprachstilen führt im modernen Geschichtsdrama zu einem Spiel mit verschiedenen Zeitebenen.

Wie viele historische Dramen stellen beide Stücke eine Zeitenwende dar, eine tragisch scheiternde bei Schiller, eine illusionäre, von Anfang an nicht ernst zu nehmende bei V. Braun. Demetrius wie Dmitri können damit als Repräsentanten einer mißglückten Zeitenwende mit einem Terminus von Blumenberg als "Limesfiguren" verstanden werden.[45] Dabei stehen der Protagonist und sein Schicksal bei Schiller im Zentrum einer Nemesistragödie, während Braun die individuelle Tragödie des betrogenen Betrügers, seine Schuld und seine Identitätskrise weniger beachtet und stattdessen die Aufmerksamkeit auf die Situation des Volkes, auf sein kollektives Schicksal lenkt.

Ein wesentlicher Unterschied bei der Gestaltung der Zeitenwende sei noch erwähnt. Mit einem Rückgriff auf Nietzsches Abhandlung "Vom Nutzen und Nachteil der Historie für das Leben" in den *Unzeitgemäßen Betrachtungen* kann man drei Einstellungen zur Geschichte unterscheiden, die sich nach den drei Zeitstufen gliedern: Eine "antiquarische" Haltung gegenüber der Geschichte, bei der die Vergangenheit dominiert, eine "kritische", die ihre Maßstäbe aus den Anforderungen der Gegenwart gewinnt und eine "monumentalische", die die Vergangenheit als Material zukünftiger Gestaltung behandelt.[46] Jede der drei Perspektiven ist einseitig, ihre Isolierung ist künstlich, dennoch läßt sich jeweils eine Zentralperspektive ausmachen. Bei Schiller dominiert die Vergangenheitsperspektive in seinem Bestreben nach in sich abgeschlossener Totalität des Geschichtsbildes. Die spezifisch "antiquarische" Haltung fehlt ihm allerdings, weil die kritische Einstellung hinzukommt. Bei V. Braun dominiert dagegen die Öffnung auf eine ferne Zukunft hin, ebenfalls verbunden mit einer kritischen Haltung. Damit hängen alle anderen bereits erwähnten Unterschiede zusammen, wie die zwischen Horizontverschmelzung und Horizontdifferenzierung, zwischen tragischer und komisch-grotesker Darstellung der Geschichte, zwischen einheitlichem Sprachstil und Stilbruch, zwischen der Schaffung eines homogenen Zeitraums mit unverwechselbarer Aura und dessen Öffnung durch Montage zu einer Präsenz vieler Zeiten.

---

45 Blumenberg ^{2}1982, S. 21.
46 Nietzsche 1966, Bd. 1, S. 219ff.

Literaturverzeichnis

Auerbach, E.: *Mimesis. Dargestellte Wirklichkeit in der abendländischen Literatur*, Bern / München ^{3}1964 (^{1}1946).

Barner, W. / Lange, V. / Werner, H.-G. / Reed, T.J.: "Klassik-Diskussion", in *Jahrb. der Deutschen Schillerges.* 32, (1988), S. 347–374.

Blumenberg, H.: *Aspekte der Epochenschwelle: Cusaner und Nolaner*, Frankfurt a. M. 1976.

Braun, Volker: *Texte in zeitlicher Folge. Gesamtausgabe*, Halle / Leipzig: Mitteldeutscher Verlag 1989ff. [Bd. 6 (1991): *Anekdoten; Verstreute Gedichte 1969–1978; Simplex Deutsch; Dmitri; Schriften.* – Bd. 8 (1992): *Rimbaud; Langsamer knirschender Morgen; Die Übergangsgesellschaft; Siegfried; Frauenprotokolle; Deutscher Furor; Schriften.*]

Düsing, W.: "Klassische Tragödie und avantgardistisches Kurzdrama: Hildesheimers 'Mary Stuart'", in *Kurzformen des Dramas: Gattungspoetische, epochenspezifische und funktionale Horizonte*, hrsg. v. W. Herget und B. Schultze, Tübingen / Basel 1996, S. 323–337.

Gadamer, H.-G.: *Wahrheit und Methode. Grundzüge einer philosophischen Hermeneutik.* Tübingen, ^{3}1972 (^{1}1960).

Grillparzer, Franz: *Aufsätze über Literatur, Musik und Theater. Sämtliche Werke. Hist.-krit. Ausg.*, hrsg. v. A. Sauer u. R. Backmann, 42 Bde., Bd. 14/15, Wien: Schroll & Co. 1925.

Heidsieck, A.: "Die Travestie des Tragischen im deutschen Drama", in *Tragik und Tragödie*, hrsg. v. V. Sander, Darmstadt 1971, S. 456–481.

Heine, Heinrich: *Schriften über Deutschland. Werke*, Bd. 4, hrsg. v. H. Schanze, Frankfurt a. M.: Insel 1968.

Hinderer, W.: "'Ist das epische Theater etwa eine moralische Anstalt'", in *Probleme der Moderne. Studien zur deutschen Literatur von Nietzsche bis Brecht.* Festschrift für W. Sokel, hrsg. v. B. Bennett, A. Kaes u. W. J. Lillyman, Tübingen 1983, S. 459–475.

Leistner, B.: *Unruhe um einen Klassiker. Zum Goethe-Bezug in der neueren DDR-Literatur*, Halle / Leipzig 1971.

May, K.: "Die 'Realistische Wendung' und 'Neue Tragik' in Schillers 'Demetrius'", in *GRM, N.F.* 1 (1950/51), S. 258–275.

Nietzsche, Friedrich: *Werke*, hrsg. v. K. Schlechta, Bd. 1, München: Hanser 1966.

Pfotenhauer, H.: *Um 1800. Konfigurationen der Literatur, Kunstliteratur und Ästhetik*, Tübingen 1991.

Reinhardt, H.: *Apologie der Tragödie. Studien zur Dramatik Friedrich Hebbels*, Tübingen 1989.

Schiller, Friedrich: *Nationalausgabe*, hrsg. im Auftrag der Nationalen Forschungs- und Gedenkstätten der klass. dt. Literatur in Weimar und des Schiller-Nationalmuseums in Marbach v. L. Blumenthal und B. v. Wiese. Bd. 11: *Demetrius*, hrsg. v. W. Kraft, Weimar: Hermann Böhlaus Nachf. 1971. Bd. 12: Dramatische Fragmente, hrsg. v. W. Kraft, Weimar 1982 [= NA].

Schulze-Reimpell, W.: "Theater als Laboratorium der sozialen Phantasie. Heiner Müller, Volker Braun, Christoph Hein", in *Tendenzen des Gegenwartstheaters*, hrsg. v. W. Floeck, Tübingen 1988, S. 177–191.

Streller, S.: "Die Produktivität des Widerspruchs. Der falsche Demetrius in Schillers Fragment und in Volker Brauns 'Dmitri'", in ders.: *Wortweltbilder. Studien zur deutschen Literatur*, Berlin / Weimar 1986, S. 272–289.

Teller, J.: "Die Zerstörung des schönen Scheins in zwei Versionen: Schillers 'Demetrius' und Volker Brauns 'Dmitri'", in *Friedrich Schiller. Angebot und Diskurs*, hrsg. v. H. Brandt, Berlin / Weimar 1987, S. 347–357.

Timm, H. J.: "Geschichte als Erfahrungsraum. Zu Aspekten der Dramatik Volker Brauns in *Weimarer Beiträge* 35 (1989), S. 1506–1529.

Voßkamp, W. (Hrsg.): *Klassik im Vergleich. Normativität und Historizität europäischer Klassiken*, Stuttgart 1993.

Winter, I.: "'Dmitri' versus 'Demetrius': Zu Volker Brauns kritischer Adaption von Friedrich Schiller", in *The German Quaterly* 60 (1987), S. 52–67.

Dieter Kafitz

Engel als Reflexionsfiguren der Geschichte in Texten von Heiner Müller

Engelfiguren aus der christlichen und jüdischen Tradition sind in der bildenden Kunst ein verbreitetes Motiv, zur Zeit haben sie in kunstgeschichtlichen Publikationen und populären Bildbänden Konjunktur. Es gibt Paradiesengel, Offenbarungsengel, Verkündigungsengel, Exekutivengel, Inspirationsengel, Botenengel, Schutzengel, triumphierende und musizierende Engel, apokalyptische Engel, gefallene und dämonische Engel. Häufig stehen Engel in einem Kontrastbezug zur geschichtlichen Realität, sie sind "Leitmetapher[n] eines Geschichtsdenkens", das nach einem "utopischen Zustand der Erlösung jenseits aller Geschichtlichkeit" strebt.[1] Auch außerhalb heilsgeschichtlich orientierter Kunst werden Engelfiguren verwendet, sie erscheinen als Gegenbilder, in denen sich das Ungenügen an den realen Verhältnissen niederschlägt; als "Symbole versagter Begehrung" geben sie "Auskunft über die Zeit und den Stand der Dinge".[2] Während bis ins 19. Jahrhundert bei aller Verweltlichung des Motivs die spirituellen Konnotationen erhalten blieben, erscheinen die Engel in der Malerei des 20. Jahrhunderts oft nur noch als Zerrbilder, als beschädigte und groteske Figuren wie auf vielen Zeichnungen Paul Klees.

Eine ähnliche Entwicklung wie in der Malerei ließe sich bei den literarischen Engelbildern nachweisen, aus Zeichen des Heils werden im Laufe der Zeit trauernde, verstümmelte und weinende Engel. Einige Titel des bedeutenden spanischen Lyrikers Rafael Alberti aus seinem Gedichtband *Über die Engel* (*Sobre los ángeles*) vermögen das Spektrum moderner Engelassoziationen anzudeuten: *Der unbekannte Engel*, *Der Kriegsengel*, *Der illusionslose Engel*, *Der verlogene Engel*, *Der Moderengel*, *Die grausamen Engel*, *Der Engel des Zorns*, *Der falsche Engel*, *Die toten Engel* und andere mehr.[3] Noch bis in die Zweite Frankfurter Schule wirkte die Engeltradition weiter, sei's in satirischen

1 Held 1995, S. 10.
2 Apel 1994, S. 19 u. S. 89.
3 Alberti 1981 ([1]1929).

Texten Eckhard Henscheids und Robert Gernhardts oder in F.W. Bernsteins karikaturistischen Zeichnungen *Wenn Engel, dann solche*. Auf einer dieser Karikaturen erscheint Walter Benjamin mit zum Himmel gewandtem Blick, aus seinem Kopf erheben sich zwei geflügelte Männer, auf die sich die *subscriptio* bezieht: “Zweien seiner Lieblingsengel aber gab er seine Namen: Walter und Benjamin”. Am oberen Rand der Zeichnung werden die beiden Unfug treibenden Puttenengel auf Raffaels *Sixtinischer Madonna* verfremdend zitiert, der eine weint, der andere ballt wütend die Fäuste.[4] Die Ironisierung des Bildgegenstandes dürfte der Angelomanie Benjamins gelten. Im Jahre 1921 hatte er Paul Klees *Angelus Novus* erworben, der für ihn zu einem “Meditationsbild” wurde[5], das ihn bis zu seinem Tode zu philosophischen und theologischen Reflexionen anregte, zuletzt in den *Geschichtsphilosophischen Thesen*, mit denen sich auch Heiner Müller auseinandersetzte.[6]

Die einleitenden Bemerkungen sollten andeutungsweise den intertextuellen Horizont umreißen, in dem die Engel Heiner Müllers zu sehen sind. Von den frühen Produktionsstücken bis ins Spätwerk dienten sie ihm als Medium der Geschichtsreflexion. Dabei läßt sich eine Akzentverschiebung feststellen; die anfangs auf das aktuelle Zeitgeschehen in der DDR bezogenen Engel verweisen zunehmend auf die Vergangenheit als Vorgeschichte der gegenwärtigen Situation und gehen in den späteren Stücken eine Verbindung mit dem Kunstkonzept Heiner Müllers ein. Zwar kann man nicht von Entwicklung sprechen, da frühe Texte in späteren wieder aufgegriffen werden und so ein dichtes Verweisungsgeflecht der Zeichen entsteht, innerhalb dieses Müllerschen Gesamttextes geben sich aber doch Bedeutungsverschiebungen zu erkennen, die ich im folgenden aufzeigen möchte.

In den Produktionsstücken werden Engel mehrfach mit dem SED-Parteiapparat verknüpft. In *Der Bau* sagt der verständnisvolle, den Bauarbeitern nahestehende Parteisekretär Donat zu einer jungen Ingenieurin, die sich über die rauhen Sitten der Bauarbeiter wundert: “Johanna an der Basis. Was haben Sie erwartet, Tochter Frankreichs? Daß die Partei als Erzengel über den Bau geht?”(P1, S. 96).[7] An anderer Stelle attackiert ein nur auf seinen eigenen Vorteil bedachter Arbeiter einen Kollegen, der der Partei beigetreten ist, mit der Bemerkung. “[...] wenn du auch in der Partei bist, mach nicht vorfristig den Engel” (P1, S. 106). Im selben Stück äußert der Bauleiter Belfert gegen-

---

4 Bernstein 1994 (unpag.).

5 Scholem 1983, S. 46.

6 Zu Heiner Müllers Rezeption des “Engels der Geschichte” aus der neunten geschichtsphilosophischen These Benjamins vgl. vor allem das in dem Sammelband *Aber ein Sturm weht vom Paradies her. Texte zu Walter Benjamin* (1992) abgedruckte Gespräch mit Heiner Müller, S. 348ff. sowie Raddatz 1991, S. 174ff. und Thomas Weber 1993, S. 241ff.

7 Zitiert wird aus der Werkausgabe (Texte 1–9) des Rotbuch-Verlags; Seitenangaben erfolgen in Klammern hinter den Zitaten mit Sigle des entsprechenden Bandes: *Geschichten aus der Produktion 1* = P1; *Geschichten aus der Produktion 2* = P2; *Die Umsiedlerin oder das Leben auf dem Lande* = U; *Theater-Arbeit* = T; *Germania Tod in Berlin* = G; *Mauser* = M; *Herzstück* = H; *Shakespeare Factory 1* = S1; “*Shakespeare Factory 2* = S2.

über dem Ingenieur Hasselbein, dessen fortschrittlichen Verbesserungsvorschlag er zuvor zurückgewiesen hatte, weil er nicht der Linie der Partei entsprach: "Was wird aus Deutschland, wenn ihr eure Zukunft auf unsern Charakter baut? Und wenn wir Engel wären, unsre Flügel sind verbrannt" (P1, S. 122). Wie in anderen Produktionsstücken geht es in *Der Bau* um den industriellen Aufbau der DDR im Rahmen des Sozialismus. Fortschrittsoptimismus, Erfindungsgeist und Initiativen einzelner werden immer wieder durch den bürokratischen Parteiapparat gebremst. Die Praxisferne einer desolaten Planwirtschaft hat an der Basis Mutlosigkeit, Resignation und Opportunismus zur Folge. Die im Drama aufgezeigten Mißstände sollen nicht das System als solches in Frage stellen; der Parteisekretär Donat ist als Identifikationsfigur angelegt, er hat Verständnis für die Verärgerung der Arbeiter und steht zu einem einzelgängerischen Aktivisten, der sich den Unmut der Partei zugezogen hat. Mit der grundsätzlichen Zustimmung zur Partei als übergeordneter Instanz verbindet sich Kritik an ihren Disziplinierungsmaßnahmen.

Alle drei metaphorischen Bezugnahmen auf Engel in *Der Bau* stehen in Zusammenhang mit der Thematisierung der Rolle der SED beim Aufbau der DDR. Die Partei als "Erzengel" läßt die Wächterfunktion biblischer Erzengel assoziieren, gesteigert zu der Vorstellung von einem allmächtigen Überwachungsapparat, die vom Parteisekretär aufgerufen, zugleich aber zurückgewiesen wird. Als Wächter der Ordnung erscheint der "Erzengel" auch in *Die Bauern*, wo der vitale, sich gegen die sozialistische Kollektivierung der Landwirtschaft auflehnende Fondrak von einem erzählt, der es ungeniert auf dem Dorfplatz trieb, bis die Polizei über ihn kommt "wie der Erzengel ins Paradies" (U, S. 59). Die Polizeifunktion der Partei wird im Medium der Engelmetaphorik ebenso abgelehnt wie ihre Erhebung in eine höhere Sphäre. Die an ein Parteimitglied gerichtete Aufforderung, nicht vorzeitig den Engel zu machen, auch wenn er in der Partei sei, impliziert, vom engeren Kontext einmal abgesehen, Kritik an der Abgehobenheit der Partei, an ihrer Basisferne. Indem sie dem Opportunisten Bolbig zugewiesen ist, wird sie im Rahmen eines kontrollierten Literatursystems formulierbar, zumal die solchermaßen relativierte Kritik in dem vernünftigen und praxisnahen Handeln des Parteisekretärs ein Gegengewicht findet. Die insgesamt zwiespältige Rolle der Partei in *Der Bau* tritt am deutlichsten in dem Bild vom Engel mit verbrannten Flügeln hervor. Der höhere Auftrag der Partei wird zwar nicht in Frage gestellt, das Erscheinungsbild des Engels weist aber auf ihren desolaten Zustand hin. Da es ein Parteimitglied ist, das vom Engel mit verbrannten Flügeln spricht und zugleich dazu auffordert, Eigeninitiative selbst gegen den Willen der Partei zu ergreifen, wird über die Selbstkritik Reformfähigkeit mitgedacht.

Auch in *Germania Tod in Berlin* wird der Zustand der Partei mittels Engelfigur reflektiert. In der letzen Szene "Tod in Berlin 2" erzählt ein junger Maurer dem sterbenden Hilse, daß sich sein Mädchen, das er als "Heilige Jungfrau" verehrte, als Hure entpuppt habe. "Weißt du, was das für ein Gefühl ist, Alter / Wenn du mit einem Engel durch Berlin gehst / Du denkst, sie ist ein Engel, schön wie keine", während sich jeder Mann nach ihr umblicke, weil er sie vielleicht schon gehabt habe, so beklagt er sich und kommt im Anschluß daran auf die Partei zu sprechen, die sich selbst nicht mehr ähnlich sehe "vor lauter Dreck am Stecken" (G, S. 76f.). Prostitution des Engels und Entartung der Partei verweisen aufeinander. Nur noch in der gegenbildlichen Erwartungshaltung des jungen Maurers ("Heilige Jungfrau") bleibt die Vorstellung von der Partei als Avantgarde einer besseren Geschichte erhalten, real ist sie eine Dirne. In den Sterbehalluzinationen des alten Hilse verwandelt sich das Mädchen des jungen Maurers in Rosa Luxemburg, d.h. in eine sozialistische Vorkämpferin, die sich nicht prostituierte, sondern ihr Leben für den Kommunismus einsetzte.

Der Engel mit verbrannten Flügeln aus *Der Bau* verweist auf den "Engel mit versengtem Flügel" in Brechts Dramenfragment *Reisen des Glücksgottes*, mit dem sich Heiner Müller 1958 beschäftigte (T, S. 7f.). Er versuchte auf Bitten Paul Dessaus, aus dem Fragment, in dem der Glücksgott durch einen Engel mit versengtem Flügel, dessen Verletzungen vom Krieg auf Erden herrühren, aufgeschreckt wird, ein Libretto zu machen. Es blieb bei Entwürfen: Gesprächen des Glücksgottes mit Kriegsopfern, einer Parabel von der solidarischen Überwindung der Rattenplage in Tschungking, Rollenliedern des Glücksgottes als Sänger, Provokateur, Aktivist und Staatsmann und dem prosalyrischen Text *DER GLÜCKLOSE ENGEL*. Die brechtsche Parabel wird von Heiner Müller auf die Geschichte der DDR hin aktualisiert. *DER GLÜCKLOSE ENGEL* steht am Ende nach einer Anekdote über Lenin, in der dieser inkognito auf einen die Machthierarchien und die Mangelwirtschaft der Sowjetunion kritisierenden Bauern trifft, und einem anschließenden Kurzdialog zwischen dem Glücksgott und einem fröhlichen Toten, der glücklich ist, endlich tot zu sein.

In literaturwissenschaftlichen Interpretationen wird *DER GLÜCKLOSE ENGEL* mit den *Geschichtsphilosophischen Thesen* Walter Benjamins in Verbindung gebracht. In der neunten These kommentiert Benjamin Paul Klees *Angelus Novus* als "Engel der Geschichte", der auf die Vergangenheit starrt, die sich als Trümmerlandschaft darstellt, die ihm den Weg zurück ins Paradies versperrt, zumal er vom Sturm des Fortschritts immer weiter weg getrieben wird. Ohne auf die unterschiedlichen Auslegungen der *Geschichtsphilosophischen Thesen* eingehen zu können, die teils als Ausdruck des jüdischen Messianismus, teils als Kritik am sozialdemokratischen Fortschrittsdenken gedeutet werden, um nur zwei Möglichkeiten zu nennen, besteht der entscheidende Unterschied zu Heiner Müller darin, daß der "Engel der Geschichte" der Zukunft den Rücken zukehrt, während *DER GLÜCKLOSE ENGEL* nach vorn blickt. Bei Benjamin treibt die fortschreitende Geschichte weg vom Paradies, bei Müller dagegen kann Fortschritt nicht stattfinden, weil sich die Zukunft gestaut hat: "auf dem schnell verschütteten Stehplatz kommt der glücklose

Engel zur Ruhe, wartend auf Geschichte in der Versteinerung von Flug Blick Atem" (T, S. 18). Zu beachten ist außerdem der Kontext in dem geplanten Libretto, der die geschichtsphilosophische Spekulation an die aktuelle Erfahrungswirklichkeit des DDR-Sozialismus bindet. *DER GLÜCKLOSE ENGEL* kann als Schlüsseltext gelten, seine metaphorischen Zeichen tauchen auch in anderen Texten Heiner Müllers auf. Die jeweils andere Umgebung läßt semantische Verschiebungen zwischen den 50er/60er und den 70er/80er Jahren hervortreten, etwas pauschal formuliert: eine Verschiebung vom "Rauschen" der Geschichte im *GLÜCKLOSEN ENGEL* (T, S. 18) zum "Rauschen des Diskurses"[8] in den späten Stücken.

Einer deskriptiven Analyse, die zunächst einmal auf geschichtsphilosophische Kommentierung verzichtet, fallen im *GLÜCKLOSEN ENGEL* die metaphorischen Oppositionen auf, Zeichen des Statischen stehen Zeichen der Bewegung gegenüber. "Flug Blick Atem", korrespondierend mit den verschütteten "Flügeln", den eingedrückten "Augen", dem gewürgten "Atem", sowie Signale der Bewegung ("Rauschen", "Wellen") prallen mit einem Vokabular der "Versteinerung" zusammen. Das Rauschen der Flügel des Engels verstummt unter den Trümmerhaufen der Geschichte. Anders als die Katastrophe einer heillosen Welt bei Benjamin erscheint die Versteinerung bei Müller als Folge einer Blockierung des Fortschritts der Gegenwart. Die gestaute Zukunft beschädigt die Zeichen des Lebens, die Flügel, die eine Erhebung ermöglichen aus der Misere der Gegenwart, die Augen, die nach vorn blicken, und den Atem als Träger des revolutionären Wortes. Im Zusammenhang mit den Engelfiguren der Produktionsstücke und vor dem Hintergrund der DDR-Geschichte mit den Auswirkungen des Berliner- und des Ungarn-Aufstandes in den fünfziger Jahren verweist die Stauung – "während vor ihm sich die Zukunft staut" – auf den planwirtschaftlichen Bürokratismus und Dirigismus, der eigenständiges Denken diszipliniert: "das Wort umdreht zum tönenden Knebel". Das Bewußtsein einer stagnierenden Geschichte war 1958, im Entstehungsjahr des *GLÜCKLOSEN ENGEL* noch mit der Hoffnung auf Reformen, auf das Wiedererstehen revolutionären Elans verbunden. "Bis das erneute Rauschen mächtiger Flügelschläge sich in Wellen durch den Stein fortpflanzt und seinen Flug anzeigt", lautet der letzte Satz. Der zwischen Trümmern der Vergangenheit und Stau der Zukunft zum Stillstand gekommene Flug des Engels ist Metapher der Geschichte, deren gegenwärtiger Zustand beklagenswert ist, was aber nicht heißt, daß der Fortschritt auf Dauer aufgehalten werden kann. Bei Heiner Müller impliziert der Engel der Geschichte seine Auferstehung. Das Verständnis des *GLÜCKLOSEN ENGELS* als eher zuversichtlicher Geschichtsvorstellung wird durch die Bemerkung des Autors aus dem Jahre 1991 gestützt, daß ihm der Schluß von 1958 heute ein wenig "flach optimistisch" vorkomme.[9]

8 Foucault 1991, S. 33.
9 Müller 1992a, S. 350.

Vierunddreißig Jahre nach der Entstehung des *GLÜCKLOSEN ENGEL* nahm Heiner Müller den Text in einen Gedichtband (1992) auf, wo er ein Pendant in *GLÜCKLOSER ENGEL 2* bekommt.[10] "Der Engel ich höre ihn noch / Aber er hat kein Gesicht mehr als / Deines das ich nicht kenne", heißt es in der neuen Version. Die Gesichtslosigkeit läßt sich in dem nach dem Fall der Mauer entstandenen Gedicht auf das Unpersönliche und Anonyme des funktionierenden kapitalistischen Systems beziehen, das als fremd empfunden wird und ein Gefühl der Ohnmacht erzeugt. Zieht man eigene Äußerungen Müllers heran, ergibt sich als gravierendster Unterschied zwischen dem *GLÜCKLOSEN ENGEL 1* und *2*, daß das Vertrauen in die Wiedererhebung des Engels der Geschichte verlorengegangen ist. Trotz der Kritik an der Stagnation im Jahre 1958 erschien die damalige DDR-Gegenwart als Austragungsort zukünftiger Geschichte, während nach 1989 Gegenwart als Totalität empfunden wird, als in sich kreisender Simulationsraum, in dem das Bewußtsein einer Vorgeschichte ebenso fehlt wie das einer Zukunft.[11] Geblieben ist lediglich der Engel als Reflexionsfigur der Geschichte, der als solcher die Vorstellung eines Überschreitens der Erfahrungswirklichkeit anzeigt, wenn auch ohne Hoffnung auf Realisierung einer anderen Gesellschaft.

Die frühen Stücke Heiner Müllers reflektieren im Medium der Engel Geschichte, bezogen auf die Realität der DDR, als Zukunft. Bei aller Deformation des Parteisozialismus sah der Autor in der DDR den Ausgangspunkt einer humaneren Welt, die die Opfer der Vergangenheit erst gerechtfertigt erscheinen läßt. Die toten Helden appellieren an die Lebenden, sich ihrer Leiden und Taten im Kampf für den Sozialismus zu erinnern und diesen fortzuführen. In *Traktor* wehrt sich ein Traktorist zunächst dagegen, einen Acker umzupflügen, der im letzten Krieg vermint worden war. Eine Szene trägt die Überschrift "AUFFORDERUNG ZUM TANZ ODER DER KAMPF MIT DEM ENGEL" (P2, S. 12). Sie enthält die innere Auseinandersetzung des Traktoristen mit einem Soldaten, der sich geweigert hatte, in einem Kartoffelacker Minen zu legen und daraufhin als Verräter hingerichtet wurde. Wie sich in der Bibel Jakob im Kampf mit dem Engel behauptet, so siegt im Zeichen des Toten das Bewußtsein einer Verpflichtung angesichts einer Vergangenheit, die es in der Gegenwart noch einzulösen gilt. Der Engel der Geschichte steht auf seiten der Toten, nicht resignierend angesichts der Leiden der Vergangenheit, sondern als Aufforderung, die revolutionären Ziele zu verwirklichen. Als sich der Traktorist entschließt, sein Leben im Auftrag der Vergangenheit für die Zukunft einzusetzen und dabei verunglückt, übertönt das Singen der Engel seinen Schmerzensschrei: "He, Kumpel, hörst du auch die Engel singen" (P2, S. 15). Die alltagssprachliche Verbindung von Schmerz und Engelstimmen wird beim Wort genommen, indem das Singen des Engels der Geschichte und die Leiden der in seinem Auftrag Handelnden aufeinander verweisen. Wie der tote Soldat

10 Müller 1992b, S. 48 u. S. 100.
11 Müller 1992a, S. 351f.

zum "Engel" des Traktoristen wurde, so wird dieser durch seine Tat zum Vorbild der Jugend und damit zum Garanten zukünftiger Geschichte. Die Kette zwischen Vergangenheit (Soldat), Gegenwart (Traktorist) und Zukunft (Jugend) ist noch nicht zerrissen.

Auch in *Zement* werden die Opfer des sozialistischen Zukunftskampfes mit Engeln in Verbindung gebracht. Mit den Worten "Wir werden einen Engel aus dir machen / Wir haben noch aus jedem Bolschewiken / Einen Engel gemacht" legen Kosaken die Schlinge um den Hals einer Kommunistin (P2, S. 95f.). Durch Solidarität der Lebenden mit den Toten werden diese zu Auferstehungsengeln der Geschichte. "Befreiung der Toten" lautet die Überschrift der letzten Szene, in der angedeutet wird, daß die Arbeit am Aufbau des Sozialismus im Dienste der Zukunft den Opfern der Vergangenheit geschichtlichen Sinn verleiht.

Der bei aller Skepsis erkennbare Geschichtsoptimismus, der sich in den Produktionsstücken mit dem Blick auf die Leiden der Opfer verbindet, fehlt in den Texten der 70er/80er Jahre. Angesichts der versteinerten Verhältnisse in der Gegenwart wendet sich die Aufmerksamkeit von den Vorläufern hin zu den Tätern, die den Flug des Engels, d.h. Geschichte verhindern. Die preußische Geschichte und ihre Nachwirkungen in der Gegenwart werden zum bevorzugten Stoff. Am marxistischen Geschichtskonzept hält Heiner Müller weiterhin fest, geändert hat sich nur die Einschätzung seiner gegenwärtigen Realisierungsmöglichkeiten. Aber auch jetzt deutet sich in der Engelmetaphorik an, daß der Stillstand der Geschichte ein vorläufiger Zustand ist; in einem Beitrag von 1980 zu Syberbergs *Hitler*-Film heißt es am Ende: "Der Engel der Revolution wohnt auf den Friedhöfen nur solange, bis er seinen Flug antritt."[12]

Der Blick auf die Täter läßt Mißgeburten und Ungeheuer in den Vordergrund treten, die auch die Engelmetaphorik erfassen. Die Ehrenkompanie Hitlers in *Germania Tod in Berlin* tritt mit "Hundeköpfen", "blutigen Stiefeln" und "Engelsflügeln" auf (G, S. 61). In dem Fragment *Quadriga* verwandelt sich Hitler in einen Engel, der auf einem Trapez "furzend über dem Publikum kreist".[13] In *Leben Gundlings Friedrich von Preußen Lessings Schlaf Traum Schrei* besucht ein Professor mit seinen Studenten ein preußisches Irrenhaus, wo er ihnen einen eingesperrten Mann zeigt, der sich für Gott hält. Der Professor erzählt die Geschichte dieses grausamen Gottes, der seinen Lieblingsschüler Jesus, der nie gegen ihn aufbegehrte, als Sühneopfer hingab. Was ausbleibt in der blasphemischen Travestie der Passion Christi ist die Auferstehung. Der Mord an Jesus, der auch als "Engel" bezeichnet wird (H, S. 27), findet wie in der Bibel statt, aber die Bestätigung der Heilswahrheit durch die Auferstehung fehlt. Einer der Studenten, "die Arme wie Flügel bewegend" verspottet den Alten im Käfig mit den Worten "Ich bin Jesus [...]. Das ist die Himmelfahrt"

12 Müller 1982, S. 106.
13 Müller 1978, S. 156.

(H, S. 28). Der Gott im Käfig, der für den Geist preußischer Geschichte und ihre blutigen Folgen steht, verflucht sich selbst als "Erbrechen meiner Engel" (H, S. 28). Was seine Schüler wiedergeben, so läßt sich die Stelle lesen, ist der Ungeist seiner Lehre. Nach dem Opfer des reinen Engels bleiben nur noch die grausamen Vollstrecker der Geschichte. Die Szene endet mit der Anweisung: "Schwarze Engel bevölkern den Zuschauerraum und fallen lautlos über das Publikum her" (H, S. 28).

In dem bald nach *Leben Gundlings [...]* geschriebenen Stück *Der Auftrag* wird die ausbleibende Auferstehung als Verrat der Revolution thematisiert. Debuisson, der sich von der Revolution abwendet, zitiert wörtlich, durch Großbuchstaben besonders markiert, die Verse des Offenbarungsengels aus dem Matthäus-Evangelium: "SIEHE EIN GROSSES ERDBEBEN GESCHAH DENN DER ENGEL DES HERRN KAM VOM HIMMEL HERAB TRAT HINZU UND WÄLZTE DEN STEIN VON DER TÜR UND SETZTE SICH DRAUF UND SEINE GESTALT WAR WIE DER BLITZ UND SEIN KLEID WEISS WIE DER SCHNEE" (H, S. 67f.). Der Grabengel der Bibel erscheint in bildender Kunst und Dichtung als Symbolfigur für den Triumph der Idee über den Tod, noch die zahlreichen Kriegerdenkmäler mit Engelfiguren aus dem 19. Jahrhundert weisen darauf hin. Kleists Gedicht *Der Engel am Grabe des Herrn*, in dem der Engel die Frauen am Grabe auffordert, den Jüngern zu verkünden, daß sie es dem Herrn nachtun sollen, läßt sich als patriotischer Appell zur Erhebung deuten.[14] In *Der Auftrag* setzt Heiner Müller den Offenbarungsengel als Reflexionsfigur der Revolutionsideale Freiheit, Gleichheit, Brüderlichkeit in einer Zeit der Niederlage und Hoffnungslosigkeit ein, in der die Jünger resignieren und nicht mehr die Botschaft der Auferstehung verkünden. Die Toten scheinen umsonst gestorben zu sein. "Ich will das alles nicht mehr wissen", sagt Debuisson im Anschluß an das Matthäus-Zitat. Während der Stillstand der Geschichte in *DER GLÜCKLOSE ENGEL* von 1958 noch als vorübergehender Zustand gekennzeichnet war, harren die Toten in *Der Auftrag* vergeblich einer Erlösung durch die Geschichte.

In den Texten der 70er und 80er Jahre, in denen Bilder der Gewalt und Grausamkeit dominieren, treten nicht nur die blutigen Machthaber, sondern auch die Repräsentanten revolutionärer Gewalt als finstre und böse Engel in Erscheinung. Es wird ein Verweisungszusammenhang zwischen herrschender Gewalt und Terror der Revolutionäre hergestellt. In einem erstmals im Jahrbuch 1981 von *Theater heute* erschienenen Text mit dem Titel *Blut ist im Schuh oder Das Rätsel der Freiheit* tragen noch die "Würgeengel" Pol Pots das verzerrte Gesicht der Revolution.[15] St. Just wird in *Der Auftrag* als "schwarzer Engel" bezeichnet (H, S. 70). Die finsteren Engel der Revolution verbinden die beiden Traditionsstränge der Lucifer-Gestalt als Satan und Lichtbringer. Die schwarzen Engel, die im "preußischen Irrenhaus" in *Leben*

14 Vgl. Apel 1994, S. 51f.
15 Müller 1982, S. 102.

Gundlings [...] über das Publikum herfallen, deuten auf den Schlußteil des Stückes *LESSINGS SCHLAF TRAUM SCHREI* voraus, wo in gegenbildlichem Verweis auf Lessings *Nathan* eine Stimme auf dunkler Bühne verkündet: "STUNDE DER WEISSGLUT TOTE BÜFFEL AUS DEN CAYONS GESCHWADER VON HAIEN ZÄHNE AUS SCHWARZEM LICHT DIE ALLIGATOREN MEINE FREUNDE GRAMMATIK DER ERDBEBEN HOCHZEIT VON FEUER UND WASSER MENSCHEN AUS NEUEM FLEISCH LAUTREAMONTMALDOROR FÜRST VON ATLANTIS SOHN DER TOTEN" (H, S. 36). Der intertextuelle Bezug zu Lautréamonts *Gesängen des Maldoror* vermag zur Entschlüsselung der Metaphorik beizutragen. An die Stelle Emilia Galottis, die nicht aufbegehrt gegen die Gewalt, sondern sich opfert, und Nathans, der für die optimistische Botschaft einer aufklärerischen Erziehung zur Humanität steht, treten in Zeiten, in denen die Appellkraft solcher literarischer Exempel von der Geschichte widerlegt wird, die "Haie" und "Alligatoren" als Statthalter der Revolution. Lautréamonts Maldoror, der Engel des Bösen, übt Rache an Gott für die Erschaffung einer grausamen Welt. Die Leiden an der Wirklichkeit lassen ihn aufbegehren gegen eine Scheinharmonie, die den wahren Zustand des Seins nur verdeckt. Er bleibt unempfindlich gegen die Verlockung einer Versöhnung, die ihm der von Gott gesandte Erzengel verkündet: "O Maldoror, ist endlich der Tag gekommen, da die Fackel eines nicht zu rechtfertigenden Hochmuts [...] erlöschen wird!... Komm und schließe dauernden Frieden mit deinem früheren Herrn; er wird dich empfangen wie einen verirrten Sohn [...]."[16] Doch der gefallene Luzifer will nicht die Versöhnung, er erschlägt den wohltätigen Erzengel.

In den Stücken Heiner Müllers seit den späten 70er Jahren sind aus den Engeln als Reflexionsfiguren zukünftiger Geschichte in der aktuellen Gegenwart der DDR (Rolle der Partei) und vergangener Geschichte als Appell an die Gegenwart (die toten Helden) die schwarzen Engel der Gewalt und der Rache geworden, die verhindern, daß die pervertierten Revolutionsideale als Erfüllung der Geschichte erscheinen. Sie fallen über ein Publikum her, das die Botschaft der Lessingschen Ringparabel nicht als Auftrag begreift, sondern sie als ästhetischen Schein in der Totalität der Gegenwart genießt. Bei Lautréamont wie bei Heiner Müller tauchen Blut und Schrei als wiederkehrende Vokabeln auf, die einerseits die Grausamkeit der Geschichte spiegeln, zum andern aber die Erlösungsbotschaft des Offenbarungsengels bzw. den Revolutionsauftrag bewahren. Wie der Schrecken, den der schwarze Engel Maldoror verbreitet, den blutigen Zustand der Welt anzeigt und im Schmerzensschrei gegenbildlich die Utopie eines Anderen aufgehoben ist, so sind Bilder der Grausamkeit und des Leidens in den späteren Stücken Heiner Müllers nicht Ausdruck einer Verfälschung von Geschichte in "Triebgeschichte"[17], sondern der blutige Boden, unter dem der Revolutionsauftrag tief verschüttet der Auferstehung harrt. In

16 Lautréamont 1990, S. 245f.
17 So Domdey 1986, S. 412.

Brechts *Fatzer*-Fragmenten, mit denen sich Heiner Müller immer wieder als einer zeitgemäßeren Alternative zur Brechtschen Parabel- und Lehrstückdramatik auseinandergesetzt hat, heißt es an einer Stelle:

> Der Geschlagene entrinnt nicht
> Der Weisheit.
> Halte dich fest und sinke! Fürchte dich! Sinke doch!
> Auf dem Grunde
> Erwartet dich die Lehre.[18]

Auf die hier angesprochene dialektische Einheit von Niederlage und Auferstehung verweisen auch die Ophelia- und die Medea-Gestalt Müllers, die beide Gewalt erfahren haben und anders als Emilia Galotti dagegen aufbegehren. "Auf dem Grund aber Medea den zerstückten / Bruder im Arm Die Kennerin / Der Gifte" lauten die letzten Zeilen in *Verkommenes Ufer*, dem ersten Teil der *Medea*-Texte (H, S. 92). In *Hamletmaschine* erscheint Ophelia in der "Tiefsee", umgeben von Trümmern und vorbeitreibenden Leichen, und verkündet als Elektra aus dem "Herzen der Finsternis" Rache statt Sanftmut: "Ich verwandle die Milch meiner Brüste in tödliches Gift" (M, S. 97). Was für Medea und Ophelia-Elektra gilt, das drohende Ausharren im Untergrund in Zeiten, die Geschichte nicht zulassen, bezieht Müller auch auf seine Texte als ganzes. In dem bekannten Brief an Steinweg vom 4. Januar 1977 schreibt er:

> Was bleibt: einsame Texte, die auf Geschichte warten [...]. Auf einem Gelände, in dem die LEHRE so tief vergraben und das außerdem vermint ist, muß man gelegentlich den Kopf in den Sand (Schlamm Stein) stecken, um weiterzusehen (M, S. 85).

Die Bezeichnung der späteren Texte Müllers als "Maulwürfe", wie es im Anschluß an die zitierte Briefstelle heißt, läßt sich nicht nur auf die in der Tiefe vergrabene Geschichte beziehen, sondern auch auf die Sprache: Maul-Würfe.

In *Der Auftrag* vernimmt der untergetauchte Revolutionär Antoine im Traum die Stimme des "Engels der Verzweiflung":

> Ich bin der Engel der Verzweiflung. Mit meinen Händen teile ich den Rausch aus, die Betäubung, das Vergessen, Lust und Qual der Leiber. Meine Rede ist das Schweigen, mein Gesang der Schrei. Im Schatten meiner Flügel wohnt der Schrecken. Meine Hoffnung ist der letzte Atem. Meine Hoffnung ist die erste Schlacht. Ich bin das Messer mit dem der Tote seinen Sarg aufsprengt. Ich bin der sein wird. Mein Flug ist der Aufstand, mein Himmel der Abgrund von morgen (H, S. 47).

In Zeiten versteinerter Geschichte sucht die Verzweiflung Zuflucht im Vergessen, das "Rauschen" der Geschichte geht im "Rausch" der Leidenschaft unter. Trotz aller Enttäuschungen über Fehlentwicklungen der Gegenwart tritt bei den Protagonisten der Geschichte in den Produktionsstücken die subjektive Lust hinter der Arbeit am Aufbau des Sozialismus zurück, wie z.B. das Lie-

---

18 Brecht 1994, S. 117.

besverhältnis des Parteisekretärs Donat mit einer jungen Ingenieurin in *Der Bau* zeigt. Das Bewußtsein einer Verbindung der Gegenwart mit der Vergangenheit und Zukunft ist noch wach, der "Vertrag" mit der "Nachwelt", von dem er spricht (P1, S. 96), verhindert Resignation und Betäubung. Erst eine Gegenwart, die keine Perspektive der Zukunft mehr zu erkennen gibt, erst die Geschichtsvergessenheit gebiert Ungeheuer, die im Rausch verdrängt werden sollen. Doch selbst im *Engel der Verzweiflung* ist noch der Engel der Offenbarung aufgehoben[19], dessen Stimme von den Verrätern Debuisson und Antoine nicht mehr vernommen wird. Er nistet in den Brüchen und Widersprüchen seiner "Rede", in einer Oppositionsstruktur der Metaphern, die sich als Ausdruck einer dialektischen Botschaft lesen läßt: "Rede" und "Schweigen", "Gesang" und "Schrei", "Schrecken" und "Hoffnung", "der letzte Atem" und "die erste Schlacht", "Sarg" und "Flug", "Himmel" und "Abgrund". Die Passage steht in einem intertextuellen Verweisungszusammenhang mit früheren und späteren Stücken Müllers. "Atem" und "Flug" deuten zurück auf den *GLÜCKLOSEN ENGEL*, der "Schrecken" im "Schatten meiner Flügel" erinnert an die schwarzen Engel, das Messer, mit dem der Sarg aufgesprengt wird, hat eine Parallele in *Hamletmaschine*, die Zusammenbindung von "Flug" und "Aufstand", "Himmel" und "Abgrund" findet sich auch in "Bildbeschreibung". Insgesamt ergibt sich ein übergreifender Makrotext, dessen gemeinsamer Code der revolutionäre Geschichtsauftrag ist, der in den Reflexionsfiguren der Engel je nach Einschätzung der gegenwärtigen Geschichtsmöglichkeiten unterschiedlich konnotiert ist.

In Zeiten, in denen die revolutionäre Tat ausgeschlossen ist, gewinnt das Wort, die Sprache, die Kunst an Bedeutung. Gemeint ist, auf die späteren Texte Müllers bezogen, nicht Sprache als Informationsmedium, sondern als Aussagequalität sui generis: "Meine Rede ist das Schweigen" (bezogen auf die Botschaft), "mein Gesang der Schrei" (bezogen auf die Ereignishaftigkeit der Sprache). Mit der Bedeutungsverschiebung der Engel von Reflexionsfiguren des Fortschritts über Reflexionsfiguren vergangener Geschichte hin zu den schwarzen Engeln in einer von Gewalt geprägten Zeit und schließlich zum "Engel der Verzweiflung" als Reflexionsfigur des Stillstands in der Totalität der Gegenwart verbindet sich ein Wandel der Dramenform. Heiner Müllers Bemerkungen, daß mit dem Ausbleiben der Geschichte auch die Substanz für Dialoge und Figuren fehle[20], deuten an, wie eng für ihn Geschichtsvorstellung

19 Raddatz 1991, der sich eingehender mit den Engelfiguren Heiner Müllers beschäftigt, sieht in ihnen eine Auseinandersetzung mit Walter Benjamins Geschichtsphilosophie. Im "Engel der Verzweiflung" erkennt er einen Wandel des Revolutionskonzeptes: Auf der Basis "totaler Destruktion" vermöge sich der "Engel der Verzweiflung" als rächender Engel zum Subjekt der Geschichte aufzuschwingen (S. 181f.). In der geschichtsphilosophischen Auslegung der Rede des "Engels der Verzweiflung" werden die Ambivalenzen und Oppositionen der Zeichen zugunsten eines stringenten Revolutionskonzeptes aufgelöst, die Rede selbst als Explosion diskursiver Ordnungen gerät nicht in den Blick des Interpreten.

20 Müller 1986, S. 54 u. S. 60.

und Dramenform verwachsen sind. Während in den Produktionsstücken die Auffassung von der gegenwärtigen Geschichte als Brücke zwischen Vergangenheit und Zukunft dialogisch vermittelt ist, präsentieren sich die späteren Stücke, in denen Geschichte in der Totalität gegenwärtiger Gewalt verschwindet, als von der Befindlichkeit des Autors unmittelbar gesteuerte Textstrukturen. Das Drama als ein textuelles Gefüge, in dem Dialoge nur noch rudimentär auftauchen, entspricht der Vorstellung vom Stillstand der Geschichte. Das soll aber nicht heißen, daß Geschichte in diesen Texten keine Rolle mehr spielt. In einem Gespräch aus dem Jahre 1991 bejaht Heiner Müller die Frage, ob man die Auseinandersetzung mit der Geschichte als sein Grundthema ansehen könne, und bezeichnet es als "Schwachsinn", vom Ende der Geschichte zu reden, da viele Menschen noch gar nicht in die Geschichte eingetreten seien.[21] Nach wie vor gilt der marxistische Grundsatz, daß die bürgerliche Geschichte, jetzt einschließlich des mißglückten Versuchs einer sozialistischen Geschichte, Vorgeschichte der Menschheit sei. In einer Situation, in der die Totalität der Gegenwart keine Geschichte zuläßt, wird die Kunst zu ihrem Statthalter: "einsame Texte, die auf Geschichte warten" (M, S. 85). Der Text als "Ort der Geschichtsschreibung"[22], allerdings nicht in Form eines aufklärerischen Diskurses; es geht vielmehr darum, die Möglichkeit von Geschichte offenzuhalten in den und gegen die diskursiven Ordnungen.

Der Textbegriff, den Heiner Müller in vielen Interviews reflektiert und der seine Stücke spätestens seit Ende der 70er Jahre prägt, ist zwar nicht von Foucault beeinflußt, er läßt sich aber mit Foucaultschen Kategorien gut erfassen. Der Autor selbst bemerkt einmal, daß er beim Lesen Foucaults das Gefühl einer Bestätigung hatte.[23] Als er Foucault in Paris traf, faszinierte ihn, wie sich bei ihm "das Aktuelle, die vor unseren Augen gerinnende Gegenwart, in einem Wirbel von Differenzen auflöste, die ständig andere Verbindungen eingingen."[24] Für Heiner Müller stellt der Text in Zeiten der Geschichtsvergessenheit ein produktives Chaos dar, in dem sich Ordnungen, Kontinuitäten und Konstanzen auflösen, um in Differenzen und Diffusionen die Möglichkeit eines Anderen aufscheinen zu lassen. Aufgabe sei die "Arbeit an der Differenz", sagte er in einer Rede zu den Weimarer Shakespeare-Tagen von 1988, wobei er hinzufügte: "oder der Rest wird Statistik sein und Sache der Computer" (S2, S. 230). Es ergibt sich das Problem, wie im Rahmen diskursiver Ordnungen der Ereignischarakter der Sprache bewahrt bzw. hergestellt werden kann. Um mit Foucault zu argumentieren, gilt es gegenüber dem offiziellen Diskurs, der die Aufgabe hat, Unordnung zu organisieren und Unkontrollierbares zu disziplinieren, das "ordnungslose Rauschen des Diskurses" durchzusetzen.[25]

---

21 Müller 1992a, S. 352 u. S. 361.
22 Müller 1995a, S. 34.
23 Müller 1992c, S. 270.
24 Müller 1992c, S. 306.
25 Foucault 1991, S. 33.

In *Bildbeschreibung*, einem Dramentext ohne Figuren und Dialoge, in dem der Autor mittels unterschiedlicher Konnotationen eine Bildvorlage mit einem Mann und einer Frau in einer undefinierbaren Landschaft sprachlich zu erfassen sucht, werden Gesichtsausdruck und Gestik der Frau versuchsweise mit der "Sprache der Taubstummen" verglichen. In Fortführung dieser Vorstellung heißt es: "ein Rattengesicht, ein Engel der Nagetiere, die Kiefer mahlen Wortleichen und Sprachmüll" (S1, S. 8). In *Landschaft mit Argonauten*, dem dritten Teil der *Medea*-Texte, ist von "Wortschlamm" die Rede: "Wortschlamm aus meinem / Verlassenen Niemandsleib" (H, S. 100). Schon in *Der Bau* findet sich die Wendung "Wortschlamm und Versgeröll" (P1, S. 114). Die Kontextualisierung der Stellen in dem frühen und den späteren Stücken gibt eine Bedeutungsverschiebung vom Vorrang der gesellschaftlichen Praxis zur Dominanz der Kunst zu erkennen. In *Der Bau* hat der industrielle Aufbau im Rahmen des Sozialismus Vorrang vor der Literatur: "Die Kunst fängt an, wo das Museum aufhört" (P1, S. 113), d.h., daß der Literatur nur in Verbindung mit der Praxis eine Funktion erwächst. In *Bildbeschreibung* eröffnet die nichtdiskursive Sprache ("Wortleichen und Sprachmüll") die Vorstellung eines Aufstandes gegen die Ordnung, wie sich aus einem innertextuellen Verweis auf eine andere "Engel"-Stelle erschließen läßt. Dort erscheint der Engel als Zeichen aus der Unterwelt, "ein BÖSER FINGER, der von den Toten in den Wind gehalten wird gegen die Polizei des Himmels" (S1, S. 12). Wie Lautréamonts gefallener Engel gegen die himmlischen Engel kämpft, so deutet der Engel in *Bildbeschreibung* eine Bedrohung des Himmels an. Der innertextuelle Zeichenbezug zwischen Engel als Bedrohung der Ordnungsmächte und "Engel der Nagetiere", der "Wortleichen und Sprachmüll" malmt, läßt sich in einen intertextuellen Verweisungszusammenhang mit Foucaults *Ordnung des Diskurses* bringen, wo die "Wahrheit" eines "wilden Außen" in Opposition zu den "Regeln einer diskursiven 'Polizei'" steht.[26] In Zeiten, in denen der Flug des Engels der Geschichte durch die Ordnungsmächte verhindert wird, können die Kunst im allgemeinen und die Literatur im besonderen als Formen eines "wilden" Sprechens, eines ungebändigten "Rauschens des Diskurses" subversive Kräfte entfalten.

Gegenüber der Sprache als Mitteilung betont Heiner Müller die Ausdrucksseite als ihr vitales Potential, das sich gegen eine leichte Konsumierbarkeit sperrt.[27] "Außerhalb syntaktischer Ordnungen wird etwas mitgeteilt, was nicht mitteilbar ist", so Müller im Gespräch mit Frank M. Raddatz.[28] Wenn der "Engel der Verzweiflung" sagt, "meine Rede ist das Schweigen", bedeutet "Schweigen" nicht Verstummen, sondern weist auf ein Sprechen außerhalb diskursiver Regelhaftigkeit. In den Differenzen und Zwischenräumen des Textes ist die Aussage zu suchen. Die "Leerstelle" sieht Heiner Müller als

26 Foucault 1991, S. 25.
27 Müller 1992a, S. 356; Müller 1991, S. 55.
28 Müller 1991, S. 31.

"konstitutives Element von Drama", der Text decke nicht alles ab.[29] Die in der Gegenwart nicht mögliche Geschichte ist in den Lücken des Textes aufgehoben. In *Bildbeschreibung* als Realisierung eines Textdramas, das nicht auf Verstehen, sondern auf Erleben von Sprache gerichtet ist, heißt es an einer Stelle: "gesucht: die Lücke im Ablauf, das Andre in der Wiederkehr des Gleichen, das Stottern im sprachlosen Text, das Loch in der Ewigkeit, der vielleicht erlösende FEHLER" (S1, S. 13).[30] Innerhalb der normalsprachlichen Ordnung der Diskurse zielt Heiner Müller auf Bruchstellen als Einfallstore von Geschichte; die Geläufigkeit der Mitteilungssprache soll durch Stauungen und Stockungen aufgebrochen werden. Der Text bekommt dadurch Widerständigkeit, es entstehen textuelle Blockaden, die ein lineares Lesen verhindern. Als Charakteristikum des Erfolgsschriftstellers Konsalik und seiner Leser hebt er hervor, daß es ihnen nicht auf Widerstände ankomme: "Da liest niemand zwischen den Zeilen".[31] Der Heiner Müller-Leser ist dagegen aufgrund der Verrätselung des innerdramatischen Kommunikationssystems zur Mitarbeit am Text genötigt. Das Ausbleiben des Dialogs macht den Rezipienten zum Dialogpartner des Textes, im Hin und Her und Kreuz und Quer der Lesemühen wird er und soll er verwirrt und aus verfestigten Denkstrukturen herausgerissen werden. In einem solchen Lesen sieht Müller ein "revolutionäres Moment" des Textes.[32] Ambivalenz des Einzelworts, ungewöhnliche textuelle Kombinationen und intertextuelle Überlagerungen führen zu Brüchen und Lücken, die kein ideologisches Geschichtskonzept zu vermitteln vermögen, sondern auf Texterfahrung zielen. Das "Stottern im sprachlosen Text", wie es in *Bildbeschreibung* heißt, impliziert ein Stottern und Stolpern des quasi sprachlos gewordenen Lesers. In Anlehnung an den "Stotterer Kleist" spricht Heiner Müller von der "allmählichen Verfertigung des Schweigens beim Reden".[33] Als möglicher Vergleich ließe sich Bernward Vespers *Die Reise* heranziehen, wo das "Stottern der Sätze" eine neuartige Erfahrung der Sprache unter Drogeneinfluß vermittelt.[34] Der "delirante Diskurs"[35], der sich bei Vesper Stimulationsmitteln verdankt, wird von Heiner Müller sprachlich inszeniert, um die

---

29 Müller 1994a, S. 164.

30 Bezogen auf den Schrecken der Geschichte bei Shakespeare kommt Heiner Müller in *Shakespeare eine Differenz* u.a. auf Nietzsche zu sprechen, den der Schrecken der "Wiederkehr des Gleichen" aus den Akademien auf das "glühende Drahtseil der Geschichte" getrieben habe, "gespannt ... zwischen MORGEN UND MORGEN UND MORGEN". Danach folgt noch die Anmerkung, daß das "und" den Akzent trage, "die Wahrheit reist im Zwischendeck, der Abgrund ist die Hoffnung" (S2, S. 230). Auch hier ist es ein unspezifiziertes Dazwischen, das als Platzhalter für ein Anderes eingesetzt wird.

31 Müller 1991, S. 96.

32 Müller 1991, S. 31.

33 Müller 1991, S. 65.

34 Vesper 1981, S. 263; "Schreibprozeß: das Stottern der Sätze [...]".

35 Kofmann 1986, S. 29.

Ordnungsdiskurse durcheinander zu wirbeln und den Leser in einen Zustand der Sprachlosigkeit zu versetzen.[36]

Hier ist nicht der Ort, um die vielfältigen Strategien impliziter Leseraktivierung zu demonstrieren, es muß bei einigen Hinweisen bleiben. Semantische und syntaktische Brüche können z.B. durch bewußte Unschärfen und Uneindeutigkeiten erreicht werden oder durch polysemantische Zeichen, die entweder in der Ambivalenz einer Vokabel angelegt sind – z.B. der Panzer als Schutz und Gefängnis in *Hamletmaschine* – oder über paradigmatische Relationen erzeugt werden, z.B. das Lexem "Loch" in *Hamletmaschine*, das im rekurrenten Verweisungsbezug als Wunde, Grab und weiblicher Schoß kontextualisiert werden kann. Eine andere Technik der Verundeutlichung sind inkorrekte oder fehlende Interpunktionen, durch die uneindeutige und doppeldeutige Bezüge möglich werden. Um ein Beispiel anzuführen, in *Verkommenes Ufer [...]* heißt es an einer Stelle: "[...] Kotplatz der Geier im Wartestand / Sie hocken in den Zügen Gesichter aus Tagblatt und Speichel" (H, S. 91). Die Fortsetzung erweist die in den Zügen Sitzenden als dumpf vor sich hinbrütende Proletarier. Im Lesevorgang bezieht sich aber das Pronomen zunächst auf den vorausgehenden grammatisch kongruenten Teil, auf die "Geier", wodurch ein Zusammenhang zwischen den "Geiern im Wartestand" und den Proletariern ohne Bewußtsein hergestellt wird. Der Fehler, hier der Interpunktion, entpuppt sich als Stimulans für semantische Verschiebungen. In einem Gespräch mit Alexander Kluge assoziiert Heiner Müller einen möglichen Druckfehler in Goethes *Iphigenie*, der die eingefahrenen Bedeutungszuweisungen schockartig aufbrechen würde. Ein zusätzliches 'n' in "Es fürchte [fürchten] die Götter das Menschengeschlecht" könnte, um den Gedankengang weiterzuführen, der Interpretation, daß sich Iphigenie einer höheren Ordnung fügt, ihr Aufbegehren als 'schwarzer Engel' einschreiben. "Dieser Text zittert dauernd vor diesem Druckfehler", so Heiner Müller.[37] In *Hamletmaschine* wird durch winzige Verschiebungen beim Zitieren – statt "nehmt" schreibt Heiner Müller "nahm" – also durch einen Fehler im Zitat, Shakespeares preisendem "er war ein Mann: nehmt alles nur in allem [...]" die Konnotation des Ausbeuters hinzugefügt: "ER WAR EIN MANN NAHM ALLES NUR VON ALLEN" (M, S. 89). Ein anderes Mittel semantischer und lexemischer Diffusion sind Wortzusammenziehungen. Das in Großbuchstaben herausgehobene "LENINDADA" in *Ajax zum Beispiel*[38] signalisiert sowohl die Verabschiedung Lenins als auch seine dadaistische Auferstehung.

Die Aufrauhung des Textes erfolgt nicht nur im orthographischen, syntaktischen und semantischen Bereich, sondern bereits auf der graphischen Ebene.

---

36 Iversen/Servos 1978 sprechen von einer Vitalisierung des Assoziationsvermögens der Rezipienten in den späteren Texten Heiner Müllers und geben zu bedenken, ob eine solche Wahrnehmung von Kunst überhaupt möglich sei, ob die auf Aufklärung verzichtenden Texte nicht zum Spielball der Vorurteile des Interpreten würden (S. 134).

37 Müller 1995a, S. 101.

38 Müller 1994b.

Der häufig eingesetzte Drucktypenwechsel bringt das regelmäßige Schriftbild durcheinander und führt zu einer Unterbrechung des Leseflusses, zu einem Stocken, beim Lautlesen käme es unwillkürlich zur Änderung der Intonation. Die in Großbuchstaben eingestreuten Wörter, Satzteile und Zitate erzeugen Aufmerksamkeit und Verwirrung, vor allem da nicht immer deutlich wird, warum gerade sie und nicht andere typographisch markiert sind.[39] Insgesamt kann man sagen, daß durch semantische, syntaktische und typographische Textstrategien Ordnung und Regularität des Diskurses gesprengt werden, es kommt zu einer Explosion des Textes. Dieses Verfahren ist für Heiner Müller selbstverständlich nicht ästhetischer Selbstzweck, es steht vielmehr in Zusammenhang mit seinem Grundthema, der Geschichte. Scheinhafte Kontinuitäten werden aufgebrochen, Kontingenzen und Widersprüche im Textmaterial erlebbar. In den Brüchen und Lücken wird quasi die Chance einer Auferstehung der Geschichte offengehalten. Ordnungsdiskurs und deliranter Text stehen sich gegenüber wie versteinerte Geschichte und Geschichte im Prozeß. Der "Engel der Geschichte" hat sich vorübergehend in den 'Engel des Textes' verkleidet. In der Büchner-Preisrede aus dem Jahr 1985 charakterisiert Heiner Müller Büchners Drama *Woyzeck* wie eines seiner eigenen Stücke: "[...] vom Fieber zersprengt bis in die Orthografie, eine Struktur wie sie beim Bleigießen entstehen mag, wenn die Hand mit dem Löffel vor dem Blick in die Zukunft zittert"; von dem so beschriebenen Text heißt es weiter, daß er als "schlafloser Engel" den Eingang zum Paradies blockiere (S2, S. 262). Anders als der Geschichtsengel Benjamins, dessen Sehnsucht dem zurückliegenden Paradies gilt, von dem ihn der Sturm des Fortschritts wegtreibt, verstellt der Textengel den Eingang zum scheinbaren Paradies der Gegenwart und wird so zum Wächter der Geschichte, die noch gar nicht stattgefunden hat. Der "schlaflose Engel" bzw. der schlaflose Text hält die *Wunde Woyzeck*, so der Titel der Büchner-Rede, offen für eine zukünftige Geschichte, von der erst die Heilung Woyzecks zu erwarten ist. Wie Büchners *Woyzeck* sind die Texte Heiner Müllers Materialisationen eines 'noch nicht', ihre zerklüftete Struktur ist Ärgernis und Stachel im Fleisch der Geschichtsvergessenheit. In der Krise der großen Geschichtserzählungen erscheint Geschichte nicht mehr darstellbar, in der Ereignishaftigkeit des Textes bleibt sie aber dialektisch aufgehoben. Heiner Müllers Stücke ließen sich mit dem Begriff des "Erhabenen", wie ihn Lyotard in *Das Erhabene und die Avantgarde* versteht, in Verbindung bringen: Das Ereignis der Kunst als Repräsentation eines nicht Vorhandenen, dessen Präsenz gleichwohl dargestellt werden soll; "es ist eher das, was das Bewußtsein außer Fassung bringt, es destituiert, was ihm nicht zu denken gelingt und was es vergißt, um sich selbst zu konstituieren".[40]

Wenn Heinz-Dieter Weber in einem Aufsatz über Heiner Müllers Geschichtsdramen feststellt, daß *Germania Tod in Berlin* das Ende des traditio-

39 Zur Reaktivierung graphischer Signifikanten vgl. Lapacherie 1990, S. 69ff.
40 Lyotard 1984, S. 152 u. S. 162.

nellen Geschichtsdramas anzeige, hat er, bezogen auf das zugrunde gelegte Geschichtskonzept, die Vorstellung von der Prozeßhaftigkeit der Geschichte, wie sie im 18. Jahrhundert als Entstehungsbedingung des Geschichtsdramas aufkam, sicher recht. Durch die Darstellung der Geschichte als apokalyptische Trümmerstätte und die entsprechende Schockdramaturgie Heiner Müllers wird nach Weber der historische Diskurs aufgehoben, dem sich das Geschichtsdrama verdanke.[41] Mit den gewohnten Vorstellungen von 'Geschichtsdrama' haben Heiner Müllers Texte in der Tat nichts mehr zu tun, ihr zentrales Thema bleibt aber auch in *Germania Tod in Berlin* und den folgenden Stücken die Geschichte. Es ist eine Geschichte, die in der Totalität der Gegenwart keinen Ankergrund mehr findet. Das Apokalyptische der dargestellten Gewaltzustände ist nicht Ausdruck einer 'Posthistoire', sondern spiegelt eher eine Vorgeschichte, die die eigentliche Geschichte in den Untergrund treibt. Die Schockdramaturgie bezieht sich nicht nur auf die Schrecken der Geschichte, sondern sie hält in den Lücken des Textes auch die Erinnerung an das, was noch nicht war, an das Abwesende im Anwesenden wach. "Explosion einer Erinnerung in einer abgestorbenen dramatischen Struktur" steht am Ende von *Bildbeschreibung*. Wenigstens im Verständnis des Autors sind seine Stücke noch immer Geschichtsdramen, insofern in ihnen Geschichte reflektiert wird, im Vordergrund die versteinerte Geschichte und im Untergrund dasjenige, was erst noch Ereignis werden will. Der Stoff, die Geschichte als Schlachtfeld und Trümmerhaufen, wird in ihnen von der Form überlagert, von der zerklüfteten Struktur als ihrem revolutionären Moment. Der glücklose Engel, der verzweifelte Engel, der böse Engel und der schlaflose Engel sind allesamt Reflexionsfiguren der Geschichte, die unterschiedliche Grade der Geschichtsvergessenheit anzeigen und zugleich in der Figur des Engels die Erinnerung an den biblischen Offenbarungsengel wachhalten, der auf das Unerwartete, das nicht für möglich Gehaltene hinweist: die Auferstehung Jesu, die bei Müller in die Auferstehung der Geschichte zu übersetzen wäre. "Die Engel tauchen ja immer auf, wenn man keine Chance mehr sieht, daß eine Hoffnung sich realisiert", antwortete Müller auf die Frage nach der Engelmetapher in seinem Werk, Engel seien Figuren "jenseits von Hoffnung und Verzweiflung".[42] Sie werden als Reflexionsfiguren eingesetzt, anfangs noch mit einem konkreten Bezug zur Geschichte, in den späteren Texten nur noch als Signifikanten, die ein

41 Weber 1991, S. 48ff. Schon 1978 gab Girshausen zu bedenken, daß man bei Heiner Müller von einem Geschichtsbegriff ausgehen müsse, der sich auf die Widersprüche der sozialistischen Gesellschaft beziehen lasse. Dieser umfasse auch noch die späteren Stücke, wo die "innerste Struktur von Geschichte", ein "Nicht-Sichtbares" durch eine "Methode der Abstraktion" zur Anschauung gebracht werde (S. 115). Die Ästhetik der späten Stücke richte sich "tendenziell auf eine Geschichte, die durch das pragmatische und in Begriffen verdinglichte Alltagsbewußtsein verschüttet ist und auf eine Erfahrungsbereitschaft der Rezipienten im Umgang mit der Geschichte, die es in politischen Kategorien auch als die jeweils eigene, biographisch erlebte zu erkennen gilt" (S. 127).

42 Müller 1992a, S. 350.

"Geheimnis" bewahren.[43] Diesem Wandel entspricht die zunehmende Verrätselung der Texte, die in den Brüchen und Lücken etwas erahnen läßt, was werden will und soll. Die Geschichte in der Lücke des Textes macht Heiner Müllers Stücke wenn nicht zu Geschichtsdramen, so doch zu Statthaltern von Geschichte als Ermöglichungsgrund von Geschichtsdramen.

Literaturverzeichnis

Alberti, R.: *Über die Engel. Sobre los ángeles*, Spanisch und deutsch, Übertragung und Nachwort von Fritz Vogelsang, Stuttgart 1981.

Apel, F.: *Himmelssehnsucht. Die Sichtbarkeit der Engel in der romantischen Literatur und Kunst sowie bei Klee, Rilke und Benjamin*, Paderborn 1994.

Bernstein, F.W.: *Wenn Engel, dann solche*, München 1994.

Brecht, B.: *Der Untergang des Egoisten Johann Fatzer*, Bühnenfassung von Heiner Müller, Frankfurt a.M. 1994.

Domdey, H.: "Mythos als Phrase oder Die Sinnausstattung des Opfers. Henker- und Opfermasken in Texten Heiner Müllers", in *Merkur 40* (1986), S. 403–413.

Foucault, M.: *Die Ordnung des Diskurses*, aus dem Französischen von Walter Seitter, Frankfurt a.M. 1991.

Girshausen, T.: "Subjekt und Geschichte. Aspekte der Neudefinition von Geschichte als ästhetischem Gegenstand in den Stücken Heiner Müllers", in *Die Hamletmaschine, Heiner Müllers Endspiel*, hrsg. v. Theo Girshausen, Köln 1978, S. 104–127.

Held, H.-G.: *Engel. Geschichte eines Bildmotivs*, Köln 1995.

Iversen, F. / Servos, N.: "Sprengsätze. Geschichte und Diskontinuität in den Stücken Heiner Müllers und der Theorie Walter Benjamins", in *Die Hamletmaschine, Heiner Müllers Endspiel*, hrsg. v. Theo Girshausen, Köln 1978, S. 128–138.

Kofman, S.: *Melancholie der Kunst*, aus dem Französischen von Birgit Wagner, Graz / Wien 1986.

Lapacherie, J.G.: "Der Text als ein Gefüge aus Schrift (Über die Grammatextualität)", in *Bildlichkeit. Internationale Beiträge zur Poetik*, hrsg. v. Volker Bohn, Frankfurt a.M. 1990, S. 69–88.

Lautréamont: *Die Gesänge des Maldoror*, aus dem Französischen von Ré Soupault, Reinbek b. Hamburg 1990.

Lyotard, J.-F.: "Das Erhabene und die Avantgarde", in *Merkur 38* (1984), S. 151–164.

Müller, Heiner: Texte 1–9, Berlin: Rotbuch-Verlag 1974–1989. [Vgl. Anm. 7.]

Müller, Heiner: "Quadriga", in: *Die Hamletmaschine, Heiner Müllers Endspiel*, hrsg. v. Theo Girshausen, Köln 1978, S. 155–156.

Müller, Heiner: *Rotwelsch*, Berlin 1982.

Müller, Heiner: *Gesammelte Irrtümer. Interviews und Gespräche*, Frankfurt a.M. 1986.

Müller, Heiner: *'Jenseits der Nation'. Heiner Müller im Interview mit Frank M. Raddatz*, Berlin 1991.

Müller, Heiner: "Jetzt sind eher die infernalischen Aspekte bei Benjamin wichtig". Gespräch mit Heiner Müller, in *Aber ein Sturm weht vom Paradies her. Texte zu*

43 In einem im Jahrbuch 1995 von *Theater heute* abgedruckten Interview heißt es im Schlußwort Heiner Müllers: "Wie schnell man sich langweilt, wenn einem in einem Stück die Welt erklärt wird. Es geht darum, wieder Geheimnisse herzustellen. Geheimnisse auch als Hindernisse für zu schnelles Denken" (S. 30).

Walter Benjamin, hrsg. v. Michael Opitz u. Erdmut Wizisla, Leipzig 1992a, S. 348–362.

Müller, Heiner: *Gedichte*, Berlin 1992b.

Müller, Heiner: *Krieg ohne Schlacht. Leben in zwei Diktaturen*, Köln 1992c.

Müller, Heiner: *Gesammelte Irrtümer. Texte und Gespräche*, Frankfurt a.M. 1994a.

Müller, Heiner: "Ajax zum Beispiel", in *Frankfurter Allgemeine Zeitung* vom 29. Oktober 1994b.

Müller, Heiner/Kluge, Alexander: *'Ich schulde der Welt einen Toten'. Gespräche*, Berlin 1995a.

Müller, Heiner: "Die Wahrheit, leise und unerträglich". Ein Gespräch mit Heiner Müller, in *Theater heute. Das Jahrbuch*, 1995b, S. 9–30.

Raddatz, F.-M.: *Dämonen unterm Roten Stern. Zur Geschichtsphilosophie und Ästhetik Heiner Müllers*, Stuttgart 1991.

Scholem, G.: *Walter Benjamin und sein Engel. Vierzehn Aufsätze und kleine Beiträge*, hrsg. v. Rolf Tiedemann, Frankfurt a.M. 1983.

Vesper, B.: *Die Reise. Romanessay*, Ausgabe letzter Hand, Frankfurt a.M.: Zweitausendeins 1981.

Weber, H.-D.: "Heiner Müllers Geschichtsdrama – die Beendigung einer literarischen Gattung", in *Der Deutschunterricht 43* (1991), Heft 4: Literatur und Geschichte, hrsg. v. Helmut Scheuer, S. 43–57.

Weber, T.: "Glücklose Engel. Über ein Motiv bei Heiner Müller und Walter Benjamin", in *Das Argument* 35 (1993), S. 241–253.

Rainer Volp

Das religiöse Ritual und das Geschichtsdrama. Beobachtungen zur frühromantischen Kritik am mythisierenden Drama

I. Einführung – oder: skeptische Gedanken zum Historiendrama

"Wo immer Religion existiert, finden sich auch als ihre mächtigsten Ausdrucksformen Mythos und Ritus", schreibt Geo Widengren in seiner 1969 erschienenen Religionsphänomenologie.[1] Dem Vergessen entreißen will, was dem Leben Sinn zu versprechen verheißt: die Geschichten von Kain und Abel, Jakob und Esau, Noah und die Sintflut, Jona und Ninive – Geschichten also, die manche aufgrund ihrer Autorität auch "Mythen" und Ausgangsort unseres Geschichtsbewußtseins nennen. Ihre Abrufstation, das religiöse Ritual – Liturgien, Lieder und Lektionen –, ist somit eo ipso schon Geschichtsdrama, erst recht dann, wenn es – wie in den Ostkirchen – ausdrücklich die Weltgeschichte von der Schöpfung bis zum Ende jeden Sonntag symbolisch durchspielt.

Dieser Sachverhalt macht Theologen skeptisch, wenn sich Liturgien 'theatralisch' aufladen (was immer man darunter verstehen mag), wie umgekehrt: wenn die Bühne ihrerseits ungebrochen Religion zelebriert. Solches kaschiert nur mühsam eine autonome Ästhetik – wie Richard Wagners 'Weihefestspiele' belegen; nicht mehr allerdings propagandistisches Engagement, wie die Olympischen Spiele von 1936 und die diesem mit 'Lichtdomen' assistierenden Reichsparteitage. Die Ambivalenz solcher Traditionsverwandten hält mich davon ab, von Tendenzen religiöser Historienspiele zu berichten – es gibt dazu Berufenere. Lohnender wären Analysen religiöser Riten und Mythen im modernen Drama: etwa bei Strindberg, Ibsen, Brecht, Beckett, Barlach, Borchert, Botho Strauß oder Tabori. Doch dies ist nicht mein Thema.[2]

Die Frage, der ich mich zuwende, ist die Problematik weltanschaulich aufgeladener Mythen auf der Bühne, welche – wie bei Wagneropern auf der Hand

1 Widengren 1969, S. 210.
2 Bachmann-Medick 1996, S. 98–121.

liegt – durch Neuinszenierung die Risse der Geschichten verkleben, z.B. die ästhetische Botschaft des Textbuchs zerstören, weil eine unhinterfragte Geschichtsideologie verhindert, daß die Zuschauer dank der ästhetischen Subversivität ihre eigenen geheiligten Konventionen kritisch überprüfen können.

Als Anwalt für meine Skepsis gegenüber einer solchen Mythisierung der Bühne bemühe ich Friedrich Schleiermacher – als Theaterrezensenten. Seine Kriterien sind für das Thema 'Geschichtsdrama' deshalb aufschlußreich, weil er beim Aufblühen des säkularen Theaters gegen Ende des 18. Jahrhunderts die unterschiedliche Leistungsfähigkeit der Gattungen Bühne und Kultus genau beschrieb und Kritisches zu deren Geschichtsbewußtsein hinterließ.[3] Schleiermachers Theaterkritik wurde zunächst sehr beachtet, geriet dann jedoch unter dem Druck restaurativer und nationaler Strömungen in Vergessenheit: Seine Warnungen vor einer Mythisierung der Bühne und – vice versa – vor einer Moralisierung der Religion sind immer noch aktuell, da er Behauptungen von Kunst als Kunst und von Religion als Religion unbestechlich zu überprüfen pflegte. Doch zunächst ist eine Klärung zum Themenkreis Ritus, Mythos und religiöses Drama notwendig.

II. Was heißt Geschichte in Mythos und Ritus?

Das europäische Geschichtsbewußtsein erwuchs aus den Traditionen ebenso des biblischen Realismus wie des griechischen Idealismus. Beide Quellen sind von Erzählungen geprägt, welche wir, wie das Eingangszitat von Widengren belegt, religionswissenschaftlich unbefangen als 'Mythos' bezeichnen, d.h. als Gattung des Narrativen, als das 'wieder Holen' dessen, was als göttliche Weisheit und Wunder nicht vergessen werden soll, als das Volksgemurmel, was an verbindlicher 'Geschicht' kundzutun als nützlich erschien.

Die Skepsis am 'Mythos' verdanken wir vor allem der jüdischen Tradition, die in ihre eigenen Gründungsmythen selbstdistanzierend Schuldprobleme und Loyalitätskonflikte einbaute: Kein Chaosungeheuer (wie im babylonischen Schöpfungsmythos), sondern Kräfte in uns selbst führen zur Tragödie oder zur Selbstironie – von Kain, dem Brudermörder stammen wir alle ab. Dadurch wird Geschichtenbewußtsein zu selbstdistanzierendem Geschichtsbewußtsein, unabhängig von der spezifischen Gattung – ob es sich um Schöpfungs-, Gründungs-, Erlösungs-, Liebes- oder Todesmythen handelt. Ihre Erschließungssituationen bergen Katharsismomente und äußerste Grenzerfahrungen zwischen Liebe und Tod, wie wir sie ebenso aus dem Dramenstoff der klassischen Antike kennen, den wir – wiederum zur ästhetischen Überprüfung religiöser Gewohnheiten – der Bühne und nicht dem religiösen Kult anvertrauen. Beider

3 Vgl. Schleiermacher 1984; Schleiermacher 1988.

kritisches Geschichtsbewußtsein hat dazu geführt, auch vom Mythos als einem problematischen heteronomen System zu sprechen.

> Wenn die Heiden aus unserem Munde die Worte Gottes hören, bewundern sie sie als gut und erhaben. Wenn sie dann sehen, daß unsere Taten der Worte, die wir in den Mund nehmen, unwürdig sind, wenden sie sich zur Gotteslästerung. Sie sagen: alles ist nur Mythos und Betrug (2. Clemens 13,3).[4]

Der Betrugsvorwurf verwirft jedoch nicht Mythen und Riten: Er gründet sich auf die Erfahrung, daß eine fehlende Erzählkultur und formalisierte Symbolhandlungen eine Heteronomie der Botschaft bewirken. Eine vernünftige Religion, die eine immer wieder überraschende Lektüre der Geschichten und Symbolhandlungen für das Volk bereithält, entwickelt ihre Verbindlichkeiten nicht von Fremdsystemen her, sondern vom kathartisch wirksamen Vollzug dieser Symbolhandlungen aus. Das religiöse 'Drama', d.h. der im Ritual von allen Beteiligten gespielte Geschichtenpool, folgt einer Verbindlichkeit, welche sich aus den Beziehungen zwischen den Geschichten und den gemeinsam anerkannten ethischen Zielen selbst ergibt. Nur solche Texte bzw. Handlungen erklärt eine Religionsgemeinschaft für fokusträchtig, d.h. für 'heilig', welche diese Verbindlichkeiten erwarten lassen. Im Auslegen und Aufführen werden die sich fixierenden Geschichts- bzw. Gottesbilder korrigiert. Damit werden semantisch festgelegte Bedeutungsachsen im Interesse der Sinnevidenz ästhetisch unterlaufen; dieser subversive Charakter begründet denn auch die Wiederholung des Mythos, also das Ritual.

Dies ist einer der Gründe, warum Schleiermacher die in sich schlüssige Einheit zum obersten Kriterium des Gottesdienstes erhebt,[5] wie ja auch schon J.G. Herder bekannt hatte: "Eine symbolische Handlung spricht sich selbst aus: Sagt sie nicht, was sie sagen soll, so hat ihr Erfinder übel symbolisieret".[6] Die Ästhetik ist also Kriterium für das Ethos der Erzählkultur, wie sich auch die neue Rhetorik Schleiermachers der freien Predigt annimmt: beides Verteidiger auch unbequemer Texte gegenüber Dogmatismus wie gegenüber billigem Populismus (auch damals gab es Anpassungsmentalitäten, vergleichbar heutiger Einschaltquotenprostitution).

Religiöse Riten sind Brücken zwischen Erinnern und Erwarten zur Selbstvergewisserung. Um im Sistieren üblicher Zwecke sich und die Welt zu finden, setzen sie die notwendigen Umstände. Auf die Frage einer Lehrerin, welchen Sinn die Liturgie habe, erhält sie die spontane und doch weise Antwort: "Damit ja alles lange genug dauert". Die Dehnung von Zeit zwischen 'Anamnese' und 'Epiklese' ist der vielleicht allgemeinste Parameter des religiösen Rituals. Denn Situationen selbst höchster Irritation – etwa angesichts des eigenen Sterbens – wollen geschichtenfähig bleiben. Deshalb spricht man

4 Widengren 1969, S. 186.
5 Vgl. Schleiermacher 1984, S. 169; vgl. Volp 1994, S. 794–823.
6 Herder 1830, S. 255.

seit den Forschungen van Genneps von drei idealtypischen Stadien religiöser Riten:[7]

- die Trennungsriten (*rites de séparation*),
- die Schwellen- und Umwandlungsriten (*rites de marge*) und
- die Wiederherstellungs- bzw. Angliederungsriten (*rites d'agregation*).

Im mittleren Stadium wird die Krise als Kairos empfunden, d.h. das Mitsterben zuvor und die Wiedergeburt danach tauchen momentan in die Gleichzeitigkeit mit dem Mythenstifter ein. Die Krise wird so als geschenkte bzw. neue Zeit erkannt. Man hat auch vom "Schwebe- und Zwischenzustand der Liminalität" gesprochen, in dem die Novizen "eine Verbindung zur Sakralsphäre herstellen".[8] Doch alle drei Stadien saugen dank ihres Geschichten- bzw. Geschichtsbezugs ständig Mythen an, die – abgelöst von rational kontrollierten Religionen – zu einem problematischen Eigenleben neigen, zumal die Einfachheit der dramaturgischen Schemata den Mißbrauch (wie in der Rhetorik) nahelegen.

Als die Nazis – mit hohem kultischen Pathos – zwischen Bürgerbräukeller und Königsplatz in München am 9. November die Politik erfolgreich als Medienereignis zelebrierten, nutzten sie sehr genau diese drei Phasen religiöser Rituale:

1. Die Prozession des Abschieds von den "Blutzeugen der Bewegung": mit Trommelwirbel, Hoheitszeichen der "Märtyrer", schwarz verhängten Pylonen mit Feuerschalen bis zur Feldherrnhalle;
2. hier, am "Altar der Bewegung", erzeugten 16 Artilleriesalven, die Kranzniederlegung durch Hitler und das Reichssymphonieorchester ("Ich hatt einen Kameraden") einen Zustand der Liminalität.
3. Am Königsplatz vollzog sich der Agregationsritus: Deutschlandlied, Appell der "Ewigen Wache", Fanfaren, militärische Signalmusik, Fahnenhissen, Horst-Wessel-Lied usf.

Die stets latente Mißbrauchsneigung der Menschen nötigt den Menschen, mit Hilfe ausdrücklicher Religion wenigstens drei eigenständige überprüfbare Gattungen ritueller Krisenbewältigung zu kultivieren:[9]

1. *Eliminatorische Riten*, welche – etwa im Opfern – Vergangenheit verarbeiten helfen;
2. *Apotropäische Riten*, welche die Dilemmata gegenüber den Mächten in Raum und Zeit signalisieren und
3. *Weihe- und Initiationsriten* mit Signalen der neuen Offenheit und Erwartung.

---

7 Van Gennep 1986; dazu Volp 1992, S. 67, 267 u.ö.
8 Volp 1992, S. 102.
9 Vgl. dazu Widengren 1969, passim.

Eine ähnlich strukturierte Trias begegnet uns auf dem Level zweckfreier religiöser Doxologien wieder, z.B. in den Stadien anamnetischer, mimetischer und epikletischer Strukturen von Liturgien,[10] die mit dem Gestus des Theaters die Gestalt der Ambiguität und den Gehalt von kathartischen Situationen teilen.

Diese Beobachtung zeigt, warum Geschichten auf der Bühne und im Kultus unterschiedlich verarbeitet werden: Die individuelle Poesie ermöglicht es, daß über Situationen prinzipieller Offenheit ästhetische Ambiguitäten entstehen; zugleich aber bauen sich eigenständige Strukturierungsmechanismen dramatischer Situationen auf, um mitteilungsfähig zu werden. Die dafür notwendige Dreigliedrigkeit zwingt zum religiösen Ritual, sprengt es jedoch im gleichen Augenblick. Denn irritierte Gefühle entfalten je eigene Systeme, wofür es eine Fülle von Belegen sowohl im religiösen Brauchtum wie erst recht in Bühnenstücken gibt. Doch es sind religiöse Riten, welche eine das Kollektiv vernetzende Universalpoesie anregen. Zu deren Aufführungen sind überschaubare und gedehnte dramaturgische Abläufe als soziale Rahmenbedingungen ethisch zwingend und zugleich problematisch, da jeder Beteiligte anläßlich von Krisengeschichten seinen Mitspielpart soll individuell einbringen können. "In der (religiösen) Gemeinde wird der Mensch gebildet durch Einsamkeit und stilles Nachdenken, in der Welt kann er es nur werden durch mannigfaltigste und zusammengesetzteste Tätigkeit",[11] eine Differenz, welche auch innerhalb des Kults die Spannung zwischen Mystik und Volksreligion erklärt. Eine vernünftige Kultdramaturgie muß auf Transparenz und Mitvollziehbarkeit für Angehörige unterschiedlicher Bildungsschichten achten, während sich die Bühne ästhetisch komplizierte und sich ständig ändernde Strukturen leisten kann.

Angesichts des Mißbrauchs von Religion an den Höfen absolutistischer Herren wie auf dem Marsfeld der Revolutionäre hat Friedrich Schleiermacher die religiöse Grunderkenntnis auf das "Gefühl der schlechthinnigen Abhängkeit"[12] zurückgeführt, d.h. auf die Einsicht einer nicht hintergehbaren Geschichtlichkeit als religiöse Existenz, welche in der Kodiertheit durch Sprachen erkennt, daß wir keine Götter sind. Deshalb muß ein ästhetisch bzw. hermeneutisch überprüfbares Ethos im Gottesdienst wie auf der Bühne gelten, postmodern formuliert: "Wieviel Ideologie verträgt das Drama?"

III. Universalpoesie und Geschichte

Schleiermacher hat sich gegen die Geschichtsüberflutung der Bühne sehr genau ausgesprochen. Er, der Philosoph der Frühromantik, dem wir die erste

10 Vgl. Volp 1994, S. 1107.
11 Schleiermacher 1992, S. 47.
12 Schleiermacher ^{2}1830, § 4.

wissenschaftliche Allgemeinhermeneutik verdanken, der mit den Grundlagen für die historisch-kritische Forschung das Thema 'Geschichte' wie kein anderer für die Moderne etabliert hat, wehrt sich im Namen der Idee einer Universalpoesie gegen die Überflutung der Bühne mit Historienspektakel. Die bis heute kaum wahrgenommene Pikanterie besteht allerdings darin, daß ihn – den Theologen – die Sakralsprache des Theaters anwidert: bei seinem Freund Friedrich Schlegel ebenso wie beim gar nicht freundlich behandelten Friedrich Schiller. Nicht nur das Manirierte der antikisierenden Überhöhung erscheint ihm zu angepaßt.

Bekanntlich gilt als eine der Leitideen frühromantischer Philosophie das Paradigma vom sog. Gesamtkunstwerk, wie es durch Friedrich Schinkel und Philipp Otto Runge populär wurde.[13] Doch wenn wir deren Struktur in der Geschichte suchen – so war es seit Hamann und Herder Allgemeingut geworden –, müssen die Äußerungen jeder Art von Poesie fragmentarisch bleiben, d.h.: Die Künste bedürfen einander aufgrund ihrer Nötigung zur unendlichen Interpretantenkette, nicht aufgrund eines Vollkommenheitsideals. Pathos ist nirgends angesagt, erst recht nicht dort, wo Geschichte höchstes Thema ist: in der Religion. Dort treffen wir die Zeichen im endlich/unendlichen Verweis von Raum und Zeit, Ton und Geste, Bild und Begriff an, eine ästhetisch-fragmentarische Einheit, die sich auf zwei Arten von Kommunikationsbedingungen aufbaut: erstens Symbolhandlungen und Gesänge, welche ebenso im Fragment aus sich selbst reden[14] wie zweitens die freie Rede und Gebetsäußerung.[15]

Vor diesem Hintergrund, der sich als frühromantische Öffentlichkeit in den damals allenthalben bekannten *Reden über die Religion*[16] von Friedrich Schleiermacher etabliert, verwundert es nicht, daß dieser die Kunstauffassung Friedrich Schillers vom 'Theater als moralischer Anstalt' für unreif und schwankend hält und nur mit Mühe durch August Wilhelm Schlegel (der es sich mit Goethe nicht verderben wollte) davon abgehalten wird, im "Satirischen Reichsanzeiger" des *Athenäums* "eine Teufeley" auf das "risible Subjekt" Schiller[17] loszulassen. In der *Literaturzeitung* freilich zerriß er 1801 ausführlich Schillers *Macbeth*-Aufführung:[18] statt das Fragmentarische von Shakespeares Dramen zu akzeptieren, idealisiere Schiller sie auf unausstehliche Weise: Er vertausche Personen, um Harmonie zu erzeugen, lasse die falschen Personen ermorden, weil er das Grausen fürchte, schleife die Ironie –

13 Vgl. Szeemann u.a. 1983.
14 Vgl. Herder 1830.
15 Vgl. dazu Volp 1992, S. 804–807.
16 Schleiermacher 1879.
17 Brief an A.W. Schlegel vom 5.10.1799 (EK S. 594).
18 Vgl. Schleiermacher 1988. – Die Richtigkeit der Einlassungen Schleiermachers hat die neuere Shakespeare-Forschung vielfach bestätigt. Insbesondere Edward Berry hat – übrigens im Strukturvergleich der Ritenstruktur – gezeigt, wie sich bei Shakespeare romantische Konventionen konstituieren (vgl. Berry 1984).

und überhaupt: Wenn man schon Eingriffe mache (was Schleiermacher keineswegs ablehnt), müsse man erst einmal das Stück aus sich selbst heraus verstehen: Schon sprachlich verhunze es der Regisseur Schiller, dem er schlechte Englischkenntnisse anlastet. In einem Brief an Henriette Herz mokiert er sich über die nordisch-monströsen Verse der *Braut von Messina*, die er insgesamt "unerträglich"[19] findet: Entweder solle er antike Musik versuchen oder aber moderne komponieren lassen. Das Mythische als ferner Stoff stehe immer unter der problematischen Frage: erklären oder umbiegen? Das gelte für die germanische wie die homerische Mythologie. Deren Religion sei nicht die unsere. Religion auf der Bühne sakralisiere oder ironisiere. Deshalb müsse Shakespeare, wolle man ihn als Kunstwerk bringen, verletzen, wie ja auch umgekehrt "keine Momente der Bühne auf die Kanzel gehören".[20]

Die Ideologisierung des Theaters attakiert Schleiermacher mit der Bemerkung, die Götter Homers verlören auf Schillers Bühne ihre Anmut des Glaubens, sie wirkten als Fantasiegebilde exotisch, d.h. "mythologisch" statt geschichtlich. Das "Wahre des Dramas", d.h. der Gegenstand der Kritik, zeige sich sekundär im Textbuch, primär dagegen als Aufführung, denn es gebe drei Sorten von Künstlern: den Dichter, den Schauspieler und den Zuschauer. Werde nur einer dieser drei vom Gewicht der Leitidee bzw. Konzeption abgelenkt, dann verliere er den Gegenstand aller Kunst aus den Augen: die "Differenz" von Gehalt und Gestalt, d.h. die Gegensätze und Spannungen der Personen, deren Anschauungen, deren Ideen, zwischen denen das ästhetische Spiel blühe. Gerade wenn man davon ausgehe, daß das Theater eine Bildungsinstitution sei, müsse man die Geschichtlichkeit der Aufführung als Kunstwerk schützen, also die Ambiguität der Botschaften von Ton und Gebärde bzw. Situation und Handlung zwischen Besonnenheit und Begeisterung.

Die neue Sicht einer Universalpoesie teilt Friedrich Schleiermacher mit seinem Freund Friedrich Schlegel. Beide sehen darin eine neue Stufung der ästhetischen Bildung, welche das Poetische aus der literarischen in die personale und d.h. geschichtliche Existenz zurückführt: In jedem Menschen verleibliche sich die Vernunft in einer ihm eigenen Sphäre. Für Schleiermacher ist diese Selbstmanifestation der Beginn der Kunst und eine Darstellung der Werkabschluß. Deshalb positioniert seine Ästhetik nicht – wie Friedrich Schlegel – den Roman, sondern das Drama in die Mitte: "Am Drama ist alles Darstellung". Darstellung heißt für den Platoübersetzer Schleiermacher "Mimesis", nicht im Sinne einer Nachahmung, sondern als Rekonstruktionsversuch universaler Beziehungen, wie sie in jeder Person auf unverwechselbare Weise einmalig erscheinen: Der Mensch ist ihm höchstes Symbol. Die Hexen bei Shakespeare werden, statt sie in der vom Dichter gewollten sprachlichen Unbeholfenheit zu belassen, in antrainierten Balladensängerinnen vorgeführt;

---

19 Schleiermacher ^{2}1860, S. 370.
20 Schleiermacher 1850, S. 317.

> [...] das merkwürdigste ist, daß sie moralisieren und Gewissensbisse haben und sich mit der Freiheit der Menschen wieder rechtfertigen. Kurz: sie sind keine Hexen, sondern "Schicksalsschwestern", Priesterinnen der wieder eingesetzten obersten dramatischen Gottheit [...][21]

Was für innerlich notwendig und für situativ angemessen erachtet wird – ein antiker Topos der Rhetorik –, gestalten Dichter, Schauspieler wie Zuschauer in der ihnen zukommenden Sphäre frei: Doch solche 'Divination', heute als sog. Abduktion als ästhetische Pointe der Wissenschaft wiederentdeckt, wird nur dann zum konstituierenden Moment der ästhetischen Prozesse, wenn alle am Kunstgeschehen Beteiligten den produktiv-prüfenden Umgang mit den Leerstellen von Textvorlagen leisten können, die Bedingung der Möglichkeit geschichtlichen Bewußtseins. Dies schließt ebenso eine heterogene übergeordnete Systembindung aus wie willkürliche Kreativität, welche der Produktivität der Vernunft widerspricht: Und die hat ihre Identität als Kunstwerk in der Verpflichtung, daß 'erzeugende Bewegung' des Drehbuchs wenigstens ähnlich wirksam werden kann.

Eine ähnliche Kritik am Historienklischee finden wir bei dem Maler Caspar David Friedrich, einem Freund Schleiermachers. Im Jahre 1830 kommentiert er das Treiben der Nazarener, der Bildner von Historien, so:

> Sollte denn das wohl der hochgepriesene Kunstsinn unserer Zeit sein, sich in knechtischer Nachäffung einer früheren wenngleich schönen Kunstzeit zu gefallen? Sollte man je Fug und Recht haben, einem Jahrhundert alle Kraft des Selbsterschaffenen absprechen zu dürfen, ohne sich selbst zu beleidigen und an dem neunzehnten Jahrhundert zu versündigen? Die Sklavenseelen unserer Tage verkennen ihre Zeit und einige auch sich selbst bei wirklich schönen Anlagen und Fähigkeiten. Zu dieser Knechtschaft führt aber das ewige Reden und Predigen des unbedingten Gehorsams und Gehorchens und des Aufgebens des eigenen Willens und selbstständiger Kraft. Das Vertrauen auf sich selbst und das ihm von Gott anvertraute Pfunden darf der Mensch nie aufgeben, ohne sich an seiner Menschennatur und an seiner Zeit zu versündigen. Ist es aber nicht, wenn wir aufrichtig sein wollen, etwas Widriges, ja oft Ekelhaftes, vertrocknete Marien mit einem verhungerten Jesuskind im Arme zu sehen, und mit papiernen Gewändern bekleidet. Oft auch wohl mit Absicht verzeichnet und geflissentlich Verstöße gegen die Linien und Luftperspektiven gemacht? Alle Fehler jener Zeit äfft man täuschend nach, aber das Gute jener Bildwerke, das tiefe, fromme, kindliche Gemüt, was diese Bilder so eigentlich beseelt, läßt sich freilich nicht mit den Fingern nachahmen, und es wird den Heuchlern nie gelingen, selbst dann noch nicht, wenn man mit der Verstellung so weit gegangen und katholisch geworden. Was unsere Vorfahren in kindlicher Einfalt taten, das dürfen wir bei besserer Erkenntnis nicht mehr tun. Wenn große Leute wie die Kinder in die Stube scheißen wollten, um damit ihre Unschuld oder Schuldlosigkeiten beweisen zu wollen, möchte wohl nicht gut aufgenommen und geglaubt werden.[22]

---

21 Schleiermacher 1988, S. 388.
22 Gallwitz u.a. 1977, S. 410.

Obwohl auch der junge Friedrich Schlegel die "kaum erträgliche" dramatische Wirkung der Nazarener kritisierte, rückte er, der später zur römischen Kirche konvertierte, immer stärker in die Nähe des Symbolismus eines Creuzer. Er hatte nie verstanden, was sein Freund Schleiermacher in den *Reden über die Religion* meinte, wo dieser den Kopierern von Geschichtsmythen ins Stammbuch schrieb:

> Gedächtnis habt ihr und Nachahmung, aber keine Religion. Erzeugt habt Ihr die Anschauungen nicht, wozu Ihr die Formeln wißt, sondern diese sind auswendig gelernt und aufbewahrt, und Eure Gefühle sind mimisch nachgebildet wie fremde Physiognomien und eben deswegen Caricatur [...].[23]

Dies alles habe nichts gemein mit dem Ewigen, dem Unendlichen, dem religiösen Bewußtsein und ihren Geschichten, die "von innen hervorgehen" müßten.[24] Das Ziel unserer Religion, "den Weltgeist zu lieben und freudig seinem Wirken zuzuschauen",[25] mache, vor allem Wirken, die Anschauung des Universums (vorab die Menschheit als Universum) zum Angelpunkt der Religion.[26] Die Menschheit in ihrem Werden anzuschauen, ihr Tun als eine "von den größten Handlungen des Universums wahrnehmen", die "verschiedenen Momente der Menschheit" aneinander zu knüpfen und aus ihrer Folge

> den Geist, in dem das Ganze geleitet wird, errathen, das ist ihr höchstes Geschäft. Geschichte im eigentlichsten Sinn ist der höchste Gegenstand der Religion, mit ihr hebt sie an und endigt mit ihr – denn Weissagung ist in ihren Augen auch Geschichte und beides gar nicht voneinander zu unterscheiden – und alle wahre Geschichte hat überall zuerst einen religiösen Zweck gehabt und ist von religiösen Ideen ausgegangen. In ihrem Gebiet liegen dann auch die höchsten und erhabensten Anschauungen der Religion.[27]

Geschichte, das "Fundament aller romantischen Dichtung",[28] ist hier, in der philosophischen Schlüsselschrift der Romantik, deshalb als ein primär religiöser Gegenstand benannt, weil nur so jene hermeneutische Objektivität gewahrt wird, welche in der Lage ist, Strukturen zu entwickeln, welche Völker, Generationen und Einzelne kosmisch und zugleich auch phänomenologisch als Individual- und Sozialstrukturen zu denken erlauben.[29] Der Ort ihrer Analyse ist nach Schleiermacher die Wissenschaft. Das Theater hat eine poetische Aufgabe, die sich genauso wie die Religion gegen falsche Zumutungen wehren muß: die Apotheose wie die bloße Aggregation von Fakten, allerdings auch gegen die Zumutung, Metaphysik oder Moral darzustellen, deren Systeme jenseits ästhetischer Darstellung plausibel sind. Bühne wie Kult, beide haben eine

23 Schleiermacher 1879, S. 81f.
24 Ebd., S. 82.
25 Ebd., S. 85.
26 Ebd., S. 94f. u.ö.
27 Ebd., S. 102f.
28 Vgl. Kluckhohn ^{5}1966, S. 107–130; Nivelle 1970, S. 34, S. 153 u.ö.; Casper 1978, 490f.
29 Vgl. Schleiermacher 1879, S. 103.

poetische Aufgabe: das "Individuelle Allgemeine"[30] zu beschreiben, eine Existenzerhellung,[31] welche paradigmatisch Anschauung in unverwechselbare Momente der Geschichte gibt.

Die Differenzen entzündeten sich an dem, was "wahre Geschichte" sei, nachzulesen im *Gespräch über die Poesie* Friedrich Schlegels.[32] Wer davon ausgehe, daß Überlieferung auf Sprache und Sprache auf Poesie aufbaue, bestehe "auf konkreten historischen Beschäftigungen mit wirklich empirischen Dingen und nicht bloß auf dem 'An sich' der Kunst".[33] Deshalb wollten Schleiermacher und Schlegel – gegen Schelling – den transzendentalen Deduktionen idealistischer Philosopheme nicht folgen. Unüberbrückbare Differenzen Schlegels zu Schleiermacher entzündeten sich an der Frage, wie Geschichte bestimmt werden könne, wenn sie weder als bloß wissenschaftlich-empirisches Aggregat von Wirklichkeiten noch als idealisierendes Postulat zu fassen sei. Wie kann im "Chaos der Erscheinungen ein gesetzmäßiger Gang" entdeckt werden?[34] E.T.A. Hoffmann sprach vom "wilden Strudel", der den Dichter in Ansehung der Geschichte "von Ereignis zu Ereignis, ja von Tat zu Tat" fortreiße,[35] sein Verstricktsein in Geschichten als Geschichte. Seine Erzählung ist "serapiotisch", weil sie "auf geschichtlichem Grund, doch hinaufsteigt ins Fantastische".[36] Will man jedoch das Fantastische nicht als Weltbild kreieren, sondern als poetisches Element in den Produktionsprozeß zurückholen, entsteht die Frage nach der Notwendigkeit in den zu erzählenden Geschichten. Während sich nun Friedrich Schlegel zunehmend auf ein philosophisch Notwendiges in *religiöser Symbolik* zurückzieht,[37] setzt Friedrich Schleiermacher auf den *Kommunikationsakt* von Dichter, Schauspieler und Zuschauer bzw. von biblischen Autoren, Priestern und Gläubigen, indem er, die unterschiedlichen gesellschaftlichen Wertsysteme voraussetzend, sich an das frühe Diktum hält: "Der Gegenstand der Historie ist das Wirklichwerden alles dessen, was praktisch notwendig ist".[38] "Kunst und Religion stehen nebeneinander wie zwei befreundete Seelen", die sich gegenseitig als Stoff und als Funktion ansehen,[39] aber beide von geschäftlichen Zwecken absehen können, also in poetischer Praxis. Ihr Unterschied zeigt sich in solcher Praxis selbst, d.h. in der Primärfunktion der Interessen: verletzend wirkt, wenn religiöse Momente auf der Bühne oder aber theatralische auf der Kanzel dargestellt werden.

---

30 Vgl. Frank 1977, so der Titel des Buches.
31 Den philosophischen Ausdruck "Existentialverhältnis" prägt m.W. als erster F. Schleiermacher (vgl. Schleiermacher 1908, S. 15).
32 Schlegel 1958, Bd. 1, S. 337.
33 Behler 1978, S. 572–583.
34 Schlegel ^{3}1846, Bd. 1, S. 3–6.
35 Hoffmann 1970, S. 10.
36 Ebd., S 709.
37 Vgl. Schlegel 1963 XVIII, 28, Nr. 112 u.ö.
38 A.W. Schlegel 1960, Fragment 90.
39 Schleiermacher 1879, S. 173; ders. 1850, S. 789.

Wohl ist, wenn man die empirische Seite betrachtet, für Schleiermacher die Wissenschaft der Ort der Geschichte. Doch dies ist noch kein Anlaß, sie in Kunst und Religion idealisierend darzustellen: Religion, "der heilige Kuß, bei dem die Geschichte geboren wird",[40] sieht die Geschichte als ihren eigentlichsten Sinn und höchsten Gegenstand an,[41] den sie jedoch nie auf einen Begriff bringen oder in ein Weltbild zwängen darf; ist es doch, angewiesen auf Kunst wie Wissenschaft, ihr Ziel, "den Weltgeist zu lieben und freudig seinem Wirken zuzuschauen";[42] da auf der anderen Seite die Kunst als Gegenstand die Differenz hat, kann sie Geschichte nicht in harmonisierenden Identifikationen, sondern nur in den Differenzen des Selbstbewußtseins darstellen. Damit ist die autobiographische Ära der Dichtung eingeleitet.

Wenn man also die Frage stellt: Wieviel Geschichte – die Träume inklusive – verträgt die Bühne, dann ist nach Schleiermacher die sich ästhetisch generierende Handlungseinheit entscheidend: Der ästhetischen Aufgabe, Fragen offen zu halten, sind alle Zeit- und Raummomente, alle *stories*, alle Umwege krimineller u.a. Verwicklungen zu unterwerfen. Zu viele und zu große Geschichten dagegen sprengen diese auf Bühne und Abendvorstellung begrenzte Kunst: Sie nötigen zur belehrenden Erweiterung oder zur moralisierenden bzw. metaphysischen Verkürzung und lösen somit die Spannungen und Widersprüche vorzeitig auf. Schleiermacher will damit keineswegs der Bühne jene religiösen Elemente wegnehmen, welche in jedem Selbstbewußtsein ausgesprochen oder latent präsent sind, etwa als ein Bewußtsein des jeweiligen Woher als eines absoluten Abhängigkeitsgefühls. Doch solche Elemente sind nicht das Thema eines Schauspiels, welches es ergo als 'religiöses' Historiendrama gar nicht geben kann. Daraus ergibt sich abschließend die Frage, wie denn Schleiermacher das kultische Spiel als einen der Geschichte verpflichteten Gottesdienst legitimieren kann.

IV. Religiöses Ritual und Bühnenstück als Vertextungskultur

Die einfachsten Kunstelemente werden nach Schleiermacher anläßlich von Freude und Trauer geboren. Deshalb ist der eigentliche Ort für alle Kunst das Festleben, welches einer sozialen Person – Familie, örtliches Gemeinwesen oder Volk – ermöglicht, im Ganzen wie im Inividuum auf Modelle ihres Ursprungs zurückzublicken: "Die Vollkommenheit eines Volkes ist, wenn es die Kunst ganz in sich trägt und allseitig an sich entwickelt".[43] Hier kann die innerste Freiheit aller Künste deshalb am vollkommensten aufblühen, weil die

40 Schleiermacher 1879, S. 78f.
41 Ebd., S. 192.
42 Ebd., S. 84.
43 Schleiermacher 1984, S. 13.

Kunst nur in einem alle Zweige vereinenden Festleben recht aufblüht.[44] Der religiöse Kult setzt dazu die besten Voraussetzungen, denn seine Rituale bieten die Chance, jedem Beteiligten religiöses Selbstbewußtsein zu geben. Dies desto mehr, als die Kunst zum "Organ", d.h. zum Kodierungsplateau für individuelle Notationen der Religion wird.

Diese Theorie von dem im religiösen Kult evidenten Gesamtkunstwerk bei Schleiermacher wurde oft in der Forschung verkannt, weil man die offenen Prinzipien der zugleich erzeugenden wie sich selbst kontrollierenden Elemente der Kunsterzeugung als Realität der "Stimmung" mißdeutete. Diese ist – wie die Theorie der "Übergänge" in der Farbenlehre etwa Philipp Otto Runges – als Zusammenwirken sozialer wie individueller Faktoren ein Testfall für die Frage, wie sich Situationen und Entscheidungen als ästhetische Einheit begreifen lassen. Alle Kunst, so Schleiermacher, "geht zurück auf die von der Stimmung ausgehende freie Produktion. Denn diese sind Ton und Bewegung ebensogut wie Bild und Gedanke", den "Sinnbildern" der eigentümlich inneren Welt vergleichbar.[45] Stimmung entsteht "aus dem Durchschnitt festgehaltener Affektionsmomente",[46] als Mäßigung der Erregung.[47] Kunstfähigkeiten entstehen nicht aus dem unmittelbar erregten Gemüt, sondern aus "der zusammengesetzten Stimmung": in der Totalität der Stimmung treten innere Typen hervor.[48] Sie spiegelt sich im bestimmten Allgemeinen ab, wodurch das Einzelne Darstellung wird, was man auch das "Symbolische" nennen kann.[49] Denn jeder Festteilnehmer hat ein eigentümliches System, eine eigentümliche Welt, welche durch die symbolerzeugende Bewegung verändert wird.

Fehlinterpretationen von Schleiermachers Religionsbegriff haben diese Theorie bislang in den Hintergrund gedrängt. Vergleichbar mit Niklas Luhmanns Versuch, die allgemeinste Funktion von Religion zu beschreiben,[50] das Unbestimmbare bestimmbar zu machen, hat ihr Schleiermacher die Aufgabe zugedacht, "alles Beschränkte als Darstellung des Unendlichen", d.h. einer endlich / unendlichen Lebensaufgabe zu begreifen.[51] Sie ist ihm "das beseelende Prinzip auch als Vernunft".[52] Denn "im Menschen soll sich nicht weniger als in allen Einzelnen und Endlichen das Unendliche abdrucken und darstellen",[53] die Idee des Erlösers darf nicht in Systemen verdampfen, die ihren ästhetisch selbstreferentiellen Charakter verloren haben.

44 Ebd., S. 18.
45 Schleiermacher 1931, S. 54; S. 57.
46 Ebd., S. 52.
47 Ebd., S. 105.
48 Ebd., S. 105f.
49 Ebd., S. 128.
50 Nach Luhmann vermag Religion letzte, grundlegende Reduktionen bereitzustellen, "die die Unbestimmtheit und Unbestimmbarkeit des Welthorizontes in Bestimmtheit oder doch Bestimmbarkeit angebbaren Stils überführen" (Luhmann 1975, S. 227f.).
51 Schleiermacher 1879, S. 65f.; vgl. S. 113ff.
52 Schleiermacher 1911, Bd. 2, S. 100.
53 Schleiermacher 1879, S. 65.

Die Hauptkritik Schleiermachers am Historiendrama liegt in der Einsicht, daß das Maß der Protagonisten eines Dramas nicht durch eine von außerhalb des Dramas kommende Idealität verfälscht werden darf. Sie hat sich in den Texten selbst ihre Leerstellen gesucht und potenziert sich in den vom Ritual autorisierten Überlieferungen wie in den vom Benutzer autorisierten divergierenden Textinterpretationen. Es gilt da, Strukturähnlichkeiten zu entdecken, nicht jedoch Agglomerate historischer Fakten unter idealisierten Vorgaben zu sammeln. Deshalb ist für Schleiermacher das Wesen des religiösen Festes, an dem alle Beteiligte produktiv tätig werden, der Geburtsort von Geschichte, hinreichend beschrieben im Essay *Die Weihnachtsfeier* von 1805. Hier zeigt er, wie jeder Darstellender und Zuschauender ist, Textrezipient und -produzent.

> Die größte Kristallisation [erg.: der Geschichte] bedarf nur eines Kleinsten, um daran anzuschließen; was von innen herausbricht von dieser Freude, das bedarf nur der geringsten Veranlassung, um sich in einer bestimmten Gestalt hinzustellen.[54]

Auch stark institutionalisierte Religionen kommen nicht umhin, jene familiaren Strukturen zu kultivieren, welche Anlaß sind, das "Geschichtliche" als gemeinsam zu gestaltendes Erinnern mit offenem Ausgang darzustellen.

Daraus folgt: Im Unterschied zu Gründungspotentaten stellen sich Schriftreligionen ihre Stifter als Personen vor, die universalpoetisch wirksam waren und sind. Ihr *background* ist ein Schöpfungsmythos, der sich einer *creatio ex nihilo* verdankt und der deshalb auf jeder Ebene der Textverarbeitung festhält: Alles Bedeutende hat gegenüber der Sinnkonstitution ein Element des nichtartikulierbaren Grundes. Geschichtsbewußtsein entsteht somit aus der Einsicht: "Mißverstehen ist der einzige Weg der Interpretation".[55] Wenn somit Verstehen an jedem und in jedem neu gesucht und gefunden wird, kann die Darstellung gar nicht umhin, Differenzen und Verschiebungen gegenüber den Textvorgaben zu wagen (worauf sich Schiller hätte berufen können). Die Förderung des Ideenpotentials, nicht der Ideologisierungsmechanismen ist somit das Kriterium des Historiendramas.

Bleibt die Frage: Wieweit hat der Regisseur, wieweit das Drehbuch Vorrang? Das Verschwinden des Drehbuchs wird desto schärfer kritisiert werden müssen, je unbefragter die Aufführungen unkontrollierten Wertmechanismen folgen. Dies mag über manche Epochen oder Regionen hin eine Gefahr religiöser Dogmen und Weltanschauungen gewesen sein. Heute ist es eher die Diktatur der Reproduktionsmechanismen und der Unterhaltungszwänge, welche uns nötigt, sich – mit Jury Lotman bzw. Umberto Eco[56] – kritisch gegen die Übermacht der grammatikorientierten Kultur zu wehren zugunsten einer textorientierten Haltung – zumal auf der Bühne.

---

54 Schleiermacher 1911, S. 526.
55 Eco 1985, S. 230.
56 Auch zum Folgenden vgl. Eco 1987, S. 195ff.

Grammatikkulturen orientieren sich am Ideal eines festen Regelsystems, welches auf Gebrauchsanweisungen und Handbücher setzt, auf phantasielose Regisseure und Liturgen bzw. Prediger. Textorientierte Kulturen hingegen halten viel vom Schriftkorpus, einem überragenden Modell, auch als Grundgesetz brauchbar, auf das sich jedermann berufen kann, die Voraussetzung demokratischer Kulturen. Poetisch starke Texte versklaven nicht unter eine einzig legitimierte 'Heilsgeschichte', im Gegenteil, sie entbinden ständig neue Heilsgeschichten, immer neu gewagte Interpretationen – aufgrund fundierter Drehbücher. Gute Texte sind schier unendlich befragbar. Solchen Texten verdankt sich das europäische Geschichtsbewußtsein, zumal die Prinzipien der Hermeneutik, die – von späteren Philosophien überdeckt – Friedrich Schleiermacher für die Moderne erschlossen hat. Was passiert, wenn diese Kultur umkippt in die alleinige Façon 'Grammatikkultur', hat das vergehende 20. Jahrhundert gelehrt: Nicht, daß man hier historisierende Ideale überzogen hat (wie etwa die Weihefestspiele der zwanziger Jahre), war das Problem, sondern daß man sie nicht in ihrer apriorischen Systembindung rechtzeitig analysieren konnte.

V. Zum Beschluß

Das religiöse Ritual und das Geschichtsdrama: Beide verdanken sich einem Bewußtsein von Geschichte, die im Vollzug der Darstellung des an sich undarstellbar Gewordenen auf Neuvertextung als Kriterium der Beurteilung drängt. Nicht das Wagnis des Regisseurs Schillers zur Shakespeare-Inszenierung kritisierte Schleiermacher, sondern die Versuchung des Historiendichters, ein Fremdes dem eigenen Ideal unterzuordnen, d.h. die selbstbehauptete Autonomie ästhetischer Prinzipen durch den Manierismus der eigenen Mythologie zu widerlegen. Solches gerät immer daneben: in der Liturgie, wenn man durch theologische Systeme individuelle Erschließungssituationen verbaut; im Theater, welches als Bildungsinstitution durch überhöhte Ideale moralisch oder metaphysisch belehrt, statt sich fremden Göttern offen zu halten. Für beide Spielarten gilt: "Wo keine Götter sind, walten die Gespenster" (Novalis).

Literaturverzeichnis

Bachmann-Medick, D.: "Kulturelle Spielräume: Drama und Theater im Licht ethnologischer Forschung", in *Kultur als Text*, hrsg. v. D. Backman-Medick, Frankfurt a.M. 1996, S. 98–121.

Behler, E.: "Die Theorie der Tragödie in der deutschen Frühromantik", in *Romantik in Deutschland. Ein interdisziplinäres Symposium*, hrsg. v. R. Brinkmann, Stuttgart 1978, S. 572–583.

Berry, E.: *Shakespeare's Comic Rites*, Cambridge 1984.

Casper, B.: “Der historische Besen”, in *Romantik in Deutschland: Ein interdisziplinäres Symposium*, hrsg. v. R. Brinkmann, Stuttgart 1978, S. 490–501.

Douglas, M.: *Ritual, Tabu und Körpersymbolik*, Frankfurt a.M. 1975.

Eco, U.: *Semiotik und Philosophie der Sprache,* München 1985.

Eco, U.: *Semiotik*, München 1987.

Frank, M.: *Das individuelle Allgemeine*, Frankfurt a.M. 1977.

Heiler, F.: *Erscheinungsformen und Wesen der Religion*, Stuttgart 1961.

Herder, Johann Gottfried: *Sämmtliche Werke (1827–39)*, hrsg. v. J.G. Müller, Reihe 3, Bd. 18, Stuttgart/Tübingen 1830.

Hoffmann, E.T.A.: *Die Serapionsbrüder*. Nach d. Text der Erstausg. (1819–21). Nachwort W. Müller-Seidel, München 1970.

Kluckhohn, P.: *Das Ideengut der deutschen Romantik*, Tübingen ^{5}1966.

Lehnerer, Th.: *Die Kunsttheorie Friedrich Schleiermachers*, Stuttgart 1987.

Luhmann, N.: “Religion als System” in *Religion – System und Sozialisation*, hrsg. v. K.W. Dahm, N. Luhmann, H.D. Stoodt, Neuwied 1972.

Mädler, I.: *Bild und Bewegung. Zur Ästhetik Schleiermachers*, Berlin 1996.

Die Nazarener, hrsg. v. K. Gallwitz u.a., Katalog Städel, Frankfurt a.M. 1977.

Nivelle, A.: *Frühromantische Dichtungstheorie*, Berlin/New York 1970.

Patsch, H.: *Alle Menschen sind Künstler. Schleiermachers poetische Versuche,* Berlin 1986.

Schlegel, Friedrich: *Philosophie des Lebens*, Bd. 1, Wien ^{3}1846.

Schlegel, Friedrich: *Kritische Gesamtausgabe*, hrsg. v. E. Behler u.a., Reihe 1, Nr. 1, München u.a. 1958.

Schlegel, Friedrich: *Kritische Gesamtausgabe*, hrsg. v. E. Behler u.a., Reihe 18, Nr. 18, München u.a. 1963.

Schlegel, August Wilhelm und Schlegel, Friedrich: *Athenäum. Eine Zeitschrift* (Berlin 1798–1800), 3 Bde., hrsg. v. E. Behler, Darmstadt 1960.

Schleiermacher, Friedrich: “Ästhetik” (1819/25) und: “Über den Begriff der Kunst” (1831/32), in *Philosophische Bibliothek*, Bd. 365, hrsg. v. Th. Lehnerer, Hamburg 1984.

Schleiermacher, Friedrich: “Die praktische Theologie usf.” in *SW*, hrsg. v. J. Frerich, Reihe 1, Bd. 13, Berlin 1850, S. 317.

Schleiermacher, Friedrich: *Hermeneutik und Kritik*, hrsg. v. M. Frank, Frankfurt a.M. 1977 [= Suhrkamp TB Wissenschaft 211].

Schleiermacher, Friedrich: “Rezension von W. Shakespeare: Macbeth ... ausgerichtet von Fr. Schiller.” in *KGA*, Reihe 1, Bd. 3, Berlin 1988, S. 377–398.

Schleiermacher, Friedrich: “Über die Religion. Reden an die Gebildeten unter ihren Verächtern (1799)”, in *Kritische Ausgabe*, hrsg. v. G.C.B. Pünjer, Braunschweig 1879.

Schleiermacher, Friedrich: *Der christliche Glaube [...]*, nach der 2. Aufl. (1830) hrsg. v. M. Redeker, Berlin ^{7}1960.

Schleiermacher, Friedrich: *Schleiermachers Sendschreiben über seine Glaubenslehre an Lücke* (1829), hrsg. v. H. Mulert, Gießen 1908.

Schleiermacher, Friedrich: *Schleiermachers Leben. In Briefen*, hrsg. v. L. Jonas u. W. Dietung, Bd. 1, Berlin ^{2}1860.

Schleiermacher, Friedrich: *Kritische Gesamtausgabe*, hrsg. v. H.J. Birkner u.a., Berlin 1992.

Schleiermacher, Friedrich: *Ästhetik*, hrsg. v. R. Odebrecht, Berlin/Leipzig 1931.

Schleiermacher, Friedrich: “Die Weihnachtsfeier. Ein Gespräch” (1806), in *F.D.E. Schleiermachers Werke*, hrsg. v. O. Braun u. J. Bauer, Bd. 4, Leipzig 1911.

Der Hang zum Gesamtkunstwerk. Europäische Utopien seit 1800, hrsg. v. H. Szeemann u.a., Aarau/Frankfurt a.M. 1983.

Timm, H.: *Die heilige Revolution. Schleiermacher – Novalis – F. Schlegel*, Frankfurt a.M. 1978.
Van Gennep, A.: *Übergangsriten*, Frankfurt a.M. / New York 1986 (Original: *Les rites de passages*, Paris 1909).
Volp, R.: "Kunst und Religion", VII – VIII in *TRE*, Band 20 (1990). S. 292 – 329.
Volp, R.: *Liturgik*, 2 Bde., Gütersloh 1992 und 1994.
Werlen, I.: *Ritual und Sprache*, Tübingen 1984.
Widengren, G.: *Religionsphänomenologie*, Berlin 1969.

Namenregister

A

Accius, L. 34
Aischylos 1; 6; 8; 11f.; 14-30; 41; 44
Alberti, R. 245
Alfieri, V. 85f.
Apel, F. 245; 252
Apollonio, M. 69
Aptheker, H. 190
Arias Velasco, J. 195
Aristophanes 11
Aristoteles 2; 27; 43; 207
Auerbach, E. 229
Avery, L. 186
Awerkijew, D. W. 131
Azzolini, P. 81

B

Bachórz, J. 160
Bachmann-Medick, D. 265
Bachterev, I. 164
Baker, G. P. 183-187; 189
Balakirew, M. A. 131
Banuls, A. 117
Baraka, A. 191
Barlach, E. 265
Barner, W. 225
Beckett, S. 265
Beethoven, L. v. 130
Behler, E. 274
Belinskij, V. 170
Bellah, R. 186
Bellini, V. 130
Belyjs, A. 163; 172
Benedetti, F. 85
Benjamin, W. 120; 246; 248; 255; 260
Bernstein, F. W. 246
Berry, E. 270
Blank, H. 74; 76; 82; 87f.
Blazina, S. 82; 84
Bloomingdale, H. 184
Blume, D. 11
Blumenberg, H. 7; 241
Bodnar, J. 182; 189
Boix, C. 209
Bollati, G. 84
Borchert, W. 265
Borodin, A. P. 1; 125; 131f.; 139ff.
Bosse, M. 73; 86
Boucher, M. 111
Bradford, W. 184f.
Bowie, E. 25
Braun, V. 2; 6; 8; 225–243
Brecht, B. 7; 108; 120; 198; 226; 248; 254; 265
Broadhead, H. D. 12ff.; 17; 22; 27
Broich, U. 4; 144;
Büchner, G. 99; 112; 117; 260
Buero Vallejo, A. 207f.; 213ff. 219; 221
Bulanowska, B. 146
Bullough, G. 63

Burkhart, D. 163
Busse, D. 98

C

Camus, A. 35
Carpentari-Messina, 72; 81; 83f.
Casper, B. 273
Cassius Dio 44; 47
Celan, P. 167
Charms, D. 163–179
Corneille, P. 219
Court, B. 12; 14ff.
Cousin, V. 74
Craig, G. 182
Cui, C. A. 131
Cuoco, V. 73
Curiatius Maternus 35

D

D'Alembert, J.-B. 85
Daniel, W. 189
Dante, A. 72
de la Rosa, M. (s. M. de la Rosa)
de Lollis , C. 70
Dedecius, K. 143
Deichgräber, K. 12
della Casa, G. 90
Deržavin, G. 175
Dessau, P. 248
Dickenson, T. H. 182
Domdey, H. 253
Donizetti, G. 130
Dostoevskij, F. M. 168
Drews, R. 25f.
Dryden, J. 51
DuBois, W.E.B. 189–192
Dürrenmatt, F. 95; 105; 108; 112; 121f.; 229
Düsing, W. 2; 6ff.; 240

E

Eckermann , J. P. 74
Eco, U. 277
Ehrenberg, V. 23
Ehrlich, L. 99
Ennius, Q. 34

F

Fauriel, A. C. 70; 73ff.; 77; 81; 83; 86; 89
Feliński, A. 160
Fielding, H. 51
Fink, G.-L. 111
Fischer-Lichte, E. 167; 221
Flaubert, G. 136
Flintoff, E. 12
Floeck, W. 1; 5f.
Forster, G. 119
Foscolo, U. 72f.; 83; 86ff.; 91
Foucault, M. 249; 256f.
Frank, M. 274
Free, W. 186f.
Freund, W. 108
Friedrich, C. D. 272
Fuller, M. 187

G

Gadamer, H.-G. 6; 233; 240
Gagarin, M. 17f.; 23
Galletti, A. 88
Gallwitz, K. 272
Garciá Pintado, A. 195
Gardiner-Garden, J. R. 19
Gelzer, Th. 14
Gennep, A. van 268
Gernhardt, R. 246
Gibellini, P. 82; 84
Gilbert, N. J. L. 85–88
Girshausen, T. 261
Glassberg, D. 182
Glasunow, A. K. 139
Glinka, M. I. 1; 125; 129ff.
Görgemanns, H. 17; 27
Goethe, J. W. v. 3; 5; 8; 73f.; 76; 81;

83f.; 86ff.; 102f.; 111; 152; 155; 225; 259; 270
Gogol, N. 136
González Herrán, J. M. 209
Grabbe, C. D. 1; 8; 95–110; 112
Grass, G. 32
Green, P. 186ff.; 191f.
Griboedov, A. S. 168; 174; 176f.
Grillparzer, F. 225
Grob, Th. 174
Groeneboom, P. 24
Guinn, D. C. 191

H

Hacks, P. 108
Hahn, I. 14; 23f.
Hall, E. 52
Hallam, H. 91
Hamann, J. G. 270
Harris, C. J. 212
Hebel, U. 191
Hecataeus 26
Hegel, G. W. F. 4f.; 103; 208
Hegyi, D. 13; 15
Heidsieck, A. 8; 229
Heine, H. 225
Heitmann, K. 87
Held, H.-G. 245
Hellanikos 26
Hempfer, K.-W. 2
Henscheid, E. 246
Herder, J. G. 4; 267; 270;
Herget, W. 1; 6
Herodot 18ff.; 22; 24–28; 45
Hesiod 17
Heuß, A. 23
Hildesheimer, W. 229
Hinck, W. 2; 4f.; 7; 27; 144; 148f.; 159
Hinderer, W. 226
Hochhuth, R. 32
Hoffmann, E.T.A. 274
Holinshed, R. 52
Homer 15; 17f.; 23; 77; 79; 271
Horaz 40
Hugo, V. 136

I

Ibsen, H. 265
Ilacqua, A. 186
Iser, W. 104
Iversen, F. 259

J

Jaroszewski, M. 145; 156
Jekutsch, U. 1; 6;
Jünger, E. 112; 119

K

Kafitz, D. 1; 5; 8
Kaiser, H. 100
Kant, I. 4
Karamsin, N. M. 127
Kash, B. 182
Keller, W. 5; 27f.
Kenny, V. 186
Kesting, M. 120
Kettembeil, G. F. 101
Kierdorf, W. 12f.; 15; 19; 26ff.
Kimball, S. 186
Kinne, W. 183
Kitto, H. D. F. 12; 17–20
Klee, P. 245f.; 248
Kleist, H. v. 252
Kluckhohn, P. 273
Kluge, A. 259
Koch, F. 186f.
Kofmann, S. 258
Kopp, D. 97; 99
Koselleck, R. 3
Kost, J. 1; 8; 104
Kowalczykowa, A. 145
Kramskoj, I. N. 126
Krasiński, Z. 145; 147

L

Lachmann, R. 165; 169
Lamm, P. A. 132
Lange, V. 225
Lapacherie, J. G. 260
Lashetschnikow, I. I. 133
Lautréamont 253
Lavaud-Fage, É. 209
Leistner, B. 226
Lemmermeier, D. 143; 160
Lendle, O. 25f.; 28
Lenz, L. 12; 18ff.
Leopardi, G. 83–86; 89; 91
Leskow, N.S. 126
Lesky, A. 12; 24f.
Lessing, G. E. 2
Levin, B. 164
Lewis, D. 189
Lewisohn, L. 184
Ley, K. 1; 5; 83; 85f.; 90
Lindemann, K. 101
Lindenberger, H. 213
Liszt, F. 131
Livius, T. 34
Löwith, K. 4
Lonardi, G. 81
López Mozo, J. 195
Lotman, J. M. 168f.; 277
Lower, C. 186f.
Luhmann, N. 276
Lukács, G. 2; 5; 122; 207f.; 225
Lyotard, J.-F. 260

M

MacKaye, P. 182
Macrobius 34
Mamercus, A. 35
Mann, H. 112–120
Mann, Th. 116
Manzoni, A. 1; 5; 69-94
Marlowe, Chr. 61f.
Marquina, E. 208
Martínez de la Rosa, F. 198; 200
Martínez Mediero, M. 195
Martini, F. 100
Marx, K. 208
Maternus 35
Mathy, H. 119
Matilla, L. 195
May, K. 227
McCoos, J. 191
McInnes, E. 106
Meier, Chr. 17ff.; 23
Mej, L. A. 134f.;
Mejlach, B. 171
Melchinger, S. 13; 15; 23
Meščerskij 168
Meyerbeer, G. 132
Michelini, A. N. 12; 19; 26
Mickiewicz, A. B. 145; 147; 149; 155; 160
Milner-Gulland, R. R. 164ff.
Milton, J. 66
Mimnermos 25
Miras, D. 195; 209; 220
Möser, J. 4
Monteverdi, C. 39; 44
Moore, J. 189
More, Sir Thomas 66
Moses, W. 191
Müller, H. 1; 5; 7; 98; 246; 249-263
Müller-Scholle, C. 167f.; 176
Mundt, C. 86
Mussorgski, M. P. 131f.; 137f.; 140

N

Naevius, C. 34
Namowicz, T. 150
Neef, S. 128
Neubuhr, E. 3; 27f.; 221
Neumann, V. 26
Newiger, H.-J. 11
Nickau, K. 26
Nicolai, W. 1; 5f.; 8; 21f.;
Nietzsche, F. 7; 43; 241; 258

Nigro, S. 77–79; 84f.
Nivelle, A. 273
Norwid, K. 160
Novalis 278; 280
Nowakowski, J. 144; 147f.; 154f.

O

O' Connor, P. 210
O'Conor, N. 184
Odojewski, W. F. 128
Odrowonsch, St. v. 143
Oliva, C. 195–197
Oserow 136
Ostrowski, A. N. 132
Overland, O. 189
Ovid 43; 85

P

Paco, M. de 214
Pacuvius 34
Palacio Atard, V. 196f.; 199f.; 202
Panyasis 26
Patkaniowska, D. 145;
Pedrero, P. 209
Pérez Casaux, M. 195
Pérez-Stansfield, M. P. 210
Péron, J. 13; 19; 20; 27
Petersen, J. 24
Petrocchi, G. 76; 83
Petrounias, E. 19
Petzold, K.-E. 23
Pfotenhauer, H. 227
Phrynichos 24f.
Pindar 17
Pirogov 168
Podlecky, A. 23
Podol, P. L. 212
Polheim, K. K. 2
Pope, A. 51
Pörtl, K. 1; 7f.
Prevots, N. 182f.;
Puškin, A. S. 126; 136ff; 168f.; 171f.

R

Raaflaub, K. 14; 17
Racine, J. 77
Raddatz, F. M. 255; 257
Ragué Arias, M.-J. 217
Ratajczakowa, D. 145; 155; 158f.
Redepenning, D. 125; 130
Reed, T. J. 225
Reinhardt, H. 229
Reinhardt, M. 182f.
Reißner, E. 1
Repin, I. J. 126
Resino, C. 209; 213–219
Rhode, G. 149; 154
Riaza, L. 195
Ricci, C. 84
Richardson, W. 191
Rimski-Korsakow, N. A. 131; 134–140
Ritter, J. 4
Rösler, W. 27
Rolland, R. 182
Rolle, D. 1; 5ff.
Romero, C. 209–213; 216; 219f.
Romilly, J. de 12; 14; 20; 27
Rosen, G. F. v. 130
Ruibal, J. 195
Ruiz Ramón, F. 208
Runge, Ph. O. 270; 276
Rylejew, K. F. 129; 131

S

Sadler, L. 186
Sagoskin, M. N. 127f.
Saïd, S. 13; 16; 19f.; 23; 27
Salinari, C. 84
Sallmann, K. 1; 5; 8
Sanctis, de 87
Sanesi, I. 72
Sartre, J.-P. 35
Ščepkin 168

Schäfer, J. 186
Schelling, F. 274
Schiller, F. 3; 6; 7; 35; 45; 87; 102f.; 108; 225–243; 270f.; 277ff.;
Schinkel, F. 270
Schlegel, A. W. 270; 274
Schlegel, F. 270f.; 273f.
Schleiermacher, F. 2; 266f.; 269; 270–280
Schlueter, J. 221
Schneider, M. 98
Schnitzler, A. 1; 112ff.; 116; 118
Schnyder, B. 13
Scholem, G. 246
Schultz, A. 189
Schultze, B. 1; 8; 145; 147f.; 150;
Scott, W. 1; 126f.; 190
Scribe, E. 155
Seidel, I. 119
Semonides 25
Seneca, L. A. 31–49
Sengle, F. 3f.; 24; 96; 102; 105f.
Serow, A. N. 131
Servos, N. 259
Shakespeare, W. 1; 4; 6; 41; 51–68; 103; 160; 258; 270f.
Simonini, A. 70
Słowacki, J. 145; 159f.
Solon 17f.
Spengler, O. 112; 119
Spenser, E. 51
Spohr, L. 130
Stassow, W. W. 131
Stenzel, H. 209
Strauß, B. 265
Streckfuß, K. 76; 80f.; 88
Strindberg, A. 265
Suchovo-Kobylins, A. 167
Sueton 35; 44; 47
Syberberg, H. J. 251
Szeemann, H. 270

T

Tabori, G. 265
Tacitus 35; 41; 44f.; 47; 79
Taplin, O. 12
Tasso, T. 85f.
Tazbir, J. 145
Tey, J. 66
Thalmann, W. G. 12; 14; 16; 23
Theognis 17
Thierry, A. 70; 73
Thukydides 26ff.
Tillyard, E. M. W. 67
Timm, H. J. 230
Tolstoj, L. N. 126; 168; 174
Toro, A. de 221
Tourraix, A. 22; 28
Tschaikowski, P. I. 132ff.

U

Ubillos, G. 195
Urban, P. 167

V

Vaginov 164
Valle-Inclán, R. del 195; 208
Varnhagen von Ense, K. A. 111
Velleius 35
Verdi, G. 125
Vergil 35; 40
Vesper, B. 258
Vico, G. 80
Vogt, J. 14f.; 19–24
Volp, R. 2; 267–270
Voßkamp, W. 225
Vozza, P. 46
Vvedenskij, A. 164; 167

W

Wagner, R. 131f.; 265
Wajda, A. 148; 151
Walpole, H. 66

Weber, H.-D. 260f.
Weber, K. M. v. 128f.
Weber, Th. 246
Weiss, P. 1; 112; 118; 120; 122
Wellnitz, Ph. 1; 8; 108
Werner, H. G. 96; 104; 225
Werstowski, A. N. 127–130
Widengren, G. 265–268
Wiese, B. v. 27
Wiggins, W. 190
Wilpert, G. 3
Winnington-Ingram, R.-P. 19; 21–24
Winter, J. 230
Withington, R. 182f.
Wyspiański, S. 8; 143–161

X

Xenophanes 25

Z

Zabolockij 164
Zahn, P. 3; 26
Zimmermann, H. 111; 120
Ziołowicz, A. 143f.; 158
Zons, R. S. 101; 106;108
Zonta, G. 87f.
Zweig, S. 1; 112; 116f.